河野六郎과
國語 音韻論

河野六郎 著
李 珍 昊 編譯

지식과교양

이 책은 몇 해 전 필자가 번역서로 낸『小倉進平과 國語音韻論』의 자매
편이라고 할 수 있다. 제목에 '小倉進平'이라는 인물 대신 '河野六郎'이 들
어갔을 뿐이다. 河野六郎은『朝鮮方言學試攷-「鋏」語考-』와『朝鮮漢字音の
硏究』라는 걸출한 저서로 잘 알려져 있다. 이 두 권의 책은 몇 년 전 번
역서로 간행을 했거나 현재 출판 준비 중이다. 그런데 저서 외에 여러 편
의 논문들도 의미 있는 것이 적지 않다. 그래서 소논문으로 발표된 것
중 음운론과 관련된 것만을 모아서 한 권의 번역서로 엮었다.

여기에 수록된 논문들은 한자음, 음운사, 방언학, 문헌학, 성조, 문자학,
비교언어학 등 그 내용이 다방면에 걸쳐 있다. 내용별로 논문들을 묶기
가 쉽지 않아서 발표 연대에 따라 기계적으로 배열했다. 따라서 책의 순
서대로 읽을 필요는 별로 없다. 각 논문들에 대한 해설은 논문의 앞머리
에 간략히 적어 두었다.

현재의 관점에서 본다면 이 책에 실린 논문들의 내용은 그다지 새롭다
고 하기 어렵다. 중심 주제는 이미 그 타당성 여부가 오래 전 논의되었다.
그렇다고 해서 과거의 논의들을 읽을 필요가 없다고 할 수는 없다. 소위

원전이라는 것을 읽으면서 스스로 그 내용을 평가해 보는 것도 매우 가치 있는 일이다. 또한 그 과정에서 의외의 수확을 얻는 경우도 가끔씩 경험한다.

　최근 몇 년 동안 일본인들의 연구 업적을 번역서로 간행하는 데 어느 정도 노력을 기울였다. 매번 이것이 마지막이라는 생각을 하며 작업에 매달렸지만 좋은 책이 보일 때마다 마지막으로 한 권만 더 한다는 심정으로 계속 하다 보니 벌써 예닐곱 권의 번역서가 나오게 되었다. 혼자만 읽기에는 아까워서 일본어를 잘 모르는 주위 연구자들과 내용을 공유하고 싶다는 바람으로 시작한 일인데 너무 많이 온 듯싶다. 이제는 본연의 전공 분야에 더욱 매진하여 번역 과정에서 얻은 바를 가치 있게 활용하고자 한다.

2012년 2월
이진호

:: 목차

번역자의 말

1장

한국 한자음의 한 특징

― 한국 한자음의 한 특징

【해설】 이 논문은 원 제목이 '朝鮮漢字音の一特質'로 1939년 9월『言語研究』제3호에 발표되었다. 河野六郎의 논저 중 활자화된 것으로는 최초라는 의의가 있다. 그의 대학 졸업논문인「玉篇に現れたる反切の音韻的研究」중 일부를 약간 다른 관점으로 다시 쓴 글이다. 한국 한자음 중 소위 止攝에 속하는 支韻, 脂韻 등의 아후음자가 특이한 현상을 보인다는 점에서 출발하여, 이들은 甲, 乙, 丙, 丁의 네 가지 부류로 나눌 수 있고 이 네 부류는 개음(介音)의 차이에 기반한 것임을 밝혔다. 또한 止攝의 아후음자 외에 다른 환경에서도 이런 구별이 나타난다는 사실 역시 빠뜨리지 않았다. 개음의 문제는 Karlgren이 간과한 개음 '−i−'와 '−ĭ−'의 차이를 有坂秀世가 발견함으로써 중대한 전환점을 맞이하게 되는데 河野六郎은 여기에 開合의 차이까지 고려하여 총 네 부류의 개음을 구별하였다. 특히 이러한 개음의 구별에 한국 한자음이 매우 중요한 역할을 하고 있다고 했다. 이 논문의 내용은 이후『朝鮮漢字音の研究』(1968)로 이어지게 된다.

I

한국에서의 중국음 자료는 크게 두 부류로 나눌 수가 있다. 하나는 예전부터 전승되어 온 한자음 자료이고 다른 하나는 화음(華音)이라 불리는 근대 중국음 자료이다. 후자는 명대(明代)와 청대

(淸代)의 중국음을 연구하는 데 있어 중요하면서도 흥미로운 자료이지만 이 글에서 일컫는 한국 한자음이란 오로지 전자만을 의미한다. 한국 한자음이 일본의 오음(吳音), 한음(漢音)과 더불어 중국고대의 음운을 밝히는 데 중요한 자료라는 사실은 여기서 다시 말할 필요가 없겠지만 아직도 그 기원이나 연혁에 대해서는 많은 연구가 이루어져야 한다.

이러한 한국 한자음 자료는 다시 둘로 대별할 수 있다. 하나는 『訓民正音』을 비롯하여 『月印千江之曲』, 『楞嚴經諺解』, 『法華經諺解』 등 주로 불교 경전의 언해에 잔존하고 있는 한자음으로서 이들은 모두 한글 창제 직후의 한자음이다. 다른 하나는 현대까지 계속 쓰이고 있는 한자음이다. 이 둘 사이의 상위점(相違點)은 표기상의 차이에 불과하다고 생각할 수도 있지만 내용적으로도 상당한 거리가 있다. 전자는 시대상으로 앞선 자료이며 상당히 인위적으로 만든 흔적이 보이기 때문에 아무런 비판 없이 한국 전래 한자음의 예전 형태로 다룰 수는 없다. 그러한 흔적이 가장 두드러지는 것은 초성 부분으로서, 초성은 전적으로 중국의 성모를 기계적으로 적용한 것처럼 보인다.[1] 이러한 인위적 규정에 대해, 그것을 어떤 측면에서 볼 수 있는지 또한 어떤 이유 때문에 인위적으로 고쳤는지 등은 아직 밝혀지지 않았다.

이러한 점들과 함께 그 밖의 한국 전래 한자음에 대해서 현재 전반적인 연구에 착수한 상태인데 언젠가 발표의 기회가 있으리라 생각된다. 이 글에서는 오직 후자의 자료, 특히 『華東正音通釋韻考』와

---

1. 다만 36자모 중에서 순경음(脣輕音)과 순중음(脣重音), 정치음(正齒音)과 치두음(齒頭音), 설상음(舌上音)과 설두음(舌頭音)의 구별은 이루어지지 않았으나 나머지 23자모는 모두 중국 음운학에 바탕을 두고 있다.

『奎章全韻』과 같은 자료에 기반하여 논의하고자 한다. 이 문헌들에 표기된 한국 한자음은 전승되어 오던 것 그대로이기 때문에 한국 한자음 연구는 여기서부터 출발해야 한다고 본다.

한국 한자음 중 우리가 보기에 가장 기이하게 느껴지는 것은 '-i'로 끝나는 운(韻)의 아음자(牙音字)와 후음자(喉音字)이다.[2] 이러한 운에 속하는 글자 중 아음과 후음을 제외한 다른 성모를 가진 것들은 대체로 開口가 '-ㅣ', 合口가 '-ㅠ'로 되어 있음에 비해,[3] 아음자와 후음자는 상당수의 경우 開口가 '-ㅢ', 合口가 '-ㅟ'라는 운으로 나타나고 있다. 즉 '奇·器·記'(긔), '稀·犧'(희), '懿·疑'(의), '詭·龜'(귀), '麾'(휘), '爲·位'(위) 등과 같은 것이다. 그러나 支韻과 脂韻에서는 이 밖에 '-ㅣ, -ㅠ, -ㅖ, -ㅔ, -ㅞ, -ㅚ'로 되어 있는 글자들도 있다. 예를 들면 '岐·祇·企·棄'(기), '規·葵'(규), '䕋'(에), '㮹'(계), '毁'(훼, 俗音), '愧'(괴) 등이 있다. 이런 특이한 현상은 어떠한 역사적 근거에 기인하고 있는 것일까? 이제부터 『切韻』 및 그 밖의 음운 자료와 비교하면서 그 성질을 다소 구명해 보고자 한다.

우선 제일 먼저 중국 음운학의 기초라고 할 만한 『切韻』과 비교해 보기로 한다.[4]

韻	聲母	甲	乙	丙	丁
支	見		羈[居宜](긔)	規[居隨](규)	嬀[居爲](규)
(五)	溪		敧[去奇](긔)	闚[去隨](규)	虧[去爲](규)

---

2. 『切韻』에서는 支韻, 脂韻, 之韻, 微韻의 네 가지이다. 상성(上聲)과 거성(去聲)도 이와 동일하다. [역자주] 支韻, 脂韻, 之韻, 微韻은 모두 평성(平聲)에 속한다. 여기에 대응하는 상성과 거성의 운은 각각 '紙韻, 旨韻, 止韻, 尾韻'과 '寘韻, 至韻, 志韻, 未韻'이다.
3. 치두음에서는 규칙적으로 '-·'로 되어 있다.

韻	聲母	甲	乙	丙	丁
支 (五)	群	祇[巨支](기)	奇[渠羈](긔)		
	疑		宜[魚羈](의)		危[魚爲](위)
	曉		犧[許羈](희)	隳[許規](휴)	麾[許爲](휘)
	羽				爲[薳支](위)
	喩	移[弋支](이)			
	影		漪[於離](의)		逶[於爲](위)

　(1) ‘甲, 乙, 丙, 丁’의 네 부류는 陳澧의 분석에 따라 임시로 붙인 것으로서 그는 자신의 명저 『切韻考』에서 『廣韻』의 반절을 운자(韻字)에 따라 넷으로 분석했다. 다만 ‘爲[薳支反]’는 운자만 보면 당연히 甲類에 속해야 마땅하지만 반절 상자(上字)인 ‘薳’에서 합구 요소를 확인할 수 있다.5) 또한 ‘闚[去隨反]’는 반절상 ‘規, 隳’와는 부류를 이루지 않고 오히려 丁類에 귀속시켜야 할 듯하지만,6) 丁類에는 ‘麾’가 있기 때문에 丁類로 보기도 어렵다. 『集韻』의 ‘缺規切’이라는 음화(音和) 반절에 따라 丙類로 분류한다.7) 또한 ‘隨’는 반

---

4. 여기에 제시하는 대조표의 『切韻』 분류는 陳澧의 『切韻考』을 바탕으로 하고 『切韻』의 잔권(殘卷), 王仁昫의 『刊謬補缺切韻』을 참고한 것이다. 『切韻』의 잔권은 王國維가 파리 도서관 소장의 당사본(唐寫本) 잔권을 적은 것 중 제2종과 제3종에 의거한다. 이 잔권에는 거성이 빠져 있기 때문에 거성은 內府에 소장된 王仁昫의 『刊謬補缺切韻』과 돈황의 철쇄(轍鎖) 안에 있는 王仁昫의 『刊謬補缺切韻』을 근거로 삼았다. 괄호 안의 로마자는 한국 한자음이다. [역자주] 『切韻』의 당사본에 대해서는 “이돈주(1995), 『한자음운학의 이해』, 탑출판사, pp.123~124”를 참고할 수 있다. 그리고 원문에서 로마자로 표기한 한국 한자음은 편의상 번역본에서는 한글로 바꾸어 제시한다. 한자 옆의 ‘[ ]’ 안에 들어 있는 것은 해당 한자의 반절이다.
5. [역자주] 그래서 ‘爲’는 甲類가 아닌 丁類에 속해 있다. 표의 내용을 볼 때 甲類와 乙類는 開口, 丙類와 丁類는 合口에 속한다고 할 수 있다.
6. ‘隨’의 반절은 ‘旬爲反’이다. [역자주] 반절 하자(下字)로 쓰인 ‘爲’는 丁類에 속한 한자들의 반절 하자로 쓰인다는 점을 고려하고 있다.

절자로서는 丁類로 사용되지 않는다는 사실을 덧붙여 둔다.

(2) 丙類 '規, 闚, 隳'와 丁類의 '媯, 虧'의 경우 『華東正音通釋韻考』에서는 '-ㅠ'로 된 것을 모두 속음(俗音)이라고 하고 정음(正音)으로 '-ㅟ'라는 형태를 적고 있지만 『訓蒙字會』와 『奎章全韻』에서는 '-ㅠ'라는 형태만 나오기 때문에 이것을 채택하기로 한다. '-ㅟ'는 박성원(朴性源)의 복원음(復原音)인 듯하다.

韻	聲母	甲	乙	丙	丁
紙(四)	見	枳[居紙](기)	掎[居綺](긔)		詭[居委](궤)
	溪		綺[墟彼](긔)	跬[丘弭](규)	跪[去委](궤)
	群		錡[渠綺](긔)		
	疑		蟻[魚倚](의)		硊[魚毀](위)
	曉				毀[許委](휘)
	喩	酏[移爾](이)			
	影		倚[於綺](의)		委[於詭](위)

(1) 甲類 '枳[居紙反]'는 『切韻』 잔권과 王仁昫의 『刊謬補缺切韻』 모두에서 보이지 않는다. 여기서 『廣韻』에 의거해 메워 넣었다. 한국 한자음 '기'는 『訓蒙字會』에 나타난다.

(2) 丁類 '詭'(궤)는 『華東正音通釋韻考』에는 속음이라고 기록되어 있다. 정음으로 제시된 '-ㅟ'는 박성원이 추측한 음인 듯하다.

(3) 乙類 '綺'의 경우, 반절 하자인 '彼'는 '甫委反'으로서 丁類이지만 丁類에는 '跪[去委]'가 있으며 또한 '綺' 및 이 글자를 운자로 하는 다른 글자들이 合口라는 증거는 없다. 黃淬伯은 陳澧가 이러한

---

7. [역자주] '음화(音和)'는 반절자와 피절자(被切字)의 음이 같음을 가리킨다. 즉 『集韻』에 나오는 '闚'의 반절인 '缺規'의 '規'는 피절자인 '闚'와 음이 같으므로 '闚'를 '規'와 동일하게 분류한다는 것이다.

반절에 현혹되어 그 배분에서 타당성을 얻지 못했음을 지적하면서 다음과 같이 언급했는데 매우 주목해야 하는 언급이다.[8] 위의 경우도 그 예 중 하나이다.

> "脣音字切語下字歧用開合口字 與喉齶舌齒諸紐字之切語下字 任叶脣音字而不論其開合 錯雜紊亂與本編(慧琳『一切經音義』) 蓋同 惟古人定切獨於脣音字開合口音不能幷然有別 此乃語音學上可注意之事也." -黃淬伯,『慧琳一切經音義反切考』, 34쪽 표-

(4) 乙類 '錡'(긔)와 반절이 동일한 '技, 妓' 등은 음이 '기'이다.

韻	聲母	甲	乙	丙	丁
	見		寄[居義](긔)		
	溪	企[去智](기)	㧦[卿義]		
	群		騎[奇寄](긔)		
寅	疑		義[宜寄](의)		僞[危睡](위)
(五)	曉		戲[羲義](희)		
	羽				爲[榮僞](위)
	喩	易[以豉](이)			
	影	縊[於賜](이)	倚[於義](의)	恚[於避](에)	餧[於僞](위)

(1) 乙類 '㧦[卿義反]'와 '倚[於義反]'의 두 반절에 대해 陳澧는 각각 '企[去智反]' 및 '縊[於賜反]'와 동일한 음이라고 하고서 증가자(增加字)[9]로 처리해 버렸는데 이는 섣부른 판단이다. 이 글자들

---

8. [역자주] 순음자가 반절 하자로 쓰일 때에는 開口와 合口가 구별되지 않는다는 내용이다. 河野六郎은 이후에 펴 낸 『朝鮮漢字音の研究』(1968)에서도 이 사실을 여러 번 지적한 바 있다.

은 모두 王仁昫의 『刊謬補缺切韻』에 나타나기 때문에 원본에도 아마 있었음에 틀림없다. 다만 이 운(韻)의 경우 반절상으로는 甲類와 乙類의 구별을 설정하기 어렵다. 다시 말해 '智[知義]'와 '賜[斯義]'에서 모두 '義'를 반절 하자로 쓰고 있는 것이다. 단, '庡, 倚'와 '企, 縊'의 차이는 '義'를 반절 하자로 직접 사용하느냐 아니냐에 놓여 있다.[10] 이러한 대립이 한국 한자음에서 매우 현저하다는 데 주목하고자 한다.

(2) 乙類 '騎'와 반절이 동일한 '芰'는 그 음이 '기'이다.

(3) 丙類 '恚'(에)는 속음이다. 정음인 '훼'는 반절과 일치하지 않는다. 이는 근대 중국음과 그 기원을 같이한다.

韻	聲母	甲	乙	丙	丁
脂(六)	見	飢[居脂](긔)			龜[居追](귀)
	群	鬐[渠脂](기)		葵[渠隹](규)	逵[渠追](규)
	曉	屎[虛伊](히)			
	羽				帷[洧悲](유)
	喩	夷[以脂](이)		惟[以隹](유)	
	影	伊[於脂](이)			

(1) 脂韻 開口는 반절상으로 하나의 부류만 이루는 형국이다.[11] '飢'의 한국 한자음 '긔'는 특이한 형태로 보인다.[12]

---

9. [역자주] 원래는 없다가 이후에 덧붙은 글자라는 의미이다. 『廣韻』의 반절을 분석한 陳澧는 이 두 글자가 『切韻』에는 없었는데 이후 『廣韻』을 편찬할 때 추가되었다고 보았다.

10. [역자주] '庡, 倚'는 반절 하자로 '義'가 직접 쓰였지만, '企, 縊'는 반절 하자로 쓰인 '智, 賜'의 반절 하자가 '義'라는 차이가 있다.

11. [역자주] 甲類만 있고 乙類가 없음을 지칭한다.

12. [역자주] 甲類의 나머지 글자들은 그 운이 '이'인데 '飢'만 '의'로 되어 있음을 가리킨다.

(2) 甲類 '礜'의 반절에 속하는 글자는 대개 음이 '기'이지만 '祁'만큼은 음이 '긔'이다.

(3) 合口인 丙類와 丁類는 분류하기가 약간 곤란하다. 왜냐하면 '隹'는 '職追反'이고 '追'는 '陟隹反'이어서 결국 丙類든 丁類든 동일하게 볼 수 있기 때문이다. 그러나 반절상 하나의 부류로 하는 경우에도 실제로는 구별해야 하는 예가 이미 여럿 있었다. 여기에 추가하여 '葵[渠隹反]'[13]와 '逵[渠追反]'의 대립마저 보노라면 이 경우라고 하더라도 구분해야만 할 듯하다. 여기서는 '隹'를 반절 하자로 하는 글자와 '追'를 반절 하자로 하는 글자 사이에 무엇인가 차이가 있다고 보고서 丙類와 丁類로 나누어 두고자 한다. '龜[居追]'의 한국 한자음 '귀' 또는 '구'는 이러한 분류를 지지해 주는 것으로 보인다. 또한 '衰[所追]'의 한국 한자음 '쇠' 역시 주목할 가치가 있다. '帷[洧悲]'는 별개의 한 부류를 이룬다. 羽母의 글자는 丁類에 일정하게 놓인다.

韻	聲母	甲	乙	丙	丁
旨 (五.)	見	几[居履](궤)		癸[居誄](규)	軌[居洧](귀)
	群	跽[暨几](긔)		揆[葵癸](규)	
	羽				洧[榮美](유)
	喩				唯[以水](유)

(1) 旨韻에 있어서도 반절상으로 甲類와 乙類의 구별은 불분명하다. '几'의 한국 한자음은 특이한 예이다.

(2) '癸[居誄]'는 '誄[九宄]'[14]를 반절 하자로 하며 여기서도 반절

---

13. 『廣韻』에서 '渠追反'으로 적은 것은 잘못이다.
14. '宄'는 '軌'와 음이 동일하다.

상으로 혼잡스러움이 보이지만 한국 한자음에서는 분명하게 구분하고 있다.[15] 이와 관련하여 '諫'는 설음자(舌音字)이다.

(3) '軌, 胃' 등의 한국 한자음은 '귀' 이외에 '궤'가 있다.

韻	聲母	甲	乙	丙	丁
至 (六)	見		冀[几利](긔)	季[癸悸](계)	愧[軌位](괴)
	溪	棄[詰利](기)	器[去冀](긔)		
	群		暨[其器](긔)	悸[其季](계)	匱[逵位](궤)
	疑		劓[魚器](의)		
	羽				位[洧冀](위)
	喩	肄[羊至](이)		遺[以醉](유)	
	影		懿[乙利](의)		

(1) 至韻은 甲類와 乙類의 구별이 명확한 것으로 생각된다. 乙類 '冀[几利]'는 반절상으로 甲類와 乙類 중 어디에 속해야 하는지 명확지 않으나 '冀'를 반절 하자로 하는 '器'와 '器'를 반절 하자로 하는 '暨, 劓'와 한 부류를 이룬다는 점은 분명하다. '器'와 '棄'의 대립 및 한국 한자음과의 일치에 따라 '冀'를 乙類로 삼고자 한다. 이들을 반절상으로 분류하기 곤란하게 만든 것은 설음자이다. 陳澧는 '棄[詰利]'의 '利'에 대해 '季'나 '悸'를 잘못 쓴 것은 아닌가 의심했지만 여기에는 찬성할 수가 없다.

(2) 乙類 '暨, 洎' 등의 한국 한자음은 『華東正音通釋韻考』에서는 '계'로 되어 있다.

(3) 丁類 '位[洧冀反]'는 '冀'를 반절 하자로 하지만 '洧'에 의해 合

---

15. [역자주] 丙類에 속하는 '諫'의 반절 하자로 쓰인 '尤'가 丁類에 속하는 '軌'와 음이 동일하므로 丙類와 丁類의 혼동이 일어나고 있다. 그러나 한국 한자음의 경우 '癸'는 운이 '-ㅠ'이고 '軌'는 운이 '-ㅟ'라서 구분이 된다.

ㅁ라는 사실을 알게 된다.

　(4) '遣'과 '季, 悸'는 반절상의 관계는 없다.

　이상의 대조를 통해 한국 한자음에 있어서의 특이한 현상은 무질서한 것이 아님을 알 수 있다. 즉 대체로 '-ㅣ'는 『切韻』의 甲類, '-ㅢ'는 乙類, '-ㅠ, -ㅖ'는 丙類, '-ㅟ, -ㅔ, -ㅚ'는 丁類에 대응하는 것이다. 다만 脂韻과 旨韻에 있어서는 반절상으로 甲類와 乙類의 구별을 설정할 수가 없다. 또한 『切韻』을 네 부류로 분석하는 것 역시 종종 혼란을 보게 되는데 이러한 경우에도 저마다 어떤 이유를 찾을 수 있으리라 생각한다. 다른 성모를 가진 한자와의 관계를 보면, 다른 성모 글자와 아후음(牙喉音) 글자의 네 가지 부류 (甲, 乙, 丙, 丁) 사이에 특별히 확연한 관련성을 인정할 수는 없다. 다만 다른 성모 글자의 경우 開口에서는 甲類, 合口에서는 丁類와 다소 밀접한 관계가 있는 듯이 보인다.

II

　『切韻』(601년)이 편찬되기 약 50년 전 남조(南朝)의 양(梁)나라에서 顧野王의 『玉篇』(543년)이 완성되었다. 이 『玉篇』은 남조에서 만들어진 자전(字典)으로서 『切韻』과 더불어 중국 음운학에서 중대한 자료이지만 이미 원본이 소실되었고 겨우 몇 종의 단편(斷片)이 우리나라에 남아 있는 데 불과하다. 그러나 다행스럽게도 원본 『玉篇』을 본떠 만들었다고 생각되는 것이 우리나라에 전하는 것은 불행 중 다행이다. 즉 弘法大師가 지었다고 일컬어지는 『篆隷萬象名義』가 바로 그것이다. 이 책의 성질 및 『玉篇』과의 관계에 대해

서는 지면의 제한 때문에 생략할 수밖에 없지만 필자가 살핀 바에
따르면 원본 『玉篇』에 의거했다고 보아도 지장이 없다고 생각된다.

이제 『玉篇』의 잔권과 『篆隸萬象名義』에 기반하여 『玉篇』에서
의 支韻과 脂韻, 두 운의 상황을 검토해 보기로 한다. 『玉篇』은 운
서가 아니라 자전이다. 『玉篇』의 음운 조직을 알기 위해서는, 陳澧
가 『切韻』에 대해 시도한 것과 마찬가지로 『玉篇』 잔권 및 『篆隸
萬象名義』에서 보이는 반절을 모두 모아 정리하여 그로부터 귀납
해 내지 않으면 안 된다. 支韻과 脂韻의 반절을 귀납해 보면 대체
로 다음과 같다.

支 韻				
		支[之移反] ↔ 移[餘支反]		
開口 ①	支	群 祇[渠支](기)	喩 移[餘支](이)	來 離[呂支]·羅[力支](리)
		日 兒[如支](으)	幫 卑[俾支](비)	並 陴[避支](비)
		明 彌[亡支](미)		
	移	端 知[猪移](지)	照 支·枝·敊[之移]·只[諸移](지)	
		審 施[舒移](시)	精 呰[子移](ㅈ)	淸 雌[此移](ㅈ)
		心 斯·縭[思移](ㅅ)	並 裨·脾[毗移](비)	
	離	定 馳[直離](치)	精 貲[子離](ㅈ)	
	貲	從 邪 疵[徐貲](ㅈ)		
	知	定 池[除知](지)	群 奇[竭知](긔)·騎[渠知](긔)	
	奇	疑 儀[語奇](의)·宜 蟻[蟻奇](의)·山 簁[山奇](싀)		
		並 皮[蒲奇](피)		
	宜	曉 犧[戲宜](희)	影 猗[於宜](의)	初 差[楚宜](치)
		山 釃[所宜](싀)	幫 羆[卑宜](비)	
	皮	幫 陂[彼皮](피)	明 靡[明皮](미)	
	猗	見 羈[荆猗](긔)		

支 韻					
		規[癸支反] → 支(①)			
合口	②	支	見 規[癸支](규)		
		規	穿 吹[齒規](츄) 炊[姝規](츄)		神·禪 垂·陲[時規](슈)
			從·邪 隨[辭規](슈)		
		垂	溪 窺[丘垂](규)	穿 䔺[充垂]	
		為[胡嫣反] ↔ 嫣[詭為反]			
	③	為	見 嫣[詭為](규)	溪 䶞[去為](규)	疑 危[遇為](위)
			曉 麾[呼為](휘)		
		嫣	匣·羽 為[胡嫣](위)	來 羸[力嫣](류)	幫 碑[彼嫣](비)
		危	影 萎[於危](위)		

(1) 『玉篇』의 반절에서 가장 두드러진 것은 從母와 邪母, 神母와 禪母, 匣母와 羽母의 혼동이다.[16] 이러한 흥미로운 문제에 대해서는 조만간 기회가 있다면 다루어 보고자 한다.

(2) ②의 '規'가 합구라는 것은 '癸'를 통해 알 수 있다.

紙 韻					
		紙[之是] ↔ 是[時紙]			
開口	①	紙	見 枳[居紙](기)	日 尒[如紙](이)	神·禪 是[時紙](시)
			審 弛[詩紙](시)		
		是	見 妓[記是](기)	照 紙[之是](지)	穿 侈[昌是](치)
		尒	神·禪 䚱[視尒](시)	審 豕[式尒](시)	精 紫[子尒](즈)
			幫 俾[北尒](비) 㓟[比尒]	明 弭[亡尒](미) 瀰[莫尒](미)	
		紫	清 此[且紫](츠)	心 璽·徙[思紫](스)	
		弭	並 婢[避弭](비)		

---

16. [역자주] 위의 표 중 ①의 '賫', ②의 '規', ③의 '嫣' 부분을 보면 해당 성모가 함께 묶여 있음을 확인할 수 있다.

紙 韻						
		倚[於?反][17]				
開	②	?	影 倚[於?](의)			
		倚	溪 綺[袪倚](긔)	疑 蟻[宜倚](의)		
口		綺	見 踦[居綺](긔)	群 技[渠綺](기)		
		薬[如筮反] ↔ 筮[時薬反]				
		薬	照 捶[諸薬](슈)	神·禪 筮[時薬](슈)		
	③	筮	日 薬[如筮](예)			
		捶	來 纍(累)[力捶](류)			
合		累	心 髓[先累](슈)			
		詭[俱毀反] ↔ 毀[麾詭反]				
	④	詭	曉 毀[麾詭](훼)	影 委[紆詭](위)		
口		毀	見 詭[俱毀](궤)			
		委	群 跪[渠委](궤)			
		靡[眉彼反][18] ↔ 彼[補靡反]				
	⑤	靡	幫 彼[補靡](피)	綍[補靡]		
		彼	明 靡[眉彼](미)			

寘 韻						
		寘[之豉反] ↔ 豉[時寘反]				
		寘	神·禪 豉[時寘](시)			
開			溪 企[去豉](기)	影 縊[於豉](이)	喩 易[以豉](이)	
	①	豉	照 寘[之豉](지) 觶[之豉](치)		神·禪 翅[什豉](시)	
口			幫 臂[補豉](비)	並 避[裨豉](피)		
		翅	來 詈[力翅](리)			
		臂	滂 譬[匹臂](비)			

---

17. '倚'는 『大廣益會玉篇』에서는 '於擬切'로 되어 있지만 '擬'는 脂韻에 속하며 『玉篇』에서는 支韻과 脂韻이 혼효되는 경우가 전혀 없기 때문에 '於擬切'을 원형이라고 할 수는 없다. 여기서는 일단 비워 둔다.

18. '靡'의 반절 '眉彼'는 『玉篇』의 잔권과 『篆隷萬象名義』에 안 나오기 때문에 『大廣益會玉篇』에서 보충한 것이다.

寘韻					
開口	②	漬[似刺反] → 刺[且賜反] → 賜[思漬反] → 漬			
		漬	心 賜[思漬](ᄉ)		
		刺	從·邪 漬[似刺](지, 俗音 ᄎ)		
		賜	清 刺[且賜](ᄌ)		
	③	寄[羈義反] → 義[魚琦反] → 琦[渠智反] → 智[猪寄反] → 寄			
		寄	疑 誼·議[魚寄](의)	端 智[猪寄](지)	
			幫 陂[彼寄]·披[補寄](피) 跛[碑寄]		
		義	見 寄[羈義](긔)	疑 戲[仰義](희)	
		琦	疑 義[魚琦](의)		
		智	群 琦[渠智](긔)		
合口	④	睡[殊惴反] ↔ 惴[之睡反]			
		睡	影 恚[於睡](에)	照 惴[之睡](츄)	穿 鬌[充睡](췌)
		惴	神·禪 睡[殊惴](슈) 瑞[時惴](슈, 셔)		
		恚	匣·羽 繑[尤恚]		
	⑤	僞[危縋反] ↔ 縋[直僞反]			
		僞	影 餧[於僞](위)	定 縋[直僞](츄)	來 纍(累)[力僞](뤼)
		縋	疑 僞[危縋](위)		

　　『玉篇』의 반절과 관련하여 주목해야 할 것 중 하나는 脂韻과 之韻이 전적으로 혼동되고 있다는 점이다. 이제 이 두 운을 함께 제시하기로 한다.

脂韻과 之韻					
開口	①	之[止貽反] ↔ 貽[餘之反]			
		之	群 麒[渠之](긔)	曉 僖·嬉[虛之](희)	
			嚕 彝·夷·眙[餘之](이)	匜·怡[翼之](이)	
			透 癡·笞[丑之](치)	日 而[如之](이)	
			來 莁·薹·狸[力之](리)	穿 蚩[充之](치)	
			神·禪 時[是之](시)	審 詩[舒之](시)	從·邪 飴[習之](이)
		貽	照 之[止貽](지)		

脂韻과 之韻					
開口	①	時	影 伊[於時](이)	照 祇·脂[諸時](지)	精 滋[子時](ᄌ)
			並 毗[神時](비)		
		夷	群 祁[渠夷](긔)	精 資[子夷](ᄌ)	
		狸	精 兹[子狸](ᄌ)		
		祇	審 尸·屍[施祇](시)		
		伊	群 耆[渠伊](긔)		
		資	喩 鎡[余資]	清 茨[釵資](ᄌ)	從·邪 飼[似資](ᄉ)
		尸	來 蔾[力尸](리)	穿 鴟[充尸](치)	
		怡	照 芝[支怡](지)		
		兹	從·邪 詞[似兹](ᄉ) 慈[材兹](ᄌ)		
		釐	心 司·伺·覗[胥釐](ᄉ)		
	②	梨[理私反] ↔ 私[斯梨反]			
		梨	定 遲[除梨](지)	從·邪 飺[徐梨](ᄌ)	心 私[斯梨](ᄉ)
		私	來 梨[理私](리)	精 姿[子私](ᄌ)	
		姿	心 絲[蘇姿](ᄉ)		
	③	咨[子弳反] ↔ 弳[似咨反]			
		咨	從·邪 粢[住咨](ᄌ) 弳[似咨](ᄉ) 字[辭咨](ᄌ)		
		弳	精 咨·諮·孜[子弳](ᄌ)		心 思[胥弳](ᄉ)
		思	精 孳[子思](ᄌ)		
	④	飢[羈治反] ↔ 治[除飢反]			
		飢	匣·羽 黴[胡飢]	透 絺[丑飢, 丑梨](치)	
			定 坻[直飢](치) 治[除飢](치)		泥 尼[女飢](니)
			莊 緇·菑·輜[側飢](치, 최)		山 師[所飢](ᄉ)
			幫 悲[祕飢](비)	明 黴[明飢](미), 眉[莫飢](미)	
		治	見 饑·飢[羈治](긔)	莊 甾·淄[側治](치, 최)	
		饑	定 持[達饑](지)		
		坻	滂 丕[普坻](비)		
		悲	並 邳[蒲悲](비)	明 微[莫悲](미)	
	⑤	基[居期反] ↔ 期[渠基反]			
		基	群 其[渠基](긔, 기), 旗·期[渠基](긔)		
		期	見 基[居期](긔)		
		其	見 朞[居其](긔)	溪 欺[去其](긔)	疑 嶷·疑[魚其](의)

脂韻과 之韻			
開口	⑤	疑	見 姞·箕[居疑](긔) 熙[假疑](희)	曉 熹[虛疑](희)
		箕	群 萁[渠箕](긔)	

惟[役葵反] ↔ 葵[渠惟反]			
合口	⑥	惟	群 葵[渠惟](규)	照 錐[之惟](츄) 佳[諸惟](츄)
			心 綏[髓惟](슈)	
		葵	喩 惟[役葵](유)	匣·羽 遺[胡葵](유)
		錐	喩 維[翼錐](유)	
		佳	日 緌[乳佳](유)	

誰[是推反] → 推[出唯反] → 唯[翼誰反] → 誰			
	⑦	誰	喩 唯[翼誰](유)	日 葵[汝誰](유)
		推	神·禪 誰[是推](슈)	
		唯	穿 推[出唯](츄)	

龜[居逵反] ↔ 逵[奇龜反]			
	⑧	龜	群 逵[奇龜](규)	匣·羽 帷[爲龜](유)	端 追[猪龜](츄)
			定 椎[直龜](츄)	山 榱[所龜](쵀)	明 湄[莫龜](미)
		逵	見 龜[居逵](귀)	
		追	來 纍[力追](류)	

旨韻과 止韻			
視[時止反] ↔ 止[之視反]			
開口	①	視	來 鯉[閭視](리)	
			照 阯·恉·止[諸視](지) 指[祇視](지) 趾[祇視](지)	
		止	神·禪 阯[時止](지) 恃[時止](시) 視[時止](시) 市[是止](시)	
		指	來 履[力指](리)	

紀[居擬反] → 擬[魚理反] → 理[力紀反] → 紀			
開口	②	紀	溪 起[丘紀](긔)	影 矣[於紀](의)	來 理[力紀](리)
		擬	見 紀[居擬](긔)	來 里[旅擬](리)	
		理	疑 擬[魚理](의)	喩 以[餘理](이)	
			透 祉[勑理](지) 恥[癡理](치)	定 歧·雉[除理](치) 痔[治理](치)	
			從·邪 似[詞理](스) 祀·姒·已[徐理](스)	
			牀 仕[助理](스)	山 使[所理](스)	

旨韻과 止韻			
開口 ②	里	曉 喜[欣里](희)	莊 滓[壯里](즈)	精 梓[咨里](즈)
	使	見 几[羈使](궤)		
	几	群 跽[奇几](그)	定 痔[直几](치)	
	几	痳 竢·士[事几](스) 柹[鉏几](시)	山 史[所几](스)	
	几	明 美[妄几](미)		
	喜	見 己[居喜](그)		
	似	照 沚[諸似](지)	精 子[咨似](즈)	心 死[思似](스)
	似	幫 比[俾似](비)		
	祀	透 涕[恥祀]	清 姊[次祀](즈)	
	以	審 始[舒似](시)		
	史	心 笥[思史](스)		
	子	來 李[力子](리) 裏[旅子](리)		
	死	幫 牝[秕死]		
	始	喩 目[餘始](이)	日 耳[如始](이)	穿 齒[蚩始](치)
	耳	照 旨[支耳](지) 址[諸耳](지)		
	旨	審 矢[尸旨](시)		

旨韻과 止韻			
合口	揆[居揆反] ↔ 癸[吉揆反]		
③	揆	見 癸[吉揆](규, 계)	來 壘[屢揆](류)
	癸	見 揆[居癸](규)	審 水[尸癸](슈) 心 雖[思癸](슈)
	癸	幫 妣[俾癸](비)	
	水	來 誄[力水](뢰) 藟[力水](류)	
合口	鮪[爲軌反] ↔ 軌[詭鮪反]		
④	鮪	見 軌[詭鮪](궤) 宄[居鮪](궤) 甄[古鮪](궤)	
	鮪	匣·羽 屚[有鮪]	幫 鄙[補鮪](비)
	軌	匣·羽 鮪[爲軌](유)	
	鄙	並 否[蒲鄙](비)	

至韻과 志韻			
	異[餘志反] ↔ 志[之異反]		
異	溪 弃[去異](기)	日 二[耳異](이)	端 躓[知異](지)
	照 至·志[之異](지)	神·禪 蒔[承異](시)	明 寐[弭異](미)
志	喩 異[餘志](이)	日 貳·餌[如志](이)	穿 燧[齒志](치)
	神·禪 示·諡[時志](시)		
至	溪 棄[企至](기)	來 利[力至](리)	神·禪 侍[時至](시)
	審 弑[尸至](시)	並 鼻[毗至](비)	
利	端 致[徵利](치) 躓[竹利](치) 摯[智利]		
	定 稚[直利](치) 地[題利](디)		精 恣[早利](ㅈ)
	從·邪 自[徐利](ㅈ) 寺[詞利](시)		
	心 駟[胥利](ㅅ) 四[思利](ㅅ) 肆[相利](ㅅ)		
	照 鷙[諸利](지)	神·禪 艖嗜[視利](시)	
貳	照 織[之貳]·鷙[諸貳](지)		
致	見 觊[羈致](긔) 冀[居致](긔)		
	定 緻[馳致](치) 值·稺[除致](치)		來 吏[理致](리)
吏	端 置[徵吏](치)	清 次[且吏](ㅊ)	
	從·邪 食[慈吏](ㅅ) 嗣[囚吏](ㅅ)		
冀	溪 器[祛冀](긔)	影 懿[於冀](의)	莊 厠[側冀](치)
	幫 祕·秘[鄙冀](비)		
器	疑 劓[魚器](의)		
厠	莊 事[仕厠](ㅅ)		
祕	並 備[皮祕](비)		

開口二 ①

	記[居意反] ↔ 意[於記反]	
② 記	群 忌[渠記](긔)	影 意[於記](의)
意	見 記[居意](긔)	

至韻과 志韻		
	季[杞悸反] ↔ 悸[渠季反]	
③ 季	群 悸[渠季](계)	來 纇[力季](류) 類[縷季](류)
	心 晬(粹)[思季](슈)	

合口

至韻과 志韻			
合口	③	悸	見 季[枳悸](계) · 來 淚[縹悸](뤼)
			從·邪 悴[存悸](취, 췌) · 心 誶[息悸](슈)
		類 邃	從·邪 邃[辭類](슈) · 心 彗[蘇類](슈) 邃[思類](슈)
			精 醉[子邃](취) · 心 祟[思邃](슈)
		醉	清 翠[且醉](취)
			從·邪 隧[辭醉](슈) 萃[徐醉](취) 燧[慈醉](슈)
	④	愧[跪饋反] ↔ 饋[渠愧反]	
		愧	群 匱·饋[渠愧](궤) · 匣·羽 位[胡愧](위)
			定 隊[馳愧](츄) 幫 轡[碑愧](비) 明 媚[靡愧](미)
		饋	見 愧[跪饋](괴)
		位	見 媿[居位](괴)

 이상으로 『玉篇』의 반절 계련을 살펴보았다. 그 결과, 支韻은 平聲이 3부류, 上聲이 5부류, 去聲이 5부류이고 脂韻은 平聲이 8부류, 上聲이 4부류, 去聲이 4부류를 이루어 얼핏 보아서는 일정한 성질을 지니지 않는 것처럼 생각되지만 사실은 그렇지가 않다.

 우선 開合의 차이가 있다는 점은 분명하다. 즉 다음과 같은 것이다.

支 韻				脂 韻			
	平聲	上聲	去聲		平聲	上聲	去聲
開口	1부류	2부류	3부류	開口	5부류	2부류	2부류
合口	2부류	3부류	2부류	合口	3부류	2부류	2부류

 이들 開口와 合口에 속하는 각 부류가 다시 어떤 특징을 지니며 상호간에는 어떤 관계가 있는지에 대해, 아래에서는 세 조항으로 나누어 좀 더 상세하게 서술하기로 한다.

【첫째】 이들 각 부류에 있어서 우선 주목해야 할 바는 앞서『切韻』에서 보았던 아후음의 네 부류가 여기서도 보인다는 점이다. 合口부터 먼저 논의해 보면 支韻 ② '規, 窺'와 ③ '嬀, 虧, 危, 麾, 爲'의 대립, 紙韻 ④ '詭, 跪, 毁, 委'의 계련(系聯), 寘韻 ④ '恚, 繐'와 ⑤ '僞, 餧'의 대립은『切韻』과 완전히 동일하며 또한 한국 한자음 '-ㅠ, -ㅟ'와도 거의 일치한다.[19]

開口에 있어서도 紙韻 ① '枳, 妓'와 ② '踦, 綺, 技, 蟻, 倚'의 대립,[20] 寘韻 ① '企, 縊, 易'와 ③ '寄, 義, 議, 戲'의 대립은『切韻』이나 한국 한자음과 대부분 들어맞는다.[21] 이에 의거해 紙韻 '①:②'의 대립, 寘韻 '①:③'의 대립을 '甲類:乙類'의 대립으로 생각할 수도 있지만, 平聲의 경우 반절의 상호 관계를 통해서는 이러한 구별을 할 수 없는 듯 보인다.[22] 그러나 그렇지만은 않다. 가령 앞의 표 중 支韻 ①을 보면 '知'를 경계로 하여 한국 한자음의 'ㅣ:ㅢ'의 대립이 두드러진다. 그리고 '祇(기), 移(이)'와 '羈·奇·騎(긔), 儀·宜(의), 犧(희)'의 대립은『切韻』의 대립이기도 하다. 이러한 구별을 애매하게 만든 원인으로 작용한 것은 '奇[竭知反]'의 반절이며, 설음자 '知'가 두 부류의 경계를 이루지 않을까 생각된다.『切韻』에서 설음자를 반절자로 함으로써 반절의 계련이 불분명하게 되는 경우는 종종 발견된다.『切韻』에서 '猗'가 甲類에 속하는 것처럼 생각되는 것 역시 '於離'라는 반절 때문이며 여기서도 설음자가 장애를 초래하고 있다. '猗'는『玉篇』에서 반절이 '於宜反'이며 한국 한자음은 '의'로

---

19. 다만 '嬀, 虧'가 '규'로 되어 있는 것은 후세음을 채용했기 때문인 듯하다.
20. 이 경우『切韻』에서는 '妓'가 '技'와 동일한 음이며 乙類에 속한다.
21. 단 한국 한자음에서는 '妓, 技'가 모두 '기'이다.
22. [역자주] 紙韻은 上聲, 寘韻은 去聲이다. 여기에 대응하는 平聲의 운은 支韻인데 支韻에서는 이러한 구별이 이루어지지 않음을 언급하고 있다.

서 乙類가 올바르다.

　이상의 내용을 통해 支韻의 경우는 꽤 명백하지만 脂韻와 之韻으로 가면 사정은 극도로 복잡해져서 위와 같은 것이 거의 성립할 수 없는 듯 보인다. 그러나 자세히 관찰하면 이 경우 역시 동일한 모습이다. 脂韻 ⑥ '葵, 惟, 遺, 維' 및 ⑦ '唯'와 ⑧ '龜, 逵, 帷'의 대립, 旨韻 '癸, 揆'와 ④ '軌, 湀, 鮪'의 대립, 至韻 ③ '季, 悸'와 ④ '愧, 饋, 匱, 位'의 대립은 『切韻』과 같다. 다만, 『切韻』에서는 脂韻 合口의 대립이 애매하게만 나타날 뿐이다. 또한 한국 한자음도 예외가 제법 보인다. '逵'를 '규', '帷, 鮪'를 '유'로 하는 것은 '龜, 軌, 匱'의 '귀, 궤', '位'의 '위'와 대조를 이루어서 한국 한자음의 고형은 아닌 것으로 생각된다. 그리고 '愧(媿)'를 '괴'라고 한다든지 '軌' 등에 '궤'라는 속음이 있다든지 하는 것은 그 모음에 흥미로운 점이 있지만 현재 당면한 문제와는 관계가 없기 때문에 생략한다.

　支韻(紙韻, 寘韻도 마찬가지), 그리고 脂韻(旨韻, 至韻도 마찬가지)의 合口에서 대립이 명확한 이상 脂韻(旨韻, 至韻도 마찬가지)의 開口에서도 대립이 나타나지 않을 이유는 없다. 사실 다소간의 예외는 발견되어도 원칙상으로는 인정해도 좋다고 본다. 즉 至韻 ① '冀, 棄'(기)와 '覬, 冀, 器'(긔)는 '利, 致'를 사이에 두고 서로 대립하고 있다는 점이 支韻 ①과 동일한 양상이다. 이것은 우연한 일이 아니다. '利, 致'는 모두 설음자이다. 그러나 脂韻과 旨韻[23]에 있어서는 『切韻』과 마찬가지로 아후음의 분포만 가지고 결정하기는 어렵다. 그런 까닭으로 여기서는 의문을 품은 채로 그만 멈추고자 한다.

---

23. 脂韻 ⑤와 至韻 ②에는 『切韻』 之韻, 志韻의 아후음밖에 없으며 『切韻』에서는 之韻과 志韻이 하나의 부류만 이룬다. 또한 한국 한자음에서는 '의'로 되어 있다.

이상 아후음에 있어서의 대립을 살펴보았는데『玉篇』과『切韻』,
그리고 한국 한자음의 세 가지가 상당한 일치를 나타내고 있다. 그
런데 만일 일본의 옛 가나(假名)로 눈을 돌려 본다면 이러한 일치
는 더 확실해진다. 일전에 橋本萬太郎 선생은 일본 상대(上代)의
고문헌에 나오는 가나(假名)의 차이점에 대해 일본어학상 크나큰
기여를 한 바 있는데,[24] 그 결과 중 'キ(ki)'의 두 부류를 보면『玉
篇』,『切韻』, 한국 한자음과 놀랄 만큼 일치한다. 즉 다음과 같은
것이다.

キ	(甲)	支·伎·岐·妓·企·祇·耆·祁·棄·弃 ([기])
ギ	(甲)	岐·伎·祇·嶬 ([기]) 儀·蟻 ([의])
キ	(乙)	奇·倚·騎·寄·其·紀·己·記·忌 ([긔]), 癸 ([규])
ギ	(乙)	義·宜 ([의])

(1) キ(甲) '支'는『梁僧伽婆羅譯孔雀明王呪經』[25]의 다라니에
서 'ke'라고 했고 그 주(注)에는 '僋音'이라고 되어 있다. 이 '僋
音'이라는 것이 어느 곳의 음인지 상세히는 모르지만 당시 남방
의 음으로 '支(kie)'라는 음이 있었던 듯하다. 일본 한자음도 이
것에 상응한다.

(2) ギ(甲) '儀, 蟻'는『古事記』와『萬葉集』에는 나오지 않으며 주
로『日本書紀』에서 쓰이고 있다.『日本書紀』는 한음(漢音)을 사용
하는 모습이기 때문에 장애가 되지는 않는다고 생각한다.

(3) キ(乙)에 '癸'가 들어 있는 것은 이해할 수 없는 예외이다.

---

24. 橋本萬太郎, 上代の文獻に存する特殊の假名遣と當時の語法,『國語と國文學』
8·9, 1931년 9월.

25. Sylvain Lévi, Le catalogue géographique des Yakṣa dans la Mahāmāyūri,
『Journal Asiatique』, 1915, p.19ff.

【둘째】 전술한 각 부류 중 성모의 관계가 가장 두드러지는 것은 정치음이다. 즉 정치음 三等(照母, 穿母, 神母, 審母, 禪母)이 나타나는 곳은 支韻 開口의 ①과 合口의 ②, 紙韻 開口의 ①과 合口의 ③, 寘韻 開口의 ①과 合口의 ④, 脂韻 開口의 ①과 合口의 ⑥ ⑦, 旨韻 開口의 ① ②와 合口의 ③, 至韻 開口의 ①이며, 그 밖의 곳에서는 나타나지 않는다.[26] 앞의 아후음 항목에서 얻은 결과와 비교해 보면, 이들 중 支韻의 ②, 紙韻의 ① ③, 寘韻의 ① ④, 脂韻의 ⑥ ⑦, 旨韻의 ③은 甲類와 丙類에 속하며 支韻 ①과 至韻 ① 역시 甲類에 나타난다.

旨韻 ②의 경우[27]는 어떠할까? 정치음 三等의 글자들을 보면 '矢[尸旨], 旨[支耳], 址[諸耳], (耳[如始]), 齒[蚩始], 始[舒以], 沚[諸似]'로 되어 있어서 '以[餘理], 似[祠理]'에 의해 '紀·起(긔), 矣·擬[긔]' 등에 연결되며, 동일한 旨韻 ②의 아후음 글자들은 이러한 정치음 三等의 한자가 반절어로 쓰이는 것이 하나도 없다. 이미 아후음 조항에서 서술한 것과 마찬가지로 이 경우에도 '理'라는 설음자가 작용하고 있다는 데 주목해야만 한다. 따라서 旨韻 ② 역시 支韻 ①이나 至韻 ①과 동일한 경우이다.

마지막으로 脂韻 ①이 남는데 '麒[渠之], 僖[虛之], 嬉[虛之]'의 세 예를 제외하면 오히려 甲類로 분류해야만 한다. 그 밖의 아후음 글자를 보면 『切韻』으로 설명할 수 없었던 脂韻 ① '耆(기), 伊(이)'와 脂韻 ④ '飢(긔)'의 대립도 설명할 수 있다. 다만 '祁'의 음 '긔'는 예외이다. '祁'는 『切韻』에서도 '耆'와 같은 음이며 이 글자들과 동음인 다른 글자 '鬐, 鰭'는 모두 한국 한자음으로도 '기'이다. 그리

---

26. 반치음인 日母도 이러한 환경에서만 나타난다.
27. 旨韻 ①은 '鮪, 履' 이외에는 모두 정치음 三等이다.

고 '麒, 僖, 嬉'의 세 예는 불규칙한 반절로 보아야만 할 듯하다.

이리하여 아후음 甲類, 丙類와 정치음 三等 및 日母와의 밀접한 관련성을 증명할 수 있었다고 생각한다. 그렇다면 정치음 二等(莊母, 初母, 牀母, 山母)은 어떨까? 이것 역시 매우 흥미로운 사실을 보여 주고 있다. '緇·菑·輜[側治](속음 '최'), 師[所飢](亽)'는 '飢, 饑'(긔)와 함께 脂韻 ④를 이루고 있으며 '飢'(긔)는 앞서 서술한 대로 乙類에 속하는 모습이다. 또한 脂韻 ④에는 정치음 三等의 음이 없다. 그에 반해 脂韻 ①에는 정치음 二等의 음이 전혀 없다. 合口에서도 '榱[所龜]'는 ⑧에 속하고 정치음 二等의 음은 ⑥, ⑦에서 보이지 않는다. 또한 支韻 ①, 旨韻 ①, 至韻 ①에서는 정치음 三等의 글자와는 정반대쪽, 즉 乙類의 아후음 글자와 같은 부류를 이루며 旨韻 ①은 '鮪, 履' 이외에는 모두 정치음 三等만 있다. 『切韻』에서도 '差, 釃, 躧'는 乙類의 아후음 글자와 같은 부류를 형성하고 있다. 여기에 더해 한국 한자음에서는 '篩·釃(싀), 緇·淄…(최),[28] 滓(즈), 士·仕·史·使·事(亽)[29]로 되어 있어서 정치음 三等과 구별하고 있다. '就, 中, 篩, 釃'와 같은 예는 올바르게 아후음과 상응하고 있다. 요컨대 아후음의 甲類와 丙類는 정치음 三等과 서로 가까우며 아후음 乙類와 丁類는 정치음 二等과 서로 가깝다는 사실을 알 수 있는 것이다.

정치음 三等과 평행하게 치두음 역시 甲類, 丙類와 서로 가까운 관계에 있다. 眞韻 ②와 脂韻 ② ③과는 독립된 부류를 이루는 '他'가 전적으로 정치음 三等과 행동을 함께 한다는 사실은 주목해야만 할 점이다. 그러나 한국 한자음에서는 대부분 'ᄼ'로 되어 있다.

---

28. 師(亽), 榱(최), '愧'(긔) 참조.
29. 다만, '柿, 履'는 '시', '差, 廁'는 '치'이다.

이것은 별도로 연구할 필요가 있는 문제이다.

【셋째】 아후음의 두 부류에 상응하는 것은 정치음만 있는 것은 아니다. 순음에서도 두 부류의 대립이 발견되며, 각 부류는 甲類(丙類)와 乙類(丁類)에 대응한다. 그리고 이 경우는 『切韻』과 『玉篇』이 완전히 일치한다. 이제 번거로움을 무릅쓰고 둘을 대조해 보면 다음과 같다.

		切韻	玉篇[30]	切韻	玉篇
支韻		卑[府移反] (甲)	[俾支反] ①의 前半	碑[彼爲反] (丁)	[彼嬌反] ③
		裨[符支反] (甲)	[毗移反] ①의 前半	皮[符羈反] (乙)	[蒲奇反] ①의 後半
		彌[武移反] (甲)	[亡支反] ①의 前半	麋[靡爲反] (丁)	[明皮反] ①의 後半
紙韻		俾[卑婢反] (丙)	[北爾反] ①	彼[甫委反] (丁)	[補靡反] ⑤
		婢[便俾反] (丙)	[避弭反] ①		
		渳[民婢反] (丙)	[莫爾反] ①	靡[文彼反] (丁)	[眉彼反] ⑤
寘韻		臂[卑義反] (丙)	[補豉反] ①	跛[彼義反] (乙)	[碑寄反] ③
		避[婢義反] (丙)	[裨豉反] ①		

寘韻의 '臂, 避, 跛'는 『切韻』에서는 모두 '義'를 반절 하자로 하고 있어서 구별이 불분명한 모습이지만 반절 상자를 보면 '卑'는 甲類, '婢'는 丙類, '彼'는 丁類로서 분명한 구별이 존재한다. 반절을 취급함에 있어서 반절 하자의 성모도 음미할 필요가 있는 것과 마찬가지로 반절 상자의 운모도 음미할 필요가 있다.

---

30. [역자주] 아래 표에 나오는 '①, ②, ③, …' 등의 숫자는 앞에서 『玉篇』의 반절을 계련한 표에 나오는 번호를 가리킨다.

	切韻	玉篇	切韻	玉篇
脂韻			悲[府眉反] (丁)	[祕飢反] ④
			丕[敷悲反] (丁)	[普坯反] ④
	毗[房脂反] (甲)	[裨時反] ①	邳[符悲反] (丁)	[蒲悲反] ④
			眉[武悲反] (丁)	[莫飢反] ④
			湄[武悲反] (丁)	[莫龜反] ⑧

『切韻』 잔권의 제2종에서는 '丕'가 '普悲反', '邳'가 '符悲反'으로
되어 있다.

	切韻	玉篇	切韻	玉篇
旨韻	比[卑履反] (甲)	[俾似反] ②의 後半	鄙[方美反] (丁)	[補鮪反] ④
	妣[卑履反] (甲)	[俾癸反] ③		
	牝[扶履反] (甲)	[俾死反] ②의 後半	否[符鄙反] (丁)	[蒲鄙反] ④
			美[無鄙反] (丁)	[妄几反] ②의 前半

'牝'는 『切韻』에서는 並母이고 『玉篇』에서는 幫母이다.

	切韻	玉篇	切韻	玉篇
至韻			祕[鄙媚反] (丁)	[鄙冀反] ①의 後半
	鼻[毗四反] (甲)	[毗至反] ①의 前半	備[平祕反] (丁)	[皮祕反] ①의 後半
	寐[密二反] (甲)	[弭異反] ①의 前半	媚[美祕反] (丁)	[靡愧反] ④

이들 순음자의 반절에서 開合의 구별이 일정하지 않다는 점은
이미 서술한 바와 같다. 그러나 『玉篇』에서의 '甲:乙:丙:丁'의 대
립은 아후음 및 정치음의 경우와 완전히 동일하다. 한국 한자음에
서는 이러한 구별을 인정할 수 없지만 일본의 예전 가나(假名)에서

는 매우 명료하게 나타난다. 즉 다음과 같이 되어 있는 것이다.

ヒ (甲)	卑·臂·譬·避·毘·比	(乙)	悲·祕
ビ (甲)	婢·毘·妣·鼻	(乙)	備
ミ (甲)	彌·弭·瀰·寐·美·媚	(乙)	微·味·未·尾

　ミ(甲)에서 '美, 媚'와 같은 乙類의 글자들이 보인다는 점을 제외하면 『玉篇』, 『切韻』의 구별과 일치한다. ミ(乙)의 모든 글자들은 『切韻』에서의 微韻(乙類)에 속하는 것밖에 없다. 또한 일본 한자음 및 한국 한자음과 더불어 예전 모습을 간직하고 있는 베트남 한자음에서도 다음과 같이 이러한 구별을 명확하게 전하고 있다.[31]

甲	臂·卑·裨·俾·避·比·鼻	ti	乙	皮·疲·被·悲	bi
				披·備	fi
	弭	zi		眉	mi

　한국 한자음에서 구별이 없는 것은 중국에서 이미 구별을 잃어버린 시대의 한자음을 전하고 있는 것인지 아니면 한국에서 어떤 변화를 일으켜 혼동하게 된 것인지 결정할 수가 없다.[32] 어쩌면 한국인의 귀에는 구별이 이루어지지 않았을지도 모른다.
　이상 아후음, 정치음, 순음의 고찰을 통해 『玉篇』 支韻, 脂韻의 반절을 네 부류로 나눌 수가 있다.

---

31. B. Karlgren이 지은 『Études sur la phonologie chinoise』의 사전 참조.
32. 향가에서 '非'를 '비', '未'를 '미'로 하고 있는 예가 존재한다. '非, 未'는 모두 微韻(乙類)의 글자이다. 小倉進平 선생의 『鄕歌及び吏讀の硏究』 참조.

	甲類	乙類	丙類	丁類
支韻	①의 前半	①의 後半	②	③
紙韻	①	②	③	④, ⑤
寘韻	①, ②	③	④	⑤
脂韻	①, ②, ③	④, ⑤	⑥, ⑦	⑧
旨韻	①, ②의 後半	②의 前半	③	④
至韻	①의 前半	①의 後半, ②	③	④

『切韻』에서도 반절의 불규칙한 예외로 인해 숨겨져 있기는 하지만 동일한 사실이 존재하고 있었던 것은 아닌가 생각할 수 있다.

Ⅲ

『切韻』과 『玉篇』의 반절을 관찰하고 이들을 한국 한자음과 비교함으로써 아후음에 네 가지 부류가 있으며 그 네 부류는 다른 성모와도 긴밀한 관계에 있음을 보았다. 그런데 이 네 부류가 어떠한 음성적 차이에 기반하고 있는지는 한국 한자음에 근거해서야 비로소 알 수 있다. 즉 '甲類([ㅣ]):乙類([ㅢ])', '丙類([ㅠ] 또는 [ㅖ]):丁類([ㅟ] 또는 [ㅖ], [ㅢ])'에 의해 이 네 부류의 차이가 개음(介音)에 있다는 사실을 이해하게 되는 것이다. 有坂秀世 씨가 『韻鏡』의 아후음 三等과 정치음 二等의 개음을 중설의 'ï'로 설정한 것은 탁견이라고 해야 한다.[33] 그리하여 甲類는 '-i-', 乙類는 '-ï-', 丙類는 '-ïʷ-', 丁類는 '-ïʷ-'와 같은 음가를 추정할 수 있다. 이러한 음가는 앞서 서술한 여러 사실로부터 다음과 같이 입증이 가능하다.

---

33. 有坂秀世, 漢字の朝鮮音に就いて(下), 『方言』6권 5호, 1936년 5월, p.44.

첫째, Karlgren 씨가 명료하게 설명한 바와 같이[34] 정치음 三等과 二等의 차이는 三等이 'palatal'인 데 비해 二等은 'supradental'이라는 점에 있다. 그리고 'supradental'의 음은 요음(拗音)을 기피해서 후행하는 'i'를 약간 중설음으로 바꾼다. 예를 들어 러시아어의 'ШИ, ЖИ'은 '[ʃi], [ʒi]'이다.[35] 따라서 정치음 二等의 글자가 아후음 乙類의 글자와 일치하는 것은 매우 당연하다.

둘째, 순음의 두 부류 중 甲類의 순음은 베트남 한자음에서는 'ti'[36] 또는 'zi'[37]로 되어 있는데 이것은 구개음화의 결과인 듯하다. 즉 甲類의 개음이 乙類의 개음보다도 더 'palatal'이었음을 나타내는 것이다.

셋째, 일본어 상대어(上代語)에서 'キ'의 두 부류와 'ヒ'의 두 부류 중 乙類는 'o' 또는 'u'와 친근 관계가 있다. 예를 들어 'キ(木):コダチ', 'ツキ(月):ツクヨ', 'ヒ(火):ホナカ' 등이 있다. 일본어에서의 두 부류도 고대어에서 'i'와 'ï'의 두 부류가 존재했음을 말해 주는 것은 아닐까 생각된다. 'ï'와 'u, o'의 관계는 'i'와 'u, o'의 관계보다 음성적으로는 더 가깝다.

이상과 같이 아후음의 네 부류가 개음(介音)의 성질에 기반하는 것이라는 사실은 명확해졌는데, 개음 성질의 차이는 곧 아후음 그 자체의 발음 위치 차이에 의한 것인 듯하다. 見母, 溪母, 群母, 疑母, 曉母의 甲類, 丙類는 'palatal'의, 乙類와 丁類는 'velar'의 파열음, 비음, 마찰음이었다고 간주해도 무리는 아니리라 본다. 喩母가

---

34. B. Karlgren이 지은 『Études sur la phonologie chinoise』 참조.
35. Trofimov & Jones, 『The Pronunciation of Russian』, Cambridge, 1923, p.80.
36. 乙類의 'bi, fi'에 대립된다.
37. 乙類의 'mi'에 대립된다.

甲類와 丙類에만 속한다는 것은 그 음이 '[j]'였음을 가리키는 듯
하며, 羽母가 乙類와 丁類에 국한되는 것은 상고(上古)의 乙類 匣
母인 '[ɤ]'으로부터의 변화를 뚜렷하게 말해 주는 듯하다. 羽母가
匣母로부터 변화했다는 사실은 『玉篇』의 반절 및 그 이전의 반절
을 통해 볼 때 분명하지만 이런 사실에 대해서는 후일로 논의를 미
룬다. 다만 影母에 두 부류가 있는 것이 어떤 음성학적 근거에 의
한 것인지는 유감스럽게도 명확히 할 수가 없다. 그리고 『玉篇』과
『切韻』에서 전술한 네 부류가 종종 혼란스럽다는 점은 이미 여러
차례 언급한 바이기는 한데, 많은 경우 설음자가 그 원인으로 작용
하는 모습이다. 이는 당시 설음의 glide가 甲類/丙類 glide와 乙類/
丁類 glide의 중간 정도로 느껴졌던 것은 아닌가 생각할 수 있지만
고대의 설음자에 대해서는 아직 많은 문제가 있기 때문에 갑작스
레 결정하기가 어렵다.

支韻과 脂韻에서의 네 부류의 구별 및 한국 한자음의 일치는 단
순히 이 두 운에만 국한된 것은 아니다. 支韻과 脂韻 두 운에서 두
드러지게 나타나기는 하지만 다른 운(三等韻)에서도 일반적으로
또한 원리적으로 인정할 수 있다. 여기서는 이들 각각에 대해 상술
할 만한 겨를이 없기 때문에 그 중 몇 예를 제시하는 데 그치고자
한다.

韻	甲類	乙類	丙類	丁類
眞	緊(긴) 因寅(인)	巾(건) 斤近(근) 銀殷(은)	均(균) 尹(윤)	窘(균) 隕(운)
質	吉(길) 一逸(일)	吃(글) 訖(흘) 乙(을)		
仙	遣譴(견)	愆乾寋(건) 彦焉(언)	絹(견) 兗(연)	權卷拳(권) 圓員媛(원)
薛		傑(걸) 孼(얼)		
侵	蟬(임) [단 淫(음)]	金今(금) 歆(흠) 吟音(음)		

韻	甲類	乙類	丙類	丁類
緝		急泣及(급) 邑(읍)		
蒸	孕(잉)	兢(긍) 凝應(응) 興(흥)		
職	弋翼(익)	棘極(극) 抑億(억)		
虞	愉(유)	俱具(구)		
魚	餘(여)	居擧(거)		
尤	由(유)	九(구) 右友(우) [단 有(유)]		
東	融(융)	宮(궁)		
鍾	用(용)	恭(공)		
屋	育(육)	菊(국)		
燭	欲(욕)	曲(곡)		
陽	陽(양)	强(강) 誆(광) [단 鄕香(향)]		
藥	藥(약)	脚(각) 謔(학)		

즉 甲類/丙類와 乙類/丁類의 차이가 한국 한자음에서는 요음(拗音)인지 직음(直音)인지의 차이인 것이다. 그리고 乙類가 직음으로 되어 있는 것은 바로 개음 '-ï-' 때문이다. 가령 '愈'은 'kïɔn>kɔn', '宮'은 'kïuŋ>kuŋ'의 변화를 거쳤다. 이러한 직음화의 경향은 일본의 오음(吳音)에서도 동일하게 발견되는 바이다. 예를 들어 '近[コン], 隱[オン] (假名ォ)', '乞[コツ], 乙[オツ] (假ォ)', '權[ゴン], 金[コム] (又假コ)', '音[オム], 應[オウ] (假ォ)', '興[コウ] (假コ)', '億·憶[オク] (假ォ)', '其[グ], 居·擧[コ], 有[ウ], 供[クウ], 宮[ク, クウ], 强[ガウ]' 등이 있다.

IV

이상 한국 한자음에서의 특이한 현상은 『玉篇』과 『切韻』의 반절에서도 발견되는 것이며, 예전 가나(假名)을 포함한 일본 뭇음과도 서로 일치하는 것이라는 점을 다소 상세하게 서술하였다. 그런데 이러한 대응에 있어 앞서와 같이 『玉篇』이나 『切韻』을 상세하게 설명할 필요가 별로 없었을지도 모른다. 왜냐하면 보다 후세의 자료인 『韻鏡』과 『七音鑑』의 운도(韻圖) 및 『集韻』, 『禮部韻略』, 『五音集韻』, 『韻會擧要』 등의 운서에서도 그러한 구별은 지속되고 있기 때문이다. 그러나 『集韻』 등의 운서는 분명 『切韻』 내지는 『廣韻』을 따른 매우 보수적인 것이며 『禮部韻略』 이후 운(韻)의 간소화를 다소 도모하고 있는 것으로서, 그 시대에 실제로 어떠한 음운 조직을 지니고 있었는지에 대해서 결코 유력한 자료가 되지는 못한다. 그 중 『韻會擧要』는 구운(舊韻), 즉 『禮部韻略』의 체재를 유지하면서도 도처에 당시의 현실음을 감안한 주석을 붙이고 있지만, 이와 거의 같은 시기에 편찬된 周德淸의 『中原音韻』과 비교해 보면 구태의연한 점이 있다. 다시 말해 『中原音韻』은 관운(官韻)에 대항하여 실제의 음을 좇아 만들었는데, 여기서는 아후음의 이러한 구별[38]을 완전히 포기하고 현대의 관화음(官話音)에 매우 가까운 음운 조직을 전하고 있다. 『韻會』가 그 시대의 음을 감안하고 있다고 생각되는 것 중에는 그 서문에서도 볼 수 있듯이 『切韻指掌圖』에 의거한 음이 꽤 많은 모습이라는 점이 있다.

이들 운서에 반해 운도는 그 성질상 실제 음에 기반하여 만들어진 것이 아니면 안 된다. 그렇다면 『韻鏡』에서는 네 부류의 구별이 어떠할까? 甲類와 丙類는 四等에, 乙類와 丁類는 三等에 배열함으로써 일견 이들의 구별이 三等과 四等의 차이를 통해 설명되

---

38. [역자주] 아후음을 '甲, 乙, 丙, 丁'의 네 부류로 나누는 것을 가리킨다.

는 듯 보인다. 그런데 자세히 살펴보면 三等과 四等의 구별은『玉篇』과『切韻』의 경우와는 상당히 의미가 다르며 또한 三等과 四等의 차이 또한 확고부동한 것은 아니다. 왜냐하면『玉篇』및『切韻』의 경우 甲類와 丙類는 정치음 三等과, 乙類와 丁類는 정치음 二等과 가까운 관계가 있지만,『韻鏡』에서는 乙類와 丁類가 정치음 三等과 동등하게 되어 있어서『玉篇』과 같은 가까운 관계가 존재하지 않는다. 만약『韻鏡』이 완성된 시대에『玉篇』이나『切韻』과 같은 구별이 있었다면 乙類와 丁類를 二等에, 甲類와 丙類를 三等에 놓아야 마땅하다. 그리하여 실제로 어떤 차이가 있었다고 해도『玉篇』이나『切韻』과 같은 구별, 즉 한국 한자음의 '-ㅣ：-ㅢ' 또는 '-ㅠ：-ㅟ'의 구별은 이미 기대할 수가 없다.

또한『韻鏡』의 三等과 四等은 결단코 고정적인 것이 아니다. 이것은 제21轉과 제22轉을 비교해 보면 쉽게 알 수 있다. 제21轉에는 四等에 놓였던 '甄, 褰'이 제23轉에서는 三等에 놓여 있다. '甄'은『切韻』에서는 '居延反'으로서 '愆, 乾'과는 다른 부류이다. '愆'은 '去乾反', '乾'은 '渠焉反', '焉'은 '於乾反'이다. 이들은 한국 한자음으로는 '-건'으로서 '甄'(견)과 대립한다. '愆, 乾'과 같은 위치에 있는 '妍'은『切韻』에서 '研'과 같은 음이다. '褰'은 제23轉에서는 '遣'과 함께 四等이며 제23轉에서는 '件'과 더불어 三等인데, '遣'은『切韻』에서 '去演反'이며 게다가 한국 한자음이 '견'이기 때문에 분명히 甲類이다. '褰'은 '居輦反', '件'은 '其輦反'이며 모두 설음자를 반절 하자로 하고 있어서 분류가 불분명하지만 한국 한자음에서는 모두 '건'이기 때문에 乙類인 듯하다. 또한 '辨[符褰反]'과 '免[亡辨反]'은 베트남 한자음으로는 'biển'과 'miɲ'이라서 모두 乙類임을 나타내고 있다. 이러한 예들을 통해 보건대 '甄', '愆, 乾, 褰', '遣'은『韻鏡』이

지어졌던 시대에는 완전히 같은 운(介音을 포함하여)이었음을 알 수 있다. 제25轉의 三等에 있는 '蹻'는 제26轉 四等에서 보이고 제33轉의 四等에 있는 '輕'은 제35轉에 四等에서 다시 보이며 마찬가지로 제33轉의 四等에 놓인 '頸'은 제35轉의 三等에서 보인다. '輕'은 淸韻에 속하므로 제35轉에서는 三等이어야만 한다. 여기에 덧붙여 喩母가 반드시 四等임에 비해 日母는 반드시 三等이라는 점도 『玉篇』이나 『切韻』과는 일치하지 않는다.

이 사실들은 三等과 四等의 구별이 당시 실제 음에 딱 들어맞는 것은 아님을 보여 주기에 충분하다. 대체로 『韻鏡』의 43轉이 『切韻』의 206개 운목(韻目)을 총망라하고 있는 것에 대해서는, 『韻鏡』이 실제 음을 충실히 적은 것이 아니라 『切韻』의 한 해석이라고 보아야 할 듯하다.

이러한 실제 음과의 모순에 주목하여 이것을 개정한 것이 司馬溫公이 지었다고 일컬어지는 『切韻指掌圖』이다. 『切韻指掌圖』에서 네 부류의 구별이 어떻게 이루어지고 있는지를 보면 여기서도 三等과 四等의 차이로 나타나고 있다. 『切韻指掌圖』는 『韻鏡』의 43轉을 20轉으로 단축한 꽤나 사려 깊은 개작(改作)으로 이 개작에는 당연히 실제 음을 참고했다고 생각해야만 한다. 그런데도 불구하고 네 부류의 구별에 대해서는 여전히 의심스러운 부분이 있다.

가령 『韻鏡』에서 볼 수 있는 것 이외에 제9圖에서 평성의 '巾, 勤, 銀'은 三等에, '殣, 虓'은 四等에 놓여 있지만, '勤'은 『切韻』에서는 欣韻, '巾, 銀'은 眞韻, '殣'은 眞韻, '虓'은 欣韻이며 게다가 이들은 모두 乙類[39]이기 때문에 제9圖의 三等과 四等 구별은 어떤 의

39. 한국 한자음으로는 '-근' 또는 '-ᅳᆫ'이다.

미가 있을지 매우 의심스럽다. 거성에서는 '皸, 僅, 憖'을 四等에 두고 '蟥'을 三等에 두고 있지만, 『切韻』에서는 '僅[渠遴反], 憖[魚覲反],[40] 皸[去忍反]'으로 되어 있으며, '皸'은 日母인 '忍'을 반절 하자로 한다는 점, 한국 한자음에서 '긴'으로 되어 있다는 점을 통해 甲類라는 점을 알게 된다. '僅, 憖'은 '僅'의 반절어에 '遴'이라는 설음자를 쓰고 있어서 분류가 분명치 않으나 한국 한자음에서 '僅(근), 憖(은)'으로 되어 있다는 점에서 보자면 오히려 乙類인 듯하다. 그렇다고 한다면 이 경우 역시 『切韻指掌圖』와 『切韻』은 일치하지 않는다. 그 밖에 제18圖의 경우 '几'는 다른 예를 볼 때 三等에 넣어야만 올바른 것을 四等에 넣고 있다. 이러한 차이점들은 과연 당시의 음에 『切韻』 등에서의 甲類, 乙類 구별과는 일치하지 않는 차별이 있었기 때문이 아닐까 싶다. 후대의 변화로부터 보건대 이 경우도 甲類와 乙類가 혼동된 결과 이미 구별할 수 없게 되어 버린 이러한 차이를 굳이 圖에다 표시한 것이라고 해야 할 듯하다. 이리하여 甲類와 乙類, 또는 丙類와 丁類의 차이는 『韻鏡』이 간행된 시기든 『切韻指掌圖』가 간행된 시기든 존재하지 않았다고 생각할 수가 있다. 따라서 이들의 차이는 적어도 송대(宋代) 이전으로 소급하지 않으면 안 됨을 알게 된다.[41]

이제 당나라 초기 慧琳의 『一切經音義』를 보면 여기에도 네 부류의 구별이 존재한다.[42] 이 경우 역시 고운(古韻)의 반절을 답습하고 있다고 보아야 할 것인가? 慧琳의 『一切經音義』는 元廷堅의

---

40. '觀, 僅'과 같은 음이다.
41. 『韻鏡』의 제작 연대는 미상이지만 당대(唐代)와 송대(宋代) 사이에 완성되었다는 점은 의심의 여지가 없다.
42. 黃淬伯, 『慧琳一切經音義反切攷』, 國立中央研究員 語言歷史研究所單刊 6, 1937, 上海.

『韻英』에 의거한 것으로서 王國維의 학설에 따르면『切韻』이 육조(六朝)의 구음(舊音)과 오음(吳音)인데 반해『韻英』은 당음(唐音)과 진음(秦音)이다. 그런데 그 내용을 보건대『切韻』보다도 훨씬 간단하다. 즉 각 글자의 반절에는『切韻』의 반절과 동일한 것도 있지만『集韻』등 후대의 운서보다는 자유롭게 폐합(廢合)을 하고 있다. 이는 분명 王國維가 말한 것과 같이 당대(唐代)의 관중음(關中音)을 기반으로 했기 때문이라는 점에 의심이 없다. 그리고 여기서도 '甲, 乙, 丙, 丁' 네 부류의 차이가 명백하게 그리고 어떠한 모순 없이 나타나는 것은[43] 당나라 초기 장안음(長安音)에서도 이러한 구별이 있었음에 틀림없다. 黃淬伯은 陳澧를 본떠서『一切經音義』의 반절을 귀납하여 중국 음운학에 커다란 공헌을 한 바가 있는데 그의 연구에서는 성모에 대해 一等/二等과 三等의 구별 이외에 四等을 독립시키고 있다. 四等의 성모에 속하는 글자들은 전술한 甲類와 丙類에 속하는 것들이며, 이 글자들의 반절자는 거의가 정치음 三等, 喩母, 日母이다. 이에 반해 三等의 성모에 속하는 글자들은 아후음(乙類)과 정치음 二等의 반절자를 가진다. 즉『玉篇』이나 『切韻』에서 보았던 표준은 여기서도 적용되고 있으며 또한 慧琳의 『一切經音義』에 있어서는 성모의 관계 역시『玉篇』,『切韻』보다도 한 걸음 더 나아가고 있는 것이다.

V

요컨대『玉篇』과『切韻』그리고『韻英』의 분석을 통해, 또한 이

---

43. 상세한 것은 생략한다.

문헌들과 한국 한자음의 비교를 통해, 육조(六朝)에서 당초(唐初)에 걸쳐 강남(江南)에서든 중원(中原)에서든 혹은 관중(關中)에서든 아후음 글자에 네 부류의 개음(介音)이 실제로 존재했었다는 사실을 알게 되었다. 그리고 한국 한자음은 이 문헌들과 부합할 뿐만 아니라, 만일 한국 한자음이 없었더라면 이 운서들의 부류 구별이 어떤 의미를 지니는지 하는 문제는 불분명하게 끝났을 것임에 틀림없다. 그렇다면 한국 한자음은 어느 시대 중국음을 모태로 하고 있는가? 여기에 대해서 이 사실만으로 결정할 수는 없지만 적어도 아후음의 이러한 특징과 관해서는 다음과 같이 고찰할 수 있지 않을까 본다.

한국 한자음을 일본 한자음과 비교하여 일본의 한음(漢音)과 오음(吳音) 중 어느 것에 가까운지를 보면 분명 오음(吳音)에 더 가깝다. 그뿐만 아니라 일본의 예전 가나(假名)에 있는 구별과 일치하는 바를 볼 때 더욱 더 분명한 듯하다. 일본의 오음(吳音)은 아마도 남조(南朝)의 음에 기초를 둔 것인 듯 보이므로 한국 한자음도 남조(南朝)의 음에 의거한다고 생각해야만 할 것 같다. 또한 Maspero 씨의 학설에 따르면 베트남 한자음은 당대(唐代)의 장안음에 기반한 것인데[44] 베트남 한자음 중에 다음과 같은 예가 보인다.[45]

奇(ki 또는 kə), 基(kə),[46] 起(kʰi 또는 kʰəi), 某·期·旗·麒(ki 또는 kə), 權·拳(küen 또는 kuəŋ) 등

---

44. H. Maspero의 "Le dialecte de Thc'ang-ngan sous les T'ang"(『B.E.F.E.O.』 20호, 1920) 참조.
45. B. Karlgren이 지은 『Études sur la phonologie chinoise』의 사진 참조.
46. '箕(ki)' 참조.

이러한 이중형(二重形)은 일본 한자음의 두 종류와 종합적으로 고찰하면 매우 흥미롭다. 즉 규칙적인 형태인 'ki, kʰi, küen'이 당대 (唐代)의 음이라고 한다면 예외적인 형태인 'kə' 등은 그 이전인 남조(南朝)의 음을 나타내고 있는 듯 보이는 것이다. 또한 이들의 음가를 보건대 한국 한자음과 많이 비슷하다. 가령 다음과 같다.

한자	한국 한자음	베트남 한자음
奇·基·期	긔	kə
起	긔	kʰəi
權·拳	권	kuən

게다가 『梁僧伽婆羅譯孔雀明王呪經』에서 '金(kïm)'을 'kum'으로 한 예가 있다. 이처럼 한국 한자음이 남조(南朝)의 음에 기인한다고 한다면 한국 한자음과 『玉篇』의 반절이 일치하는 것은 지극히 자연스러운 일이다. 다만 『韻英』 역시 이러한 구별이 명료함에도 불구하고, 동일하게 장안음(長安音)을 전하고 있는 일본의 한음(漢音)에서는 이 구별이 보이지 않는다는 점이 기이하다. 일본어의 음운 조직은 당시 이러한 세부적인 면까지 반영할 수 없었던 듯하지만, 한음(漢音)의 모태인 중국음에서는 한국 한자음이나 오음(吳音)에서와 같은 중설음화의 경향이 두드러지지 않았다고 생각할 수가 있다. 그러므로 『韻英』에서 구별은 명료해도 그 뉘앙스는 남방음(南方音)만큼 격렬하지는 않았던 듯하다.

이윽고 당(唐)으로부터 송(宋)을 지나면서 이러한 구별은 북방(北方)에서든 남방(南方)에서든 붕괴됨으로써, 원대(元代)에는 이미 乙類가 甲類에 포섭되었고 丙類와 丁類는 어떤 운(支韻, 脂韻, 微韻, 齊韻, 陽韻)에서는 丁類가 승리하였으며 다른 운에서는 丙類로

귀속되어 현대에 이르고 있다. 다만 溫州, 上海와 같은 吳方言에서
는 丙類와 丁類가 모두 丙類로 합쳐졌다. 이러한 吳方言에 있어서
『玉篇』과 『切韻』의 대립이 甲類, 丙類로 통일되었다는 점은 현대
의 吳方言이 남조음(南朝音)의 정통을 잇고 있음을 가리키는 듯하
다. 북방에서 둘 사이의 혼란은 종종 예외를 만들고 있는데 가장
좋은 예는 '弓, 宮, 恭, 共' 등이다. 이 글자들은 현대의 관화음(官話
音)에서 대개 'kuŋ'으로 되어 있어 개음 '-ï-'를 탈락시키지만 이것
은 정칙의 발달은 아니다. 왜냐하면 같은 운의 '穹'은 'tśʰüuŋ', '胸,
熊'은 'śüuŋ'으로 정칙의 발달을 하고 있기 때문이다.[47] 북방에서는
당(唐)과 송(宋)의 사이에 'kiuŋ'(甲類)과 'kïuŋ'(乙類)의 상호 충돌
이 발생하여 그 결과 '弓, 宮'은 예전 형태(kïuŋ>kuŋ)가 채용되고
'穹, 胸, 熊' 등은 새로운 형태(kʰiuŋ>tśʰüuŋ, hiuŋ>śüuŋ)가 채용된
것 같다. 덧붙이자면 이 운의 아음(牙音)은 乙類가 고형이다.

---

47. 남방(南方)의 방음(方音)에서는 吳方言, 閩方言, 客家方言 모두 '-ï-'를 유
지하고 있다.

『東國正韻』과
『洪武正韻譯訓』에 대하여

2장

─『東國正韻』과『洪武正韻譯訓』에 대하여

【해설】 이 논문은 원 제목이 '「東國正韻」及び「洪武正韻譯訓」に就いて'이며 1940년 8월 『東洋學報』 27권 4호에 발표되었다. 이 논문을 쓸 당시 산일한 상태였던 한국의 두 문헌, 『東國正韻』과 『洪武正韻譯訓』에 대해 여러 가지 문헌의 기사로부터 각각의 내용을 추정하고 있다. 『朝鮮王朝實錄』은 물론이고 『保閑齋集』, 『四聲通解』, 『東國文獻備考』, 『東國輿地勝覽』, 『字類註釋』 등 매우 다양한 문헌에서 기록을 인용하여 논의를 진행했다. 두 문헌의 서지적 내용보다는 주로 두 문헌의 한자음 성격을 구명하는 데 초점이 맞춰져 있다. 그리하여 『東國正韻』이 黃公紹의 『韻會』에 기반하고 있다는 점, 『洪武正韻譯訓』의 한자음이 『四聲通攷』 및 『四聲通解』의 한자음과 어떤 관계에 있는지 등을 논의했다. 그런데 이외에도 여러 가지 주목할 내용이 많다. 한글 창제가 일차적으로 한국 한자음 표기를 위한 것이라는 점, 신숙주 등이 요동에 건너간 것은 한글 창제와 전혀 무관하다는 것 등 이후 훈민정음과 관련된 국어학사 논의에서 언급되던 사항들이 상당 부분 들어 있다.

1. 머리말

한국에서 언어의 기록이 명확한 모습을 지니게 된 것은 한글 창제 이후이다. 한국 한자음을 분명하게 알 수 있는 것 역시 마찬가지여서, 우리가 한국 한자음을 연구하고자 하면 한글 창제 직후 이 방면에서 어떤 업적이 이루어졌는지가 당연한 문제가 된다. 조선의 명군 세종이 그 신하로 배출한 석학(碩學) 및 대유(大儒)와 함께 일으킨 사업은 그 수가 많지만 그 중 대서특필해야 하는 것은 뭐니뭐니 해도 한글의 창제였다. 극도로 뛰어난 이 문자를 만들어낸 저들의 예봉은 곧장 한국 한자음과 당시 중국음으로 향했고 그 결과 여기서 다루려 하는 『東國正韻』과 『洪武正韻譯訓』이 나오게 된 것이다. 이 두 문헌 모두 이미 산일함으로써 그것을 눈으로 볼 수 없는 것은 매우 유감스러운 일이지만 여기에 관한 각종 기록을 통해 이 두 문헌의 성질을 대략 추측할 수 있으리라 생각된다. 은사이신 小倉進平 선생이 이미 역저 『朝鮮語學史』에서 이 두 문헌에 대해서도 해설을 베풀고 있기 때문에 지금 또 다시 자세히 말할 필요는 없겠으나 필자는 이 해설을 기초로 다시 두 문헌의 내용을 감히 고찰하고자 한다. 물론 원 문헌은 현재 그 일부조차도 남아 있지 않아서 결국은 추측에 불과한 것이겠지만 약간의 우견(愚見)을 피력하여 강호(江湖)의 질정을 바라는 바이다.

2. 東國正韻

『東國正韻』은 세종의 명을 받들어 신숙주 등이 편찬한 운서로서 한글 창제(세종 25년)로부터 4년 후인 세종 29년(正統 12년, 서기 1447년)에 완성되었다. 이 책이 어떤 것이었는지를 추측하기 위한 첫번째 자료는 『世宗實錄』 권117 세종 29년 9월 조항에 실려 있는 신숙주의 서문이다. 이 서문에 관해서는 『朝鮮語學史』에 小倉進平

선생의 친절하고도 정성스러운 해설이 있지만 이 서문은 여러 가지
의미에서 흥미로운 점이 있으므로 여기서 그 주요 부분을 제시하고
그 중 중요한 점에 대한 저자의 견해를 덧붙이고자 한다.

(1) 是月[1] 東國正韻成, 凡六卷, 命刊行. 集賢殿應敎申叔舟奉敎
序曰, 天地絪縕, 大化流行, 而人生焉. 陰陽相軋, 氣機交激, 而聲
生焉. 聲旣生焉, 而七音自具. 七音具而四聲亦備. 七音四聲經緯相
交, 而淸濁·輕重·深淺·疾徐生於自然矣. 是故庖羲畫卦, 蒼頡制
字, 亦皆因其自然之理, 以通萬物之情.

(1)에서와 같이 최초의 언어에 대한 송대(宋代)의 철학적 해석으
로 글을 시작하고 있다. 이 서문의 후반부에도 역시 성리학적 언어
관이 서술되어 있지만 이것은 현재의 당면 문제와는 무관하기 때
문에 생략하기로 한다.

(2) 及至沈·陸諸子, 彙分類集, 諧聲協韻, 而聲韻之說始興. 作者
相繼, 各出機杼, 論議旣衆, 舛誤亦多. 於是溫公著之於圖, 康節明
之於數, 探賾鉤深, 以一諸說. 然其五方之音各異, 邪正之辨紛紜.

(2)에서는 沈約과 陸法言 이후의 음운 연구가 왕성해짐에 따라
논의 또한 많아졌음을 말하고 있다. 이어서 다음과 같이 한자음 변
천에 관한 신숙주의 일류(一流) 견해를 서술하고 있다.

---

1. 즉 세종 29년 9월.

(3) 夫音非有異同, 人有異同. 人非有異同, 方有異同. 蓋以地勢別
而風氣殊, 風氣殊而呼吸異. 東南之齒脣, 西北之頰喉是已. 遂使
文軌雖通, 聲音不同焉. 吾東方表裏山河, 自爲一區. 風氣已殊於中
國, 呼吸豈與華音相合歟. 然則語音之所以與中國異者, 理之然也.
至於文字之音, 則宜若與華音相合矣. 然其呼吸旋轉之間, 輕重翕
闢之機, 亦必有自牽於語音者. 此其字音之所以亦隨而變也.

그는 언어의 차이가 그 토지(土地), 풍기(風氣)의 차이에서 기인
한다고 하고서 한국어와 중국어의 언어적 차이를 강조했다. 또한
한국 한자음은 원래 중국어의 음이기 때문에 차이가 생겨서는 안
되지만 한국어 그 자체의 영향을 입어 중국음과 다르게 된 까닭을
설명하고 있다. 이러한 언급은 꼭 주목해야만 한다. 그러나 서문에
서 논의하고자 하는 바는 다음의 (4) 이후 내용이다.

(4) 其音雖變, 淸濁·四聲則猶古也. 而曾無著書以傳其正. 庸師俗
儒, 不知切字之法, 昧於紐躡之要, ①或因字體相似而爲一音, ②或
因前代避諱而假他音, ③或合二字爲一, ④或分一音爲二, ⑤或借用
他字, 或加減點畫, ⑥或依漢音, 或從俚語.

여기서 "曾無著書以傳其正"이라고 말한 것을 통해 알 수 있듯이
『東國正韻』이전에 일찍이 조직적으로 한국 한자음을 취급한 것이
없었던 모양이다. 신숙주는 (3)에 서술한 바와 같이 한국 한자음과
중국음의 차이를 인정하였지만 청탁(淸濁)과 사성(四聲)의 법칙
은 자고로 변화하지 말아야 한다고 보고 있었다. 그래서 그는 (4)
와 (5)[2]에서 당시의 한국 한자음이 상당히 혼란스러운 사실을 여

러 조항에 걸쳐 설명하고 있다. 그런데 그가 혼란스럽다고 생각했던 것은 물론 중국 음운학을 기준 삼아서 통제가 너무나 결여되어 있는 상황을 말한 것으로서, 한자음의 역사적 변천을 고려하지 않은 것은 당시 학자로서는 어쩔 수 없는 일이며 이러한 변천의 자취를 '庸師俗儒'가 음운학에 몽매했던 사실로 돌리고 있는 것이다.

위의 (4)와 (5)에 제시된 여러 조항들은 역으로 당시의 한자음이 어떠했는지를 알게 해 주는 것이어서 『東國正韻』의 성질을 명확하게 함과 동시에 한국 한자음의 역사상으로도 커다란 빛을 던져 준다. 이제 각 항에 대해서 약간의 설명을 시도해 보도록 한다.

① 或因字體相似而爲一音

이것은 한자음이 통일되지 않은 가장 중요한 이유이다. 현대의 '歐, 鷗'는 모두 '구'라고 읽히는데 이것은 '區'라는 해성(諧聲) 성부(聲符)에 의한 유추형이다. 왜냐하면 이 글자들은 중국 운서의 반절을 통해,[3] 또는 일본 한자음 'オウ'를 통해 볼 때 틀림없이 '우'라고 해야만 하기 때문이다.[4] 이런 종류의 변이는 많이 발견되는데 이 현상은 일본 한자음에서도 나타난다. 가령 '輸贏'의 '輸'가 'シュ'라는 정음 이외에 '輸入, 輸出'과 같은 경우는 해성부(諧聲符) '兪'에 의해 'ユ'로 읽히며, '洗面'이 'セイメン'으로 읽혀야만 하는데도[5]

---

2. [역자주] (5)는 아직 제시되지 않았고 한참 뒤에 나온다.

3. 『廣韻』에서는 '烏侯切'이다.

4. '歐, 鷗'는 侯韻이고 '區'는 虞韻이라서 운(韻)에서도 차이가 나지만 한국 한자음에서는 侯韻과 虞韻 모두 'ㅜ'로 되어 있다.

5. '洗'는 『廣韻』에서 '先禮切'이고 한국 한자음은 '세'이다. 『廣韻』에는 銑韻에도 '洗[蘇典切]'가 있지만 이 때의 '洗'는 '律名 姑洗'의 뜻으로서 '洗浴'의 의미는 아니다. [역자주] '律名'은 12개의 음 높이 이름을 가리키며 '姑洗'은 그 중 다섯 번째의 명칭이다.

'先'이라는 성부(聲符) 때문에 'センメン'으로 읽히는 것과 같은 경우가 그러하다. 이러한 현상은 일본과 한국에서만의 일이 아니다. 중국음 자체에서도 늘 되풀이되는 일인 듯하다. 대다수의 해성 문자가 형성된 시대는 대단히 오래 되었으며 그 시대에는 해성 성부가 어떤 음표 문자였었지만 점차 고정되면서 마침내 표의 문자로 바뀌었다는 것이 일반적으로 생각되는 바이다.

그러나 해성 문자의 생명이 결코 그 시대에 고갈되어 버리는 것은 아니다. 중국에서 신어를 문자로 나타내려 할 경우 반드시 이러한 해성 성부를 이용했었다고 보아야 할 것이다. 또한 해성 문자와 그 해성 성부 사이에 상당한 규칙성을 유지하는 것은 바로 해성 성부의 생명이 존속됨을 의미하는 것이며, 일본과 한국에서의 오독 예 역시 해성 문자의 생명이 지속됨을 명시하는 듯하다. 그렇지만 이 문제를 전반적으로 다루는 것은 여기서의 논의와는 직접 관계가 없으며 이 문제는 그 자체가 중국어학으로서도 적지 않은 결과를 초래할 수 있는 것이라서 다음 기회로 미루고 더 이상 다루지 않는다. 다만 이런 현상은 『東國正韻』의 편찬 당시에도 현대와 마찬가지로, 혹은 그 이상으로 많았다고 생각한다.

② 或因前代避諱而假他音

여기에 대해서는 현재 유감스럽지만 증거가 없다. 고려 시대에 어쩌면 이러한 습관이 있었을지도 모르지만 상세화할 수가 없다.

③ 或合二字爲一

이것은 지명 등에 쓰이고 있다. '乻'(살), '乫'(놀) 등의 경우를 가리키는 듯 생각된다. 이러한 방법을 발전시켰다면 일종의 발음 문자를 좀 더 예전 시대에 만들었던 셈이다. 글자 모양은 달라도 한글 창제의 동기 중 하나를 담고 있다고 생각한다.

④ 或分一音爲二

한국에서는 한 글자가 반드시 하나의 음을 지니는 것으로 한정되지는 않는 경우가 있다. 이런 경우는 보통 정음과 속음으로 구별한다. 예를 들어 '茶'는 '차'와 '다'의 두 가지로 발음되며 '다'는 속음이라고 되어 있다. 또한 '不'은 '부, 불'의 두 가지 독법이 있다. '車'는 '차'와 '거'의 두 음이 쓰이고 있는데[6] 이 경우는 두 음 모두 유서가 오래되었다.[7] 이러한 (정음과 속음의) 두 음이 공존하는 것은 『東國正韻』이 편찬된 시대에도 마찬가지였으리라 본다.

⑤ 或借用他字, 或加減點畵

이것은 한자의 음보다도 그 모양(體)에 대한 언급으로서 당시 한자의 정용(正用), 정형(正形)이 꽤나 문란했던 듯하다.

⑥ 或依漢音, 或從俚語

여기서 '漢音'이라고 한 것은 중국음이라는 뜻이며 아마도 근대 중국음의 차용을 말하는 것임에 틀림없다. 중국 대륙과 항상 접촉을 유지해 온 한국으로서는 근대 중국음의 차용이 일본의 경우보다도 훨씬 빈번하면서도 자연스러운 일이었다. '鞋(鞵)'는 '혜'로 읽히지만, 박성원(朴性源)의 『華東正音通釋韻考』에 "鞵俗音从華"로 되어 있고 '階, 祴'(계)도 마찬가지로 『華東正音通釋韻考』에 "俗音

---

6. 가령 '自轉車'는 '자전거'이지만 '自動車'는 '자동차'이다.
7. '車'는 『廣韻』에서 '尺遮切'과 '九魚切'로 되어 있다.

从華"라고 되어 있듯이 분명 근대음의 차용이다. 앞서 제시한 '茶' (차, 다)와 '詫'(차, 타)의 두 음 중 '차'는 화음(華音)의 차용이고, '다, 타'는 전통적인 한자음이다.[8] '姐'는 '자' 이외에 속음 '져'가 있는데 이것은 현대음 'chieh'에 상당하며 또한 '杜, 肚'의 '두'와 '妒'의 '투' 도 각각 현대 중국음에 상당한다.

  현재의 한국 한자음 구성이 어느 시기에 기반을 두었는지, 또 는 근대 중국음의 영향을 어느 정도 입었는지 하는 것은 쉽게 해 결할 수 없는 커다란 문제이다. 조선 시대에 중국 한자음을 정음 이라고 하고 한국 한자음을 속운(俗韻)이라고 부른 일은 『文宗實 錄』 원년 1월 조항에 실린 어효첨(魚孝瞻)의 주문(奏文)에서 보인 다.[9] 또한 『經書正音』이라는 책이 있는데 이는 칠서(七書)에 중국음 을 적은 것이다. 즉 한국에서는 중국음을 늘 표준으로 삼고 있었기 에 『東國正韻』과 같은 한국 한자음의 전거가 없던 이전 시기에 항 상 중국음의 영향을 받았다는 점은 예상하기 어렵지 않은 것이다. 현재의 한국 한자음 중에도 앞서 제시한 예들 이외에 근대 중국음 의 흔적이 여전히 많으리라 생각되지만 이 문제에 대해서는 아직 연구를 필요로 한다.

  (5) 而字母・七音・淸濁・四聲皆有變焉. ⑦若以牙音言之, 溪母之 字太牛入於見母. 此字母之變也. ⑧溪母之字或入於曉母. 此七音 之變也. ⑨我國語音, 其淸濁之辨, 與中國無異, 而於字音獨無濁 聲. 豈有此理. 此淸濁之變也. ⑩語音則四聲甚明, 字音則上去無

---

8. '茶'는 『廣韻』에서 '宅加切'이고 '詫'는 『廣韻』에서 '丑亞切'이다.
9. 今世子於書筵以正音進讀, 不專精於義理, 且血氣未定而徒習正音, 恐非保養之 道, 宜隨俗韻.

別. ⑪質勿諸韻, 宜以端母爲終聲, 而俗用來母. 其聲徐緩, 不宜入
聲. 此四聲之變也. ⑫端之爲來, 不唯終聲. 如次第之第, 牧丹之丹
之類, 初聲之變者亦衆. ⑬國語多用溪母, 而字音則獨夬之一音而
已. 此尤可笑者也.

위의 (5)는 당시 한국 한자음의 성질을 나타낸 것으로서 매우 흥
미롭다.

⑦ 若以牙音言之, 溪母之字太半入於見母. 此字母之變也

이것은 곧 36자모 사이의 혼동예 중 하나이다. 溪母(ㅋ, [kʰ])의
글자, 가령 '可, 口, 輕' 등이 대부분 見母(ㄱ, [k])로 되어 있는 것은
현재와 동일한데,[10] (5)의 마지막 부분(⑬)에서 "國語多用溪母, 而
字音則獨夬之一音而已. 此尤可笑者也"라고 되어 있는 데 이르러
서는 지금 상황과 완전히 같은 모습이다. 현재 쓰이고 있는 한자
음 중 '夬'라는 하나의 음절, 즉 '夬, 獪, 快, 噲, 駃'(쾌)만이 'ㅋ'을 초
성으로 지니고 있다. 단, 『華東正音通釋韻考』에는 이 글자들 외에
'喟'(퀴, 俗音 위)라는 예가 더 있지만 『奎章全韻』과 『全韻玉篇』에서
는 모두 '귀'로 되어 있고 '퀴'는 인정하지 않는다. 『華東正音通釋韻
考』의 '퀴'도 화음(華音) '퀴'를 잘못 적은 것이 아닌가 한다.

⑧ 溪母之字或入於曉母. 此七音之變也

溪母는 아음이고 曉母는 후음이기 때문에 이것은 七音의 변화이
다. 溪母(ㅋ)는 앞서 서술한 바와 같이 대부분 見母(ㄱ)로 되어 있지

---

10. '可'는 '가', '口'는 '구', '輕'은 '경'이다.

만 어떤 글자는 曉母(ㅎ)로 되어 있음을 말한 것으로 이 또한 현재
에도 볼 수 있는 바이다.[11] 여기서 몇몇 예를 제시하면 다음과 같다.

齁(규, 俗音 휴)	獧(견, 俗音 현)	鱎(고, 俗音 호)	抗·伉(강, 俗音 항)
欽(금, 俗音 흠)	欠(검, 俗音 흠)	酷(곡, 俗音 혹)	

⑨ 我國語音, 其淸濁之辨, 與中國無異, 而於字音獨無濁聲. 豈有
此理. 此淸濁之變也.

한국 한자음에 탁성(濁聲)이 없다는 것은 현재와 동일하다. 그런

---

11. 溪母는 전술한 것처럼 세 가지 형태로 다루어지고 있다. 하나는 원래의 'ㅋ'을
유지하는 것('夬' 등), 다른 하나는 見母로 된 것('可' 등 그 밖의 대부분), 마지
막은 曉母로 된 것('齁' 등)이다. 이 중 '夬'의 한 음만이 'ㅋ'을 보존하고 있는 것
은 신숙주가 언급한 대로 기묘한 일이다. 어쩌면 이것은 근대 중국음의 차용일
지 모른다. 溪母의 대부분이 見母로 되고 다른 일부가 曉母로 된 것은, 한국에
서 중국음을 받아들이던 시기에 'kʰ'라는 음이 없었기 때문에 溪母 글자를 어
떤 때는 'ㄱ'으로, 어떤 때는 'ㅎ'으로 나타낸 것이 아닐까 생각한다. 그러나 신숙
주가 "國語多用溪母"라고 말하고 있는 것에 비추어 보면 당시 고유어 중에 'ㅋ'
이라는 음이 존재했던 것은 분명하다. 실제로 『龍飛御天歌』에서 '쿵화리'(27
장)나 '王事를爲커시니'(112장)와 같은 예를 볼 수 있다. 원래 'ㅋ'을 가진 고유
어는 '그럿켓지(=그렇겟지)'라든가 '좃키는좃커니와(=좋기는 좋거니와)'와 같
이 선행하는 'ㅎ'과 'ㄱ'가 결합하는 경우를 제외하면, 초성으로 나타나는 것은
대부분 의태어나 의성어이다. 그 외에는 '크다(大), 칼(刀), 코(鼻), 켠다(引)' 등
매우 적다. 그나마도 '칼, 코'는 예전에 '갏, 곻'였으며 종성 'ㅎ'이 초성 'ㄱ'에 영
향을 주어 '칼, 코'로 바뀐 것이기 때문에(前間恭作 선생의 『龍歌故語箋』 66쪽
참조), 이 밖의 단어들도 훨씬 예전 시기로 거슬러 올라가면 어떤 것은 동일한
경로를 거치지 않았을까 생각된다. '크다'와 같은 단어는 조선 초기에 아직도
존재하던 동일 의미의 '하다'와 어떤 관련성이 있는 듯하다. '켠다'는 지방에 따
라서 '현다'라고 말하는 곳이 있으며, 前間恭作 선생의 학설(『龍歌故語箋』 122
쪽 참조)에 따르면 『龍飛御天歌』의 '넌즈시치혀시니'(薄言挈之, 87장)와 관련
된다. 즉 '혀'가 한 쪽에서는 '혀'가 되고 다른 한 쪽에서는 '켜'가 되었다고 생각
할 수 있으므로 'ㅋ'의 기원은 한편으로 이런 방면에서 찾는 것도 가능한 것이
다. 요컨대 한자음에서 溪母의 처리 방식은 중국음을 수입한 고대 한국어 음
운 상황의 한 측면을 암시한다고 말할 수 있다.

데 "我國語音, 其淸濁之辨, 與中國無異"라고 말한 것은 어떤 의미를 지니고 있을까? 현대의 고유어를 통해 보자면 고유어에도 청탁(淸濁)의 구별이 없다. 그러나 '청탁(淸濁)'이라는 용어는 우리(일본)의 경우와 의미를 약간 달리하는 듯하다.

『訓民正音』에서 한자음의 탁음(濁音)을 표시하는 데는 'ㄱ' 등의 병서를 이용하여 'ㄲ' 등으로 하고 있다. 이러한 'ㄲ' 등은 옛 문헌에서는 대부분 한자음에 국한되어 나타났지만 드물게 고유어에도 쓰이고 있다. 가령 『龍飛御天歌』에서 '아ᅀᆞ쏠까(43장), 노ᄅᆞ샛바오리실씨(44장), 치혀시니(87장)'의 '까, 씨, 혀' 등이 그 예이다. 그렇지만 이들은 탁음(濁音)이 아니고 아마도 현재의 된시옷을 나타내는 듯하다. 이러한 된시옷에 대해서는 이미 小倉進平 선생의 연구가 있다.[12] 여기서 그 중 한 구절을 인용하면 다음과 같다.[13]

한국어의 된시옷은 그 발음에 있어 우선 해당 자음이 발음 나는 위치의 후반부에서 기식이 충분히 축적되는 것을 필요 조건으로 한다. 다음으로 파열(p, t, k) 또는 마찰(s) 작용과 다음에 오는 모음 사이에 나타나는 전이음에 관해서 말하자면, 평음인 'pa, ta, ka, sa' 등에서는 자음과 모음 사이에 경미한 유기성 전이음(h-glide)이 들어가지만 된시옷의 경우에서는 그 자음과 모음 사이에 모음과 성질을 같이 하는 유성음의 전이음이 들어간다는 특

---

12. 『岡倉先生記念論文集』에 실린 「朝鮮語の toin-siot」 참조. [역자주] 이 논문은 1928년에 발표되었으며 기존 논의에서 된소리의 특징으로 많이 거론한 두 가지, 즉 음이 더 강하다는 점, 중복 자음과 비슷하다는 점만으로는 된소리의 본질을 제대로 포착했다고 볼 수 없고 오히려 된소리로부터 후행 모음으로 연결되는 과정에서 나타나는 유성의 glide가 된소리의 가장 중요한 특징임을 실험 음성학적으로 증명하였다.

13. [역자주] 인용된 부분은 해당 논문의 결론 맨 앞에 나온다.

징을 지닌다고 할 수 있을 것이다.

여기서 말한 바와 같이 유성음적인 glide로 인해 탁음(濁音)처럼 들리는 것이다. 이러한 성질에 의거해 '된시옷 자음'과 '단순 자음' 을 '濁'과 '淸'으로 보았던 듯하다. 그런데 신숙주의 『四聲通攷』 범 례에서 말하고 있는 바를 볼 때 당시 중국 북방음에서의 청탁(淸濁) 구별은 오히려 현재와 마찬가지로 성조형의 차이로 생각할 수 있으며 실제로 『中原音韻』에서는 이미 탁뉴(濁紐)가 존재하지 않 는다.

> 全濁上去入三聲之字, 今漢人所用, 初聲與淸聲相近. 而亦各有淸
> 濁之別. 獨平聲之字, 初聲與次淸相近. 然次淸則其聲淸, 故音終直
> 低. 濁聲則其聲濁, 故音終稍厲.

그러나 신숙주는 『洪武正韻』을 충실히 받들어 따랐기에, 『洪武 正韻』의 청탁(淸濁)이 吳方言에 기반한 것이라고 한다면, 신숙주가 吳方言을 참고했다고 보아도 반드시 이치에 맞지 않는 것은 아니 다. 이렇게 볼 때 "我國語音, 其淸濁之辨, 與中國無異"라고 한 것이 나 옛 문헌에서 탁음자(濁音字)를 된시옷으로 표기한 것이나 모두 이해할 수가 있다.

또한 '된시옷'을 탁성(濁聲)이라고 본 것은 신숙주만 그런 것은 아 니다. 『星湖僿說』에서 "我俗西邊多濁聲, 都中泮村亦然"라고 하여 한국어 방언 중에 탁성(濁聲)이 많다고 말하고 있는데 현대의 방 언에서도 '가마귀'를 '까마구', '개고리'를 '깨구리'로 말하듯 평음을 된시옷으로 발음하는 것이 있다. 그러나 초성에서 순수한 탁음(濁

聲)을 지니고 있는 것은 아직 들은 바가 없다.[14]

⑩ 語音則四聲甚明, 字音則上去無別

이것 역시 주목할 만한 가치가 있는 관찰이다. 현재 한국 한자음의 사성(四聲)은 입성 이외에는 구별이 없는 듯 보이지만, 간혹 평성과 상성/거성이 구별되는 경우가 있다. 가령 '魚(平)'와 '語(上)·御(去)', '京(平)'과 '警(上)·慶(去)'과 같은 예가 그러하다. 이 경우 상성과 거성은 모두 약간 길며 음조는 평성에 비해 낮은 것처럼 들린다. 따라서 이것 역시 신숙주가 말한 것과 같다.

고유어에 사성(四聲)이 있다고 한 언급은 매우 흥미로우며 연구할 가치가 있지만 상세한 것은 다음 기회로 미룰 수밖에 없다. 한글 창제 이후의 옛 문헌에서 고유어 부분에도 사성(四聲)의 점[15]을 찍어 놓았는데 이는 분명 예전 한국어의 악센트와 관계된 중요한 자료이다. 이 중 상성에 해당하는 두 점을 찍은 ':몯·홀, :업슬, :잇데' 등은 현재에도 처음은 낮고 끝부분이 약간 올라간다는 측면에서 상성의 성질을 명확히 보여 주고 있다.[16]

⑪ 質勿諸韻, 宜以端母爲終聲, 而俗用來母. 其聲徐緩, 不宜入聲.
　此四聲之變也

이것은 입성과 관련된 내용으로 質韻와 勿韻, 즉 설음의 입성은 반드시 端母인 'ㄷ(t)'으로 종성을 삼음이 마땅하지만 세속에서 來

---

14. [역자주] 순수한 유성음, 즉 'b, d, g, z, ʤ' 등으로 시작하는 단어가 없음을 말한 것이다.

15. 평성은 점이 없고, 상성은 점이 둘, 거성과 입성은 점이 하나이다.

16. 『訓民正音』(宮內省本)에 "上쌍聲셩은처서미ᄂᆞᆽ갑고乃냉終즁이노푼소리라"라고 되어 있다.

母인 '르(r)'을 사용하고 있다고 말한 것은 현재와 동일하다. 또한 그 소리가 느리고 완만한 것이 입성의 본질에 맞지 않는다고 했는데 이 또한 지금의 상황과 일치하는 바이다.

⑫ 端之爲來, 不唯終聲. 如次第之第、牡丹之丹之類, 初聲之變者亦衆

端母인 'ㄷ'과 來母인 'ㄹ' 사이의 교체는 종성에 국한되지 않는다고 하면서 '次第'와 '牡丹'을 제시했다. '次第'라는 예는 이상하게 느껴질 수 있는데 이 단어는 지금도 여전히 쓰이고 있으며 보통은 '次例'(차례)라고 적는다. 즉 '츠데'가 '츠레'로 변화했기 때문에 '次第'를 '次例'로 바꿔 쓰기에 이른 것이다. '牡丹'은 여전히 '모란'(牡丹峰은 모란봉)이라고 부른다.

이상으로 (4), (5)를 통해 당시 한국 한자음의 상황은 오늘날과 흡사하다는 점을 알 수 있었다. 그런데 이러한 변이는 신숙주의 입장에서 본다면 심한 혼란이라고 말하지 않을 수 없다. 신숙주는 이어서 다음과 같이 말하고 있다.

(6) 由是字畫訛而魚魯混, 眞聲音亂, 而涇渭同流. 橫失四聲之經, 縱亂七音之緯. 經緯不交, 輕重易序, 而聲韻之變極矣. 世之爲儒師者, 往往或知其失, 私自改之, 以敎子弟. 然重於擅改, 因循舊習者多矣. 若不大正之, 則愈久愈甚, 將有不可救之弊矣.

즉, 이러한 성운의 변란을 방치한다면 고칠 수 없는 지경에 이르기 때문에 지금 크게 바로잡을 필요가 있다고 말하고 있어서, 이런 혼란의 정정 및 정리가 실제로『東國正韻』의 편찬 목적이라고 말할 수 있다.

그렇다면 전적으로 중국 음운학을 기준 삼아 만든 것일까? 그렇지는 않다는 사실은 다음을 통해 볼 때 분명하다.

(7) 蓋古之爲詩也, 協其音而已. 自三百篇而降漢魏晋唐諸家, 亦未嘗拘於一律. 如東之與冬、江之與陽之類, 豈可以韻別而不相通協哉. 且字母之作, 諧於聲耳. 如舌頭・舌上・脣重・脣輕・齒頭・正齒之類, 於我國字音未可分辨. 亦當因其自然. 何必泥於三十六字乎.

(7)에서 東韻과 冬韻, 江韻과 陽韻 등은『三百篇』이래로 협운(恊韻)되어 왔던 만큼 일일이 구별할 필요는 없다고 했다. 또한 설두음(端母, 透母, 定母, 泥母)과 설상음(知母, 徹母, 澄母, 娘母), 脣重音(幫母, 傍母, 並母, 明母)과 脣輕音(非母, 敷母, 奉母, 微母), 치두음(精母, 淸母, 從母, 心母, 邪母)과 정치음(照母, 穿母, 牀母, 審母, 禪母)은 한국 한자음에서 구별되지 않는데 이는 자연의 이치로 인한 것이어서 특별히 36자모에 구애될 필요는 없다고 말하고 있다. 다시 말해『東國正韻』편찬자의 의도는 중국 음운학에 의거해 중국의 정음(正音)을 그대로 적용하는 데 있는 것이 아니라, (8)에서 말하고 있는 것처럼 분명히 중국 음운학에서 기준을 받아들여 세상에서 습관적으로 널리 쓰이는 음을 정리함으로써 전술했듯이 자모(字母), 칠음(七音), 청탁(淸濁), 사성(四聲)의 변화를 모두 바로잡는 데 있었던 것이다.

(8) 恭惟我主上殿下, 崇儒重道, 右文興化, 無所不用. 其極萬機之

暇, 慨念及此. 爰命臣叔舟及守集賢殿直提學臣崔恒·守直集賢殿
臣成三問·臣朴彭年·守集賢殿校理臣李愷·守吏曹正郎臣姜希顔
·守兵曹正郎臣李賢老·守承文院校理臣曺變安·承文院副校理臣
金曾, 旁採俗習, 博考傳籍, 本諸廣用之音, 協之古韻之切, 字母·七
音·淸濁·四聲, 靡不究其源委, 以復乎正.

이렇게 하여 완성된 『東國正韻』의 내용은 다음과 같았다.

(9) 臣等才識淺短, 學問孤陋, 奉承未達, 每煩指顧. 乃因古人編韻
定母, 可倂者倂之, 可分者分之. 一倂一分、一聲一韻, 皆稟宸斷, 而
亦各有考據. 於是調以四聲, 定爲九十一韻·二十三母, 以御製訓民
正音定其音. 又於質勿諸韻, 以影補來, 因俗歸正. 舊習謬謬, 至是
而悉革矣. 書成. 賜名曰東國正韻. (이하 생략)

즉 옛 사람들이 정한 '韻'과 '母'를 따라서 합칠 것은 합치고 나눌
것은 나누며, 사성(四聲)으로써 조절하여 91운과 23자모를 정하고,
또한 임금이 지은 『訓民正音』으로 그 발음을 규정했다고 하는 것
이 『東國正韻』의 대략적인 내용이다.

그렇다면 91운, 23자모는 무엇이었을까? 먼저 23자모에 대해 말하
자면 이미 (7)에서 설두음과 설상음, 순중음과 순경음, 치두음과 정
치음은 한국 한자음에서 변별되지 않는 것이 자연스럽다고 말하고
있기 때문에 설상음인 知母, 徹母, 澄母, 娘母와 순경음인 非母, 敷
母, 奉母, 微母, 정치음인 照母, 穿母, 牀母, 審母, 禪母,[17) 총 13자모
를 36자모에서 빼면 23자모을 얻을 수 있다. 이러한 23자모는 『訓民
正音』의 설명과 부합한다.

다음으로 91운에는 어떤 것이 있을까? 이 문제를 논의하기에 앞서 『東國正韻』이 어떤 운서를 기초로 하여 편찬되었는지를 살피지 않으면 안 된다. 조선 시대에 활발히 쓰이던 중국 운서는 『洪武正韻』, 『禮部韻略』, 『韻會』의 세 가지이다. 최세진(崔世珍)의 『韻會玉篇』 서문을 보면 다음과 같다.

> 臣竊惟, 音學難用, 振古所患. 諸家著韻, 繁多訛舛, 未有能正其失而歸于一者也. 逮我皇明, 一以中原雅音, 釐正字音, 刊定洪武正韻. 然後字體始正, 而音學亦明矣. 然而詞家聲律之用, 一皆歸重於禮部韻略, 而不從正韻者何哉. 今見宋朝黃公紹始袪諸韻訛舛之襲, 乃作韻會一書. 循三十六字之母, 以爲入字之次. 又類異韻同聲之字, 歸之一音, 不便加切, 覽者便之. 但其稡字, 雖精而過略, 集解頗繁而不節. 此未免後人有遺珠類玉之嘆矣. 大抵凡字必類其聲而爲之韻書, 則亦宜必類其形而爲之玉篇. 然後乃可易於指形尋字而得考其韻矣. 今此韻會旣類其聲, 不類其形. 是乃存其韻而缺其篇. 宜乎後學之深有所憾者也. 是故今之觀韻會者, 其爲索篇, 如夸父之弃東海, 大旱之望雲霓也. 臣旣見其弊, 又迫衆求, 只取韻會所收之字, 彙成玉篇. (下略)

이 서문의 의미는, 명나라 때 『洪武正韻』이 편찬되어 자체(字體)와 음학(音學) 모두 명확하게 되었는데도 작시가(作詩家)들이 『禮部韻略』을 중시하고 『洪武正韻』을 따르지 않는 것은 이해하기 어

---

17. [역자주] 원문에서는 정치음의 예로 '精母, 淸母, 從母, 心母, 邪母'를 제시했는데 이는 치두음에 속하므로 번역문에서는 정치음인 '照母, 穿母, 牀母, 審母, 禪母'로 바꾸어 놓았다.

렵다는 것이다. 이제 黃公紹의 『韻會』를 보면 매우 잘 되어 있어서 보는 이를 편하게 하지만, 『韻會』는 운서이기 때문에 검색에 곤란함이 있다. 이러한 어려움을 통감하고 또한 많은 사람들의 요구를 좇아서 이 『韻會』의 옥편(玉篇), 즉 자획 색인을 만들게 되었다.

이 서문을 통해 알 수 있는 바는, 먼저 한국의 시인들이 『禮部韻略』을 애용하고 있었다는 점이다. 최세진은 어째서 『洪武正韻』을 따르지 않는지 의문을 품고 있는데, 『洪武正韻』은 당시의 실제 음, 즉 중원(中原)의 아음(雅音)에 입각하여 예전부터 전해 오던 운서에 대담한 개정을 시도한 근대적인 성격의 것이기 때문에 작시가의 요구에 부응하지 않는 것은 하등 이상할 것이 없다. 그러나 『禮部韻略』은 문장가들의 평측법(平仄法)을 위한 것일 뿐, 음운학적으로는 조잡하다. 반면 『韻會』는 배열이나 주석이 매우 정연하게 되어 있고 게다가 근대음도 헤아리고 있는 매우 편리한 운서이다. 따라서 한국의 학자들은 이 운서를 이용했던 것이다.

『韻會玉篇』의 서문을 통해 최세진의 시대에는 『洪武正韻』, 『禮部韻略』, 『韻會』의 세 문헌이 이용되었으며, 『洪武正韻』은 당시 중원(中原)의 아음(雅音)을 아는 데 쓰였고 『禮部韻略』은 성률(聲律)의 쓰임에 도움이 되었고 『韻會』는 이전부터 내려오던 음운학의 기준으로 활용되었다는 사실을 알 수 있다. 그리고 이러한 상황은 아마도 『東國正韻』이 편찬되던 당시에도 마찬가지였으리라 생각된다. 그렇다면 『東國正韻』은 이 세 가지 문헌 중 어느 것에서 규준을 구한 것일까? 이미 서술한 것처럼 『洪武正韻』은 근대음을 담은 운서이며 『禮部韻略』은 성률의 쓰임만을 담당할 뿐이어서 당연히 『韻會』를 모범으로 삼았다고 생각된다. 실제로 『世宗實錄』 세종 26년 2월 丙申 조항에 『韻會』의 번역을 명한 사실이 나타나고 있다.

命集賢殿校理崔恒・副校理朴彭年・副修撰申叔舟・李賢老・李塏・
敦寧府主簿姜希顏等, 詣議事廳, 以諺文譯韻會. 東宮與晉陽大君珛
・安平大君瑢監掌其事, 皆稟睿斷. 賞賜稠重, 供億優厚矣.

『韻會』의 번역은 결국 실현을 보지 못했던 듯하지만 『韻會』의 번역 시도가 『東國正韻』의 편찬과 관계가 있는 것으로 사료된다. 왜냐하면 『韻會』 번역의 명을 받고서 3년이 되어 『東國正韻』이 완성되었다는 점과, 두 책에 참여한 인물들이 대체로 동일하다는 점 때문이다. 즉, 신숙주 서문의 (8)에 열거된 신숙주, 최 항, 성삼문, 박팽년, 이 개, 강희안, 이현로,[18] 조변안, 김 증의 9명 중 성삼문, 조변안, 김 증의 3명을 제외하면 모두 『韻會』 번역의 명을 받고 있는 것이다.

이와 같이 『東國正韻』은 『韻會』 번역의 연장선상에 있기 때문에 『東國正韻』의 운목(韻目) 역시 『韻會』의 운목에 기반하여 "합칠 것은 합쳤던 것"임에 틀림없다. 『韻會』는 劉淵의 『禮部韻略』을 좇아 107운이라는 단축형을 사용했지만 이러한 107운마저도 어진히 합쳐야만 할 부분이 적지 않았다. 『韻會』 권1 운목(韻目)의 후주(後注)에는 다음 내용이 나온다.

然舊韻所定不無可議, 如支脂之・佳皆・山刪・先僊・覃談, 同一音
而誤加釐析. 如東冬・魚虞・淸靑, 至隔韻而不相通.

여기서 東韻과 冬韻, 魚韻과 虞韻, 淸韻과 靑韻이 서로 통용되어

---

18. 이현로(李賢老)는 『世宗實錄』 26년 조항에 '李善老'로 되어 있지만 같은 인물이다. 이현로는 초명(初名)을 '李善老'라고 불렀다.

야 함을 언급하고 있다. 또한 '攏'의 주석 뒤에는 다음과 같은 내용
이 나온다.

容齋隨筆云, 禮部韻略所分字, 絶不近人情者. 如東冬·清靑, 至於
隔韻而不通. 後人爲四聲切韻之學者, 必强爲立說, 然終爲非是.
(中略) 毛氏韻略云, 按韻略, 有獨用當倂爲通用者. 如微脂·魚虞·
清靑·覃談之類. (後略)

　여기서는 東韻과 冬韻, 魚韻과 虞韻, 清韻과 靑韻, 覃韻과 談韻
이 상통해야만 함을 이야기하고 있다.[19] 다만 覃韻과 談韻은『韻
會』에서도 하나의 운으로 합병되어 있기 때문에 문제는 그 앞의 네
가지이다.
　『韻會』에서는『禮部韻略』을 따라서 東韻과 冬韻을 나누어 놓았
지만 그 주석에서 동일한 운이라고 하고 있다. 즉 먼저 東韻을 公
字母韻, 弓字母韻, 雄字母韻의 셋으로 나누었지만, 冬韻은 둘로 나
누고 公字母韻과 弓字母韻을 통해 그 운이 東韻과 동일하다는 점
을 보이고 있는 것이다.『東國正韻』의 서문에서도 "如東之與冬, 江
之與陽之類, 豈可以韻別而不相通協哉"라고 해서 東韻과 冬韻, 江
韻과 陽韻이 나뉘지 않음을 말하고 있다.
　江韻과 陽韻도 마찬가지이다.『韻會』에서 江韻은 江字母韻, 岡
字母韻, 光字母韻으로 나누고 陽韻은 岡字母韻, 江字母韻, 光字母
韻, 黃字母韻, 莊字母韻으로 나누어 그 둘을 구분할 수 없음이 분

---

19. 상성, 거성, 입성도 동일하다. 이하도 같다. [역자주] 본문에 제시된 운들은 모
두 평성이며 여기에 대응하는 다른 성조의 운들도 마찬가지 상황임을 지적하
고 있다.

명하다.

다음으로 微韻과 脂韻이 하나의 운을 이루는 것도 동일하다.[20] 微韻의 분류를 보면 羈字母韻, 嬀字母韻, 規字母韻의 셋으로 되어 있지만 이 세 字母韻은 支韻에 속하는 것들이다.

清韻과 青韻의 경우 清韻은 『韻會』에서 庚韻과 합치고 있다. 이제 青韻의 분류를 보면 經字母韻, 京字母韻, 瓊字母韻, 雄字母韻으로 나뉘며 經字母韻, 京字母韻, 雄字母韻은 모두 庚韻과 공통적이다. 예외로 보이는 瓊字母韻의 '瓊' 역시 庚韻의 雄字母韻에 속하기 때문에 庚韻과 青韻이 하나로 합쳐진 것은 분명하다.

이상 東韻과 冬韻, 江韻과 陽韻, 微韻과 支韻, 庚韻과 青韻은 현재의 한국 한자음 자료에서도 구별되는 경우가 거의 없다. 東韻과 冬韻은 주로 'ㅛ'으로 나타나며 微韻과 支韻은 주로 'ㅣ, ㅢ'로 나타난다. 江韻과 陽韻은 'ㅑ, ㆁ', 庚韻과 青韻은 'ㆁ'으로 나타나는 것이 주된 방향이다. 다만 冬韻 三等(弓字母韻에 상당하는 것)이 'ㅛ'을 주된 것으로 함에 반해 東韻 三等(弓字母韻에 상당하는 것)은 'ㅠ'을 주된 것으로 하는 것은 한국 한자음의 한 특징이다. 그러나 신숙주도 東韻과 冬韻의 합병을 언급하고 있기 때문에 이러한 국부적인 변이를 구별의 표준으로 삼지는 않았던 듯하다.

이상의 서술을 통해 東韻과 冬韻, 江韻과 陽韻, 微韻과 支韻, 庚韻과 青韻의 합병은 중국의 전거로부터 보나 한국의 자료로부터 보나 무리가 없다. 그러나 魚韻과 虞韻에 있어서는 사정이 다르다. 『韻會』에서는 魚韻이든 虞韻이든 모두 居字母韻, 孤字母韻의 두 부류로 나누고 있어 완전히 동일한 운임을 알 수 있다. 반면 한국

---

20. 『禮部韻略』에서는 微韻과 支韻으로 되어 있다.

한자음에 있어서는 이 두 운이 현저하게 다르다. 즉 한국 한자음에서는 魚韻이 주로 'ㅓ, ㅕ'로 나타남에 비해 虞韻은 주로 'ㅜ, ㅠ'로 나타난다는 점에서 커다란 차이가 있는 것이다. 이러한 구별은 중국어 음운상 『韻會』보다도 더 예전 모습을 보인 것인데 여기서는 더 이상 상술할 수가 없다. 다만 『東國正韻』의 편찬자로서도 이러한 차이점을 무시할 수는 없었음에 틀림없다. "可倂者倂之, 可分者分之"라고 말한 것 역시 이러한 사정을 언급한 것인 듯하다.

이렇게 東韻과 冬韻, 江韻과 陽韻, 微韻과 支韻, 庚韻과 靑韻의 구별을 없애서 '冬/腫/宋/沃, 江/講/絳/覺, 微/尾/未, 靑/迥/徑/錫'의 15개 운을 107운에서 빼면 92운이 된다. 마지막 한 운의 삭제는 상성인 迥韻과 拯韻의 합류를 통해 완성된다. 『韻會』(『禮部韻略』도 마찬가지)에서는 거성인 徑韻과 證韻이 합류하고 있음에도 불구하고 상성인 迥韻과 拯韻은 분리되어 있다. 평성에서도 靑韻과 蒸韻은 나뉘어 있으며 입성에서도 錫韻과 職韻은 나뉘어 있기 때문에 거성의 합류 자체가 이해하기 어려운데 이러한 합류에는 이유가 있는 것으로 생각된다. 원래 『韻會』의 편찬 당시나 그 이후에 '蒸韻(平), 拯韻(上), 證韻(去), 職韻(入)'은 '靑韻(平), 迥韻(上), 徑韻(去), 錫韻(入)'이나 '庚韻(平), 耿韻(上), 敬韻(去), 陌韻(入)'과는 음가가 매우 가까웠던 듯하다. 그러나 아직 완전한 합류에 이르지는 않았기 때문에 평성과 입성에서는 이 둘을 구별했다. 그런데 거성인 證韻은 소속된 글자가 너무 적어서 徑韻으로 합쳐 버린 것이다. 만약 이러한 거성의 예에 따른다면 상성의 拯韻도 迥韻에 합쳐져야 마땅하지만 『韻會』의 편찬자는 상성에서는 여전히 그 둘을 구별함으로써 태도를 애매하게 하고 있다. 여기에 대해 王國維는 다음과 같이 말하고 있다.

(前略) 故王韻(王文郁『新刊韻略』) 并宋韻同用諸韻爲一韻, 又并
宋韻不同用之迥拯等及徑證嶝六韻爲二韻者, 必金時功令如是. 考
金源詞賦一科, 所重惟在律賦. 律賦用韻平仄各半. 而上聲拯等二
韻, 廣韻惟十二字, 韻略又減焉. 在諸韻中字爲最少. 金人場屋, 或
曾以拯韻字爲韻, 許其與迥通用. 於是有百七部之目, 如劉淵書, 或
因拯及證, 於是有百六部之目, 與王文郁書及張天錫所據韻會. 至
拯證之平入兩聲, 猶自爲一部, 則因韻字較寬之故. -『觀堂集林』
권8의 「書金王文郁新刊韻略・張天錫草書韻會後」-

즉 금나라 시대에는 拯韻과 證韻의 취급 방식에 따라 107운[21]과
106운[22]의 두 가지 종류가 있었다는 것이다.[23] 한국에서는 上聲인
迥韻과 拯韻을 합친 106운을 즐겨 사용해서 보편적으로 쓰이고
있던 『排字禮部韻略』도 106운이다. 또한 『三韻通攷』를 비롯하여
『華東正音通釋韻考』, 『三韻聲彙』, 『奎章全韻』 등 한국에서 편찬된
운서는 모두 이러한 106운을 채택하고 있다. 따라서 『東國正韻』을
편찬함에 있어 106운을 받아들였다고 생각해도 무리는 아니다. 이
상의 서술을 통해 『東國正韻』의 91운이 어떤 것이었는지를 명확히
할 수 있었다고 믿는다.

　『東國正韻』의 23자모, 91운은 다음과 같다.[24]

---

21. 가령 劉淵의 『禮部韻略』이 그러하다. 『韻會』는 여기에 기반한 것이다.
22. 가령 王文郁의 『新刊韻略』이나 張天錫의 『草書韻會』가 의거한 운서가 그러
하다.
23. 자세한 것은 王力의 『中國音韻學』(下)의 180쪽 참조.
24. [역자주] '[　]' 속에 있는 것은 구분하지 않고 합친 자모나 운을 가리킨다.

《23자모》

1	2	3	4	5	6	7	8
見	溪	群	疑	端[知]	透[徹]	定[澄]	泥[娘]
9	10	11	12	13	14	15	16
幫[非]	滂[敷]	並[奉]	明[微]	照[精]	穿[淸]	牀[從]	審[心]
17	18	19	20	21	22	23	
禪[邪]	影	曉	匣	喩	來	日	

《91운》

上平聲							
1	2	3	4	5	6	7	8
東[冬]	支[微]	魚	虞	齊	佳	灰	眞
9	10	11	12				
文	元	寒	刪				

下平聲							
13	14	15	16	17	18	19	20
先	蕭	肴	豪	歌	麻	陽[江]	庚[靑]
21	22	23	24	25	26		
蒸	尤	侵	覃	鹽	咸		

上聲							
27	28	29	30	31	32	33	34
董[腫]	紙[尾]	語	麌	薺	蟹	賄	軫
35	36	37	38	39	40	41	42
吻	阮	旱	濟	銑	篠	巧	皓
43	44	45	46	47	48	49	50
哿	馬	養[講]	耿[迥拯]	有	寢	感	琰
51							
豏							

去聲							
52	53	54	55	56	57	58	59
送[宋]	寘[未]	御	遇	霽	泰	卦	隊
60	61	62	63	64	65	66	67
震	問	願	翰	諫	霰	嘯	效
68	69	70	71	72	73	74	75
號	箇	禡	漾[絳]	敬[徑(證)]	宥	沁	勘
76	77						
豔	陷						

入聲							
78	79	80	81	82	83	84	85
屋[沃]	質	勿	月	曷	黠	屑	藥[覺]
86	87	88	89	90	91		
陌[錫]	職	緝	合	葉	洽		

　이상을 요약하면, 세종이 훈민정음을 공표하자마자 곧바로 한국 한자음의 표기를 꾀했지만 당시 한국 한자음은 음운학으로부터 볼 때 몹시 혼란스러웠기 때문에 그 통제를 시도하지 않을 수 없었다. 그래서 한국 한자음 통제의 전거로 『韻會』를 선택하여 그것의 언역(諺譯)을 명하였다. 그러나 이것이 아무래도 한국 한자음과 저촉되는 바가 적지 않았기에 결국 『韻會』를 통제의 기준으로 삼아서 한국 한자음의 독자적인 운서 편찬으로 방향을 전환하여 책을 완성하고 『東國正韻』이라 이름 붙였다. 그 내용을 보면 91운, 23자모로 분류되었으며 음을 표시할 때는 종래와 같은 반절을 사용하지 않고 그 당시 반포된 지 얼마 안 되는 훈민정음을 이용한 획기적인 한국 한자음 운서였던 것이다.

　조선 초기, 한글 반포 후 『東國正韻』과 대략 같은 시대에 간행된 여러 문헌 중에『月印釋譜』,『楞嚴經諺解』,『法華經諺解』등 주로 불전의 언해가 현존하고 있는데 이들에는 풍부한 한자음 자료가 들어 있다. 그렇다면 이러한 한자음과『東國正韻』은 어떠한 관계가 있는 것일까? 이 한자음들을 보면 일정한 규칙 아래에서 정연하게 되어 있으며 오늘날의 한자음과는 상당한 차이를 발견할 수 있다. 만약 이 한자음들이 당시의 한자음이라고 한다면『東國正韻』이 편찬된 시대의 한자음이 전술한 것처럼 현재와 마찬가지로 상당히 혼란스러웠다고 한 신숙주의 진술과는 모순된다.

앞의 (5)에 제시된 여러 항목에 대해 살펴보면 이러한 언해류의 한자음은『東國正韻』의 서문에 기록된 개정 사항과 완전히 일치한다. 즉 23자모는 엄격히 지켜지고 있으며 見母와 溪母의 혼동, 溪母와 曉母의 혼동 등은 조금도 찾아볼 수 없다. 청탁(淸濁)의 구별 역시『訓民正音』에서 가리키는 것처럼 단서(單書)와 병서(竝書)로써 행하고 있다.[25] 또한 사성(四聲)의 구별도 평성은 점이 없고, 상성은 두 점, 거성과 입성은 모두 한 점을 찍었으며 이는『訓民正音』에서 지시하는 대로이다. 質韻과 勿韻 등은 앞서 (5)의 ⑩에서 端母 'ㄷ'으로 써야 한다고 했으나 (9)에서 "又於質勿諸韻, 以影補來, 因俗歸正"이라고 하여 세속의 용법을 인정하고 있다. 다만 언해류의 한자음에는 모두 'ㅭ'으로 표기하고 있다. 앞의 '以影補來'라는 구절도 이러한 'ㅭ', 즉 '來(ㄹ)'와 '影(ㆆ)'의 결합에 의거해 비로소 이해할 수 있다는 점은 매우 흥미롭다고 하지 않을 수 없다. 앞의 여러 언해가 모두 같은 사람에 의해 나왔다는 느낌을 품게 만드는 것 또한『東國正韻』이라는 전거를 고려할 때 비로소 수긍이 가능하다.

---

25. 즉 탁음의 경우, 群母는 'ㄲ', 定母는 'ㄸ', 並母는 'ㅃ', 牀母는 'ㅉ', 禪母는 'ㅆ', 匣母는 'ㆅ'으로 적고 있다.

이들 언해류의 한자음은『東國正韻』에 수록된 교정 한자음인 것이다. 따라서 이 언해류의 한자음은 한국 한자음의 가장 오래된 자료가 되기는 하지만, 신숙주의 서문에서 보는 바와 같이 당시의 한자음 그대로는 아니기 때문에 한국 한자음 자료로서는 세심한 주의를 기울여 다루지 않으면 안 된다.

이처럼『東國正韻』의 한자음은 중국 음운학을 기초로 하여 한국 한자음을 정리한 것인데 그 인위적인 가공의 흔적이 가장 두드러지는 것은 초성(紐)에 있어서이다. 이미 서술했듯이 초성은 오로지 23자모를 기계적으로 적용한 것이어서 실제 음과의 관계가 희박하다는 사실은 다음 예들을 볼 때 분명하다.

- 才찡 : '才'(從母 ㅉ)는 한자음이 '찡'이지만 고유어화한 '지조(才藻)'는 병서로 표기하지 않는다. 가령『楞嚴經諺解』에는 "辯뻔才찡는말잘ᄒᆞᆫ지쵀라"(1:4)라는 예가 있다.

- 常쌍 : '常'(邪母 ㅆ)은 '無뭉常쌍經경'(『禪宗永嘉集諺解』上:34)에서 보듯 한자음이 '쌍'이다. 그러나 '餘如常說'의 언해문 '나ᄆᆞ닌샹녜닐옴곧ᄒᆞ니라'(『禪宗永嘉集諺解』1:1a)에 쓰인 '샹녜'는 '常例'라는 고유어화한 중국어이며『月印釋譜』에서는 '常쌍例롕'(1:28)로 바르게 표기되어 있다. '例'를 '녜'로 한 것도 교정 한자음 표기 '롕'와 비교하여 실제의 음임을 알 수가 있다. 이것은 'ㆁ(ŋ)'의 뒤에 있기 때문에 동화가 일어나 '녜'로 바뀐 것으로서 이러한 동화 현상은 오늘날과 동일하다.

- 幸ᅙᆡᇰ : '幸'은 한자음이 'ᅙᆡᇰ'(『法華經諺解』2:181)이라고 적혀 있지만 이 또한 단순히 표기법에 불과하다. 왜냐하면『禪宗永嘉集諺解』에서 "幸自天에受樂ᄒᆞ니"를 "ᅙᆡᇰ혀내人신天텬에樂락ᄋᆞᆯ受

쓿ㅎ니"(上:50)로 언해하여 병서를 사용하지 않기 때문이다.

이상은 탁음(濁音)의 예이지만 그 밖에 다른 자모의 변화 예로서 '風'이 있다. '風'은 한자음이 '봉'(『月印釋譜』1:38)으로 표기되어 있어서 오늘날의 '풍'과는 차이가 있다. 그러나 '風流'[26]라는 단어에서는 '퓽'(『月印釋譜』1:14)을 할당하고 있다.

이들 언해류에 따르면 23자모의 표기는 다음과 같다.

見	溪	群	疑	端[知]	透[徹]	定[澄]	泥[娘]
ㄱ	ㅋ	ㄲ	ㆁ	ㄷ	ㅌ	ㄸ	ㄴ
幫[非]	滂[敷]	並[奉]	明[微]	照[精]	穿[淸]	牀[從]	審[心]
ㅂ	ㅍ	ㅃ	ㅁ	ㅈ	ㅊ	ㅉ	ㅅ
禪[邪]	影	曉	匣	喩	來	日	
ㅆ	ㆆ	ㅎ	ㆅ	ㅇ	ㄹ	ㅿ	

그리고 이러한 표기는 『訓民正音』에 나오는 것과 완전히 동일하다. 이런 점에서 볼 때 한글은 먼저 한자음의 표기를 위해 고안되었고 그 다음에 고유어 표기에 이용된 것임을 알게 되는 것이다.

언해류의 한자음, 즉 『東國正韻』의 한자음이 23자모의 구별을 엄격히 준수하고 있다는 사실은 앞서 살핀 바와 같지만 여기에 특이한 예가 하나 있다. 그것은 '爲, 運, 遠, 王' 등의 喩母 三等 合口의 자모[27]가 극소수의 예를 제외하면 전부 疑母(ㆁ)로 표시되어 있다는 점이다. 이것은 어떠한 근거에 기인한 것일까? 이와 관련하여 짚이는 것은 『韻會』에서 이 자모를 다루는 방식이다. 『韻會』에서

---

26. '음악'이라는 뜻이다.
27. 『廣韻』에서는 羽母이다.

疑母와 喩母를 보면, 그 범례에서 "吳音角次濁音(즉 疑母) 卽雅音 羽次濁音(즉 喩母), 故吳音疑母字有入蒙古韻略者"라고 이르고 또한 '牙'의 주석에 "吳音牙字角次濁音, 雅音牙字羽次濁音. 故蒙古韻略凡疑母字皆入喩母. 今案七音韻, 牙音爲角, 則牙當爲角次濁音明矣. 今兩存之."라고 되어 있다. 여기서 吳音 즉 吳方言에서는 疑母(ㆁ)를 아직 지니고 있으나 중원(中原)의 아음(雅音)과 『蒙古韻略』에서는 疑母와 喩母가 혼동되고 있었음을 보이기는 하되, 획연(劃然)한 태도를 드러내지는 않고 어떤 것이든 모두 용인하고 있는 모습이다. 그러나 내용을 살펴보면 아래에서 보듯 喩母 三等 합구(合口)(羽母)의 글자들은 疑母와 완전히 혼동되고 있다.[28]

글자	반절	음	글자	반절	음
爲	于嬀切	音與危同	韋	于非切	音與危同
于	雲俱切	音與魚同	雲	于分切	角次濁次音
袁	于元切	音與元同	員	于權切	音與元韻元同
王	于方切	角次濁次音	尤	疑求切	舊韻于求切
炎	疑廉切	音與嚴同			

이것은 다음의 喩母 四等에서도 마찬가지이다.

글자	반절	음	글자	반절	음
倪	研奚切	音與移同	堯	倪么切	音與遙同

여기서 보듯 疑母字인 '倪, 堯'와 喩母 四等에 속하는 '移, 遙'를 동일한 음으로 보고 있다. 다만 이런 경우는 喩母 三等에 비해 그

---

28. 아래의 표에서 '危, 魚, 元, 疑, 嚴'은 疑母字이며 '角次濁次音'은 疑母를 가리킨다. 또한 疑母字 '牛'는 『韻會』에 '[疑尤切] 音與尤同'이라고 되어 있다.

수가 적은 듯 생각되는데, 이것이 四等의 경우 여전히 疑母와 喩母의 구별이 유지되고 있었음을 나타내는 것은 아니다. 즉『韻會』가 편찬될 당시 중원(中原)의 아음(雅音)과 북방음(『蒙古韻略』)에서는 疑母가 완전히 喩母로 변화했던 것이다. 그러나『韻會』에서 疑母와 喩母를 혼동하는 예, 특히 喩母 三等 合口의 경우가『東國正韻』편찬자로 하여금 喩母 三等 合口에 속한 여러 글자들의 표음에 疑母 'ㅇ'을 사용하게 만든 까닭이다. 그리고 이러한 기묘한 용법을 통해『東國正韻』이『韻會』 번역의 결과임을 구체적으로 입증할 수 있다고 생각하는 바이다.

신숙주와 같은 운학의 달인이 어째서『韻會』의 기록을 오해했는지 다소 이해하기 어렵지만, 疑母와 喩母의 구별을 폐기한『洪武正韻』의 역해[29]에서조차 여전히 "本韻(洪武正韻) 疑喩母諸字多相雜, 今於逐字下從古韻, 喩則只書ㅇ母, 疑則只書ㆁ母以別之"[30]라고 언급하며 疑母와 喩母의 구별을 고집하는 것을 보아도, 그가 얼마나 이전부터 내려오던 운학에 의지하고 있는지를 알 수 있다. 'ㆁ'을 부당하게 끌어다 쓴 것은, 당시 중국의 정음(正音)에서 疑母와 喩母의 구별이 없고 한국 한자음에서도 초성의 'ㆁ'이 사실상 존재하지 않았기 때문에, 疑母와 喩母의 구별을『韻會』의 기록 그대로 맹종한데 기인한 듯하다.

운(韻)의 표기법에 있어서 주의를 기울여야 할 점은 어떤 한자음이든 종성에 글자를 넣었다는 사실이다. 신숙주가 쓴『洪武正韻譯訓』의 범례[31]에서는 다음과 같이 말하고 있다.

---

29. 여기에 대해서는 뒤에서 서술한다.
30. 『四聲通解』에 실린『四聲通攷』의 범례에 나오는 내용이다.
31. 즉『四聲通攷』의 범례인데 여기에 대해서는 후술하는 내용을 참조.

凡字音必有終聲. 如平聲支齊魚模皆灰等韻之字, 當以喉音ㅇ爲終
聲. 而今不爾者, 以其非如牙舌脣終之爲明白. 且雖不以ㅇ補之而自
成爾. 上去諸韻同.

이것은 『東國正韻』과는 관계가 없는 듯 보인다. 그러나 신숙주가
모든 한자음에는 종성이 있어야만 하며 支韻과 齊韻 등도 후음 'ㅇ'
으로 종성을 삼아야 하는데도 불구하고 『洪武正韻譯訓』에서는 그렇
게 하지 않았다고 말하고 있는 이유는, 그가 바로 이러한 의견을 가
지고 있었으며 또한 『東國正韻』에서 그렇게 실행을 했기 때문인 것
이다. 실제로 '祇(낑, 『禪宗永嘉集諺解』上:32), 世(솅, 『楞嚴經諺解』2:
3), 諸(졍, 『禪宗永嘉集諺解』上:39)' 등과 같이 언해본에서의 구체적
인 예가 존재하고 있다. 또한 이 밖에 蕭韻, 看韻, 尤韻에서는 微母
인 'ㅱ'을 종성에 표기하여 魚韻, 虞韻으로부터 구별하고 있다. 가
령 '勞(롱, 『月印釋譜』21:39), 後(薈, 『月印釋譜』21:44)'에 비해 魚韻
과 虞韻은 '無(뭉, 『禪宗永嘉集諺解』上:34), 所(송, 『禪宗永嘉集諺解』
上:28)'로 되어 있다.

그렇지만 운(韻)의 통제는 성모의 통제처럼 간단하지는 않다. 무
엇보다도 서문에서 운(韻)의 교정에 관해 구체적으로 서술한 바가
없기 때문에 어떻게 통제했는지는 언해류의 한자음을 정밀하게 연
구하는 수밖에 없는데 이 작업은 이 논문에서는 생략하지 않을 수
없다. 다만 그 주된 것을 말하자면, 가령 齊韻의 開口가 완전히 'ㆃ'
로 통일된 것과 같은 경우가 여기에 해당한다. 후대의 한국 한자음
에서는 대체로 'ㅖ(例[례]), ㅣ(泥[니]), ㅕ(西[셔])'의 세 가지로 나뉘
지만 『東國正韻』에서는 '例(롕, 『禪宗永嘉集諺解』上:41), 泥(녱, 『禪
宗永嘉集諺解』上:33), 西(솅, 『月印釋譜』1:22)'에서 보듯 모두 'ㆃ'로

되어 있다. 이러한 세 종류로의 분기가 『東國正韻』 이후의 변화라고 보는 것은 곤란하다. '泥(니)'와 같은 예는 어쩌면 후세의 중국음을 채용한 결과라고 생각할 수 있을지 모르지만 '西(셔), 妻(쳐)'와 같은 예는 후세 중국음의 채용이라고 생각할 수가 없다. 최세진의 『訓蒙字會』에도 '西(셔), 妻(쳐)'로 되어 있는데 『東國正韻』이 편찬된 이후 겨우 50~60년 사이에 'ㅖ'가 한편으로는 'ㅖ'가 되고 다른한편으로는 'ㅕ'가 되었다고 설명하기란 어렵다. 이는 분명히 『東國正韻』의 교정음 중 하나로 볼 수밖에 없는 것이다.

齊韻 이외에도 여전히 많은 예를 찾아볼 수가 있다. 痕韻의 '根, 恩, 吞'은 후세에 각각 '근, 은, 튼'이지만 언해류에서는 '근(『禪宗永嘉集諺解』上:19), 흔(『禪宗永嘉集諺解』上:28), 튼(宮內省本 『訓民正音』 9)'과 같이 'ㅡ'으로 통일되어 있다. 願韻의 '萬'과 月韻의 '發'은 후세에 '만'과 '발'[32]로 되어 있으나 언해류에서는 '먼(『楞嚴經諺解』1:2)'과 '벓(『禪宗永嘉集諺解』上:2)'로 적혀 있다. 이것은 元韻, 阮韻, 願韻, 月韻을 '언' 또는 '원'(입성은 '엃'과 '윓')으로 통일한 결과이다. 또한 仙韻[33]의 合口(甲類)는 후세에 전부 開口인 '연'으로 읽히지만 언해본에서는 모두 '원'으로 적고 있다.[34] 眞韻의 合口인 '季'는 후대에 '계'이지만 '궹(『楞嚴經諺解』1:2)'로 표기되어 있으며 有韻인 '有'는 후대에 '유'이지만 '윻(『楞嚴經諺解』2:2)'로 표기되어 있는 등 많은 수의 예를 발견할 수가 있다.

그러나 운(韻)의 경우는 성모의 경우만큼 철저하지는 않은 모습이다. 가령 職韻의 여러 글자들을 살펴보면 '極(끅, 『楞嚴經諺解』2:

---

32. 願韻의 '願'은 '원', 月韻의 '月'은 '월'이다.
33. 상성, 거성, 입성도 마찬가지이다.
34. 예를 들면 '緣(원, 『月印釋譜』2:20), 轉(뒌, 『月印釋譜』2:4)'이 있다.

3), 億(흑, 『楞嚴經諺解』1:4), 力(륵, 『禪宗永嘉集諺解』上:8)'과 같이 '늑'으로 되어 있는 예, '直(띡, 『禪宗永嘉集諺解』上:46), 識(식, 『楞嚴經諺解』1:4), 匿(닉, 『楞嚴經諺解』2:2)'과 같이 '닉'으로 되어 있는 예 이외에 '色(식, 『禪宗永嘉集諺解』上:32)'과 같은 예도 있어서 이 경우에는 통제가 이루어지지 않고 있다. 다만 '億'은 후에 '억', '力' 은 후에 '력'으로 읽히고 있기 때문에 약간의 교정을 볼 수 있지만 주된 취지가 철저하지는 않다. 이와 같은 사실은 운(韻)의 복잡다기한 성질로부터 헤아릴 수도 있지만 한국 한자음의 당시 상황이 매우 다채로웠던 데 기인한다. 따라서 중국 음운학을 기초로 했음에도 불구하고 『東國正韻』의 편찬자는 한국 한자음의 특징을 전혀 무시할 수가 없었기 때문에, 할 수 있는 한 조정을 시도했으나 결국 철저한 통제를 그다지 할 수는 없었던 것이다. 그러므로 운(韻)의 경우에는 어느 정도 당시 한국 한자음의 면모가 남아 있다고 해도 좋다. 다만 어떤 것이 당시 한자음 그대로이고 어떤 것이 교정을 받은 것인지는 각 경우마다 일일이 살피지 않으면 안 되는 일이기에 상세한 것은 다음 기회로 미룬다.

이처럼 대규모로 편찬된 『東國正韻』은 여러 언해본의 표준이 되었지만 원래 자연적으로 전승되어 오던 한국 한자음을 형식적으로 통일하려고 시도한 것이었던 만큼 부자연스러움을 면할 수 없었으며 따라서 실용상 편리하지 않았다는 것은 쉽게 생각할 수 있다. 또한 실제로도 얼마 못 가서 쓰이지 않았던 듯하다. 『明宗實錄』명종 6년(1551) 3월 乙酉 조항에 다음과 같은 내용이 나온다.

上御朝講, 仍御輪對. 掌樂院正李壽福曰, 吾東方古稱文獻之邦,
經術詞章誠有可觀者. 頃年以來業經學者鮮有師授. 故不獨大義乖

舛, 至於字音, 亦多承訛襲謬誠非細. 故伏見世宗朝軫念此, 曾命申
叔舟作東方正韻, 以爲永世之法. 廢而不講久矣. 請於經筵之上, 館
學之中, 一依正韻讀之, 則下至窮鄕僻村可以廣傳, 而不患字韻之
謬矣.

이를 통해 명확해지듯이 이미 명종 시대에 사용되지 않았음을
알게 되는 것이다. 그 후 임진왜란을 겪으면서 마침내 오늘날 그 흔
적을 완전히 잃어버리고 말았다.

3. 洪武正韻譯訓

『東國正韻』과 동일한 시대에 『洪武正韻』의 번역이 이루어졌다.
이것이 곧 『洪武正韻譯訓』이다. 『洪武正韻』의 번역에도 역시 『東
國正韻』에 관여한 신숙주가 중심 인물로 되어 있어서 小倉進平 선
생은 동일한 신숙주가 "어째서 이리도 단기간에 그것도 같은 종류
의 책을 편찬하는 데 종사했던 것일까"(『朝鮮語學史』 220쪽)라는
의문을 품음으로써, 또한 『東國正韻』이라는 명칭은 "단지 '洪武'라
는 표현을 한국을 뜻하는 '東國'으로 개칭한 것에 불과하다."(『朝鮮
語學史』 220쪽)라고 생각함으로써 『東國正韻』을 『洪武正韻』의 언
해라고 했다. 『東國正韻』을 편찬함에 있어 『韻會』를 그 이론적 근
거로 삼았다는 것은 이미 서술한 바와 같은데 『洪武正韻』 역시 참
고했으리라는 점은 충분히 생각할 수 있으므로 이는 매우 흥미로
운 설명이다. 그렇지만 『東國正韻』은 전술한 것처럼 한국 한자음
의 운서이고 『洪武正韻』의 번역서는 중국음의 운서였기에 결국 서

로 다른 운서였다고 보고자 한다. 신숙주가 관계한『洪武正韻』의
번역서 역시 현재는 사라져 버려서 전하지 않지만『保閑齋集』권
15에 신숙주의 '洪武正韻譯訓序'가 남아 있으며 그 언해본에 대한
설명이 나온다. 이제 이 서문의 중요 부분에 대해『東國正韻』과 마
찬가지로 검토를 해 보고자 한다.

우선 (1)에서『洪武正韻』편찬의 취지를 서술하고 있다.

(1) 聲韻之學最爲難精. 蓋四方風土不同而氣亦從之. 聲生於氣者
也. 故所謂四聲七音隨方而異宜. 自沈約著譜, 雜以南音, 有識病
之. 而歷代未有釐正之者. 洪惟皇明太祖高皇帝恐其乖舛失倫, 命
儒臣一以中原雅音, 定爲洪武正韻, 實是天下萬國所宗.

(2) 我世宗莊憲大王留意韻學, 窮研底蘊, 創制訓民正音若干字.
四方萬物之聲, 無不可傳. 吾東邦之士始知四聲七音, 自無所不具.
非特字韻而已也. 於是以吾東國世事中華而語音不通, 必賴傳譯,
首命譯洪武正韻. 令今禮曹參議臣成三問·典農少尹臣曹變安·知
金山郡事臣金曾·前行通禮門奉禮郎臣孫壽山及臣叔舟等稽古證
閱, 首陽大君臣諱·桂陽君臣璔監掌出納, 而悉親臨課定, 叶以七
音, 調以四聲, 諧之以淸濁, 縱衡經緯始正罔缺.

(2)에서는 대대로 중국을 섬기면서도 언어가 통하지 않아서 반
드시 통역에 의지해 왔는데 이것은 좋지 않기 때문에 '訓民正音'의
공표에 뒤이어『洪武正韻』의 번역을 명하게 되었다는 취지를 적고
있다. 즉『洪武正韻』의 번역은 종래 통역을 통해서야 비로소 알던
정확한 근대 중국음을『訓民正音』의 문자에 의지해 알 수 있게 된

다는 의도 아래에서 시작된 작업으로서, 『東國正韻』과는 그 내용
을 달리하고 있는 것이다.

　두 책의 차이점은 『成宗實錄』 성종 12년(1481) 10월 조항의 글
에서 분명하게 나온다.

> 禮曹據黃州牧使權引陳言啓, 本國正韻, 先王朝命儒諸臣校正. 不
> 可以一人偏見更改, 命議于知漢韻文臣李命・李春景・李昌臣議. 聲
> 韻有七音淸濁, 本國之音無齒頭・正齒之別, 而又無脣音輕重之辨.
> 故學華語者鮮有得其精矣. 苟能先正本國之音, 則韻學可明也. 臣
> 等謹按東國正韻, 私與思齒頭音也, 師與獅正齒音也, 而合爲一音.
> 卑與悲脣重音也, 非與飛脣輕音也, 而合爲一音. 芳字全淸音也, 滂
> 字次淸音也, 而亦混而不辨. 誠若權引所言者也. 今將本國正韻, 分
> 以七音, 叶以淸濁, 使初學者先習是書, 次學洪武正韻, 則七音回[35],
> 聲臨口自分, 其於學漢音也, 未必無補矣. 傳曰, 然.

　이 글에 따르면 『東國正韻』에서는 이미 서술한 것처럼 치두음과
정치음, 순경음과 순중음의 구별[36]이 없기 때문에 화음(華音)을 익
히는 데 정확을 기할 수 없지만, 초학자에게 갑자기 『洪武正韻』(즉
『洪武正韻』의 번역서)을 배우게 하는 쪽보다는 먼저 한국 한자음의
운서인 『東國正韻』을 익히게 하여 치음과 순음의 구별을 이해시킨
연후에 『洪武正韻』을 배우게 하는 쪽이 적당하다고 하는 것이다.

　이러한 두 책의 차이는 편찬 관계자의 면면에서도 알 수 있다. 『洪

---

35. '四'의 잘못.
36. 위의 실록 내용 중 "芳字全淸音也, 滂字次淸音也"라고 한 것은 잘못이다. 이것
　　은 "芳字輕脣音也, 滂字重脣音也"라고 해야만 한다. '芳'과 '滂'은 모두 次淸이
　　지만 경중(輕重)의 구별이 있는 것이다.

武正韻』번역의 명을 받은 사람은 성삼문, 조변안, 김증, 손수산, 신숙주이었으며 후문(後文)에서 볼 수 있듯이 문종(文宗) 때에 노삼(魯參), 권인(權引), 임원준(任元濬)이 가세했다. 이들과『東國正韻』의 편찬자를 비교해 보면 두 책에 관여한 사람은 신숙주, 성삼문, 조변안, 김증의 네 사람이다.『東國正韻』에 관계했던 최항, 박팽년, 이개, 강희안, 이현로의 이름은『洪武正韻譯訓』서문에서 보이지 않으며, 손수산, 노삼, 권인, 임원준은『東國正韻』서문에서 보이지 않는다. 이 중 손수산은 그 당시 통사(通事)로 활약하던 인물로 중국어에 능통했던 듯하다.[37]

> (3) 然語音旣異, 傳訛亦甚. 乃命臣等就正中國之先生學士. 徃來至于七八, 所與質之者若干人. 燕都爲萬國會同之地. 而其徃返途道之遠, 所嘗與周旋講明者又爲不少. 以至殊方異域之使, 釋老卒伍之微, 莫不與之相接, 以盡正俗異同之變. 且天子之使至國而儒者, 則又取正焉. 凡謄十餘藁, 辛勤反復, 竟八載之久. 而向之正罔缺者, 似益無疑.

앞서 서술한 의도 아래서『洪武正韻』의 번역 사업이 시작되었지만, 이 일이야말로 정말 쉽지 않았다. 한국어와 중국어라고 하는 모어(母語)의 근본적 차이는 말할 것도 없고 중국의 아음(雅音)으로 전해지던 것 역시 오류가 심히 많았다. 그래서 세종은 신숙주 등으로 하여금 중국에 들어가서 위로는 '中國之先生學士'로부터

37.『世宗實錄』세종 31년 12월 조항과 세종 32년 3월 조항 참조. [역자주] 두 기사는 모두 신숙주, 성삼문 등이 중국 사신에게 운서에 대해 질문하는 데 손수산도 참여했다는 내용이다. 이 외에 세종 27년에 신숙주와 성삼문이 요동에 가서 운서에 대해 질문할 때에도 손수산이 동행했다는 사실이 실록에 나온다.

아래로는 '殊方異域之使, 釋老卒伍之微'에 이르기까지 다양한 사람들에게 '正俗異同之變'을 연구토록 하고, 더러는 중국 사신에 선비(儒者)가 있으면 그에 대해 정정(訂正)을 요청토록 한 것이다. 운서를 질문하는 여정에 얼마나 신중을 다했는지는 '往來至于七八'이라고 되어 있는 데서도 알 수 있다. 『東國輿地勝覽』 권29의 '경상도 고령군 인물 신숙주' 조항에 "後奉命往遼東, 與大明前翰林學士黃瓚質問正韻, 往還凡十三度, 因撰洪武韻通考"라고 되어 있는 것은 바로 이 사실을 말하는 것이다. 그런데 이 경우 '요동'이라든지 '黃瓚'이라든지 하여 『洪武正韻譯訓』의 서문보다도 장소와 상대방이 더 명확히 기록되어 있는 것은 주목해야 할 바이다. 이 기사는 강희맹의 「文忠公行狀」(『保閑齋集』의 부록)의 다음 부분에 의거한 것이다.

> (前略) 上以本國音韻與華語雖殊, 其牙舌脣齒喉淸濁高下, 未嘗不與中國同. 列國皆有國音之本以記國語. 獨我國無之. 御製諺文字母二十八字, 設局於禁中, 擇文臣撰定. 公實承睿裁, 本國語音詿僞, 正韻失傳. 時適翰林學士黃瓚以罪配遼東. 乙丑春命公隨入朝使臣到遼東, 見瓚質問音韻. 公以諺文飜華音, 隨問輒解不差毫釐. 瓚人奇之. 自是往還遼東凡十三度. (下略)

또한 『保閑齋集』에는 이승소(李承召)가 지은 비명(碑銘)과 이파(李坡)가 지은 묘지(墓誌)가 실려 있는데 거기에도 동일한 기사가 있다. 이러한 글들에 의하면 세종 27년(乙丑) 봄에 신숙주가 명을 받들어 사신을 따라 요동으로 건너가서 마침 유배의 몸이었던 한림학사 黃瓚을 만난 후 운서 즉 『洪武正韻』에 대해 질문하고 그 후 요동에 왕복하기가 대략 13회였다. 『洪武正韻』의 번역은 신숙주가 몸소 요동에 가서 黃瓚에게 질문을 하기도 하고, 입조 사신을 붙잡고 정정(訂正)을 요청하기도 하고, 사람을 연도(燕都), 즉 북경(北京)에 파견하여 다양한 계층의 사람들로부터 '正俗異同'을 조사시키기도 하는 등 연구에 연구를 거듭한 결과, 8년이란 시간이 흘러서야 겨우 완성된 것이기 때문에 그 성과의 우수성이야말로 말할 필요가 없다.

위의 「文忠公行狀」에는 "公以諺文飜華音, 隨問輒解不差毫芒. 瓚大奇之"라는 문구가 있다. 이 문구는 신숙주가 질문할 때 한글을 사용했기 때문에 질문을 간단히 해결하고 조금도 틀린 바가 없었기에 黃瓚이 매우 기이하게 여겼다는 의미이다. 그런데 후대에 운서 질문을 위해 요동에 왕래한 일이 원래는 아무런 관련이 없는 한글 창제와 결부되어 버렸다. 『東國文獻備考』에 나오는 다음과 같은 내용이 대표적인 예이다.

本朝世宗二十八年御製訓民正音. 上以爲諸國各製文字以記其國之方言, 獨我國無之. 遂製字字母二十八字, 名曰諺文. 開局禁中, 命鄭麟趾·申叔舟·成三問·崔恒等選定之. 盖倣古篆, 分爲初中終聲字. 雖簡易, 轉換無窮, 諸語音文字所不能記者悉通無礙. 明朝翰林學士黃瓚, 時適謫遼東. 命三問等見瓚質問音韻. 凡往來遼東十三度.

이 글을 보고 제일 먼저 이해할 수 없다고 생각되는 것은 조선의 문자를 만드는 데에 어째서 黃瓚을 필요로 하는가 하는 점이다. 강희맹의 「文忠公行狀」을 읽어 보면 한글 창제가 요동 왕복보다 선행했음이 명백하다. 이와 같은 잘못된 설이 어떻게 나오게 되었는지는 전혀 이유가 없는 것은 아니다. 한글 창제 직후에 『洪武正韻』의 번역을 기획하고 한글 창제에 참여한 신숙주, 성삼문 등이 『洪武正韻』의 번역에도 종사했기 때문에 한글 창제와 운서 질문이 혼선을 초래했으며, 강희맹의 「文忠公行狀」 등에서 신숙주가 한글을 사용했다고 한 것이 와전되어 운서 질문이 한글 창제와 관련된 준비처럼 이해되기에 이른 것인 듯하다.

이러한 전설은 다시 한글이 몽고 문자에서 기원했다는 학설을 만들어 냈다. 이것은 이익(李瀷)의 『星湖僿說』에 나온다.

> 我皇之始制也, 設局禁中, 命鄭麟趾·成三問·申叔舟等選定. 時皇
> 朝學士黃瓚罪謫遼東. 使三問等往質. 凡往返十三度云. 以意臆, 今
> 諺文與中國字絶異, 瓚何與焉. 是時元亡纔七十九年, 其事必有未
> 泯者. 瓚之所傳於我者, 外此更無其物也.

여기서는 한글 창제와 요동에 질문을 하러 간 일 사이의 관계를 의심하면서 黃瓚의 기여는 몽고 문자의 전수에 있었다고 말하고 있다. 한글이 몽고 문자로부터 기원했다는 설의 가부는 잠시 제쳐 두더라도, 黃瓚이 몽고 문자를 신숙주, 성삼문 등에게 전수하고 이를 통해 신숙주 등이 한글을 창제했다고 하는 것은 심한 억측이라고 하지 않으면 안 된다.

> (4) 文宗恭順大王自在東邸, 以聖輔聖, 參定聲韻. 及嗣寶位, 命臣
> 等及前判官臣魯參·今監察臣權引·副司直臣任元濬, 重加讐校.

세종대부터 시작된 『洪武正韻』의 번역은 앞서 서술한 바와 같이 어려운 작업이었기에 문종대에 이르러서도 여전히 계속되었으며 새로이 노삼(魯參), 권인(權引), 임원준(任元濬) 세 사람을 추가하여 그 일을 담당케 하여 세조 원년(景泰 6, 서기 1445)에 마침내 완성했다.[38]

> (5) 夫洪武韻, 用韻倂析, 悉就於正. 而獨七音先後不由其序. 然不敢輕有變更, 但因其舊. 而分入字母於諸韻各字之首, 用訓民正音以代反切. 其俗音及兩用之音不可以不知, 則分注本字之下. 若又有難通者, 則略加注釋以示其例. 且以世宗所定四聲通攷別附之頭面. 復著凡例爲之指南.

완성된 『洪武正韻譯訓』이 어떤 내용을 지녔는지는 위의 간단한 글만으로는 추측하기 어렵지만 "用訓民正音以代反切"이라고 되어 있듯이 『洪武正韻』의 반절을 한글로 바꾸어 놓았다는 사실은 이 책의 성립 동기로부터도 쉽게 알 수 있는 바이다. 이것은 일견 몹시 용이한 것이라서 왜 전술한 것과 같은 노고를 쏟았는지 이해할 수 없을지도 모른다. 그러나 원래 반절이라는 것은 매우 애매한 표음 방식이라서 최세진조차도 『四聲通解』의 범례에서 "飜切之式, 古有門法, 立成等局不相通融, 雖老師大儒, 鮮能通解也"라고 말하고 있을 정도이기 때문에 반절을 통해 실제 음가를 알게 한다는 것은 도저히 불가능하다. 하물며 당시 중국의 정확한 음을 아는 데 있어 단지 서적만으로 할 수 없음은 말할 것도 없으며, 그래서 신숙주, 성삼문 등이 요동에 왕래할 필요도 생겨 나는 것이다.

---

38. 『洪武正韻譯訓』 서문의 하반부는 생략하는데, 서문이 景泰 6년에 쓰여졌다는 내용이다.

이 글을 통해 알 수 있는 또 다른 사실은 『洪武正韻』에서 七音의 순서(牙·舌·脣·齒·喉·半舌·半齒)을 따르지 않은 것은 기묘하지만 가벼이 고치지 않고 원래대로 하되, 다만 자모, 즉 7음 31자모에 대응하는 한글을 운(韻)을 표시하는 글자 위에 분류하여 적어 넣었다는 점이다. 그 밖에 "其俗音及兩用之音不可以不知, 則分注本字之下"라고 하여 '俗音'과 '兩用之音'도 채록하고, "若又有難通者, 則略加注釋以示其例"라고 하여 이해하기 어려운 글자에는 간단한 해설을 덧붙였다는 뜻을 적고 있다. 운을 표시하는 글자 위에 자모를 적어 두었다고 한다든지 '俗音'과 '兩用之音'을 본자(本字) 아래 기입했다고 한 것을 보면, 음에 대한 주석을 『洪武正韻』의 본문 안에 덧붙였음을 알 수 있다. 『世祖實錄』 세조 2년 4월 戊申 조항의 예조(禮曺) 계문(啓文)에 "所習漢音字樣, 請以增入諺文洪武正韻爲宗"에 나오는 '增入諺文洪武正韻'이라는 문구에 의해서도 이 책이 『洪武正韻』에 음주(音注)을 붙인 것이라는 사실을 알 수 있어서 '언역(諺譯)'이라고는 해도 다른 책의 언해와는 차이가 나며, 음주(音注)를 한글로 표시했을 뿐이어서 주해(註解)의 언해에는 미치지 못했다.

이 책이 이와 같은 성격의 것이라서, '增入諺文洪武正韻'을 간단히 '洪武正韻'이라고 불렀다는 점은 앞에 제시한 『成宗實錄』에 비추어 분명하다.[39] 서문에서 사명(賜名)에 대한 내용이 없는 것도 특별히 그럴 필요를 느끼지 못했기 때문인 듯하다. 따라서 '洪武正韻譯訓'이라는 명칭이 원래의 이름인지 아닌지 의심한다면 의심할 만하지만 이후 중국의 원래 책과 구별해야 할 필요에 의해 이 명칭을 채용한 것으로 한다. 또한 이 책을 '洪武韻通考' 또는 '洪武正韻

---

39. [역자주] 『成宗實錄』에 나오는 '洪武正韻'은 실제로 '洪武正韻'의 번역서를 가리킨다는 점을 참고할 수 있다.

通考'라고 부른 것이『東國輿地勝覽』과『海東雜錄』에서 보이는데, 이 명칭은 서문의 (5)에 "世宗所定四聲通攷"라고 되어 있듯이 '世宗所定四聲攷'가 권두에 있었기 때문에『洪武正韻』과『四聲通攷』의 명칭을 절충한 것으로서 마치『月印千江之曲』과『釋譜詳節』을 합쳐서『月印釋譜』라고 부른 것과 같다. (5)에서 가장 문제가 되는 부분은 "且以世宗所定四聲通攷別附之頭面. 復著凡例爲之指南"라는 문구인데 여기에 대해서는 후술하기로 한다.

(6) 恭惟, 聖上卽位, 亟命印頒以廣其傳. 以臣嘗受命於先王, 命作序以識顚末. 切惟, 音韻衡有七音, 縱有四聲. 四聲肇於江左, 七音起於西域. 至于宋儒作譜而經緯始合爲一. 七音爲三十六字母. 而舌上四母・脣輕次淸一母世之不用已久, 且先輩已有變之者. 此不可强存而泥古也. 四聲爲平上去入, 而全濁之字平聲近於次淸, 上去入近於全淸. 世之所用如此. 然亦不知其所以至此也. 且有始有終以成一字之音, 理之必然. 而獨於入聲世俗率不用終聲, 甚無謂也. 蒙古韻與黃公紹韻會, 入聲亦不用終聲, 何耶. 如是者不一. 此又可疑者也. 往復就正旣多, 而竟未得一遇精通韻學者以辨調諧紐攝之妙. 特因其言語讀誦之餘, 遡求淸濁開闔之源, 而欲精夫所謂最難者. 此所以辛勤歷久而僅得者也. (下略)

景泰 6년 세조의 즉위에 이르러 8년이라는 장기간에 걸친 갖은 노고의 결과는 인출의 단계가 되었던 것이다. 신숙주는『洪武正韻』의 번역에 종사하면서 여러 가지 의문에 봉착했는데 그 중 가장 중요한 것은 다음의 세 가지였다.

① 七音에는 36자모가 있는데 그 중 설상음인 知母, 徹母, 澄母, 娘母와 순경음 次淸인 敷母의 5개 성모는 대대로 쓰이지 않은 지가 이미 오래이다. 게다가 선배 학자들 중에 이것을 바꾼 사람도 있었기 때문에 억지로 예전의 36자모를 보존하여 구애되어서는 안된다고 하여, 이 의문은 5개 성모를 없앰으로써 해결하고 있다.

② 사성(四聲)이란 평성, 상성, 거성, 입성이다. 그런데 현재는 전탁자(全濁字)의 평성이 차청에 가깝고, 전탁자(全濁字)의 상성/거성/입성은 전청에 가깝다. 이런 상황은 오늘날의 관화음(官話音)과 동일한 모습이어서 당시(15세기 중엽)에 이미 지금과 같은 상태에 이르렀음을 알 수 있다. 그런데 신숙주는 "然亦不知其所以至此也"라고 하여 의문을 품고 있다.

③ 시작하는 음(始聲)이 있고 끝나는 음(終聲)이 있은 연후 글자의 음이 이루어진다는 것은 당연한 이치이다. 그런데 속음에서는 오로지 입성만이 종성을 쓰지 않는다. 이는 전혀 이유가 없다.『蒙古韻略』과『韻會』또한 입성의 종성을 쓰지 않는데 이는 어떤 이유에서일까? 진실로 의문을 가져야만 한다고 말하고 있다.

이러한 의문들은『東國正韻』의 경우와 마찬가지로 신숙주가 전통적인 음운학을 너무나 과도하게 중시했기 때문에 생겨난 것으로서, ①과 같은 태도를 지니면 당연히 해소할 수 있음에도 불구하고 ②와 ③의 경우에는 여전히 속용(俗用)되는 음, 즉 당시의 실제음을 파격으로 생각하고 있다. 그래서 중국에 왕래하기가 수 차례에 이르고, 그 때마다 정정(訂正)을 가했지만 끝내 운학에 정통한 사람은 한 사람도 만나지 못했던 것이다. 아마도 당시의 중국인 중에는 신숙주가 주문하는 것과 같이 예전의 七音과 四聲을 고수하여 말하는 사람은 아무도 없었으며 있을 리도 없다. 그러므로 어쩔 수 없이 실제 회화와 독서를 연구할 뿐만 아니라 시간을 거슬러 옛 운서에 의거하여 청탁(淸濁)과 합벽(闔闢)의 근원을 추구하여 음을 정했던 것이며 이것이 오랜 기간 힘들게 노력하여 겨우 얻어 낸 바였다. 이를 통해 보건대『洪武正韻譯訓』의 음은 실제 발음을 정밀하게 조사한 결과이긴 하지만 실제 발음 그대로는 아니며, 七音과 四聲에 관해서는 오히려 예전 방식을 따라 정했고 앞의 ②, ③과 같은 경우도 아마 발음 그대로는 아니고 전탁(全濁)은 전탁자로 하고 입성은 종성을 붙였으리라 추측된다.[40]

이제 (5)의 "且以世宗所定四聲通攷別附之頭面. 復著凡例爲之指南"이라는 문구로 돌아가 보자. 이 문구에 따르면『四聲通攷』라는 책을 세종이 정한 것이라는 점은 분명하다.『四聲通攷』도 현재 산일되어 전하지 않지만『四聲通攷』에 기반하여 편찬한 최세진의『四聲通解』가 현존하고 있다.『四聲通解』의 서문은 다음과 같다.

(前略) 始究學譯, 當先聲韻, 創制訓民正音, 命譯洪武正韻. 又慮其浩穰難閱而覽者病焉. 乃命高靈府院君申叔舟類稡諸字, 會爲一書, 冠以諺音, 序以四聲, 諧之以淸濁, 系之以字母, 賜名曰四聲通攷. 夫始肄華語者, 先讀老乞大·朴通事二書, 以爲學語之階梯. 初學二書者必觀四聲通攷, 以識漢音之正俗. 然其二書訓解承訛傳僞, 通攷諸字有音無釋. 承訛傳僞, 則雖經老譯莫能就正. 有音無釋, 則一字重出無所適從. 臣卽將二書諺解音義書中古語, 裒成輯覽, 陳乞刊行, 人便閱習. 今將通攷一書亦已轉聞于朝, 證據古韻, 抄著音

---

40. 여기에 대해서는 후술하는 내용 참조.

解, 焚膏繼晷, 殫藁七易, 迄今四載, 方克就緒, 釐之爲上下二卷, 名
之曰四聲通解. 云云.

이 서문에 의거하면 『四聲通攷』라는 책은 처음에 세종이 『洪武
正韻』의 번역을 명했지만 너무 방대하여 보기 어려우므로(浩穰難
閱) 신숙주로 하여금 글자들을 부류별로 정리하고(類稡) 모아서 하
나의 책으로 만들게 한 것이 된다. 그렇다면 최세진의 『四聲通解』
가 기반을 둔 『四聲通攷』가 세종이 친히 정한 『四聲通攷』였으리
라고 한다면, 신숙주의 서문에서 "且以世宗所定四聲通攷別附之頭
面. 復著凡例爲之指南"이라는 글의 뜻으로부터 보건대 세종 어정
(御定)의 『四聲通攷』는 매우 간단한 책인 것 같으므로, 이것이 내
용상 상당히 완비된 『四聲通解』의 토대가 된 『四聲通攷』와 같은
책인지 아닌지가 매우 의문이다.

이러한 의문에 착안하여 『字類註釋』의 저자인 정윤용(鄭允容)은
'正音聞見記略'[41]에서 다음과 같은 설을 말하고 있다.

(前略) 四聲通攷世無傳焉. 求之不得. 秘府藏書或有之耶. 中廟時
人崔世珍通攷解自序言, 世宗大王命高靈府院君申叔舟爲一書, 賜
名四聲通攷. 世宗時申公安得有高靈之號. 此已紕繆. 蓋世宗製訓
民正音, 後以正音字母類彙諸字, 序以四聲, 名曰四聲通攷. 此韻書
也. 此固世宗所製也. 若崔世珍所見卽申高靈所述, 而非正音之文
也. 知其然者, 嘗見申公通攷序, 曰, 洪武正韻仍其舊, 而分入字母於
諸韻各字之首, 用訓民正音以代反切, 且以世宗所定四聲通攷, 別

付頭面, 復著凡例爲之指南. 又曰, 七音爲三十六字母, 而舌上四母
(知徹澄娘)次淸一母(敷)世之不用已久. 且前輩已有變之者. 不可
强存而泥古也. 以此見之, 申公此書不在世宗時可知. 而世宗所定
四聲通攷付之頭面, 則四聲通攷本非巨帙, 亦可知矣. 其云復著凡
例, 謂與世宗所定原本不同, 故必別著凡例. 而下所云舌上四母脣
輕一母不可强存, 卽其不同之目而爲凡例中事也. 然則申公之書, 雖
仍名四聲通攷, 而實多自家之增補. 崔世珍所修潤而通解者, 卽申
公所增之本, 非世宗所定原本明矣.

즉 정윤용은 『四聲通攷』에 두 가지 종류가 있다고 하고서, 하나
는 세종이 정한 것이고 다른 하나는 신숙주가 증보한 것이며 최세
진의 『四聲通解』는 후자에 의거했다고 생각한 것이다. 이러한 설은
매우 흥미롭지만, '申公通攷序'라고 칭한 것은 小倉進平 선생이 말
한 바대로 『洪武正韻譯訓』의 서문이지 『四聲通攷』의 서문은 아니
다. 또한 정윤용은 세종이 정한 『四聲通攷』를 원본이라고 하고 '申
公之書'는 그것을 증보한 것이라고 생각하고 있는데 이러한 사실은
'申公自序'에서 한 마디도 하지 않았다. 그렇지만 세종이 정한 『四
聲通攷』가 거질(巨帙)이 아니라고 한 점이나 『四聲通攷』에 두 가
지 종류가 있다고 한 것은 탁견이다.

확실히 『四聲通攷』에 두 가지 종류가 있었음에 틀림없다. 하나
는 세종이 정한 것이며 정윤용도 말한 것처럼 『洪武正韻譯訓』의
권두에 수록된 매우 간단한 것이다.[42] 다른 하나는 최세진의 『四
聲通解』가 기초한 『四聲通攷』이다. 후자의 『四聲通攷』는 최세진에

---

42. 여기에 대해서는 다시 후술한다.

따르면 신숙주가 왕명을 받들어 지은 것이므로, 이 책과 마찬가지로 신숙주 등이 편찬한 『洪武正韻譯訓』과는 어떤 관계가 있을 것이다. 이제 두 책의 관계에 대해 약간 살펴보고자 한다.

최세진이 지은 서문의 문면을 잠시 그대로 믿는다면, 처음에 세종의 명으로 신숙주 등이 『洪武正韻』의 번역을 완성했지만 이는 전술한 것처럼 『洪武正韻』에 글자의 주(注)을 덧붙인 것이었기에 너무 방대하고 보기 어려워서(浩穰難閱) 독자들에게 불편했다. 그래서 다시 신숙주에게 명하여 『洪武正韻』의 글자들을 분류하고 정리하여 한 권의 책으로 짓게 했다. 이것을 『四聲通攷』라고 부르게 된다. 내용과 형식은 "冠以諺音, 序以四聲, 諧之以淸濁, 系之以字母"로 되어 있다. 현존 『四聲通解』를 보면 정확히 이 문구대로 되어 있으며 게다가 문자의 배열을 四聲 七音의 순서로 변경하고서는 서문이나 범례에서 한 마디도 언급하지 않은 것을 볼 때 대체로 『四聲通攷』의 순서를 그대로 답습했음을 알 수 있다. 신숙주가 『洪武正韻譯訓』의 서문에서 "而獨七音先從不由其序, 然不敢輕有變更"이라고 말한 데 비추어 보면, 『四聲通攷』가 자모는 七音의 순서대로 배열하고 운(韻)은 四聲을 일괄하여 『洪武正韻譯訓』의 순서를 변경한 것이라는 점을 알게 된다. 최세진이 『洪武正韻』의 번역을 보기 어렵다(難閱)고 한 것은 『洪武正韻』이 예전 형식을 좇아 七音의 순서를 무시하고 또한 四聲은 각각을 따로 따로 배열했기 때문이며, 분류하고 정리하여 한 권의 책으로 만들었다(類粹, 會爲一書)고 한 것은 바로 四聲과 七音의 순서에 맞춰 글자들을 분류한 것을 이른다.

『四聲通攷』가 『洪武正韻譯訓』과 다른 점은 이 밖에 어의(語義)에 대한 주석을 제거했다는 데에 있다. 이는 최세진이 "通攷諸字有

音無釋"이라고 한 것에서 분명하며 『洪武正韻』의 번역을 방대하다고 한 것도 분명히 『洪武正韻』 본문의 주석 때문이다. 즉 『四聲通攷』는 『洪武正韻譯訓』에서 각 글자와 그 음주(音注)를 가려 내어[43] 七音과 四聲의 순서대로 배열한 책이라고 말할 수 있는 것이다.

이상의 서술을 통해 『四聲通攷』는 『洪武正韻』의 요점을 간추린 것이라는 사실이 분명해졌지만 이러한 개정이 과연 신숙주에 의해 이루어진 것인지는 매우 의심스럽다. 최세진에 의하면 세종이 『洪武正韻』의 번역을 명했지만 그 음의 방대함(浩翰)과 무질서를 근심하여 다시 신숙주에게 『四聲通攷』를 짓도록 했다는 것이다. 그런데 『洪武正韻譯訓』은 세조대에 이르러 완성되었기 때문에 이러한 개정을 세종이 명령했다고 한다면 엄청난 시대착오에 빠진다. 게다가 『成宗實錄』 성종 6년 6월 戊戌 조항에 성종이 신숙주의 사망 소식을 듣고 매우 애도하며 좌우의 신하에게 이른 말이 있는데 그 중에 "解正音, 通漢語, 飜譯洪武正韻, 學漢音者多賴之"라고 되어 있어 '四聲通攷'라는 이름은 보이지 않는다. 또한 신숙주에 대한 기록은 매우 많지만 그 중 신숙주가 『四聲通攷』의 편찬자라고 한 것은 없다. 따라서 『四聲通攷』의 완성은 신숙주의 사후라고 하지 않으면 안 된다.

어쩌면 사역원 주변에 있던 사람이 필요에 따라 개정한 것일 수도 있다. 최세진 역시 "有音無釋, 則一字重出無所適從"이라고 말하고 있듯이 오직 음만 추려내어 온 것에는 불분명한 점도 적지 않았던 듯하며 신숙주와 같은 대학자가 이렇게 요령부득의 일을 했다고는 도저히 수긍하기 어렵다. 실제로 『洪武正韻譯訓』의 서

---

43. 음은 한글로 표시한다.

문에서 "若又有難通者, 則略加注以示其例"라고 말하고 있지 않은 가? 또한 『洪武正韻』이라는 책은 그 정도로 방대한 것도 아니며, 또한 신숙주의 정밀한 한글 주음이 붙어 있다고 한다면 『洪武正韻 譯訓』은 매우 편리한 책이라고 말하지 않을 수 없다. 이런데도 여 전히 '방대하여 보기 어렵다(浩穰難閱)'고 한다면 그 수요자의 지 식 정도 또한 매우 저열한 것임을 알게 되며 사역원의 통사(通事) 쯤 되는 자가 스스로 이용하기 쉽도록 마음대로 고친 것이라고 생 각되는 바이다.

그렇다면 이 『四聲通攷』가 어떤 이유로 세종이 정한 『四聲通攷』 와 동일한 이름을 갖게 되었을까? 세종이 정한 『四聲通攷』가 어 떤 것이었는지에 대해서는 거의 아는 바가 없는데 다만 매우 간단 한 것이었다는 점은 정윤용이 추측한 대로인 것 같다. 그러나 정윤 용이 이 책을 운서라고 한 것은 타당하지 않다. 신숙주가 "且以世 宗所定四聲通攷別附之頭面. 復著凡例爲之指南"이라고 한 것을 보 긴대 아마도 중국음 언역(諺譯)의 원칙을 가리킨 것이 아니었을까 추측된다. '四聲通攷'라는 명칭을 통해 보자면 우선 '通攷'라는 명 칭은 『韻會擧要』의 '禮部韻略七音三十六母通攷'에 의거한 것인 듯 생각된다. '禮部韻略七音三十六母通攷'란 "韻書始於江左, 本是吳 音. 今以七音韻母, 通攷韻字之序, 云云"이라고 되어 있듯이 종래 운 서의 순서를 七音과 韻母로써 通攷한 것이며, 각 운자(韻字)를 먼 저 그 운모를 통해 나누고 그것을 다시 七音의 순서에 맞춰 나눈 분류 항목이다. 『韻會擧要』라는 한 책이 실제로 그 순서를 따르고 있다. 『四聲通攷』는 이러한 분류에 더하여 다시 四聲을 일괄한 것 은 아니었을까 한다. 아마도 한국에서는 한자음의 四聲 구별이 명 백하지 않았기 때문에 이것을 따로 따로 다루는 데 즈음하여, 四

聲을 일괄하는 방법이 편리했을 것이다.

『四聲通解』의 서문과 범례 사이에 '韻母正局, 廣韻三十六字母之圖, 韻會三十五字母之圖, 洪武韻三十一字母之圖'라는 도표가 삽입되어 있는데, 뒤의 셋은 七音의 그림(圖)이고 '韻母正局'은 그 이름에 따르면 운모의 표이다. 다만 '韻母正局'은 실제로는 운모의 표가 아니라 운목(韻目)을 四聲으로 배열한 표인데 이러한 도표가 『韻會』의 '禮部韻略七音三十六母通攷'에 연원을 둔다는 점은 분명하다. 운을 四聲으로 배열한 점만큼은 『韻會』의 通攷에 보이지 않는 것으로서 『四聲通攷』의 특색이었다고 생각된다. 그러나 '韻母正局' 안에는 『洪武正韻』에서 보이지 않던 文韻(상성과 거성도 마찬가지)의 독립이 눈에 띄며 이러한 독립은 『四聲通解』의 범례에 명기되어 있기 때문에, 이 도표들이 『四聲通攷』라고 할 수는 없겠지만 세종이 정한 『四聲通攷』가 이러한 도표와 마찬가지로 七音과 운모에 관한 도표였다고 보아도 심한 망상은 아닐 것이다. 『四聲通解』의 배열 순서가 대체로 후에 나온 『四聲通攷』[44]의 것이라면, 그래서 그 순서가 『韻會』의 七音 및 운모의 순서와 동일한 것인 이상, 『洪武正韻譯訓』을 갖추려(撮要) 후자의 『四聲通攷』를 지은 사람이 『洪武正韻譯訓』의 권두에 있던 세종의 『四聲通攷』를 개작의 기준으로 삼았다는 것은 쉽게 생각할 수 있다. 그리고 이런 이유로 해서 '四聲通攷'라는 명칭을 그대로 답습하게 되었음에 틀림없다고 하겠다.

이상은 최세진의 『四聲通解』 서문에 의지해 『四聲通攷』를 논의한 것이다. 그런데 『四聲通解』에 『四聲通攷』의 범례가 실려 있는

---

44. [역자주] 세종이 정한 『四聲通攷』보다 늦게 나온 것을 말한다.

데도 왜 그것에 의거해 '通攷'의 성격을 구명하지 않았는지 의문을 가지는 사람도 분명이 있을 터이다. 필자가 일부러 이 범례를 이용하지 않은 데는 이유가 있다. 왜냐하면 이 범례가 바로 신숙주가 '復著凡例爲之指南'이라고 말한 그 범례이기 때문이다.[45] 아래에서 그 논거를 설명하기로 한다.

우선 『四聲通解』의 범례에 "鄕漢字音則例今不盡贅消, 得幷考洪武韻凡例及二書輯覽飜譯凡例, 然庶得分曉其訣法也"라고 말하고 있는데 이 때의 '洪武韻凡例'와 '二書輯覽飜譯凡例'는 『四聲通解』의 부록으로 실린 『四聲通攷』의 범례와 『飜譯老乞大』 및 『飜譯朴通事』의 범례를 지시한다. 이를 통해서도 최세진이 이 범례를 신숙주의 '洪武韻凡例'라고 하고 있음을 알게 된다. 그러나 다시 소위 『四聲通攷』 범례의 본문을 보면 이 사실을 더욱 명확히 할 수가 있다. 이 신숙주의 범례는 그의 서문보다도 더 상세하게 『洪武正韻』 번역의 성질을 분명하게 하고 있기 때문에 여기서 그 전문을 제시하여 서문을 보충하려 한다.

一, 以圖韻諸書及今中國人所用, 定其字音, 又以中國詩音所廣用而
不合圖韻者, 逐字書俗音於反切之下.

이것은 이미 서술한 것처럼 『洪武正韻譯訓』의 주된 취지를 간명하게 표현하고 있다. 『洪武正韻』의 언역(諺譯)이 『洪武正韻』에 한글 음을 적어 넣었다는 점을 참조한다면, 속음을 반절 아래에 적었다고 말하는 것을 보아도 이 범례가 한글 음만 골라서 간추렸다고 생각되는 『四聲通攷』의 범례는 아님이 판명된다. 다만 이것은 '申

---

45. [역자주] 저자는 『四聲通解』에 실린 『四聲通攷』의 범례가 실제로는 신숙주의 『洪武正韻譯訓』 범례라고 보고 있다.

公自序'에서 "用訓民正音以代反切"이라고 일컬은 바와 모순되는데, 이 구절은 반절과 같이 우원(迂遠)한 방법을 택하지 않고 훈민정음으로써 음을 알게 했다는 의미인 듯하다.

> 一, 全濁上去入三聲之字, 今漢人所用初聲與淸聲相近, 而亦各有
> 淸濁之別. 獨平聲之字, 初聲與次淸相近. 然次淸則其聲淸, 故音終
> 直低, 濁聲則其聲濁, 故音終稍厲.

이것은 앞의 『洪武正韻譯訓』의 해설 (6)의 ②에 상당하는 것으로서, 해당 부분에서 의문의 형태로 서술된 것이 여기서 명백하게 해결되고 있다. 즉 신숙주는 당시 중국음 중에서 탁음(濁音)이 청음(淸音) 또는 차청음(次淸音)에 가까워진 데 주목하였는데, 예진부터 내려오던 청탁(淸濁)의 구별이 여전히 소리에 유지되고 있다고 하여 그 구별을 고수한 것이다.

> 一, 凡舌上聲, 以舌腰點腭. 故其聲雜而自歸於正齒. 故韻會以知徹
> 澄孃, 歸照穿牀禪. 而中國時音獨以孃歸泥, 且本韻混孃而不別.
> 今以知徹澄歸照穿牀, 以孃歸泥.

이것은 앞서 (6)의 ①에 상당하는 것이다. 여기서 '本韻'이라고 한 것은 물론 『洪武正韻』이며 이를 통해 '本凡例'가 신숙주의 범례라는 점이 더욱 더 명확해진다.

> 一, 脣輕聲非敷二母之字, 本韻及蒙古韻混而一之. 且中國時音亦
> 無別. 今以敷歸非.

이것 역시 (6)의 ①에 상당하는 것으로 이 두 조항을 통해 설상음 네 성모 및 敷母의 상황을 명확히 하고 있다.

> 一, 凡齒音齒頭則擧舌點齒, 故其聲淺. 整齒則卷舌點腭, 故其聲深. 我國齒聲ㅅㅈㅊ在齒頭整齒之閒. 於訓民正音, 無齒頭整齒之別. 今以齒頭爲ㅅㅈㅊ, 以整齒爲ㅅㅈㅊ以別之.

이 조항은 당시의 중국어와 한국어의 치음 성질을 명시하고 있는 매우 흥미로운 기술이다. 중국어의 치두음(精淸從心邪)은 '擧舌點腭', 즉 dental이고 정치음(照穿牀審禪)은 '卷舌點腭', 즉 apico-dental 또는 apico-repalatal[46]이다. 이에 반해 한국에서는 이 두 종류의 구별이 없으며 한국의 'ㅅ, ㅈ, ㅊ'은 치두음과 정치음의 중간이기 때문에 대략 apico-alveolar[47]의 위치였으리라 생각된다. '擧舌點齒'라고 하거나 '卷舌點腭'이라고 하거나 혹은 앞 조항에서 설상음을 '舌腰點腭'(dorso-alveolar 또는 prepalatal)이라고 하고 있듯이 발음 상황의 설명은 지극히 간명하게 하여 가장 요점만을 싣고 있다. 신숙주가 얼마나 뛰어난 어학자였는지를 알 수가 있다.

이 조항은 다음 측면에서도 흥미롭다. 그것은 "於訓民正音, 無齒頭整齒之別"이라는 문구이다. 『訓民正音』에는 한문으로 된 것과 한글이 섞여 있는 것이 있다. 후자에는 궁내성본(宮內省本)과 박승빈(朴勝彬) 소장본, 『月印釋譜』의 권두에 수록된 것의 세 종류가 있다. 『訓民正音』은 한문으로 된 것이 원형이며[48] 한글이 섞여 있는

---

46. 이 음은 권설(卷舌)의 lateral contraction을 동반한다.
47. lateral contraction이 없다.
48. 『朝鮮王朝實錄』 참조.

것이 한문본의 언해라는 점은 누구나 아는 바이다. 한문본과 언해
본의 차이는 단순히 한문과 한글의 차이에만 있는 것이 아니며 언
해본에는 다음 문장이 추가되어 있다.

> 漢音齒聲은 有齒頭正齒ㅎ니, ㅈㅊㅉㅅㅆ字ᄂᆫ 用於齒頭ㅎ고,
> ㅈㅊㅉㅅㅆ字ᄂᆫ用於正齒ㅎᄂ니, 牙舌脣喉之字ᄂᆫ通用於漢音ㅎᄂ
> 니라[49]

　이것을 통해 『訓民正音』의 언해가 『洪武正韻譯訓』 이후에 이루
어졌음을 알 수 있다. 『月印釋譜』가 완성된 것은 그 4년 후인 天
順 3년이기 때문에 『訓民正音』이 언해된 것도 그와 같은 해일 것
으로 생각된다. 이 언해와 『月印釋譜』는 표기법이 완전히 동일하
며 『月印釋譜』에 수록된 언해본이 궁내성본이나 박승빈 소장본보
다도 훌륭하다는 것을 봐도 『訓民正音』의 언해가 『月印釋譜』가 완
성되었을 때 함께 지어진 것임을 알 수 있다.

> 一, 本韻疑喩母諸字多相雜, 今於逐字下從古韻, 喩則只書ㅇ母, 疑
> 則只書ㆁ母以別之.

　앞의 (6)에서 "如是者不一"이라고 한 것의 그 '一'이 疑母와 喩母
의 혼동이다. 신숙주는 古韻을 따라서 둘을 구별하지만 이 또한
그가 여전히 옛것을 따르는 태도(古癖)에서 비롯된 것일 뿐, 疑母
와 喩母의 혼동은 이미 서술한 것처럼 매우 오래 되었다.

---

49. 한자음과 언해 부분은 생략한다.

一, 大抵本國之音輕而淺, 中國之音重而深. 今訓民正音出於本國
之音. 若用於漢音則必變而通之, 乃得無礙. 如中聲ㅏㅑㅓㅕ張口之字
則初聲所發之口不變. ㅗㅛㅜㅠ縮口之字則初聲所發之舌不變. 故
中聲爲ㅏ之字, 則讀如ㅏ・之間, 爲ㅑ之字則讀如ㅑ・之間, ㅓ則ㅓㅡ之
間, ㅕ則ㅕㅡ之間, ㅗ則ㅗ・之間, ㅛ則ㅛ・之間, ㅜ則ㅜㅡ之間, ㅠ則
ㅠㅡ之間, ・則ㅣㅡ之間, ㅡ則ㅡ・之間, ㅣ則ㅣㅡ之間. 然後庶合中
國之音矣. 今中聲變者, 逐韻同中聲首字之下論釋之.

이 조항은 한국어와 중국어 모음의 비교이다. 이에 대해 깊게 들
어가는 것은 이 논문의 목적 밖에 있다. 당시 한국어 모음의 음가
를 추측하는 데 좋은 자료라는 점을 덧붙이는 데 그치고자 한다.

一, 入聲諸韻終聲, 今南音傷於太白, 北音流於緩弛. 蒙古韻亦因北
音, 故不用終聲. 黃公紹韻會入聲如以質韻卽卒等字屬屋韻匊字母,
以合韻閤榼等字屬葛韻葛字母之類, 牙舌脣之音混而不別, 是亦不
用終聲也. 平上去入四聲, 雖有淸濁緩急之異, 而其有終聲則固未
不同. 況入聲之所以爲入聲者, 以其牙舌脣之全淸爲終聲而促急也.
其尤不可不用終聲也明矣. 本韻之作, 倂同析異, 而入聲諸韻牙舌
脣終聲, 皆別而不雜. 今以ㄱㄷㅂ爲終聲, 然直呼以ㄱㄷㅂ, 則又似
所謂南音. 但微用而急終之, 不至太白可也. 且今俗音雖不用終聲,
而不至如平上去之緩弛. 故俗音終聲於諸韻用喉音全淸ㆆ, 藥韻用
脣輕全淸ㅸ以別之.

이 조항은 앞서 (6)의 ③에 상응하는 입성의 분별이다. 당시 중
국의 남부 방음(方音)에서는 입성이 뚜렷했다. 즉 종성 '-k', '-t',

'-p'의 구별이 매우 명료했다. 그러나 북방의 방음에서는 그 구별이 매우 느슨하게 바뀌어서 종성을 사용하지 않았다. 이러한 북방음에 의거한 『蒙古韻略』과 『韻會』는 모두 종성을 인정하지 않고 있다. 신숙주는 이것을 수상하게 여기고 무릇 한자음은 초성, 중성, 종성의 세 요소를 반드시 가지지 않으면 안 된다는 독특한 견해에 근거하여 이러한 상태를 정당시할 수가 없었던 것이다. 게다가 '本韻' 즉 『洪武正韻』에서 아주 과감한 합병을 행했음에도 불구하고 입성의 구별은 유지하는 데서 힘을 얻어, 마침내 'ㄱ, ㄷ, ㅂ' 종성을 구별해야 정음이라고 했던 것이다. 그러나 'ㄱ, ㄷ, ㅂ'을 그대로 발음할 때는 남방음과 너무 비슷해지기 때문에, 약하게 발음해서 급격하게 마친다면 뚜렷하지 않아서 적당하다고 하며 그 발음법에 주의하고 있다.

그런데 이것은 어차피 인위적인 음이기 때문에 실제 음도 기록할 필요가 있었다. 신숙주는 이러한 실제 음을 관찰하고서 "雖不用終聲, 而不至如平上去之緩弛"이라고 하고 있는데 이 문구에 따르면 당시 중국음(북방음)에서도 입성은 다른 성조와 완전히 혼동하는 데 이르지는 않았고 여전히 촉급하다는 본질을 유지하고 있었다. 바꿔 말하면 아직 'glottal stop'으로 끝났다고 생각할 수 있어서 신숙주가 속음의 입성을 影母인 'ㆆ'으로 표시한 것 역시 이러한 상황을 말하는 듯하다. 다만 藥韻의 종성에 非母인 'ㅸ'을 할당하고 있는 것은 설명을 필요로 하는 바이지만 지금은 여기에 대해 다루지 않기로 한다. 이 입성에 쓰인 影母의 'ㆆ'은 『四聲通解』에 이르러 폐기되었지만 『四聲通攷』에 아직 보존되어 있다는 사실은 『四聲通解』의 범례에서 보인다. 단, 『四聲通攷』에서는 소위 정음인 'ㄱ, ㄷ, ㅂ' 종성은 사용하지 않았던 듯하여, 『四聲通解』의 범례에서『四聲通攷』에 'ㄱ, ㄷ, ㅂ'을 썼다고 적지는 않고 있다.『四聲通攷』가 실용성을 지향한 것이라고 본다면 종성 'ㄱ, ㄷ, ㅂ'을 제외한 것도 쉽게 이해할 수 있다.

一, 凡字音必有終聲. 如平聲支齊魚模皆灰等韻之字, 當以喉音ㅇ爲終聲. 而今不爾者, 以其非牙舌脣終之爲明白. 且雖不以ㅇ補之而自成音爾, 上去諸韻同.

"凡字音必有終聲"은 (6)의 "有始有終以成一字之音, 理之必然"에 상응하는 것으로 신숙주의 독특한 견해이다. 그에 따르면 支韻, 齊韻 등 여러 운도 喩母인 'ㅇ'을 종성으로 써야만 하며 실제로『東國正韻』에서도 실행하고 있는 것이다. 그러나『洪武正韻』에서는 다른 종성처럼 분명하지 않으며, 또한 'ㅇ'을 보충하지 않아도 스스로 음을 이루는 까닭에 'ㅇ'을 생략했다. 여기에 이르러 신숙주는 자가당착을 초래하고 있다. 원래 어떤 운이든 종성이 있어야만 한다는 생각은 극히 형식적인 것으로서, 어떤 근거가 있는 사고는 아닌 것이다.

一, 凡字音四聲, 以點別之. 平聲則無點, 上聲則二點, 去聲則一點, 入聲則亦一點.

이것은『東國正韻』이나『訓民正音』과 동일하다.

이리하여『四聲通攷』의 범례는『洪武正韻譯訓』의 범례라는 점을 분명하게 할 수 있었음과 동시에 이 범례를 통해 서문으로부터 추측한『洪武正韻譯訓』의 성질을 뒷받침할 수 있었다고 믿는다.『洪

武正韻譯訓』은 산일되었지만 『四聲通攷』로 계승되었고 다시 『四聲通攷』에 의거해 『四聲通解』가 나오게 되었다. 즉 『四聲通解』의 한자음은 대체로 『洪武正韻譯訓』을 계승했다고 생각할 수 있는 것이다. 게다가 이러한 사실은 단순한 추측에 머무르지 않는다. 왜냐하면 『洪武正韻譯訓』의 본문 자체를 현재는 볼 수 없지만 그것에 바탕을 두었다고 생각되는 한자음의 기록이 존재하고 있기 때문이다. 그 기록은 『月印釋譜』권21 70장~73장에 나오는 다라니(具足水火吉祥光明大記明呪摠持章句)의 한글 음이다. 『月印釋譜』의 한자음은 다른 부분에서는 모두 『東國正韻』의 한자음인데 이 다라니에서만큼은 매우 다르다. 즉 전적으로 근대 중국음을 채용하고 있으며 이러한 근대 중국음의 기록은 『月印釋譜』의 성립 직후에 편찬된 『洪武正韻譯訓』에 의한 것이라고 생각하지 않을 수 없다.

여기서 이 다라니의 한자음 중 주요한 것을 제시하면 다음과 같다.[50]

平聲, 上聲, 去聲의 경우										
祇끼	毗삐	弭미	彌미	犁리	四승	之즁	契키	帝디	第띠	泥니
細시	鱉히	醯히								
隷리										
矩규	具꾸	都두	篅쑤	素수	潚후	盧루	魯루	路루		
奈내		敦둔	叛뿬							
多더	痺더	陁뗘	訶허	羅러	波붜	播붜	婆뿨	摩뭐	磨뭐	他타
挐나	娜나	吒차	茶짜	阿하	遮져	舍샤	野여	夜여	惹셔	盎항
牟뭏										
識춤	菩땀	三삼	菴함	苦셥	睒셥					

50. 『月印釋譜』는 안동의 광흥사(廣興寺) 판본에 따른다. 다만 방점은 생략했다.

入聲의 경우										
呢닝	窣숭	喝헝	曷헝	遏헝	跋뿽	鉢뾍	伐뺢	怛당	闥탕	刹챵
薩샹	剌랑	羯겅	揭꼉	折졍	託탕	縛뽱	莫망	斫쟣	洛랑	略랑
	濕씽	揷챵	臘랑							

　이 한자음들을 『四聲通攷』 범례와 비교하면 우선 청탁(淸濁)의 구별은 고수되며,[51] '吒(차), 茶(쟈)'와 같은 설상음은 정치음에 합병되어 있다.[52] 치두음과 정치음의 구별은 범례대로 표기되었고,[53] 支韻, 齊韻, 魚韻, 模韻 등에는 종성이 없다.[54] 또한 방점도 범례의 내용과 동일하다.[55] 그러나 가장 두드러진 것은 입성이다. 범례의 제8항에서 제시한 것처럼 『洪武正韻譯訓』에서는 정음으로 종성에 'ㄱ, ㄷ, ㅂ'을 채택했지만, 속음으로는 여러 운의 종성에 'ㅇ'을 쓰고 藥韻에는 'ㅸ'을 적었다고 되어 있다. 이 다라니의 입성음은 바로 그 속음 그대로이다. 그러나 이 다라니의 한자음은 매우 제한되어 있어서 『四聲通攷』 범례의 다른 조항에 해당하는 것은 판명할 수 없으며 또한 母韻에 관해서는 범례에 기록되어 있지 않기 때문에 다시 『四聲通解』와 비교해 보지 않으면 안 된다.

　『四聲通解』와 이 한자음을 대조하면 다음 사항에 대해서만 주의를 필요로 할 뿐 다른 것은 전부 일치한다.

　支韻(상성과 거성도 마찬가지)의 치음자, 가령 '吔, 之'와 같은 글자는 『四聲通解』의 본문에서는 종성 'ㅿ'을 붙이지 않았다.[56] 그러

---

51. 『四聲通攷』 범례의 2항.
52. 『四聲通攷』 범례의 3항.
53. 『四聲通攷』 범례의 5항.
54. 『四聲通攷』 범례의 9항.
55. 『四聲通攷』 범례의 10항.
56. '之'는 '지'로 되어 있다.

나 『四聲通解』에 기재되어 있는 '飜譯老乞大朴通事凡例'에서 '支紙 寘三韻內齒音諸字'라는 제목으로 아래와 같이 말하고 있어서 『四 聲通攷』의 속음에는 'ᅀ'을 붙였다는 사실을 알 수 있다.

> 通攷贅字音註ㅈ. 註云, 俗音즛('즈'의 잘못), 韻內齒音諸字口舌不 變. 故以ᅀ爲終聲, 然後可盡其妙. 今按齒音諸字, 若從通攷加ᅀ爲 字, 則恐初學難於作音. 故今之反譯, 皆去ᅀ聲. 而又況直從去ᅀ之 聲, 則必不合於時音. 今書正音加ᅀ字之字於右, 庶使學者必從正音 用ᅀ作聲, 然後可合於時音矣. 云云

『四聲通解』에서 '支'의 주석에도 俗音 '즈'을 인정하고 있다. 『四 聲通解』에서 '俗音'이라고 일컫는 것은 그 범례에서 지시한 대로 『四聲通攷』의 '元著俗音'이다. 소위 齊韻(상성과 거성도 마찬가지) 의 예를 들면 '謎, 細, 第' 등과 같은 글자들은 『四聲通解』에서는 'ㅖ'를 정음으로 하고 있지만 주석에서의 속음은 모두 'ㅣ'로 되어 있기 때문에 『四聲通攷』도 마찬가지였으리라 생각된다. '阿, 娜' 등은 『四聲通解』에서는 'ㅓ'를 정음으로 하고 'ㅏ'를 속음으로 하고 있다.

이러한 비교에서 가장 주목해야 할 것은 입성의 표기법이다. 『四 聲通解』의 본문에서는 藥韻(종성이 'ㅸ')을 제외하면 입성의 글자들 에 종성(ㆆ)을 붙이지 않았다. 이것은 『四聲通解』 범례에서 다음과 같이 말하는 것 그대로이다.

> (前略) 然今俗所呼穀與骨, 質與職, 同音而無ㄹㄱ之辨也. 故今撰 通解亦不加終聲. 通攷於諸韻入聲則皆加影母(즉 ㆆ)爲字, 唯藥韻

則其呼似乎效韻之音. 故蒙韻加ㅸ爲字, 通攷加ㅸ爲字. 今亦從通攷
加ㅸ字.

또한 "入聲諸字, 取通攷所著俗音, 則依通攷作字加影母於下"라고
되어 있듯이 『四聲通解』에서는 『四聲通攷』의 속음을 가져올 때에
만 影母(ㆆ)를 덧붙이고 그 외에는 藥韻의 'ㅸ'만 인정함으로써 종
성을 폐기하고 있는 것이다.

앞서 서술한 대로 이 다라니의 표기법은 『洪武正韻譯訓』의 속음
에 근거한 것이지만 이것은 또한 『四聲通攷』의 속음과도 일치한다
는 사실을 알게 되었다. 즉 이 다라니는 당시의 중국음을 전사하고
자 했고, 『洪武正韻譯訓』의 음을 그 전거로 했으며, 정음과 속음
두 가지가 있는 경우에도 속음, 즉 그 시대의 실제 음을 따랐던 것
이다. 그리고 이 다라니를 통해 『四聲通攷』의 한자음에는 『洪武正
韻譯訓』에서 변한 부분이 거의 없다는 사실을 구체적으로 판명하
게 된다. 그러므로 『四聲通攷』를 기초로 하여 편찬된 『四聲通解』
로써 『洪武正韻譯訓』의 부재를 메울 수가 있다고 믿는 바이다.

4. 결론

이상을 요약하자면, 조선 초기 세종이 訓民正音을 공포하자마
자 곧바로 2단계로서 두 가지 사업을 의도했다. 하나는 한국 한자
음의 표기이고 다른 하나는 당시 중국음의 표기였다. 이 사업들은
말은 쉬워도 행하기가 어려운데, 그것도 전혀 새로운 조직을 가진
문자로서 그 일에 맞설 경우 그 곤란함은 상상을 초월했음에 틀림

없다. 이리하여 오랜 세월이 지나서 이 두 가지 큰 사업은 결실을 맺었다. 첫 번째 결과는 『東國正韻』으로 나타났고, 두 번째 결과는 『洪武正韻譯訓』으로 나타났다. 이 사업들은 조선이 낳은 최고의 어학자 신숙주가 친히 맡아서 그 뛰어난 실력을 유감 없이 발휘했던 것이다.

두 책은 일찍이 산일되어 오늘날 눈으로 확인할 수 없는 것이 무척 유감이지만, 두 책 모두 신숙주의 손으로 쓴 서문이 하나는 『朝鮮王朝實錄』에, 다른 하나는 『保閑齋集』에 수록되어 있다. 이 서문을 통해 두 책의 요점을 대략 알 수가 있다.

한글이 완성된 후 가장 먼저 시도한 것은 새로운 도구(한글)로 한국 한자음을 어떻게 표기할 것인가 하는 일이었다. 그러나 당시의 한자음은 중국의 전통적인 음운학에 비추어 볼 때 현재와 마찬가지로 질서나 통제가 극도로 상실되어 있었다. 만약 이 시기의 상황을 그대로 표기했더라면 오늘날의 우리들로서는 오히려 매우 흥미로운 자료가 되었을 터이지만, 당시 학자들로서는 이러한 학문적 흥미보다도 한자음의 정확, 즉 한자의 음인 이상 중국 음운학에서 준거를 구하는 것이 일차적인 문제였던 것이다. 따라서 그들은 한국 한자음 내에 어떤 규범을 세우고 이 규범을 시행하는 일을 통해 무질서를 바로잡고자 의도했다. 한글로써 표음하려는 경우 역시 물론 이러한 규범에 근거했다.

이리하여 처음에는 원나라 黃公紹의 『韻會』를 그 준거로 정하여 번역 계획을 세웠지만, 『韻會』를 그대로 답습해서는 한국 한자음의 특색을 살릴 수가 없기 때문에 끝내 『韻會』 번역 사업은 완성되지 못했다. 이 사업은 『韻會』를 준칙으로 하여 한국 한자음의 특색을 드러내는 쪽으로 방향을 전환하여 계속되었고 여기서 『東國正

韻』의 편찬을 보게 되는 것이다. 이로써 한국 한자음의 표준이 확립되었고 그 후 지어진 각종 문헌의 언해에는 전적으로 이 『東國正韻』에 의거하여 한자음이 기록되었다. 현재 남아 있는 『月印釋譜』, 『楞嚴經諺解』, 『法華經諺解』, 『圓覺經諺解』, 『金剛經三家解』, 『南明集』 등에서는 아직도 『東國正韻』의 모습을 전하고 있다. 그러나 『東國正韻』의 한자음은 너무나 이론적이어서 당시 한자음과는 거리가 매우 컸기 때문에 끝내 자연적인 발달의 결과인 전통 한자음을 극복할 수가 없었다. 그 후에도 가끔 『東國正韻』의 사용이 문제되었지만 회복되지 못하고, 얼마 안 있어 임진왜란 등의 전란을 겪으면서 사라져 버리기에 이르는 것이다.

한국에서는 예전부터 중국과의 교섭이 불가결했다. 따라서 중국어 지식은 중요한 것이었지만 한글 반포 이전에는 통역관의 귀에 의지하지 않을 수 없었다. 그러나 새로운 문자의 발명을 통해 이런 간접적인 수단을 기다리지 않고 직접 올바른 음을 한글로 받아 적는 것이 가능해졌던 것이다. 중국에서는 명나라 초기에 『洪武正韻』을 편찬하여 중원(中原)의 아음(雅音)을 정립하고 있었기 때문에 세종은 신숙주 등에게 명하여 『洪武正韻』의 한자음을 한글로 번역하게 했지만 '실제 음가'라는 측면에서 보면 쉬운 일이 아니었다. 신숙주 등은 온갖 고심을 거듭하면서 때로는 사람을 시켜 북경에서 다양한 계층 사람들의 발음을 현지에서 조사하게 하고 때로는 입조 사신에게 질문을 하기도 했다. 또한 마침 요동에 유배 온 전(前) 한림학사 黃瓚의 허락을 받아 수 차례 왕래하며 한자음의 정속(正俗)에 대해 가르침을 청하였다.

그 결과 편찬된 것이 『洪武正韻譯訓』이다. 이 책은 한글로 된 음주(音注)를 『洪武正韻』의 본문 안에 덧붙인 것으로서 후에 단순

히 『洪武正韻』이라고 부르거나 또는 권두에 있었던 『四聲通攷』로
인해 『洪武正韻通攷』라고도 불렀다. 이 『四聲通攷』는 세종의 어제
(御製)이며 중국음을 한글로 번역하는 원칙을 간단히 기록한 것이
었던 듯하다. 『洪武正韻』의 번역은 그 이후 중국어를 배우는 사람
들의 기준으로서 사용되었지만 책의 운서적 형식에서 불편함을 느
끼고 그 음만을 추린 책이 나타났는데, 그 음을 세종이 정한 『四聲
通攷』의 규준에 맞춰 七音과 四聲의 순서로 변경하고 동일한 명칭
(四聲通攷)을 붙였다. 이후 이 책이 편하다고 하여 『洪武正韻譯訓』
은 사용하지 않게 되었고, 중종 시대에 들어 최세진이 다시 개정을
하고 주해를 증보하여 『四聲通解』를 저술한 이후에는 『四聲通攷』
마저도 자취가 사라지고 말았다. 그러나 『洪武正韻譯訓』에 의거했
다고 생각되는 한자음이 얼마 안 되지만 『月印釋譜』 권21에 잔존
하고 있는 것은 불행 중 다행이다.

　『東國正韻』은 한국 한자음의 예전 자료로서, 『洪武正韻譯訓』은
명나라 초기 중국음의 충실한 자료로서 이 두 문헌의 어학적 가치
가 모두 중요하다는 점은 말할 필요가 없다. 다만 두 책의 한자음
에는 꽤 인위적인 흔적이 보인다. 특히 『東國正韻』에서 음운학의
기계적인 적용이 현저하기 때문에 이 문헌을 한국 한자음의 가장
오래된 모습을 전하는 것이라고 할 수는 없다. 그러나 비록 단명에
그쳤다고 해도 한때는 표준이 되었던 것이므로 현대 한자음에 어
떤 영향을 주었음에 틀림없다. 특히 母韻의 측면에 대해서는 당시
한자음을 시사하는 데 유력한 근거가 되리라 생각된다.

　『洪武正韻譯訓』의 가치는 반절이라는 간접적인 방법에 의지하
지 않고 뛰어난 조직을 가진 한글로 직접 음을 적고 있기 때문에
근대 중국음의 연구에서 있어서 필수불가결한 것이다. 이 책에 토

대를 둔 『四聲通解』가 후세의 『老乞大』와 『朴通事』 및 그 밖의 중국어 교과서 언해와 더불어, 명나라 초기 이후의 중국어 음운사를 명확히 하는 데 담당한 역할은 실로 대단하다고 말해도 과언은 아니다.

3장

만주국 黑河 지역 만주어의 한 특징

- 한국어와 만주어의 대비 연구 보고 -

── 만주국 黑河 지역 만주어의 한 특징

-한국어와 만주어의 대비 연구 보고-

【해설】 이 논문은 원 제목이 '滿洲國黑河地方に於ける滿洲語の一特色─朝鮮語及び滿洲語の比較硏究の一報告─'이며 1944년 10월 『學叢』(京城帝國大學文學會) 3호에 실렸다. 주된 내용은 만주어와 한국어의 유성음화에 대한 것이다. 만주어의 로마자 표기에서는 유성음과 무성음의 대립이 있지만 실제로 이 구별은 유기음과 무기음의 차이를 나타내며 무기음이 어중의 유성음 사이에 놓일 때 유성음으로 바뀐다. 유성음화는 파열음의 유성음화와 마찰음의 유성음화로 구분할 수 있다. 또한 한국어 역시 파열음 계열과 마찰음 계열의 유성음화가 발견되며 이런 점에서 만주어와 한국어는 평행적이라고 했다. 특히 주목할 바는 중세국어의 마찰음 계열인 'ㅸ, ㅿ, ㅇ'도 이러한 유성음화와 관련 짓고 있다는 점이다. 'ㅸ'에 대해서는 명확한 입장을 보이지 않았지만 'ㅿ'은 'ㅅ'의 유성음화 결과로 보고 있으며 'ㅇ' 역시 유성의 'h'라고 하여 'k'의 유성음 'g'가 소멸하는 단계에서 나타나는 마찰음이라고 해석하고 있다. 'ㅿ'이나 'ㅇ'에 대한 견해는 이 글을 쓸 당시 인쇄 중이던 『朝鮮方言學試攷』에 이미 나오지만 일부는 이전의 생각을 수정하여 제시하기도 했다.

1. 서론

한국어와 만주어 사이에 상당한 유사점이 있다는 것을 알게 된 저자는 전부터 이 두 언어의 관계를 상세히 연구해 보려고 생각하고 있었다. 마침 그 때 대만사무국(對滿事務局)[1]의 연구 보조를 받을 기회를 얻어서 「한국어와 만주어의 비교 연구」[2]라는 제목으로 1941년부터 5년 동안의 계획으로 그 연구에 종사하게 되었다.

만주어란 현재 만주국에서 쓰이고 있는 언어는 아니며 청나라를 일으킨 만주족의 언어로서 오늘날에는 만주 문자로 기록되어 있는 문헌 이외에는 거의 소멸에 가까운 상태이다. 그러나 언어 연구는, 특히 그 비교 연구를 시도하는 경우에는 단순히 문자에 의지하는 것으로는 그 실상을 파악하기 어렵다. 그래서 만주국의 어딘가에 아직 남아 있다면 그 곳에 가서 실제로 그 음을 들어 보고 싶다고 생각했다. 그러한 목적으로 1941년 10월 新京에 가서 관민(官民) 중 유식자(有識者)에게 그 실정에 관해 물으러 다니던 중, 建國大學 조교수 大閒知篤三 씨에게서 자신의 민속학적 현지 조사 결과 黑河省 璦琿 지방이 지금도 아직 일상에서 만주어를 사용하고 있다는 사실을 알게 된 것이다. 大閒知篤三 씨는 또한 그 만주어가 한국어와 유사하다고 덧붙였다.

이러한 귀중한 지식을 얻고서 반드시 한 번 그 지역에 가고 싶다고 생각하던 차에, 이전부터 만주국 내의 여러 민족에 대한 인류학적 연구를 차근차근 진행하고 있던 경성제국대학 의학부 해부학교실의 今村豐 교수가 중심이 되어 올해 여름 黑河 지방으로 가 만주인에 대한 조사를 수행한다는 계획을 듣고서, 그 일행에 참여하기를 청하여 허락을 받고 이로써 숙원을 풀 수 있는 기회를 얻은 것이다. 今村豐 교수는 이번 조사단의 현지 입성과 관련하여 관동

1. 후의 대동아성(大東亞省).
2. [역자주] 원 제목은 '朝鮮語及び滿洲語の比較研究'이다.

군(關東軍) 및 만주국 당국 사이의 여러 가지 절충은 물론이고 여정 중 이모저모로 도움이 되었으며 무사히 조사를 마칠 수 있었던 것도 전부 今村豊 선생의 덕택이라서, 여기서 선생에 대한 깊은 감사의 뜻을 표하고자 한다. 또한 동행했던 의학부 법의학 교실의 勝目進 학사, 의학부 해부학 교실의 坂本和英 군, 법문학부 사회학 전공의 杉田三郎 군, 법문학부의 藤野吉平 군에게도 갖가지 신세를 졌다. 특히 杉田三郎 군은 현지에서 今村豊 교수의 일행과 헤어진 후에도 계속 함께 기거하면서 많은 도움을 아끼지 않았다. 여기서 이들에게 깊이 감사하고자 한다. 이 조사는 전적으로 대동아성(大東亞省)의 연구 보조에 따른 것이며, 또한 관동군과 만주국 당국 黑河省 관청 및 그 관하의 瑷琿 그리고 현지 大五家子保의 주선에 의한 것이다. 심심한 감사의 뜻을 표하는 바이다. 마지막으로 神尾弌春 씨, 大閞知篤三 씨를 비롯하여 만주민속학회와 만주문화협회 그리고 만주에 있는 여러 선배들의 지도와 지원에 진심으로 고맙게 생각한다.

2. 한국어와 만주어 비교의 의미

한국어가 어떤 계통의 언어인지 하는 문제는 오늘날도 여전히 오리무중의 상태에 있다. 일본어와의 관계는 金澤庄三郎 박사를 필두로 많은 학자들에 의해 같은 계통이라고 주창되고 있으며 실제로도 그럴 가능성이 다분하다고 생각되는 바이다. 그렇지만 뒤집어서 한국어와 북방 여러 언어들 사이의 관계에 대해서는 우랄·알타이 어계(語系) 내지 알타이 어족이라는 이름 아래 일반적 성격과 개별 단어의 유사점이 지적되고 있는 정도여서 한국어가 우랄·알타이 어족 또는 알타이 어족에 속한다는 가정은 아직 전혀 확실한 기초 위에 서 있지는 않다. 무엇보다도 우랄·알타이 어족이라고 불리는 것은 인도유럽 어족이라든가 셈 어족 등 다양한 의미에서의 어족과 동일한 가치를 가지지는 않는다. 우랄·알타이 어족을 하나의 어족이라고 부르는 주요 근거는 Heinrich Winckler가 주장하듯[3] 내적 형식의 유사성에 있는 것이어서 오히려 언어의 성격이나 유형을 우랄·알타이적(的)이라고 부르는 편이 무난하다.

또한 우랄·알타이 어족의 내용이 너무나 막연한 데 만족하지 못하여 한편으로 우랄 어족을 세우고 다른 한편으로 알타이 어족을 세우지만, 우랄 어족은 비교적 확실하다고 해도 최소한 알타이 어족은 그것을 동일 계통으로 하는 학설이 오늘날 아직도 희망적인 관측의 범위를 내놓지 못하고 있다. 가령 현재 알타이 어족에 포괄되는 돌궐 제어, 몽고 제어 및 퉁구스 제어가 동일한 기층어로부터 분파된 것이라고 인정한다고 해도 이 언어들 중 적어도 퉁구스어와 다른 두 언어 사이의 상호 친근 관계는 의외로 멀지도 모르기 때문에 이와 같은 개괄을 하기에는 아직도 시기상조라고 하지 않을 수 없다. 하물며 한국어의 몇몇 단어를 가지고 단순한 음적 유사성에 근거하여 때로는 핀란드어와 비교하고 때로는 몽고어와 비교하는 것과 같은 것은 도대체 무슨 의미를 지니는지 참으로 이해되지 않는 것이다. 현재 상황에서는 각 언어의 성질과 역사의 구명에 노력해야 하며 비교 연구는 이러한 바탕에서 해야만 비로소 과

---

3. Heinrich Winckler의 『Uralaltaische Völker und Sprachen』(Berlin, 1884년) 51쪽에 "이러한 방식에서 이 언어들의 전체적인 굴절 체계는, 형태에 있어서는 종종 커다란 차이점이 있지만, 내부적으로는 가까운 친족 관계에 있다."라는 내용이 나온다.

학적인 것이 된다.

그렇다면 저자가 연구 과제로 선택한 '朝鮮語及滿洲語の比較'는 과연 어떠한 의미를 가진 것일까? 물론 그 주요한 목적은 두 언어의 계통적 관계의 유무에 있지만 만주어의 역사가 불분명한 현재에 있어 두 언어의 계통적 비교 연구는 여전히 곤란하다. 만주어가 여진어의 후신이라는 점은 의심의 여지가 없다. 그러나 여진어의 지식은 『華夷譯語』[4]에 기록된 것이 주된 것이며 『金史』와 그 밖의 중국 기록에서 산견되는 것이 약간 존재할 뿐이다. 여진 문자로 쓰여진 비문(碑文)[5]도 몇 개가 존재하지만 여진 문자의 해독이 매우 불완전해서 유감스럽게도 불분명한 채로 남아 있다. 또한 만주어는 Gòrda어, Solon어, Orokko어와 그 밖의 여러 퉁구스어와 함께 퉁구스 어족을 형성한다고 생각되나 이 언어들은 조사가 불충분하여 아직 퉁구스어의 비교문법학을 구성하는 데까지 이르지는 않았다. 이러한 사정은 만주어의 원시 형태를 찾는 데 커다란 장애물이 되며 한국어와 비교하는 데도 커다란 약점 중 하나이다.

이와 같은 까닭으로 만주어를 한국어 또는 그 밖의 언어와 비교하는 것은 시기상조이며 현 상태로는 우선 퉁구스 제언어의 조사

---

4. 『華夷譯語』에는 여러 종의 이본이 있으며 『女眞館譯語』가 존재하는 이본은 石田幹之助 선생의 乙種과 丙種이 있다. 상세한 것은 石田幹之助 선생의 「女眞語の新資料」(『桑原博士還曆記念東洋史論叢』 참조)를 참조할 수 있다. 乙種은 여진 문자를 기록하고 그 발음과 의미를 풀어 놓은 것으로서, 이에 대해서는 Wilhelm Grube의 『Die Sprache und Schriff der Jučen』(Leipzig, 1896년)이라는 뛰어난 연구가 있다. 여진어에 관해 'Grube'라고 하는 것이 있으면 이 연구를 가리킨다. 丙種은 여진 문자를 동반하고 있지는 않으나 Grube와 더불어 중요한 자료이다. 이 내용은 앞의 石田幹之助 선생 연구에 수록되어 있어서 매우 편리하다.

5. 「女眞語の新資料」 拔刷 1~7 참조. 또한 여진 문자의 해독이 나오는 것은 거의 Grube의 것뿐이라서 그 이외에는 불분명하다.

부터 착수해 나가지 않으면 안 된다. 그러나 만주족이 일찍이 한국의 북경과 인접하여 서로간에 정치적인 관계를 지속했다는 사실은 역사가 말해 주는 바이며 이런 점으로부터 두 언어의 관계라는 문제는 일단 다루어 보아도 무방하리라 생각한다. 물론 이러한 역사적 사정은 계통의 문제와는 본질적으로 어떠한 관계도 없는 것이지만 두 언어를 비교하여 그 공통점과 차이점을 검토하는 작업은 두 언어의 교섭을 명확히 하는 데에 중요하다고 생각한다. 두 언어가 보이는 유사점이 궁극적으로 공통의 기반으로부터 계승된 것인지 아니면 두 언어가 우연히 접촉하고 있었기 때문에 어느 한 언어로부터 차용한 결과인지의 판정은 현재 할 수가 없다. 그러나 어쨌든 두 언어 사이에 존재하는 유사점을 명시하는 일은 두 언어의 선사적(先史的) 모습에 광명을 던져 주는 것임에는 의심할 바가 없다. 또한 나아가서는 퉁구스어 비교문법학에 기여하는 바가 분명 적다고 할 수 없을 것이다.

이러한 의미에서 한국어와 만주어의 비교를 진행해 나가면 몇몇 유사점을 발견할 수가 있다. 두 언어의 어휘에서 눈에 띄는 두 가지 두드러진 음운 대응, 즉 한국어 'k-'와 만주어 'h-', 그리고 한국어 'p-'와 만주어 'f-'의 대응에 대해서는 『朝鮮』이라는 학술지에,[6] 또한 전자의 대응에 대해서는 졸저인 『朝鮮方言學試攷』[7]에서도 서술했는데, 이와 관련하여 만주어의 과거 분사 'ha~he~ho'와 한국어 과거 조동사 '거'의 비교에 대해서는 현재 편집 중인 『小倉進平先生還曆記念論文集』에서 다루었기에 여기서는 되풀이하지

---

6. 1941년 6월호에 「言語上より見た朝鮮滿洲の關係(언어상으로 본 조선과 만주의 관계)」라는 제목으로 실렸다.

7. 京城帝國大學文學會論纂第十一輯으로 현재 인쇄 중이다.

않는다.

다만 두 언어의 비교를 시도하면서 절감한 것은, 지금껏 만주어의 지식은 전적으로 문자 또는 다른 사람의 기록에 의지해 왔기 때문에 만주어의 참다운 음상(音相)을 아는 데는 진실로 격화소양(隔靴搔痒)[8]의 느낌이 강했다는 점이다. 그런데 이번에 실제로 쓰이는 만주어를 직접 귀로 들을 기회를 얻게 되어, 여러 가지 흥미로운 음운의 실정을 접할 수가 있었다. 이번 조사에서 가장 흥미로웠던 것은 본고에서 서술하고자 하는 무성 자음의 유성음화 경향이다. 이 현상은 만주어의 음운 연구에서는 물론이고 만주어와 한국어의 비교, 게다가 퉁구스 제어의 비교에도 끼치는 바가 크다고 판단되기 때문에 여기서 논의해 볼 참이다.

본고에서는 편의상 두 언어 모두 로마자로써 표기한다.[9] 표기법은 다음과 같다.

○ 만주어: 관습에 따라 Möllendorff의 표기법을 사용한다. 단 'h'는 'x'로, 'š'는 'sh'로 표시한다. 이번에 조사한 大五家子 방언의 발음에 대해서는 본론에서 필요에 따라 서술하기로 한다.
○ 한국어: 한국어의 로마자 표기법은 일정하지 않다. 여기서는 인쇄의 편의를 고려하여 다음과 같이 정한다.

---

8. [역자주] 문자 그대로 하면 신을 신고 발을 긁는다는 것으로 어떤 일이 성에 차지 않거나 철저하지 못함을 가리킨다.
9. [역자주] 한국어의 경우 번역본에서는 되도록 한글로 제시하도록 한다.

자음																
ㄱ	ㅋ	ㆁ	ㄷ	ㅌ	ㄴ	ㄹ	ㅂ	ㅍ	ㅁ	ㅈ	ㅊ	ㅅ	ㅿ	ㅎ	ㆆ	ㅇ
k	kh	ng	t	th	n	r	p	ph	m	c	ch	s	z	h	'	Ø[10]

또한 한국어의 특징인 된소리(濃音)에는 『訓民正音』에 따라서 병서를 이용한다. 'ㄲ'은 'kk', 'ㄸ'은 'tt', 'ㅉ'은 'cc', 'ㅆ'은 'ss' 등과 같다. 그리고 조선 초기에 존재했던 'ㅸ'은 'F'로 표시한다. 微母字인 'ㅱ'은 'W'로 나타낸다.

반모음의 경우 'ㅑ[ya], ㅕ[yɔ]' 등의 'y'는 'ia, iɔ'와 같이 'i'로써, 'ㅘ[wa], ㅝ[wɔ]' 등의 'w'는 'u'로써 표시한다.

모음은 다음과 같다.

모음						
·	ㅡ	ㅣ	ㅗ	ㅏ	ㅜ	ㅓ
ə	y	i	o	a	u	ɔ

'·(ə)'는 영어 'come'의 'o'와 같은 음이며 'ㅡ(y)'는 일본어의 'ウ'에서 원순성을 제거한 모음으로 입술 모양은 'i'와 비슷하다. 'ɔ'는 개구(開口)의 'o'이다. 또한 'ㅓ(ɔ)'는 장모음이 되면 'ə'에 가까워지는데 이것은 장모음에서만 나타나기 때문에 장모음 부호를 붙여 'ɔ̄'로 적는다. 일반적으로 'ㅡ'는 장음을 가리킨다. 'ㅐ(ai), ㅔ(ɔi), ㅚ(oi)' 등의 이중모음은 현대어에서는 단모음화했다. 이들은 'ä, e, ö' 등으로 적는다. 그리고 실제 음가를 자세히 적는 경우에는 '[ ]'를 사용하여 표기하며 가급적 국제음성기호에 따르기로 한다. 만주와 한국

---

10. 표시하지 않는다는 뜻이다.

의 문자를 가리킬 때에는 대문자를 사용한다.

3. 大五家子의 만주어 방언

오늘날 만주국 내에서 만주족은 대부분 그 모국어인 만주어를 방치하고 있다. 노인들 중에는 현재 아직도 문자를 이해하는 자 또한 없지는 않다. 그러나 일상의 만주어로 회화를 하는 지방은 극히 제한되어 있다. 상세하게 현지 조사를 행하면 다른 지방에서도 발견할지 모르지만 저자가 아는 범위에서는 黑河省 黑龍江 유역에 산재할 뿐이다. 大閒知篤三 씨의 조사에 의하면 璦琿의 남쪽에 위치한 黃旗營子, 大五家子, 藍旗溝, 下馬廠, 四季 등의 부락에서는 아직 일상어로서 만주어를 중국어와 병용하고 있다고 하며, 이 중 이번 조사에서는 적어도 大五家子와 藍旗溝의 두 부락의 경우 활발하게 쓰이고 있음을 확인할 수 있었다. 「滿洲民俗攷」[11]에서 高原恆治 씨의 조사를 인용한 바와 따르면 黑河보다 上流의 滿洲屯에서 중국어에 없는 언어, 즉 만주어를 귀로 들은 일이 기록되어 있으며, 大五家子의 토착민 중 유일한 일본인 竹尾安之助 씨로부터 직접 듣기로는 앞의 滿洲屯보다 상류인 呼瑪屯에서도 만주어가 쓰이고 있다고 한다. 또한 今村豐 교수 일행의 통역을 맡고 있던 경리(警吏)의 말을 통해서도 黑河 상류 지방에서 만주어로 이야기한다는 것을 알게 되었다. 그리고 앞서 제시한 「滿洲民俗攷」에 의하면 오히려 黑河 상류 지방이 한인(漢人)의 영향이 적다고 한다. 다만

---

11. 滿洲事情案內所報告(49).

이 지방의 만주인들은 대부분 黑河보다 하류인 卡倫山에서 이주했다고 한다.

이번 조사는 비용 및 집안 사정으로 인해 겨우 6일 동안[12]에 불과했기 때문에 매우 피상적인 관찰로 그쳐 버리고 만 것이 유감스럽다. 특히 6일간의 체류에서 얻은 생각으로는, '적어도 1개월 정도 그대로 체류했더라면 대충 조사가 가능했을텐데'라는 느낌이라서 더욱 더 아쉬웠다.

大五家子와 藍旗溝에서는 일반적으로 중국어가 사용되고 있다. 특히 한인(漢人)을 상대하는 경우에 그러하며 한인(漢人)은 만주어를 쓰지 않는다. 우리가 숙박했던 富德雙 씨의 일가는 여계(女系)가 모두 漢人(漢人)이었다. 주인의 모친, 부인, 자식의 며느리가 모두 기인(旗人)이었으며 만주어는 거의 알지 못했다. 이러한 상황 아래에서 자식들도 이미 만주어를 이해하지 못하여 이 일가에서는 늘 중국어로 이야기하고, 주인도 만주인들 사이에서만 만주어를 사용했다. 이런 사정은 어디든지 마찬가지인 듯하며 만주어는 만주인 동지들 사이에서만 쓰이고 있다. 富德雙 씨 자신도 그러한 가정에 있기 때문에 만주어에 대한 자신이 없고 따라서 조사에는 매우 부적당한 집안이었지만, 다행히 富德雙 씨의 호의로 이 지방의 박식한 노인(성은 關 씨)을 소개 받아서 주로 이 노인을 상대로 조사를 진행했다. 노인은 아마도 大五家子에서 만주 글자를 아는 유일한 인물이었다. 그는 한자에는 전혀 어두웠지만 만주 문자의 지식에 의지해 편의를 얻는 경우가 종종 있었다. 또한 關 노인 이외에도 여러 사람으로부터 만주어를 들을 기회가 있었는데 그것

---

12. 그 중 5일은 大五家子에서 체류하고 1일은 藍旗溝에서 보냈다.

을 통해 구어적 측면이 조금 명확해졌다. 그 밖에 大五家子의 국민학교에서 한두 번 질문을 했는데 이것은 그다지 효과를 가져오지 못했다.

藍旗溝의 富順 씨 일가는 富德雙 씨의 일가와는 달리 가족 중에 漢旗人 출신 여성이 1명뿐이었고 만주어 회화는 매우 자연스러우면서도 활발하게 이루어졌다. 富順 씨는 연령이 이미 70세를 넘은 노인으로 현재 아직도 변발(辮髮) 차림을 유지하고 있었다. 호주(戶主)를 차남에게 넘긴 몸인데도 끊임 없이 가사에 솔선수범하고, 매우 바쁜 듯 보였는데도 불구하고 느닷없이 방문한 우리들을 대하면서 호의로 환대해 주었다. 이렇게 근면하고 활기로 가득찬 집안의 언어 상황에서 추측건대 이 지방의 만주어는 현재대로 나아가도 최소한 20~30년은 존속하리라 본다. 이 노인의 자식들은 모두 30~40세의 장년이며 그들 사이나 그들의 자녀 사이에서 매우 일상적으로 만주어를 주고받았다.

大五家子와 藍旗溝, 이 두 지방은 앞서 말한 대로 이중 언어 사용(Bilingualismus) 지역이다. 그리고 중국어가 공용어이기 때문에 당연히 해당 지방의 만주어 음성은 중국어의 영향을 받았다고 예상된다. 사실 'c, cʰ'가 종종 권설음(捲舌音)으로 발음되는 것은 중국어의 특색을 가져온 것인 듯하며, 또한 'on'의 'o'가 단순한 'o'가 아니라 종종 'uö'와 같이 들리는 것도 중국어의 영향인 것 같다.[13] 가령 'forgon'(季節)은 'forguön'으로 발음된다.

그러나 이런 점들을 제외하면 비교적 중국어화가 두드러지지는 않는다. 소위 중국화한 만주어 중 가장 현저한 현상으로 생각되

---

13. Ivan Zakharoff의 『Grammatika mančzurskago jazyka』(Sankt-Peterburg, 1897년)의 54쪽 참조.

는 것은 요음(拗音) 앞의 'k' 및 그와 유사한 음의 구개음화이다.[14] 그런데 大五家子 방언에서는 이런 특징이 발견되지 않는다. 가령 'giyahūn'(雉)은 'gyaghon' 또는 'gyōghon'으로 발음된다. 그들이 중국어로 이야기하는 경우 대개 북방의 관화음(官話音)으로 발음한다. 그래서 이러한 구개음화는 말할 것까지도 없다.

그들이 이런 매우 다른 성질의 음운을 지닌 두 언어를 구분하여 사용하는 것은 참으로 놀랄 만한 일이어서, 그들이 만주어를 이야기하자마자 중국어에는 없는 독특한 연구개음(velar)이 곧바로 귀에 들어왔다. 특히 주목해야 할 점은 중국어 특유의 四聲에 의거한 고저를 뒤섞어 놓은 억양(intonation)이 단번에 단조로운 만주어의 억양으로 바뀐다는 점이다. 즉 이 지방의 만주어는 중국어의 압도적 세력에도 불구하고 꽤나 순수한 형태를 유지하고 있다고 말할 수 있는 듯하다.

덧붙여 말하자면 瑷琿 지방의 만주인은 200여 년 전인 서기 17세기에 寧古塔으로부터 북변(北邊)에 머무르며 방비하는 사명을 띠고 이주한 것이 시초로서 1900년(光緒 26) 拳匪의 난[15] 때 러시아인의 침략을 받아 한때 사방으로 흩어졌다가 난이 진압된 후 복귀했다. 富德雙 씨의 말에 따르면 이 사건 때문에 만주 문자로 된 서적이 모두 없어져서 현재는 전혀 남아 있지 않다고 한다.[16]

---

14. 예를 들면 'kimcimbi'가 'cimcimbi'로 되는 현상이다. 앞의 Ivan Zakharoff 책 57쪽 참조.

15. S. M. Shirokogoroff, 『The Social Organization of the Manchus』(Shanghai, 1924년)의 4쪽 참조. [역자주] 의화단 운동으로 불리는 사건이다.

16. 물론 大五家子에서의 이야기이다.

4. 大五家子 방언에서의 유성음화 현상

앞서 서술한 것처럼 이번 조사는 매우 피상적인 조사였으며 그것도 주로 음운에 관련된 조사로 끝나고 말았다. 그러나 大五家子 방언의 음운 전반에 대해 서술하는 것은 여기서 허락되지 않으므로 상세한 것은 다음으로 미루기로 하고 이번에는 한국어와 평행적이라고 판단되는 음운 현상, 즉 유성음화에 대해서 다루는 데 그친다. 이 현상에 대해서 서술하기에 앞서 大五家子 방언의 음운 상황을 문어(文語)의 음운 상황과 비교해 두는 것도 설명에 편리할 것이라고 생각된다.

4.1. 모음

문어의 'a, i, u, o'는 대체로 이와 같지만 'a'는 주로 후설의 'ɑ'이다. 'o'는 전술했듯이 종종 'uö'와 같은 이중모음으로 나타난다. 모음 'ū'[17]에 대해 Harlez[18]나 그 밖의 학자는 'ō'라고 했으며 Harlez는 장모음으로 설정했지만, 적어도 大五家子 방언에서는 이 모음이 반드시 장모음은 아니고 때로는 'o', 때로는 'u'로 나타난다. (예) gūlmahūn(兎)→kūlmao~kūlmagho, xūsun(力)→xōson, xasxū(左)→xāsko. 모음 'e'는 중설의 'e'이다. (예) kesike(猫)→kēshkʰe, fejergi(下)→fējergi. 다만 첫 음절에서는 중설의, 그리하여 매우 애매한 'e'로 발음되는 경우가 많다. (예)

---

17. P. G. von Möllendorff, 『A Manchu Grammar』(Shanghai, 1892년) 참조.
18. C. de Harlez, 『Manuel de la langue mandchoue』(Paris, 1883년) 참조.

dergi(東)→terigi~derigi(西).[19]

일반적으로 강세는 첫 음절에 놓이며 또한 그렇기 때문에 첫 음절 모음은 좀 더 길게 발음된다. 강세가 없는 음절의 모음은 약하면서도 짧다. 특히 3음절 단어의 둘째 음절 모음은 굉장히 짧아서 종종 탈락한다. (예) aga(雨)→āga, shaxūrun(寒)→shāxuron, wehe(石)→wēxĕ, xasaxa(鋏)→kāsxa~xāskʰa. 방위격 조사 'de' 등은 거의 'd'로만 음절을 이룬다. (예) uba-de(여기에서)→er ba d(이 곳에서), aibi-de(어디로)→yā-ba-d(어느 곳으로).

4.2. 자음

파열음 'p∶b, t∶d, k∶g'는 로마자 표기로는 '무성∶유성'의 대립을 나타내지만 실제로는 그렇지 않다. 'p, t, k'는 일반적으로 유기음 'pʰ, tʰ, kʰ'이다. 'b, d, g'는 뒤에서 자세히 다루는 바와 같이 보통 무기 무성음, 즉 'p, t, k'이다. 'k, g'[20]는 상당히 뒤쪽에서 조음되는 연구개음이며 요음(拗音) 앞에서도 구개음화하지 않는다. 'giyahūn(雄)→gyāghon, gyōghon'의 'g'도 후구개음(postpalatal)의 성질을 유지하고 있다.

마찰음 'f'는 Shirokogoroff도 지적했듯이[21] 양순음, 즉 '[ꜰ]'이다. 문어의 'x'는 유기음은 아니며 후구개 또는 연구개 마찰음 'x'이다. 그 유성음은 문어에는 존재하지 않지만 이 방언에서는 빈번하

---

19. 둘째 음절의 'i'는 매우 짧다.
20. 'k, g'는 오히려 'q, ɢ'로 전사해야만 할지도 모르지만 편의상 'k, g'로 해 둔다.
21. S. M. Shirokogoroff의 『The Social Organization of the Manchus』의 p. v. 참조.

게 나타난다. 이 음은 'gh'로 적는다. 가끔씩 거의 구개수음 'r(ʀ)'[22]
로도 난다. (예) sargan(女)→sarghan~saʀʀan~saʀān. 이 방언에
서는 아직도 'f'에 대응하는 'v'(좀 더 정확히 말하면 양순의 'v'), 's'에
대응하는 'z', 'sh'에 대응하는 'zh'가 존재한다. 'zh'는 때때로 중국
어의 'j'로 들린다. 이것은 중국어의 영향인 듯하다. (예) xooshan
(紙)→xwashan~xwazhen~xwajen.

파찰음 'c, j'는 앞에서 다루었듯이 중국어처럼 권설음(捲舌音)으
로 발음된다. 물론 그렇지 않은 경우도 존재한다. 'tacimbi'(學)를
'tʰacʰimi'라고 할 때의 'cʰ' 조음은 일본어의 'チ'와 한국어의 '지'에
가깝다.

비음 'm, n, ng'와 유음 'r, l'은 그대로이다. 다만 어말의 'n'은 매우
애매해서 종종 일본어의 'ン'에 가깝게 발음되며 때로는 선행하는
모음을 비음화시키기도 한다. 요음(拗音) 앞의 'n'은 구개음화한다.
(예) nimanggi(雪)→n'imenggi.

'y, w'는 반모음이라기보다도 자음(마찰음)이다. 'w'는 종종 'v'와
교체한다. 가령 '豚'[23]을 뜻하는 단어가 'winja'와 'vinja'로 나온다.
모음 'u'는 어두에 있을 때는 'w'로 시작된다. (예) usiha(星)→
wūshixa~vūshixa. 'iy'와 'uw'의 결합은 문자상의 제약이 있어
서 실제로는 'y, w'로 발음된다. (예) niyengniyeri(春)→n'engn'eri,
tuweri(冬)→tʰwēri.

---

22. Paris 말의 'r'에 해당한다.
23. 문어는 'ulgiyan'이다.

4.3. 파열음의 유성음화

만주어의 파열음에는 전술한 것처럼 로마자 표기법에 따르면 무
성과 유성의 대립이 존재하는 듯 보인다. 그러나 이것은 참모습은
아니다. 'p, t, k'는 유기음 'pʰ, tʰ, kʰ'이다. 이것은 어두와 어중 모두
에 해당한다.[24]

- p : pʰyolang(藍)
- t : tulergi(外)→tʰūlergi, etumbi(着)→ētʰumbi
- k : kesike(猫)→kʰēshkʰe, nikan(中國人)→nikʰan

파찰음 'c'도 마찬가지이다.[25]

- c : coko(鷄)→cʰokʰo, cecike(雀)→cʰerin cʰīcʰikʰe

이에 맞서 'b, d, g, j'의 경우는 어두에서 보통 무기 무성음 'p, t,
k, c'로 나타난다.

- b : bithe(本)→pītʰkʰe~pītʰxe
- d : dulimba(中)→tulimba
- g : gala(手)→kāla

---

24. 반드시 격렬한 유기음으로 실현되는 것은 아니어서 때로는 무기음에 가깝게 되
기도 한다. 예를 들어 'komso'(少)가 'kʰomso, kʰomzo'로 될 때의 'kʰ'는 거의
'k'로 들린다. 또한 어중의 경우는 대개 어두에서만큼 강하지는 않다. 따라서
'tacikū'(學校)는 'tʰcʰikʰo'라고 하기보다는 오히려 'tʰaciko'라고 한다.

25. 이하에서는 파찰음을 파열음과 동렬로 다룬다.

  ◦ j : jugūn(道)→cogon

  그러나 때로는 유성적으로 들리는 경우도 있다. 다만 자세히 말하자면 유성음은 아니고, Jespersen[26]의 소위 stimmlose Mediae(無聲 濁音)이다. 여기서는 편의상 'b, d, g, j'와 같이 표기한다.

  ◦ b : bigan(野原)→piăʀan~biăʀan
  ◦ d : dergi(東)→tergi~derigi(西)
  ◦ g : gusin(三十)→kosin~gosin
  ◦ j : juhe(氷)→cughu~jughu

  'b, d, g, h'는 모음 사이 또는 유성음 사이에서는 유성음 'b, d, g, j'이다.

  ◦ b : dobori(夜)→tōbori, dulimba(中)→tulimba
  ◦ d : edun(風)→edun~eduön, indahūn(犬)→indagho~inoxon
    (口語)
  ◦ g : jugūn(路)→cogon
  ◦ j : ujen(重)→wūjen, manju(滿洲)→manju

  음절말에서 파열음이 후행하는 경우는 다음과 같다.

---

26. Otto Jespersen의 『Lehrbuch der Phonetik』의 S. 106~107 참조.

∘ abdaha(葉)→abdagha, labdu(多)→lābdo~lōbdo, sakda(老
人)→saghda, jakdan(松)→cāghda fodoghon

다만 후행 파열음이 무성음인 경우에는 무성음화한다.

∘ sabka(箸)→sāpka, abka(天)→āpka, dabsun(鹽)→tāpsun

그러나 선행하는 'b, d'가 무성음화하는 경우도 있다.

∘ abdaha(葉)→ābdagha~āptagha

이러한 'b, d, g, j'의 상황은 이미 Lucien Adam이 서술하고 있는
바이다. 그는 『滿洲語文典』(파리, 1873년)에서 다음과 같이 서술하
고 있다.

> "만주어의 어떤 말이든 이 세 자음[27]으로 시작하지 않는다고 하
> 는 사실은 확실하다. 이 언어를 유창하게 말하는 P. Amyot 선생
> 도 문제의 문자를 'k, p, t'로 전사했으며 그 발음은 어중과 어말에
> 서 약화된다고 서술하고 있다." (13쪽)

또한 다음과 같이 서술하기도 했다.

"선교사가 제공하는 지시에 따르면 만주어는 consonnes

---

27. 'g, d, b'를 말한다.

fortes(强子音)과 demi-fortes(半强音)을 별개의 문자로 표시하고 있지만 어중 또는 어말에서는 후자가 douces(弱音)으로 변화한다. 다만 문자는 이러한 변화를 명확히 하지 않는다." (13쪽)

"'j'로 적히는 문자 25번[28]은 la chouintante demi-forte 'dch'를 나타내며, 이것은 어중에서는 chouintante douce로 된다." (16쪽)

이러한 기술은 Adam 자신의 조사에 의거한 것은 아니지만 Amyot와 선교사들의 증언에 기반하며 분명히 만주어 본래의 모습을 가리키고 있다. 즉 만주어의 두 계열은 무성음과 유성음의 대립이 아니며 fortes(清音)과 demi-fortes(半清音) 사이의 대립으로서 이러한 반청음(半清音)이 어중 또는 어말에서는 douces(濁音)으로 바뀐다는 사실은 전술한 大五家子 방언의 현상에 비추어서 분명한 듯하다. 이 경우 fortes 또는 demi-fortes라는 술어가 명백하지 않으나 이는 결국 유기 청음(清音)과 무성 탁음(濁音)이라고 이해할 수 있을 것 같다. 그러나 어두에서 'b, d, g, j'가 반드시 무성 탁음(demi-fortes)으로 발음되는지의 여부는 의문이며 Amyot의 기술대로 무성 무기음 'p, t, k, c'인 경우도 존재할 수 있었다고 생각된다. 즉 만주어 문어의 'k, t, p, c'와 'g, d, b, j'의 대립은 유기음과 무기음의 대립으로 이해하는 것이 지당하고, 무기음은 어두에서는 청음(tenues) 'p, t, k, c'일 수도 있고 탁음(mediae) 'b, d, g, j'일 수도 있으며 또한 어중, 특히 유성음 사이에서는 유성음화하여 순수한 'b, d, g, j'로 바뀐다고 생각되는 것이다.

이러한 무기음이 유성음 사이에 놓일 때 유성음으로 바뀐다

---

28. 'J'를 가리킨다.

는 것은 다음과 같은 大五家子 방언의 실제 예를 통해 분명히 할
수 있다. 즉 'jaka'(物)은 단독으로는 'cakʰa' 또는 구어로는 보통
'caxxa'라고 하지만 이것이 유성음으로 끝나는 단어 뒤에 오는 경
우에는 유성음화하여 'j'로 바뀌는 경우가 많은 것이다.

○ ai jaka(何)→ai jaxxa(드물게 ai cakʰa)

'jimbi(來)'는 다음과 같다.

○ jimbi(來)→marim cighe=[文] marime jihe(回來了)
○ jimbi(來)→si jighenō=[文] si jihenio(你來了麼)
○ jimbi(來)→yisinjigha=[文] isinjihe(到來了)

'beye'(體)는 단독으로는 'pēye~pēyi'로 실현되지만 유성음으로
끝나는 말 뒤에서는 다음과 같다.

○ beye(體)→m'in'i bēye [文] mini beye(私體=私)
○ beye(體)→wēshkʰen bēye [文] wesihūn beye(尊體=貴方)

다만 유성음화는 단순히 유성음으로 바뀌는 것 이외에 무성 탁
음의 상태로 되는 경우도 존재한다. 또한 앞의 'marim cighe'와 같
이 원래 유성음을 기대하는 환경에서 청음(淸音)으로 나오는 경우
도 있다. 이런 일정치 않은 상황은 순전히 두 단어의 결합이 긴밀
한지의 여부에 따른 것이라고 생각된다. 즉 결합이 긴밀하면 선행
하는 유성음의 유성적 특성, 즉 성대의 진동이 후행하는 무기음의

조음에 지속되어 유성음화시키지만, 이 접촉이 다소 느슨해지면 성대의 간격이 약간 벌어져서 무성 탁음이 되고, 좀 더 결합이 이완되면 성대의 간격이 더 넓어져서 무성 무기음이 되는 것이다. 이런 상황은 한국어 '아니'와 '간다'의 접속에서 때로는 'ani kanda', 때로는 'ani ganda'가 되는 것과 마찬가지이다. 이 때 후자는 한국어에서도 순수한 유성음이 되는 경우와 무성 탁음이 되는 경우가 있다.

파열음에 유기음과 무기음의 대립이 있고, 무기음이 유성음 사이에서 유성음화하는 사정은 한국어에 그대로 적용된다.[29] 만주어의 무기음을 나타내는 문자가 어두에 있는지 유성음 사이에 있는지와 상관 없이 동일한 문자로 표시되는 것과 마찬가지로, 한국어에서도 무기음을 나타내는 글자는 어두에서 무성음인 경우와 유성음 사이에서 유성음이 되는 경우의 음성적 차이에도 불구하고 같은 형태이다.

○ 개가(犬)→käga, 달아난다(逃)→tarananda, 밥이(飯)→pabi, 자지 아니 한다(不寢)→caji ani handa

이러한 문자의 용법은 한국인의 음운 의식을 반영한 것으로서 유성음과 무성음의 구별은 음운론적 대립을 이루지 않는 것이다. 다만 한국어의 경우 어두에서 무성 탁음이 나타나는 경우는 전혀 없으며 이런 점이 만주어와는 차이가 난다.

---

29. 다만 파열음 뒤에 비음이 오는 경우는 예외로서, 이 때에는 동화가 일어나 파열음이 비음으로 바뀐다. (예) '학문'(學問)→항-문, 얻는다(得)→언-는다, 밥 먹는다(食飯)→밤-멍는다.

4.4. 마찰음의 유성음화

만주어의 마찰음은 'w, y'를 빼고 나면 's, sh, f, x'의 네 가지가 남으며 모두 청음(淸音)으로 인정되고 있다. 그러나 大五家子 방언에서는 이들 외에 각각의 탁음인 'z, zh, v, gh'가 존재한다. 그리고 이 중 'v'만은 어두에도 올 수 있지만 다른 음들은 그렇지 않다. 어두의 'v'는 'w'의 한 변종으로서 'w'와 교체한다. 예를 들어 '豚'(문어는 'ulgiyan')을 뜻하는 단어는 'wunja, winja' 또는 'vinja'로 나타나며 '田'(문어는 'usin')을 뜻하는 단어는 'wūzhin'과 'vūzhin'으로 나타난다.

그런데 어중에 나오는 'z, zh, v, gh' 역시 요컨대 파열음의 경우와 동일하게 유성음화의 결과이다.

- 's→z'의 경우 : yasa(眼)→yaze~yazɐ, gisun(辭)→kizun, susai(五十)→suzai
- 'sh→zh'의 경우 : xooshan(紙)→xwazhen, usin(田)→wūzhin, aisin(金)→aizhin
- 'f→v, w'의 경우 : oforo(鼻)→ōvoro, mafa(祖父)→māva~ māwa, sefu(師)→sēwe, yafan(畑)→yāva
- 'x→gh'의 경우 : xaxa(男)→xāgha, xexe(女)→xēghe, gūlmaxūn(兎)→kūlmagho

Lucien Adam은 이러한 마찰음의 유성음화에 대해서도 다음과 같이 주의를 기울이고 있다.

"16번 문자(S)는 's'로 전사된다. 치음의 마찰음을 나타낸다. 이 음은 두 모음 사이에서는 'z'로 약화된다." (15쪽)

"28번의 두 문자는 자음 'f'를 가리킨다. 이 음은 어중에서는 'v'로 약화된다." (16쪽)

다만 'x'와 'sh'에 대해서는 다음과 같이 서술함으로써 유성음화에 대해 언급하지 않는다.

"10번과 13번 문자는 牙音의 격음(la gutturale aspirée)인 'kh'를 나타낸다. 이 음은 어중에서는 유기음 'h'로 된다." (15쪽)

"'X'로 표시되는 17번 문자는 마찰음 'sh'를 표시한다." (15쪽)

그러나 'x'와 'sh'에 대해서도 당연히 마찬가지 현상이 기대되며 유성음 사이에서 마찰음 역시 유성음화하는 것은 단순히 大五家子 방언에만 국한된 바는 아니다.

이러한 마찰음의 유성음화는 적어도 大五家子 방언에서는 반드시 규칙적으로 나타나는 것은 아니어서 무성음으로 들리는 경우도 존재한다. 예를 들면 다음과 같다.

○ 's→z, s'의 경우 : pōzɐ~bōsɐ(布)
○ 'sh→zh, sh'의 경우 : xooshan(紙)→xwazhen~xwashan
○ 'f→v, w, f'의 경우 : oforo(鼻)→ōvoro~ōforo, mafa(祖父)→māva~māwa~māfa, yafan(畑)→yāva~yāfa
○ 'x→gh, x'의 경우 : maxala(帽子)→māghal~māxala, xaxa(男)→xāgha~xāxa, saxaxūn(淡黑色)→sāghaxon

이러한 상황은 아마도 단지 大五家子 방언만의 특색은 아니고 만주어가 지니는 하나의 특징이었다고 생각된다. 이하에서 여기에 대해 약술한다.

達海(Dahai)가 만주 문자에 권점을 찍기 이전의 자료, 즉 소위 무권점(無圈點, Tongki fuka akū)의 자료에 다음과 같은 주목할 만한 사실이 있다. Walter Fuchs는 『Beträge zur Mandjurischen Bibliographie und Literatur』(Tôkyô, 1936년)에서, 鄂爾泰(Ortai) 와 徐元夢이 1741년(乾隆 6) 황제의 명을 받들어 무권점(無圈點)의 『滿文老檔』(dangze)으로부터 만주 문자의 원형과 난해어를 수집한 『無圈點十二字頭』(Tongki fuka akô hergen-i bithe)에서 발견되는 철자법의 특색을 소개한 바 있는데, 그 중에 'f'와 'b'의 교체를 보이는 예를 지적하고 있다.

"동사 어미 '-fi'는 거의 전부 '-bi'로 되어 있다. 그 밖에 'habarabubu=hafarabufi, ebibume=efibume, biyanjilabi=fiyanjilafi, moro bila=moro fila' 등이 있다." (54쪽)

이러한 'f'를 'b'로 적은 것은 아마도 'f'가 유성음화한 'v'를 나타내기 때문이라고 생각된다.

'f'의 유성음화에 대해 주의해야 할 점은 만주 문자 'F'이다. 'F' 字는 'W'字에 약간의 변개를 가한 것에 불과하다. 그런데 'F'와 'W' 의 구별은 모음자 'A'와 'E'의 앞에서만 한정되고 다른 모음자 앞에 서는 'W'字로 'f'를 나타내고 있다. 이러한 특수한 사정은 음운상의 어떤 현상에 기반한 것이며 이 문자가 만들어졌을 당초에 이미 'f' 와 'w' 사이에 친근한 관계가 있었다고 하지 않을 수 없다. 바꿔 말하면 'f'가 유성음 사이에서 'v' 또는 'w'로 교체했음을 짐작할 수 있는 것이다.

조선 인조 14년(1636년, 청 태종 崇德 元年) 청나라의 침략에 맥없이 무너지고 그 항복의 표시로 삼전도(三田渡)에 '大淸皇帝功德碑'를 세웠는데, 그 만주 문자 비명(碑銘)에 'jorgon'(十二月)을 'jorxon'으로 표기하고 있다. 이 'x'는 아마도 'gh'를 나타낸다고 생각된다. 또한 大五家子 방언에서는 때때로 파열음의 마찰음화가 목격되는데 이 비문을 통해 단순한 방언적 현상이 아님을 엿볼 수 있다.

akū(無)→akʰo~axo, jaka(物)→cakʰa~caxa~caxxa, jakūnju(八十)→caxunju, bigan(野)→piăʀan, sargan(女)→sarga~saʀʀa~saghanji(女童), sakda(老人)→sāghda, sabu(靴)→sabo~sāwe, sabuha(見)→sabogha~sāwagha

또한 이러한 유성음화 현상은 여진어에서도 발견된다. 오늘날 여진어 자료로서 Grube의 『Die Sprache und Schrift der Jučen』과 石田幹之助 선생의 「女眞語の新資料」에 수록된 두 가지 종류의 『女眞館譯語』에 의거하여 그 흔적을 찾아보고자 한다.

① x→gh
○ xojixon(女婿):和的斡(huô-tīh-wôh) [Grube]
○ jarxū(狼):孔魯兀 (căh-lù-wùh) [Grube]
○ xalxūn(署):哈魯溫 (hāh-lù-wēn) [Grube] 哈魯兀 [石田]
○ exe(醜):厄舞('óh-wù) [Grube]
○ tarxūn(肥):塔魯兀 [石田] 塔溫(tʰàh-wēn) [Grube]

○ aixūma(鱉)：阿于馬('á-yū-mà) [Grube] 艾兀麻 [石田]

이 자료들은 'xodighon, cargho, xalghon, eghe, tʰarghon, aighoma'를 불완전하게 전사한 것이라고 생각된다. 앞에서 적었던 것처럼 大五家子 방언의 'gh'는 현저하게 후방에서 발음되며 또한 종종 'gh'는 탈락한다.

○ gūlmaxūn(兎)：kūlma-o~kūlmagho

위의 『女眞館譯語』 예들이 'gh'에 해당하는 부분을 '斡, 兀, 溫' 등의 한자에 할당하고 있는 것도 아마 동일한 상황을 반영하고 있는 듯하다. 또한 『女眞館譯語』에서는 'g'도 가끔씩 탈락한다.

○ jugūn(路)：住(cu 또는 cu-u?) [石田]
○ jilgan(聲)：的魯阿(til-an) [石田]
○ gege(姐)：革兀(ke-u) [石田] 등

② s→z
이 예는 별로 찾지 못했지만 다음 예는 흥미롭다.

○ uju fusimbi(剃頭)：兀住伏日(uju fuzi-) [石田]

'日'이라는 글자는 분명히 'si'가 유성음화한 'zi'를 나타내고 있다. 『女眞館譯語』에서는 'f→v, w'의 예는 발견되지 않는다.
요컨대 大五家子 방언에서 보이는 마찰음의 유성음화 경향은 단지 이 지방의 방언적 현상은 아니며 만주어 또는 더 거슬러가면 여진어의 특질이라는 점을 미루어 알 수 있다.

현대 한국어에서는 마찰음이 's' 하나밖에 없으며 'ㅅ'은 유성음 사이에서 유성음화하여 'z'로 바뀌지 않는다. 그러나 고대 한국어에서는 사정이 달랐으며 과거에 만주어의 경우와 같은 현상이 발견된다는 점은 흥미 깊은 일이다.

조선 초기의 한국어에는 마찰음을 나타내는 글자로 'ㅅ, ㅿ, ㅸ'의 세 가지가 있었다. 이 중 'ㅸ'은 'ㅂ'과 모음을 지시하는 'ㅇ'이 결합된 것으로, 원래 중국어의 순경음 非母(f)를 나타낸다. 고유어의 경우 'ㅸ'은 어두와 어말에 나타나는 경우가 없고 어중에서는 유성음 사이로 한정되어 있다. (예) 어려빙(難)>어려위, 더러빌(汚)>더러윌, ᄒᆞᅀᆞ바(爲)>ᄒᆞᅀᆞ와>ᄒᆞ와. 또한 'ㅸ'이 모음 'ㆍ' 및 'ㅡ'와 결합하면 'ㅗ'와 'ㅜ'로 바뀐다.[30] (예) 갓가ᄫᅳ며(近)>가까오며, 셔ᄫᅳᆯ(都)>서울. 이러한 사정을 통해 볼 때 'ㅸ'은 'v'(양순) 또는 'w'와 같은 음을 나타내는 것인 듯하다.

그러나 『訓民正音』의 언해본에서 예외적인 용법이 눈에 띈다.

漂푤ㅸ字ᅑᅠᆼ[31]

이 때의 'ㅸ'은 영격(領格)을 가리키는 것인데, 영격 조사의 본모습은 후두 파열음(glottal stop) 'ㆆ'에 있다.

---

30. 'ㅡ'는 일반적으로 순음 뒤에 오는 경우 원순모음화하여 'ㅜ'로 된다. (예) 블(火)→불, 믈(水)→물. 'ᄫᅳ'도 요컨대 그러한 예 중 하나이다. 그에 반해 'ㆍ'는 다른 순음 뒤에서는 'ㅗ'로 되지 않는다. 다만 전남과 경남의 남부, 그리고 함북의 일부에서는 'ㅗ'로 바뀌는 곳이 있다. (예) ᄆᆞᆯ(馬)→몰, ᄑᆞ리(蠅)→포리 등. 자세한 것은 『朝鮮方言學試攷』를 참고하기 바란다.

那낭ᅙ字쫑

　현재에도 '물ᅙ가(水邊, 川邊), 등ᅙ불(燈火)'과 같은 숙어에 남아
있으며 많은 경우 'ㅅ'으로 표기되고 있다.
　이 영격이 어떤 이유로 인해 위의 예에서 'ㅸ'으로 적혔을까? 여기
에 대해서는 마찬가지로 『訓民正音』에 기재된 내용을 정밀하게 살
필 필요가 있다. 『訓民正音』에서 영격이 실현되는 다른 방식을 보
면 대체로 다음과 같다.

　○ 穰양ㄱ字쫑
　○ 呑튼ㄷ字쫑
　○ 覃땀ㅂ字쫑

　이러한 'ㄱ, ㄷ, ㅂ'은 각각 온전한 'k, t, p'를 가리키는 것이 아니
고 'ᅙ'이 생겨나는 경우에 수반되어 들리는 음이라고 볼 때 비로
소 이해할 수 있다. 즉 'ㅇ' 뒤에서 그 조음 위치 그대로 'ᅙ'이 발생
하면 이러한 비음은 비음의 성질이 사라지며 또한 유성음일 수도
없다. 그렇다면 'ᅙ'의 개방(metastasis)에 즈음하여 각 조음 위치에
서도 미미한 파열이 생겨난다고 생각할 수 있다. 만약 이러한 해석
이 올바르다고 한다면 '票푱ᅙ字쫑'의 경우도 완전히 동일하다.

---

31. 조선 초기의 한글 문헌 대부분은 한자(漢字)에 반드시 그 음을 적고 있다.
'푱(漂), 쫑(字)' 등은 그 한자음을 표시한다. 이러한 한자음은 『東國正韻』의
한자음이며 예전부터 전승되어 오던 한자음은 아니다. 졸고 「東國正韻及び洪
武正韻譯訓に就いて」(『東洋學報』 27권 4호, 1940년 8월) 참조. 그리고 '푱'
의 'ㅸ'은 微母를 나타낸다. 이러한 微母字를 덧붙이는 것에 대해서는 아래에
서 서술한다.

다만 여기서 주의해야 할 점은 '漂'의 한자음이다. 현대 한자음으로는 '표'이라서 음절말에 다른 음이 오지 않는다. 이것은 어쩌면 조선 초기 당시에도 마찬가지였다고 생각된다. 『訓民正音』에서 微母인 'ㅱ'을 덧붙인 것은 전부 『東國正韻』의 인위적인 개정 철자법에 의거한 것이다.[32] 『東國正韻』의 철자법은 각각의 한자음 모두 반드시 초성, 중성, 종성의 세 부분을 가져야만 한다는 주장 아래 종성이 없는 한자음, 가령 '那'와 같은 것도 '낭'로 모음자 'ㅇ'(喩母)을 덧붙이고 있다. '漂' 역시 아마 전승되던 한자음에는 어떠한 종성도 지니지 않았다고 생각되지만 이 한자가 원래 중국에서 'pʰiau'(宵韻)라고 발음되어 'u'로 끝나는 삼중모음의 운이었기 때문에 그 기원을 표시하기 위해 'ㅱ'(微母)을 종성에 넣은 것 같다. 微母는 당시(명나라 초기) 'w'로 발음되었던 듯하며 중국음의 '-u' 운을 이루기 때문에 한국에서는 이 글자를 종성으로 쓰고 있었다.[33]

'漂(푱)'라는 한자음 철자법은 앞서 서술했듯이 인위적인 것이지만 그러나 이것을 확정한 당시에는 이 철자법대로 '푱'와 같이 종성을 붙여서 발음하게 하려고 했던 것처럼, 그것 때문에 이 글자(푱)의 뒤에서 'ㅎ'이 생길 때에는 전술한 'ㄱ, ㄷ, ㅂ'과 동일하게 'ㅱ'의 조음 위치에서 'ㅎ'의 개방과 동시에 미약한 'ㅱ'의 무성음이 들린다고 추측할 수 있다. 따라서 이 경우 'ㅸ'은 무성의 양순 마찰음을 가리키고 있는 것이다.

앞에서 서술했듯이 'ㅸ'은 고유어를 표시하는 경우에는 대부분

---

32. 위의 각주 참조.

33. 『四聲通解』에 실린 '飜譯老乞大朴通事凡例'에 따르면 『四聲通攷』에서는 '-u' 운을 微母로 표시했지만 『四聲通解』에서는 이것을 고쳐 'ㅗ' 또는 'ㅜ'로 하고 있다. 그리고 입성 '-ak'로부터 생겨난 '-au'(또는 -ao)에는 非母인 'ㅸ'을 사용하고 있다. 이러한 표기의 이유는 명료하지 않다. (예) 莫(말), 洛(랍) 등.

'v' 또는 'w'를 나타내는 것이었던 듯하다. 만약 그렇다고 한다면 의문이 드는 것은, 왜 微母인 'ㅱ'을 사용하지 않고 非母인 'ㅸ'을 사용했는가 하는 점이다. 이 경우 'ㅱ'이 좀 더 적절하다고 생각된다. 그러나 대다수의 경우에 'ㅱ'을 쓰지 않고 'ㅸ'을 썼던 데에는 이유가 있다. 즉 '더러비, ᄒᆞᅀᆞ바' 등의 'ㅸ'은 당시 한국인의 음운 의식으로는 역시 'f'(양순음)와 친근하다고 생각되던 것이었으며 그 때문에 앞의 '漂픃ᄫ字ᅑ'와 같은 무성(無聲)의 경우에도 동일한 글자를 썼던 것이다.

그렇다면 어중(유성음 사이)에서의 'ㅸ'도 무성음이었던 것일까? 저자는 그렇게 생각하지는 않는다. 한편으로 'k, t, p, c'가 유성음 사이에서 유성음화하는 특색을 고려하고, 다른 한편으로 'ㅸ'이 후대에 'u̯'(반모음)로 변화하는 사실을 아울러 고려할 때 결국 어중의 'ㅸ'은 유성음적이었다고 생각하고자 한다. 다만 이러한 유성의 'v' 또는 'w'(마찰음)에 무성의 글자 'ㅸ'을 할당한 것은 어중의 'ㅸ'이 'f'와 'v' 또는 'w' 사이에서 동요하고 있었음을 말해 주는 것은 아닐까 한다. 그것은 마치 大五家子 방언에서 'mafa'를 'mafa, mava, mawa'로 다양하게 발음하는 것과 마찬가지였다고 생각할 수 있다.

어중의 's'가 'z'로 변화한 것에 대해서는 졸저인 『朝鮮方言學試攷』에서 상술했기 때문에 여기서는 되풀이하지 않는다. 다만 그 결론으로부터 보건대 조선 초기의 'ㅿ'이 유성음 사이의 'ㅅ'이 약화된 것이라는 사실은 문헌상으로나 방언 분포상으로나 확정적이다. 단지 여기서 바로잡아 두고자 하는 바는, 가령 '웋-(笑)'을 오늘날 서울 방언에서도 '웃-'이라고 하는 것은 남부 방언으로부터 옮겨 왔다고 보았는데 반드시 그럴 필요는 없다. 어쩌면 당시의 서울 방언에서도 '웋-'과 '웃-'의 동요가 있었고 현재는 '웃-'만이 남게 되었다고 생각할 수도 있다. '손소'도 이후에 '손소, 손조[sonjo]'로 된 것은 당시 '손소~손소'의 동요가 있었기 때문인 듯하다. 또한 지금 '鋏'이 '가위'와 '가새'로 일컬어지는 것 역시 예전에 'ᄀᅀᅢ'와 'ᄀᅀᅢ'의 동요 결과라고 말할 수 있을 것이다.

한국어에는 마찰음 'x'가 존재하지 않는다. 따라서 이것의 유성 음화 흔적은 찾아볼 수 없다. 다만 이와 관련하여 한 가지 의문점 이 발견된다. 졸저 『朝鮮方言學試攷』에서 세 번째 주제로 어중 유 성음 사이의 'g'의 소실에 대해 서술할 때 이 'g'의 소실 과정에서 'g'가 마찰음화 단계를 겪었다고 가정한 바 있다. 그리고 마찰음화 의 결과, 한편으로 'h'가 되는 예[34]와 함께 다른 한편으로 유성의 'h'로 나타나는 예를 제시했다. 이러한 유성의 'h'는 문자상으로는 나타나지 않지만, 가령 '몰애(砂), 멀위(山葡萄)'와 같이 음절이 분 리되는 방식으로 드러나고 있다. '砂'는 방언에서 나타나는 것처럼 'morgai'가 고형이었으며 'g'가 마찰음화하여 'morai[mol-hai]'[35]가 되었다. 다시 이것이 한 편으로 'mo-rä'가 되고 다른 한편으로는 'mol-lä'가 되었다. 이러한 'g'의 마찰음화 결과가 때로는 'h'로, 때 로는 유성의 'h'가 되는 것은 유성음 사이의 마찰음이 무성음과 동 요를 일으키고 있었음을 가리키는 듯하다.

4.5. 결론

이상으로 만주어의 유성음 사이에서 무성 자음이 유성음화하는

---

34. (예) agop>ahop(九), pagoi>pahoi(岩), tolg->tolh-(石), kɛzɛr-gei>kɛzɛr -hɛi(秋) 등.
35. 이 때의 'h'는 유성음이다.

경향을 大五家子 방언 현상을 바탕으로 해서 고찰하고 아울러 동일한 현상이 한국어에서도 발견된다는 점을 서술했다. 이 현상은 음성의 동화 작용 중 하나로서 별로 특별한 것이 없으며 이것을 가지고 곧바로 두 언어의 동계(同系)를 논하는 것은 섣부른 판단이다. 그런데 동계의 언어가 공통의 기반으로부터 분리된 후에도 동일한 방향으로 나아가는 것은 자주 있는 일이라서, 이것은 역으로 공통 조어(基語)에서의 경향을 계승한 결과라고 이해할 수도 있다.

그러나 이상의 고찰은 이와 같은 유사한 음 현상이 동계(同系)의 증거가 될 수 있다고 하는 측면보다도, 두 언어의 음운 대응에 대한 비교 연구에 있어 이러한 현상의 존재를 고려하여 개별적인 예들을 다루지 않으면 안 된다고 하는 측면에서 중요한 의미를 지닌다. 저자는 일찍이 한국어의 방언으로부터 귀납하여, 만주어의 'xuju'(馬槽)에 대응하는 한국어는 조선 초기의 형태 '구싀' 또는 '구슈'로는 불충분하며 오히려 남부 방언인 '구시' 또는 '구수'와 비교해야만 한다고 서술했다. 그러나 만주어 'xuju'도 어쩌면 'xushu'에 유성음화가 적용된 형태일지 모른다. 『女眞館譯語』에서는 이 단어를 '忽日'[石田]로 기록하였는데 '日'이 日母에 속하는 데서 보자면 여진어에서는 'xuju'가 아닌 'xuzhu'였는지도 알 수 없다.[36] 그리고 이 'xuzhu'를 유성음화의 결과로 간주하면 'xushu'라는 형태가 당연히 떠오른다. 정확히 이것과 평행적인 예로 만주어 'xeshen' (界)과 한국어 'kɐz'(邊, ᄀᆞᆽ)이 있다. 'ᄀᆞᆽ'은 조선 초기의 중앙어 형태로 남부 방언 '갓'의 고형 'kɐs'이 유성음화한 것이다. 만주어

---

36. '馬槽'는 '木力忽日'로 되어 있다. '木力'은 'morin'(馬)을 가리킨다. '忽日'이라고 표기한 것을 볼 때 어쩌면 'xuzhi'가 원형일지도 모른다. 그렇다면 한국어 '구시'와 매우 가까워진다.

'xeshen'도 앞서 서술한 특징으로부터 보면 'xeshen~xezhen'을 생각할 수 있다. 이렇게 사고하면 만주어 'muji-len(心), muji-n(志)'과 한국어 '므숨'(心)도 'xuju'의 경우와 동일하게 다룰 수 있다. 또한 한국어 '아우'(弟)는 예전에 '아ᅀᆞ'로 적혔으며 이것은 'asɐ'에 유성음화가 적용된 결과이다. 그런데 여진어에서는 '小'를 '阿沙(a-sa)'라고 한다. 만주어 'ajige'(小)의 'aji-' 역시 동일한 어근에서 파생시킨 것이라고 생각된다. 여기서도 's'의 유성음화를 엿볼 수 있다. 즉 변화 과정이 '∗√as->asi>azi>aji'와 같은 것이다.

4장

새로 발견된
『訓民正音』에 대하여

── 새로 발견된 『訓民正音』에 대하여

【해설】 이 논문은 원 제목이 '新發見の訓民正音に就いて'이며 1947년 10월 『東洋學報』 제31권 2호에 발표되었다. 1940년에 『訓民正音』이 발견되자마자 여러 연구들이 나온 것을 감안하면 약간 때 늦은 감이 없지 않다. 『訓民正音』 중 제자해를 중심으로 하여 그 내용을 해설하고 있다. 현재의 관점에서는 그다지 새로운 내용이 없지만 1940년대라는 당시 상황을 생각하면 오늘날과 거의 비슷한 해석을 하고 있는 데서 상당한 수준이라고 평가할 수 있다.

1

한국의 문자인 '한글'은 조선 시대 4대 임금인 세종이 1443년(세종 25)에 친히 만든 글자라고 일컬어진다. 왕은 보수적인 유신의 반대를 무릅쓰고 1446년(세종 28) '訓民正音'이라는 이름으로 이것을 공포하였다. 인류 문자의 역사에서 볼 때 이 문자는 가장 새로운 것 중의 하나이다. 국가의 기초가 점차 안정되고 조선 문화사 측면에서 보기 드문 활기를 띤 시대를 배경으로 조금씩 싹 터 온 민족주의적 조류에 편승하여 예전부터 한자의 그늘에 숨어 표면에 드러나지 않았던 자국 언어에 강력한 표현 수단을 부여한다고 하는 그 동기라든지, 창제 연월과 창제자를 알 수 있다고 하는 점이라든 지, 이 문자의 제정과 관련해서는 상당히 많은 점들이 명확히 알려 져 있다. 이 문자의 제작 원리, 특히 그 자음자와 관련해서는 중국 음운학에 기반한다는 점 역시 대략 추정할 수 있는 바이다.

그러나 그 자형이 어떠한 기초를 지니는가 하는 점에 대해서는 종래 문헌상으로 거의 아무런 실마리도 찾아볼 수 없었다. 따라서 이 자형의 기원에 관해서는 국내외 학자들에 의해 여러 가지 설이 제기되어 왔다. 지금은 그것을 일일이 소개할 여유가 없지만, 그 개 요를 은사이신 小倉進平 선생의 『增訂朝鮮語學史』에 의거하여 서 술하면 대략 다른 문자로부터의 기원설과 상징설의 두 가지로 나 눌 수가 있다. 전자에는 한자 기원설, 인도 문자 및 그 중 하나에서 유래한 티베트(西藏) 문자 기원설, 더욱이 티베트 문자를 모태로 하는 파스파(八思巴) 문자 기원설, 그 외에 시리아, 위구르, 몽고 등의 문자에서 기원을 찾는 설이 있다. 모두 부분적으로는 흥미롭 지만 한글 전체를 설명하는 데는 불만족스럽다. 다른 한편으로 상 징설도 매우 왕성하며, 그 중에서도 발음 기관의 상징이라고 하는 설이 유력하다. 또한 중국 철학의 태극(太極)과 팔괘(八卦) 원리에 기반했다고 한 설도 있고, Eckardt와 같이 한국 장지(障子)의 격 자(格子)와 손잡이 고리에서 착안했다고 하는 기상천외한 설도 있 다. 그러나 이들도 충분히 납득할 만한 것은 아니다. 그런데 『訓民 正音』이라는 한 권의 책이 출현함으로써 이 현안은 대체로 해결되 기에 이르렀다.

2

'訓民正音'이라 불리는 책에는 두 가지 종류가 있다. 하나는 『朝鮮王朝實錄』 세종 28년 9월 조항에 실린 것으로 본문(本文)과 정인지 서문이 수록되어 있다. 본문은 짧은 서문에 이어 각 글자에 대한 설명이 있으며 한문으로 표기되어 있다. 다른 하나는 이 본문의 한국어판으로 여기에는 네 가지 이본이 존재한다. 첫 번째는 『月印釋譜』 권1(喜方寺版)의 권두에 있는 것으로 이것은 판본(版本)이다. 두 번째는 박승빈 씨 소장 판본으로 제1장이 빠져서 필사로 채워 넣었다. 세 번째는 宮內省 소장의 사본(寫本)이다. 네 번째는 金澤庄三郞 박사 소장의 行智阿闍梨의 자필 사본(寫本)이다.

이 중 여러 가지 측면에서 (1)의 『月印釋譜』 권두본이 가장 좋은데, 이 네 책 모두 오각(誤刻) 또는 오사(誤寫)를 상당히 포함하고 있어서 원본과는 거리가 멀다. 실록본과 비교하면 한국어판은 이른바 언해의 체재를 갖추고 있다. 한문으로 된 본문을 절로 나누고, 각 글자에 한자음을 달았으며, 토를 붙이고, 각 글자의 주석이 있으며, 더욱이 각 절마다 한국어 번역이 있다.

주의해야 할 점은 중국음의 치두(齒頭)와 정치(正齒) 구별을 나타내는 특수한 문자 및 그에 대한 규정이 덧붙어 있다는 사실이다. 小倉進平 선생은 이 내용을 포함하고 있는 것이 『訓民正音』의 완전한 형태라고 말하고 있지만,[1] 이 문자는 중국음을 나타내기 위해서만 사용되는 것일 뿐 『訓民正音』의 원래 목적과는 약간 동떨어져 있기 때문에 이 부분은 추가된 것이라고 보고 싶다. 이와 관련하여

---

1. 『增訂朝鮮語學史』 122쪽 참조.

당시 한글의 창제와 함께 한국 한자음의 표준 설정 및 중국음의 기술이 평행하게 이루어지고 있었으며, 문자는 『訓民正音』의 형태로 공포되고 한국 한자음은 『東國正韻』(1447년), 중국음은 『洪武正韻譯訓』(1455년)으로 결실을 맺었다. 『東國正韻』과 『洪武正韻譯訓』은 유감스럽게도 산일(散佚)된 상태에 있다.[2]

이상과 같이 종래에는 간단한 본문과 정인지 서문으로만 알려져 있었는데, 여기서 약간 주의했으면 하는 것은 다음 정인지 서문에서 '諸解及例'라고 한 것에 대해서는 거의 아무것도 알 수가 없었다는 점이다.

"謹作諸解及例, 以敍其梗槩, …" (강조점은 저자)

그런데 지금으로부터 4~5년 전 경상북도 의성군의 한 고가(古家)에서 한 권의 책이 나타나 서울의 전형필(全鎣弼) 씨가 소장하게 되었다. 저자는 서울에 있을 때 그 원본을 볼 기회를 놓쳐서 무척 유감인데, 다행히도 최현배(崔鉉培) 씨가 지은 『한글갈－正音學－』(1942년 4월, 서울 간행)의 권두에 전문이 게재되어 있어서 대략 그 자세한 사정을 다 알 수가 있다.

이 『訓民正音』의 특징은 앞서 말한 해례(解例)를 갖추고 있다는 점이며, 이를 통해 종래의 의문을 일소할 수 있을 뿐만 아니라, 음운사상 중요한 사항도 적잖이 밝힐 수 있다. 이하에서 그 중요한 점을 소개하고 아울러 저자의 견해를 서술하기로 한다.

---

2. 더 자세한 것은 『東洋學報』 27권 4호에 실린 졸고 「東國正韻及び洪武正韻譯訓に就いて」를 참조하기 바란다.

3

새로 발견된 『訓民正音』은 본문과 정인지 서문 이외에 '制字解, 初聲解, 中聲解, 終聲解, 合字解'와 '用字例'라고 하는 '五解一例'를 완비하고 있다. 본문과 정인지 서문은 실록본과 동일하다. 五解에 는 상세한 설명이 있고 그 뒤에 '訣'로서 운문(韻文)의 해설이 있다. '訣'은 아마도 암기하기 편하게 하려던 것으로 보인다. 본고에서 해 례 각각의 전체에 걸쳐 서술할 수는 없으므로, 제자해 기록에 기반 하여 한글 창제의 근거에 대해서 서술하기로 한다.

제자해(制字解)는 글자 그대로 한글 제작에 대한 해설로서, 이 해설에 의해 여러 설이 분분했던 자형(字形)의 기원론도 명료하게 되는 것이다. 주자학적인 교양을 통해 양성되고 있던 조선의 학자 들이었기에, 이 문자의 제작에도 주자학적인 세계관이 근저를 이루 고 있음은 오히려 당연하다. 그러나 송학(宋學)의 기묘한 형이상학 적 겉치레(粉飾) 속에서도 창제자가 발화 행위에 대한 주도면밀한 관찰을 게을리하지 않았다는 것은 도처에서 발견된다. 이 점에서 저자는 이 문자가 세종 한 개인의 창작이 아니라, 은밀하게 참여한 신진기예의 학자들인 정인지, 성삼문 등, 그 중에서도 『東國正韻』 의 편찬과 『洪武正韻』의 음역(音譯)에서 종횡무진 재능을 펼쳤던 신숙주의 힘에 기댄 바가 컸다고 생각한다.

우선 "天地之道, 一陰陽五行而已."라는 송학(宋學)적 표현으로 시작하는 짧은 서문에 이어 "正音二十八字, 各象其形而制之."라고 하여 상징주의(象徵主義)에 기반하고 있음을 명확히 말하고 있다.

初聲(終聲)					
자형	로마자	발음	36字母	五音	비고
ㄱ	g	[k-, -g-]	見母	牙音	
ㅋ	k	[kʰ]	溪母		
ㆁ	ng	[ŋ]	疑母		현재는 'ㅇ'으로 표시
ㄷ	d	[t-, -d-]	端母	舌音	
ㅌ	t	[tʰ]	透母		
ㄴ	n	[n]	泥母		
ㅂ	b	[p-, -b-]	幫母	脣音	
ㅍ	p	[pʰ]	滂母		
ㅁ	m	[m]	明母		
ㅈ	j	[ʧ-, -ʤ-]	精母/照母	齒音	
ㅊ	c	[ʧʰ]	淸母/穿母		
ㅅ	s	[s]	心母/審母		
ㆆ	'	[ʔ]	影母	喉音	현재는 사용 안 함
ㅎ	h	[h]	曉母		
ㅇ	ʻ	소리의 시작[3]	喩母		
ㄹ	r	[-r-, -l]	來母	半舌	
ㅿ	z	[z]?	日母	半齒	현재는 사용 안 함
ㄲ	gg	[ʔk]	群母	全濁	
ㄸ	dd	[ʔt]	定母		
ㅃ	bb	[ʔp]	並母		
ㅉ	jj	[ʔʧ]	從母/牀母		
ㅆ	ss	[ʔs]	邪母		
ㆅ	hh	[ʔç]	匣母		현재는 사용 안 함
ㅸ	v	[F-, -β-]	非母	脣輕音	현재는 사용 안 함
ㆄ	f	[Fʰ]	敷母		중국음 및 한자음에만 사용
ㅹ	vv	[βʰ]?	奉母		
ㅱ	w	[w]	微母		

---

3. beginning of voice.

中 聲			
자형	로마자	발음	비고
·(>丶)	ə	[ʌ]	현재는 사용 안 함
—	y	[ɯ]	
ㅣ	i	[i]	
ㅗ(>ㅗ)	o	[o]	
ㅏ·(>ㅏ)	a	[a]	
ㅜ(>ㅜ)	u	[u]	
·ㅣ(>ㅓ)	e	[ə]	현재는 '[ɔ, əː]'
ㅛ(>ㅛ)	io	[i̯o]	
ㅑ:(>ㅑ)	ia	[i̯a]	
ㅠ(>ㅠ)	iu	[i̯u]	
·ㅣ:(>ㅕ)	ie	[e̯ə]	현재는 '[i̯ɔ, i̯əː]'

이어서 다음 내용이 나온다.

"初聲凡十七字, 牙音ㄱ, 象舌根閉喉之形, 舌音ㄴ, 象舌附上腭之形,

屑音ㅁ, 象口形, 齒音ㅅ, 象齒形, 喉音ㅇ, 象喉形."

한국의 문자는 그 요소가 알파벳 방식의 음표 문자이지만 구체적인 단위는 요소 문자의 결합으로 이루어지는 음절자이다. 음절을 원칙적으로 '자음+모음+자음'으로 생각하고, 두자음을 초성(初聲), 모음을 중성(中聲), 말자음을 종성(終聲)이라고 부르는 것이다. 초성에 사용되는 요소자는 17개인데, 그 중 'ㄱ(牙音), ㄴ(舌音), ㅁ(屑音), ㅅ(齒音), ㅇ(喉音)'의 다섯 글자를 기본으로 삼는다. 이 다섯 글자는 중국 음운학에서 말하는 '牙舌屑齒喉'의 오음(五音)이다. 다섯 글자의 모양은 윗글의 내용과 같이 발음 기관과 조음을 상징한 것으로서, 홍양호(洪良浩)의 『耳溪集』 중 「經世正音圖說序」의 설(說) 등은 이와 매우 가깝다. 더욱이 윗글의 설명을 자세히 읽어 보면, 각 자음의 조음을 매우 잘 관찰하고 있다는 것을 알 수 있다. 다음으로 아래의 내용이 이어진다.

> "ㅋ比ㄱ, 聲出稍厲, 故加畫. ㄴ而ㄷ, ㄷ而ㅌ, ㅁ而, ㅂ而ㅍ, ㅅ而ㅈ,
> ㅈ而ㅊ, ㅇ而ㆆ, ㆆ而ㅎ, 其因聲加畫之義皆同."

다른 9개의 글자인 'ㅋ, ㄷ, ㅌ, ㅂ, ㅍ, ㅈ, ㅊ, ㆆ, ㅎ'이 앞의 5개 글자와 어떤 관계가 있는지는 일견 명백한데, 그 가획의 뜻이 '聲出稍厲'로 되어 있는 것도 흥미롭다. 나머지 세 글자는 다음과 같다.

> "而唯ㆁ爲異. 半舌音ㄹ, 半齒音ㅿ, 亦象舌齒之形而異其體, 無加畫
> 之義焉."

'ㄴ'과 'ㅁ'이 비음이라는 점에서 본다면 아음의 경우도 'ㆁ'을 기본으로 해야 할 것 같지만, 'ㄱ'을 기본으로 한 것에는 뒤에서 살필 설명과 같은 이유가 있기 때문이다. 또한 'ㄹ'과 'ㅿ'의 모양이 'ㄴ' 및 'ㅅ'과 관계있는 것은 반설음과 반치음이라는 중국 음운학의 분류에 기인한 것으로, 이러한 변형에는 '厲音加畫'이라는 원리가 적용되지 않았다고 한다.

이어서 '牙舌脣齒喉'의 五音을 음양오행 및 방위와 결부시키는 설명이 나오지만 생략하고, 다음으로 나아가면 기본자 제정의 근거가 설명된다.

> "又以聲音淸濁而言之, ㄱㄷㅂㅈㅅㆆ, 爲全淸. ㅋㅌㅍㅊㅎ, 爲次淸.

ㄲㄸㅃㅉㅆㆅ, 爲全濁. ㆁㄴㅁㅇㄹㅿ, 爲不淸不濁."

여기서 우선 초성의 중국 음운학적 분류를 서술하고 있다. 이러한 중국음의 분류를 음성학적으로 설명하는 것은 본고에서는 삼가야 하지만 극히 개괄적으로 말한다면, 전청음은 무기 무성음(無氣無聲音), 차청음은 유기 무성음(有氣無聲音)이다. 전탁음은 예전에는 어쨌든 유성음의 범주에 속했다고 생각되지만 한글 창제 당시 조선의 학자들이 어떤 종류의 음을 고려했는지는 불분명하다. 服部四郎 박사의 『元朝秘史の蒙古語を表はす漢字の硏究』(58쪽 이하)에 의하면, 명나라 초기의 남경음(南京音)에 탁음이 존재했을 가능성이 있음을 지적하고 있기 때문에 신숙주 등이 유성음적인 탁음을 귀로 들었을지도 모른다. 불청불탁음으로는 비음에 疑母(ng), 泥母(n), 明母(m), 유음에 來母(l), 유성 마찰음으로 日母(z), 그리고 喩母가 있다. 喩母는 중국음의 경우에는 '[y], [w]' 등을 두 음으로 지니지만, '소리의 시작(beginning of voice)'으로 보아 일괄하고 있다. 이들은 모두 순수한 유성음이다.

이제 전술한 5개의 기본자가 어떤 근거에 기반하여 선택되었는지를 보면 다음과 같다.

"ㄴㅁㅇ, 其聲最不厲. 故次序雖在於後, 而象形制字則爲之始. ㅅㅈ雖皆爲全淸, 而ㅅ比ㅈ, 聲不厲. 故亦爲制字之始."

즉 가장 강하지 않은 음, 다시 말해 五音의 각 음 중에서 제일 약한 음을 기본으로 선택한 것이다. 설음, 순음, 후음의 세 음에서는 불청불탁음인 泥母, 明母, 喩母를 택하고, 치음에서는 해당하는 불청불탁음[4]이 없기 때문에 동일한 전청음 중 마찰음 'ㅅ'을 택했다. 아음의 경우 疑母를 기본으로 하지 않은 것은 다음 설명에 나온다.

"唯牙之ㆁ, 雖舌根閉喉聲氣出鼻, 而其聲與ㅇ相似, 故韻書疑與喩 多相混用, 今亦取象於喉, 而不爲牙音制字之始. (하략)"

위의 설명처럼, 한편으로 'ㆁ'(疑母)의 발음이 'ㅇ'(喩母)과 가깝고 또 한편으로 중국 운서, 특히 『古今韻會擧要』나 『洪武正韻』에서 동일한 운(等韻)의 疑母와 喩母를 혼용하는 예가 있으며[5] 더욱이 한국어나 한국 한자음에서는 'ㆁ'이 사실상 초성에 놓이지 않았다는 사정도 있어서, 'ㆁ'을 아음의 기본자로 삼지 않고 전청의 'ㄱ'(見母)을 제자의 출발점으로 삼았다는 것이다.

이리하여 '牙舌脣齒喉'에 있어 五音의 기본자를 제정하고, 이것에 기초하여 '厲音加畫'의 원칙에 따라 일반적으로 불청불탁음에서 전청음, 차청음으로 차례차례 획을 더해 나간다. 또한 반설음 'ㄹ'과 반치음 'ㅿ'는 각각 설음의 기본자 'ㄴ' 및 치음의 기본자 'ㅅ'에 다른 의미로 가획을 하여 변형시켰으며, 疑母는 특수한 입장 때문에 후음의 기본자 'ㅇ'에 획을 더하여 'ㆁ'으로 만들었다. 이것으로써 초성 17자의 제정은 마무리된다.

그런데 당시의 자음 음운은 17개만 있는 것은 아니었다. 원래 한국어의 음운은 중국어의 음운과는 일치하지 않기 때문에 그 분류 역시 중국의 방식과는 스스로 성격을 달리 할 터이다. 앞서 서

---

4. 日母는 반치음으로서 정통적인 치음으로 헤아리지는 않는다.
5. 服部四郎 박사의 『元朝秘史の蒙古語を表はす漢字の硏究』 48쪽 이하와 60쪽 참조.

술한 분류도 물론 중국의 경우와는 내용에 있어서 차이가 난다. 가령 중국의 來母는 '[l]'이지만 한국의 'ㄹ'은 어중 위치에 따라 '[r]'과 '[l]'이 교체하며 나타나는 것과 같다. 그러나 조선의 학자들로서는 문자 제작을 계기로 비로소 음성에 대한 반성을 시도했던 것이므로, 중국 음운학의 분류를 금과옥조로 삼았던 것은 의심할 바가 없다. 따라서 중국어에 없는 음운이 나오는 이상 중국의 기준틀에 맞추려고 한 것 역시 무리는 아니다. 중국의 전탁음에 비정(比定)되는 일군(一群)의 음은 그러한 좋은 예일 것이다.

> "全淸竝書則爲全濁, 以其全淸之聲凝則爲全濁也. 唯喉次淸爲全濁者. 蓋以ㆆ聲深不爲之凝, ㅎ比ㆆ聲淺, 故凝而爲全濁也."

'ㄱ'에 대한 'ㄲ'과 같이 기본자의 병서에 의해 표시되는 전탁음은, 한국어의 경우 중국어의 전탁음과는 상당히 다른 음이었다. 전청음이 엉기면 전탁음이 된다고 하는 표현은 한국어의 전탁음에 대해 말하고 있는 것이다. 그렇다면 이 '凝音'이라는 것은 무엇일까? 아마도 오늘날의 된소리(濃音)라는 의미인 듯하다. 적어도 이 전탁음으로 표기되는 한국어에 관한 한은 이러한 추측을 뒷받침한다. 다만 당시 한국어에서는 두음의 경우 오늘날만큼 빈번하게 출현하지는 않는다. 그러나 어중에 나타나는 경우에는 전탁음의 된소리적 성격을 가리키는 경우가 있다. 가령 미래의 관형사형 'ㄹ'에 의문조사 '가'가 붙는 경우, 'ㅭ가'와 같이 그 중간에 '[ʔ]', 즉 성문 폐쇄음이 들어가는 부분에서 종종 'ㄹ까'처럼 'ㄱ'이 병서되고 있다.

오늘날 된소리의 특징으로 첫 번째는 조음에 있어 성문의 폐쇄를 동반한다는 점이다. 'ㅎㄱ'이 'ㄲ'으로 표기되는 데서 보자면 전

탁음이 된소리였다는 것을 생각할 수 있다. 그런데 된소리의 두 번째 특징으로 파열 또는 마찰이 있기 바로 직전에 인두벽이 근접하여 각 조음부와 성문 사이의 공기가 현저하게 압축된다는 점이 바로 '凝'이라는 말로 능숙하게 표현되었다고 생각한다. 이러한 특이한 음이 중국의 전탁음에 비정되었던 것은 이 된소리의 전이 부분(わたり)이 유성적이라는 세 번째 특징에 기인하는 듯하다.[6] 이와 같은 특징들은 어중에서는 촉음(促音)적인 효과를 드러낸다. 전청을 병서하는 까닭은 여기에 있다고 본다.

다만 후음의 경우는 전청인 'ㆆ'이 이미 성문폐쇄음이기 때문에 여기서 더 농음화가 일어날 수 없어서, 그 전탁(匣母)을 전청의 병서로 표기하지 않고 차청인 'ㅎ'의 병서로 표시한다. 그러나 한국어의 'ㅎ'은 유기음이라서 성문 폐쇄와는 병립할 수 없다. 'ㅎ'의 병서, 즉 'ㆅ'은 현대의 한국어에는 존재하지 않는데, 당시에는 '혀(引)'라는 한 단어에서 발견된다. 현재 이 단어는 어떤 방언에서는 '혀(舌)'가 '서'로 된 것처럼 '쎠'가 되어 'ㅅ'의 된소리로 나타나기도 하고, 어떤 방언에서는 '켜'로 바뀌어 나타나기도 한다. 이러한 변천에서 추측해 보면 'ㆅ'은 성문 폐쇄를 동반한 'ch'[7]와 같은 음이었다고 상상할 수 있다. 또한 여기서는 언급하지 않지만 합자해와 다른 문헌에서는 'ㅇㅇ'과 같은 병서도 나온다. 이것은 아마도 '[y]'의 장음(또는 그 된소리?)인 것 같다.

초성자를 결합함으로써 단일한 음운을 표시하는 것에는 다음과

---

6. [역자주] 이 세 번째 특징은 아마도 小倉進平의 연구 결과를 받아들인 듯하다. 小倉進平이 1928년에 쓴 「朝鮮語の toin-siot」(『岡倉先生記念論文集』)에서는 된소리와 후행 모음 사이에는 모음과 비슷한 유성의 전이음이 들어간다는 것을 실험적으로 분석한 바 있다.
7. 독일어 'ich'의 'ch'이다.

같은 경우도 있다.

"ㅇ連書脣音之下, 則爲脣輕音者. 以輕音脣乍合而喉聲多也."

이러한 기술에 따르면 'ㅸ, ㆄ, ㅹ, ㅱ'이 순음의 마찰음이었음을 엿볼 수 있다. 다만 고유어의 경우에는 'ㅸ'밖에 쓰이지 않으며 'ㆄ, ㅹ, ㅱ'은 오로지 중국음의 표기에만 사용되었다. 'ㅱ'은 또한 한국 한자음에서 效攝과 流攝의 말음(遂聲)으로도 쓰였다.

이상이 초성자 제정의 개요이다. 이러한 초성자는 종성에도 역시 사용된다. 종성의 규정은 종성해에 서술되어 있다.

다음으로 중성자, 즉 모음자가 어떻게 제정되었는지에 대해 서술하기로 한다. 자음자의 경우에는 중국에 이미 규범이 있으며 그 자형 중 어떤 것은 제정 근거를 추측하게끔 할 수가 있었다. 그러나 모음자에 이르러서는 중국에서 그 추출이 완성되지 않았기 때문에 상형설을 취한 사람들도 끝내 그 근거를 명확히 할 수가 없었다.

"中聲凡十一字, ·舌縮而聲深, 天開於子也. 形之圓, 象乎天也. ㅡ 舌小縮而聲不深不淺, 地闢於丑也. 形之平, 象乎地也. ㅣ舌不縮而 聲淺, 人生於寅也. 形之立, 象乎人也."

제자해에서는 우선 기본이 된 세 글자 '·, ㅡ, ㅣ'가 천지인(天地人) 삼재(三才)의 상형에 기반한 것임을 서술하고 있다. '·'는 후대에 'ㆍ'로 표기되는데, 처음에는 작은 흑원(黑圓)이었다. '·'는 고관본 『龍飛御天歌』나 교정본으로 보이는 『月印千江之曲』 및 『釋譜詳節』에서도 작은 흑원으로 나온다. '天圓地方'은 중국인의 우주관이다. 이러한 상징의 배후에는 역시 음성 분석이 인정되어야만 하며, 이러한 세 모음의 기술은 당시로서는 매우 간단하게 요점을 싣고 있다고 생각한다.

먼저 'ㆍ'가 '舌縮'이고 'ㅡ'가 '舌小縮', 'ㅣ'가 '舌不縮'이라고 한 것은 각 모음의 조음에 있어 혓바닥의 양상을 가리키고 있다. 'ㆍ'가 '聲深', 'ㅡ'가 '聲不深不淺', 'ㅣ'가 '聲淺'으로 된 것은 각각의 조음 위치, 즉 後舌, 中舌, 前舌을 서술하고 있다. 'ㆍ'는 오늘날 소실되어 그 음가가 불분명하지만, 'ㅡ, ㅣ'는 잠정적으로 오늘날의 음가와 동일하다고 한다면 이 두 모음의 혓바닥 양상과 위치에 관한 기술은 대체로 타당하다고 할 수 있다. 다만 'ㅡ'는 中舌보다도 後舌에 가깝다. 또한 오늘날 명확하지 않은 'ㆍ'도 이 기술에 의거해 저자의 추정,[8] 즉 영어 'come'의 'o'와 같은 음이었다고 하는 추정을 지지해 준다.

그 밖의 여덟 글자는 이 세 글자의 결합이다.

"此下八聲, 一闔一闢, ㅗ與ㆍ同而口蹙, 其形則ㆍ與ㅡ合而成, 取天地初交之義也, ㅏ與ㆍ同而口張, 其形則ㅣ與ㆍ合而成, 取天地之用發於事物待人而成也, ㅜ與ㅡ同而口蹙, 其形則ㅡ與ㆍ合而成, 亦取天地初交之義也, ㅓ與ㅡ同而口張, 其形則ㆍ與ㅣ合而成, 亦取天地之用發於事物待人而成也."

'ㅗ, ㅏ, ㅜ, ㅓ'는 모두 그 원래 형태는 'ㆍ'와 'ㅡ, ㅣ'의 결합인데 한

---

8. 이 추정은 주로 현대의 방언 및 역사적 변천으로부터 시도해 본 것으로, 종전 직후 서울에서 간행된 졸저(『朝鮮方言學試攷−鋏語考−』(京城帝國大學文學會論纂 제11집)에서 상술해 두었다.

글 제정 직후에 이미 'ㅗ, ㅏ, ㅜ, ㅓ'로 바뀌었다. 이러한 변개는 마치 『說文解字』에 수록된 '上, 下'라는 글자의 고문(古文)과 전문(篆文)의 차이와 비슷하며, 아마도 여기에 근거한 듯하다. 정인지의 서문에서 "象形而字倣古篆"이라고 한 것은 이것을 가리킨다고 생각된다. 모음자의 결합이 천지인(天地人)의 교섭에서 유래한다는 설명은 잠시 제쳐 두고, 음성 기호의 측면만을 고찰하면, 'ㅗ(o)'와 'ㅏ(a)'는 'ㆍ'와 같은 부류의 음이고 'ㅜ(u)'와 'ㅓ(e)'는 'ㅡ(y)'와 같은 부류이다.[9] 'ㅡ, ㅜ, ㅓ'가 청각적으로 서로 가깝다는 것은 오늘날과 동일하다. 이로부터 유추컨대 'ㆍ'가 'ㅗ'와 'ㅏ'와 가깝다는 기록은 앞서 서술한 추정 음가를 다시 한 번 뒷받침한다고 할 수 있다. 또한 앞의 기술 내용 중 'ㅗ'와 'ㅜ'가 '口蹙', 즉 원순모음이고 'ㅏ'와 'ㅓ'가 口張, 즉 원순성이 없는 모음이라는 점도 현재의 상황과 같다.

"ᅩ與ᅳ同而起於ㅣ, ㅑ與ㆍ同而起於ㅣ, ᅲ與ᅮ同而起於ㅣ, ㅕ與ㆍ同而起於ㅣ, (하략)"

'ㅛ, ㅑ, ㅠ, ㅕ'는 'ㅗ, ㅏ, ㅜ, ㅓ'에 다시 작은 원을 하나 더한 것으로 창제 직후 'ㅛ, ㅑ, ㅠ, ㅕ'의 형태로 바뀌었다. 모두 '起於ㅣ'라고 한 것은 이들이 'io, ia, iu, ie'의 'i(ㅣ)'에서 시작하는 이중모음이기 때문이다. 다만 덧붙인 작은 원이 'ㅣ'를 의미하는지 여부는 분명히 표현되지 않았다.

"ᅩㅏᅭㅑ之圓上與外者, 以其出於天而爲陽也. ᅮㅓᅲㅕ之圓下與

內者, 以其出於地而爲陰也."

이것은 모음조화를 명확히 의식했다는 사실을 보여 준다.

이와 같이 모음자의 제정에서는 '천지인(天地人)'의 상형에 의해 표시되는 세 개의 기본 모음을 중심으로 'ㅗ, ㅏ, ㅜ, ㅓ'의 네 모음자를 만들고 다시 'ㅛ, ㅑ, ㅠ, ㅕ'를 고안하였다. 그러나 이러한 모음체계가 어디에 기반을 둔 것인가 하는 의문은 이 새로운 자료를 통해서도 해결할 수가 없다. 중국에서 그 본보기를 찾는 것이 곤란한 이상, 독창적인 음성 이론 위에서 구축한 것이라고 하지 않으면 안 된다. 그러나 모음을 나타내는 기호는 이미 몽고 글자, 八思巴 글자 등의 전례가 있다. 다만 여기서 주의해야 하는 것은 'ㆍ'나 'ㅡ, ㅣ'와 같은 것을 기초로 하고 'ㅗ, ㅏ, ㅜ, ㅓ'와 같은 것을 합성모음처럼 생각했다는 점이다. 또한 모음조화에 있어 음양의 두 계열을 명백하게 자형에 반영했다는 사실 역시 한글 제정에 참여한 여러 학자들의 정밀한 음성 연구의 결과라고 말하지 않을 수 없다.

이상이 제자해의 요점에 대한 소개이다. 제자해 외의 다른 해례에도 여전히 기술해야 할 사항이 많지만, 여기서는 종성해에 있어서 종성 'ㄷ'과 'ㅅ'의 구별에 대해 서술하는 데서 그치기로 한다.

"然ㄱㆁㄷㄴㅂㅁㅅㄹ 八字可足用也. 如빗곶爲梨花, 엿의갗爲狐皮, 而ㅅ字可以通用, 故只用ㅅ字."

이 부분은 예로 제시된 네 단어 '빗(梨), 곶(花), 엿(狐), 갗(皮)'의 종성이 그 어근을 고려한다면 각각 'ㅅ, ㅈ, ㅿ, ㅊ'의 네 종류가 되지만 'ㅅ'으로 통용할 수 있다는 의미이다. 이것은 역으로 단독형일 경우 이 네 종성이 같은 음으로 발음된다는 점을 지시하고 있다. 이리하여 'ㄱ, ㆁ, ㄷ, ㄴ, ㅂ, ㅁ, ㅅ, ㄹ'의 8음이 말음으로서 허용된다는 것인데, 여기서 주의해야 할 점은 'ㄷ'과 'ㅅ'의 두 가지를 인정하고 있다는 사실이다. 오늘날에는 'ㄷ'과 'ㅅ'이 말음에서 발음상의 구별이 없다. 뒤에 나오는 문장에서 설음인 'ㄴ, ㄷ'과 치음인 'ㅿ, ㅅ'을 평행하게 배열하고 있는 것[10]을 보아도 무언가 발음상의 구별이 있었던 것 같은 느낌을 갖게 한다. 그러나 이 의문은 한글 창제 직후의 여러 문헌을 철저하게 조사해야만 비로소 해결할 수 있다.

마지막으로 앞서 서술했듯이 이 글자는 상당히 진보된 음성 지식을 기초로 하여 당시 한국어의 음성을 주도면밀하게 관찰하고 반성한 결과로서, 다른 문자를 억지로 적용시킨 것이 아니기 때문에 언어학적으로 매우 흥미로운 대상이다. 특히 최근에 유행하고 있는 소위 음운론(Phonologie)의 견지에서 말한다면, 더욱 더 새로운 전개를 보게 되리라고 생각한다. 종래의 음운(Phonem)이라는 개념의 규정에 대해서는 저자가 반드시 찬성하기는 어려운 바인데 결국은 음성에 대한 반성의 개념이라는 점을 고려할 때, 갑작스레 게다가 매우 이론적으로 창안된 한글만큼이나 음운론적으로 흥미로운 대상도 적을 것이다.

【부기】

또한 합자해(合字解)에 당시 한국어의 성조에 대한 기술이 있다. 한글 창제 직후의 문헌에는 한국어에도 각 음절에 성점(聲點)이 찍혀 있었다. 지면 관계상 본고에서는 이에 대해 언급하는 것을 피했

---

10. [역자주] 종성해의 뒷부분에 "舌之ㄴㄷ 脣之ㅁㅂ 齒之ㅿㅅ 喉之ㆁㆆ 其緩急相對 亦猶是也"라는 문장이 나오는데 이것을 가리킨다.

지만 머지 않아 다른 기회에 서술했으면 한다. 또한 세 개의 기본 모음 글자의 제작 원리에 대해서는 명대(明代)의 중국 음운학을 정밀하게 조사할 필요가 있지만 아직 그럴 기회를 얻지 못했다.

일본어와 한국어의
두어 가지 유사점

5장

— 일본어와 한국어의 두어 가지 유사점

【해설】 이 논문은 원 제목이 '日本語と朝鮮語の二三の類似'이며 1949년 11월에 간행된 『人文科學の諸問題－共同研究稻－』에 수록 되었다. '山'을 가리키는 고유어를 중심으로 그와 관련되는 여러 가 지 사실들을 다루고 있다.

지리적으로나 역사적으로나 긴밀한 관계를 지니며 게다가 문법 적 구조에서 현저한 유사성을 가지고 있기 때문에 일본어와 한국 어가 공통의 조어로부터 파생되었다는 점은, 金澤庄三郞 박사를 비롯하여 여러 선배들의 노력에도 불구하고 오늘날 여전히 입증되 지는 않았다. 여기에는 대체로 다음과 같은 이유를 생각할 수 있 다. 우선 한국어의 고대 자료가 너무나 단편적이라고 하는 사실 이 결정적인 어려움을 주고 있다. 여기에 더해 고대 한반도에서 전 개된 여러 민족의 흥망이 한국어 형성에 다각도로 작용하고 있다 고 생각되는데, 그러한 여러 민족들의 언어를 구체적으로 거의 알 수 없다는 사정은 어려움을 더욱 가중시키고 있다. 다음으로 상대 (上代)의 일본에서는 한국으로부터 집단적인 이주가 일어났고 이들 귀화민들의 손에 의해 문화적 활동이 이루어짐으로써 일본어에 많은 외래어를 가져왔기 때문에 오늘날 유사하다고 생각되는 단어 중에서도 원래의 공통 언어 자료로 인정해야 할지 아니면 차용어라고 해야 할지 판별이 어려운 경우도 있다. 그렇기는 하지만 만약 두 언어의 친근성이 매우 가까운 것이었다면 이러한 장애에도 불구하고 현재 전승되고 있는 각각의 언어 자료 속에서 어떤 음운 대응을 보이는 공통의 언어 자료를 발견하는 데 반드시 어려움이 있지는 않으리라고 볼 때, 두 언어가 보이는 친근성의 정도 역시 우리가 희망하는 것처럼 그리 긴밀하지는 않았다고 하는 소극적 결론을 피할 길이 없다.

이와 같이 두 언어의 비교는 기대와 달리 소득이 적지만, 다른 한편으로 차용의 예까지 고려에 넣어 비교를 하면 가끔씩 예전 시대의 모습 중 한 측면을 밝혀내는 경우도 없지는 않다고 생각한다. 앞으로 두 언어의 비교 연구는 이러한 의미에서 어떤 공헌을 할 수 있으리라 기대하고 있다.

저자는 여기서 두 언어 사이의 두세 가지 유사점에 대해 고찰을 시도하고자 하는데, 앞서 언급했듯이 고대 한국어 자료는 확실한 추론을 하기에는 너무나 미약하다. 그래서 당연히 상상을 일삼을 우려가 없지 않다. 미리 양해를 구하는 바이다.

현대 한국어로 '山'은 '산'이라고 한다. 이것은 말할 것도 없이 한자어이다. 중기 한국어에서는 'moi'라고 했다. 'moi'는 현재 여러 방언에서 'moi, mui, mö, me, mi' 등으로 발음되며 봉분을 한 무덤을 의미하는 것으로 되어 있다.

이 'moi'는 고대 한국어로는 'mori'라고 했다. 『日本書紀』「神代紀」(上)에 보이는 '曾尸茂梨(ソシモリ)'의 'モリ'가 그것을 전하고 있

다. 이러한 모음 사이의 'r' 탈락은 다른 평행적인 예를 통해 지지할 수 있다. 즉 「雄略紀」(21년)에 있는 지명 '久麻那利(熊川)'의 '那利(川)'는 후대에 'nai'로 되어 있으며 「雄略紀」(5년)에 나오는 섬 이름 '主嶋(ニリムセマ)'의 '主(ニリム)'는 현재 '님'으로 되어 있다. 또한 후대의 '世'를 가리키는 단어로 'nuri'와 'nui'의 두 형태가 남아 있는 것도 그런 예 중 하나인 듯하다.

'mori(山)'는 『日本書紀』의 振假名에서는 대부분 'ムレ'로 적혀 있다.[1] 둘째 음절의 'リ'와 'レ'의 교체는 'nari(川)'의 경우에도 발견된다. 「繼體紀」(23년)에 '熊川(クマナレ)', 또한 「仲哀紀」(9년)에 '阿利那禮'가 있다. 이들은 동일한 단어의 이표기(異表記)인지 또는 두 형태가 공존했는지 분명치가 않다.

첫 음절이 'ム'로 되어 있는 것은 약간의 설명을 필요로 한다. 후대의 형태로부터 역으로 추론하면 첫 음절은 'mo'였다고 보고 싶으며 『龍飛御天歌』(권4)에서 '椵山'을 '피모로'라고 읽고 있는 것도 그러한 추측을 뒷받침한다. 또한 동일하게 첫 음절에 'o'를 지니는 '고마(熊)'의 표기법에서도 마찬가지 사실을 말할 수 있다. 新井白石이 『東雅』에서 말한 바와 같이 동물 'クマ'는 한국으로부터의 차용어인 듯하다. 어원적으로 보아도 '검-, 감-(黑), 가마귀(烏), 거미(蜘蛛)' 등과 동일한 어원에 속한다. 이것의 한국어는 현재 '곰'이지만 예전에는 '고마'였다. 『龍飛御天歌』(권3)에서 '熊津'을 '고마ᄂᆞ르'라고 하여 말모음 'a'를 남기고 있다. 더욱이 앞서 제시한 「雄略紀」(21년)의 '久麻那利'와 「繼體紀」(23년)의 '熊川(クマナレ)'에서도 'koma'를 'kuma'로 적고 있는데, 전자인 '久麻那利'의 振假名에서

---

1. 「神功紀」(45년)의 '辟支山(ヘキノムレ)'와 '古沙山(コサノムレ)' 등.

는 'コマナリ'와 'コムナリ'로 되어 있다. 본문에 '久麻'로 나오는 이상 이 표기가 가장 오래 되었고 'コマ'가 그 뒤를 이으며 'コム'는 'a'를 탈락시킨 새로운 독법이라고 생각된다.[2]

그렇다면 고대 한국어에서는 '山'과 '熊'은 'ムリ' 또는 'クマ'라고 불렸던 것은 아닐까 의문이 생기는데, 적어도 '熊'에 관한 한 그렇지는 않았다. 왜냐하면 『梁書』의 「百濟傳」에 "號所治城曰固麻"라고 하고 있으며 이 '固麻'는 熊津(公州)의 '熊'만 기록한 것으로 생각되어서, 백제에서는 'koma'라고 불렸음을 알 수 있기 때문이다. 다만 '山'의 경우에는 첫 음절이 'ム'였다고 생각하지 않으면 안 되는 예도 존재한다. 그것은 『三國史記』「地理志」에서 보이는 "曾山縣一云所勿縣"[3]이라는 한 예이다. 요컨대 어느 쪽이라고도 판정하기는 어렵지만, '熊'이라는 예로부터 예전의 일본인이 한국어 'o'를 'u'로 적었을 가능성은 일단 고려할 만한 가치가 있다.

이러한 생각은 일본어가 상대(上代)에 'o'(甲類)를 지녔다는 사실에 비추어 일견 기묘하다. 그러나 이러한 대응이 차용이라고 생각되지 않는 일련의 단어 사이에서도 발견된다는 점은 주목할 만하다.

	일본어 'u'	한국어 'o'
1	kura (谷)	골 (谷)
2	kusa (草)	곳>꽃 (花)
3	kusi (串)	곳 (串)
4	kufa-si (美)	곱-~골- (美)
5	kuro (畦)	골, 고랑 (畦間溝)
6	kuda (管)	곧- (眞直)

---

2. 앞서 제시한 '曾尸茂梨(ソシモリ)' 역시 '茂'는 'ム'로도 읽을 수 있기 때문에 振假名 'モリ'는 새로운 독법일지 모른다.

3. '勿'은 오늘날 '물'이다.

	일본어 'u'	한국어 'o'
7	kudira (鯨)	고래 (鯨)
8	kuwa (鍬)	광이 (鍬)
9	fuku, fugu (河豚)	복 (河豚)
10	nuka-ru (泥)	녹- (融)
11	nu, numa (沼)	논 (水田)
12	mu (身)	몸 (身)
13	suka-su (賺)	속- (欺)
14	uri (瓜)	외 (瓜)
15	tuti (土)	돌 (石)

이 중 1번 예는 또한 만주어 'holo(谷)'에도 대응하며, 모음 'o'를 나타내고 있다는 점 역시 주의해야 한다. 그러나 이러한 한국어 중 어떤 것은 예전의 'u'에 소급하는 것도 있었을지 모른다. 후대의 한국어 'u'는 모음조화에서 'o'에 대응하는 음성모음이라는 점으로부터, 'ü' 또는 'ö'에서 변화한 것이라고 생각할 수 있으며 원시 한국어의 'u'가 'o'와 혼동되었다고도 추측할 수 있다.

이제 원래 주제로 되돌아가서 'mori(山)'는 전술한 것처럼 'moro'로도 불리었다. 또한 이들과 어원을 함께하는 단어에 'mɐrɐ(ᄆᆞᄅᆞ)'라는 단어가 있다. 'mɐrɐ'는 오늘날 '마루'로 되어 '山脊' 또는 '棟'을 의미하며, 예전에는 '宗'의 훈으로 쓰였다. 'mori'와 'mɐrɐ'의 관계는 마치 'nari(川)'와 'nɐrɐ(津, ᄂᆞᄅᆞ)'의 관계와 동일하며 이러한 일종의 모음 교체(Ablaut)는 어떤 형태론적 의의를 지니고 있었던 듯하다.

이 'mori~moro~mɐrɐ'에 상당하는 예가 일본어에 있었을까? 金澤庄三郎 박사는 「雄略紀」(4년) 大御歌 중 '野磨等能嗚武羅能陀該'[4]와 「齋明紀」(4년) 大御歌 중 '伊磨紀那妻予武例我禹杯'의 '嗚

---

4. 『古事記』에서는 '美延斯怒能袁牟漏賀多氣'로 되어 있다.

武羅, 袁牟漏, 乎武例'를 들고서 '小山'의 의미라고 하고 있다.[5]

이것은 고유명사인데, 'ムラ, ムロ, ムレ'를 '山'이라고 했을 가능성은 충분히 있으며 앞에서 언급한 음 법칙에도 부합해서 흥미롭다. 그러나 金澤庄三郎 박사는 齋明天皇의 大御歌에 있는 '伊磨紀'는 '今來'의 뜻이고 새로 온 한인(韓人)들이 그 토착어로 '山'을 불렀을 가능성을 인정하고 있으면서도, 규슈(九州)와 그 밖의 지명에 '牟禮' 또는 '牟婁'의 예가 많기 때문에 차용어는 아니라고 하고 있다. '伊磨紀'의 '紀'는 乙類이기 때문에 甲類인 '來(キ)'였다고 생각할 수 없기는 한데, 상대(上代)에 있어서 귀화민들의 집단적 정착을 감안하면 산 이름이나 땅 이름에 의외로 한국의 단어가 남아 있지 않다고는 말할 수 없다.

'mori(山)'와 관계 있다고 생각되는 말에 '三諸山'의 'モロ'가 있다. '三諸'라는 산 이름은 여러 곳에 있는데 모두 신성한 산의 이름이며 그 중 저명한 것은 大三輪神社의 '三諸'이다. 특히 주의해야 하는 것은 이 신사에 본전(本殿)이 없고 산 전체가 숭배의 대상으로 되어 있다는 사실이다. 契冲와 本居宣長 모두 'ミムロ'가 '御室(ミームロ)'이며 '神社'의 의미라고 말했지만, 'ミムロ'의 'ムロ'는 『古事記』에서는 'mörö'[6]라서 이런 어원설은 타당하지 않다. 'ミムロ'는 오히려 '神이 앉은 山'의 의미로 해석해야만 할 듯하다. 다만 『萬葉集』에서 '山'이 아니라 '神이 앉은 곳(所)'이라고 해독해야 하는 노래도 존재하는데,[7] 이것은 앞의 원 뜻에서 파생된 것으로 보인다. 이 'mörö'는 한국어 'mori' 특히 'moro'와는 모음의 측면에서 어려운 점이 있

5. 『日鮮同祖論』154쪽 참조.
6. 有坂秀世 선생의 「古事記に於けるモの假名の用法について」 참조.
7. '吾屋戶爾御諸乎立而(ワガーヤードーニーミーモローヲータテーテ)'가 그 예이다.

다. 그러나 여기서 주의해야 하는 것은 일본어 'ö'와 한국어 'ɐ(·)'의
대응이다.

일본어 ö	한국어 ɐ[ʌ]
töri (鳥)	둙 (鷄)
götö-si (如)	ᄀᆞᆮᄒᆞ- (如) cf. 만주어 gese
mötö(本)	ᄆᆞᆮ (嫡, 伯)
köfori(köföri?) (郡)	ᄀᆞᄫᆞᆯ＞고울＞골 (郡)

이 중 마지막 예는 차용의 가능성이 있다. 신라의 관직명 '波珍
旱岐(海干, 바들한기)'를 'ハトリ·カンキ'로 읽고 있는 것도 甲類와 乙
類의 구별은 알 수 없지만 한국어의 '·'를 'オ(ö?)'로 적은 예라고 생
각된다. 이러한 대응은 약간 예증이 적어서 유감이나 일단은 문제
삼아야 할 대응이라고 본다. 즉 'mörö'는 'mɐrɐ(ᄆᆞᄅᆞ)'에 대응한다
고 생각할 수 있는 것이다.

더욱이 일본어의 'モリ(森)'도 이 'mori(山)'와 관련이 있다. 'モリ'
는 예전에 "神이 鎭座하신 땅(地)에 … 숲이 있음을 일컫는다."(『言
海』)라는 말이었다. 『萬葉集』에서는 '杜, 社, 神社, 森' 등으로 적혀
있다. '杜(モリ)'는 '社木'의 합자(合字)이다. 여기서는 별도로 '山'이
라는 의미를 인정할 수 없지만, 유구어를 통해 볼 때 더 예전에는
역시 '신성한 山'이라는 의미였던 것 같다.

현재의 유구어(琉球語) 방언에서는 'mur′i, mūr′ï, mur′ikko,
mur′ikkott′i, murakku, muji, muji-gwā, muji'로 되어 있으며,[8] 모
두 '岡'의 의미이다. 'おもろ'[9]에는 'モリ'로 되어 있다. 'mori＞muri＞

---

8. 宮良當壯 씨의 「採訪南島語彙稿」 참조.
9. [역자주] 'おもろ'는 유구(琉球)의 고대 시가를 가리킨다.

muji>mui'의 변화는 마치 한국어의 음운 변화, 즉 'r'의 탈락과 궤를 함께하는 것처럼 보인다. 그러나 'おもろ'에서는 단순한 '岡'은 아니고 '神이 鎭座하신 숲이 있는 山 또는 岡'의 의미였다. 오늘날 오키나와(沖繩)에서는 이런 의미로는 'ウタギ'(嶽)를 사용하며 그 실상은 정확히 '三諸山'과 동일하다.[10) 伊波普猷 선생의 설에 따르면 'おもろ'라는 말 역시 예전에는 'オモリ(御社)'였다고 한다.[11)

이와 같이 'モリ'는 원시 일본어에서는 '神이 鎭座하신, 나무가 우거진 山'의 의미였다. 다만 이 'モリ'의 'モ'가 甲類와 乙類 중 어느 쪽이었는지 『古事記』와 『萬葉集』에 가나(假名) 표기가 없어서 명확하지 않다는 점은 유감이다. 음운 관계는 불분명한 채 장래로 남겨 두지 않을 수 없지만, 'モリ'든 'モロ'든 한국어 'mori~moro~mərə'와 동일 계통에 속한다는 점은 대체로 확실한 듯하다. 그리고 원래 의미는 '신성한 山'을 뜻했으리라 생각된다. 그것이 일본에서는 'mörö'의 형태로 산 이름에 남아 있고, 또한 '神社'의 의미로 바뀌었으며, 또 한 편으로는 'mori(?)'의 형태로 산에 국한되지 않고 '신성한 숲'이 되고, 게다가 신전(神殿)의 건설로부터 신사(神社) 주변의 숲(森)이 되어 마침내 단순한 삼림(森林)으로 바뀌었다. 유구(琉球)에서는 'mori'가 'おもろ' 시대까지 원래 뜻을 유지했지만 이후 'utaki'에 그 의미를 넘겨 주고 단순히 '岡'으로 변화했다. 한국에서 'mori~moro'가 일반적으로 '山'을 가리키게 되고 또한 후대에는 봉분이 있는 무덤을 의미하기에 이른 것도, 단순한 형태상의 유사성뿐만 아니라 신성하다는 의미의 원뜻을 함께 고려

---

10. 比嘉春潮 씨의 말에 의거한다.
11. 이와 관련하여 유구(琉球)에서 '森, 林, 藪'를 'ヤマ'라고 부르는 유래가 된다.
    [역자주] 'ヤマ'는 '山'을 가리킨다.

함으로써 이러한 의미 변화를 좀 더 합리적으로 설명할 수 있다고 본다. 또한 '무르'는 '山脊'이라는 국부적인 의미로 쓰였고 그로부터 '棟'이라는 의미로도 사용되었으며 더욱이 '宗'의 의미로 변했다. 이러한 의미의 변화에는 어떤 종교적인 성격이 관여하고 있을지도 모른다.

6장

중국 음운학과 한국

6장

— 중국 음운학과 한국

【해설】 이 논문은 원 제목이 '中國音韻學と朝鮮'이며 1949년 12월 『中國語學』 제33호에 발표되었다. 중국 음운학에 한국 한자음이 어떤 기여를 할 수 있는지 개략적으로 살핀 글로서 1940년에 발표한 '「東國正韻」及び「洪武正韻譯訓」に就いて'(이 책의 2장에 수록)의 중심 내용과 밀접한 관련을 맺는다. 한국 한자음이 중국 음운사에 도움이 되는 측면을 주로 『洪武正韻譯訓』이나 『四聲通解』와 같은 한자음 관련 문헌의 성격을 규명하면서 언급하고 있는데, 이전 논문의 내용과 크게 다르지는 않다. 한편 有坂秀世의 한국 한자음 모태설을 언급하면서 비판적 고찰을 덧붙인 부분은 여기에 새로 추가된 내용이다. 특히 한국 한자음이 중국의 여러 시대 음을 받아들인 복층적 구조를 가졌다는 견해가 이 논문에 나타나고 있다. 저자가 지은 『朝鮮漢字音の硏究』의 핵심 논지가 이 무렵에 이미 완성되었음을 알 수 있다.

한국은 중국 문화권 안에 있으면서도 중국의 영향을 가장 많이 받은 국가 중의 하나이다. 언어상으로도 중국어의 영향이 심해서, 매우 많은 한자어로 채워져 있다. 오랫동안 한문이 정통적인 문어로서의 지위를 지녀 와서 그 한자어는 일본이나 베트남과 마찬가지로 특유의 한자음으로 읽히고 있다. 한편 중국과의 끊임 없는 접축은 항상 중국어 학습을 필요하게 만들었기에 역관의 양성에는 특별한 주의를 기울였던 듯하다. 다만 유감스러운 것은 이러한 교양과 더불어 실용상의 노력에도 불구하고 여러 차례에 걸친 병란으로 옛 문헌이 소실되었기 때문에, 또한 한글의 창제가 비교적 늦었기 때문에 조선 시대 이전은 중국어 연구 자료가 극히 적다는 점이다. 그러나 조선 시대의 문헌 중에 참고 자료로서 중요한 것이 약간 남아 있어서 그에 기반하여 중국 음운학에 대한 한국의 기여에 관해 그 개략적인 것을 서술하고자 한다.

중국어가 언제 무렵부터 한국에 알려졌는지, 또한 어떤 경로를 거쳐 한국어 속에 도입되었는지 하는 것은 구체적으로는 밝혀지지 않았다. 그러나 예전부터 중국의 유민들이 남만주(南滿洲)를 통해 한국의 서북부로 들어왔고 점차 남하하여 한반도 남쪽까지 도달했던 흔적이 있다.[1] 또한 한사군(漢四郡)의 설치로 꽤 많은 중국인들이 이주했고, 고구려, 백제, 신라의 삼국이 정립되던 시대에는 북조와 남조 양쪽과의 교섭으로 중국 문화가 점차 한반도에 침투했으며, 신라의 통일에 의해 한국이 통일 국가를 형성했던 시기에는 때마침 당나라의 융성기를 맞아 한반도에서 중국 문화의 기초가 확립되었다.

이와 같이 오랜 기간에 걸쳐, 그것도 여러 경로를 통해 중국 문화가 이식되었기 때문에 중국어의 도입도 각양각색이었으리라 생각된다. 예전 시기에 한국어로 차용된 중국어가 두어 개 있다. '筆'은 한국어로는 '붇'이라고 하는데 분명히 차용어이다. '붇'에 대해 '筆'의 한자음은 '필'이다. 주지하는 바와 같이 설내 입성은 한국 한자

---

1. 『魏志』「東夷傳」과 그 밖의 자료 참고.

음에서는 '-ㄹ'로 나타나기 때문에 차용형 '붇'은 한자음의 성립 이전에 들어온 것으로 보인다. '佛'을 '부톄'라고 부르는 것 역시 그 첫번째 요소는 '筆'과 동일하게 생각해도 지장이 없을 듯하다.

한글 창제 이전 시기에도 자국어를 표기하려는 노력이 보여서, 『三國遺事』와 『均如傳』에 전하는 25수의 신라 고가요, 그리고 『三國史記』와 『三國遺事』 등에서 산견되는 인명, 지명, 관직명 및 약간의 금석문에 한자로써 고유어를 적은 것이 있다. 또한 이러한 계통을 이어서 이두, 즉 경서 등 한문 서적의 훈독에 이용된 토(吐)라는 것이 있다. 그런데 한국어 전사에서 취한 한자 사용법은 극히 복잡해서 그 독법은 오늘날도 아직 충분히 알려지지 않았다. 따라서 그러한 한자 사용법을 중국 고음(古音)의 복원에 이용하는 데 이르지는 않았다. 그러나 『推古朝遺文』과 『記紀』,[2] 『萬葉集』과 마찬가지로 이들 고대 한국 유문(遺文)에도 상고음(上古音)의 흔적이 남아 있을 수 있으리라 본다. 가령 이두에서는 '-신지'를 '己只'로 적는데 '己'로 'ㄱ'를 나타내는 것은 옛 음의 흔적인 듯하다.[3] 이와 관련하여 '己'는 일본의 옛 가나(假名)에서는 'kö'를 표시하며 또한 일본어 'ö'와 한국어 'ㆍ'가 잘 대응하는 것도 흥미롭다. 접속어미 '-며'를 표시하는 '弥(彌)'는 이 한자의 중고음 이전 형태인 'mie(> mie̯)'를 전하고 있다. 또한 고려 시대의 한국어를 기술한 송나라 孫穆의 『鷄林類事』도 참고 자료가 된다.

그러나 중국 음운사에 공헌하는 것은 한국 한자음이다. 이것이 특히 중고음의 복원에 유력한 자료가 된다는 것은 누구나 알고 있는 바이다. 이 한자음은 물론 한국어의 음운 조직과 그 변천에 의

---

2. [역자주] 『記紀』는 『日本書紀』와 『古事記』를 통칭한 명칭이다.
3. 즉 상고음 'kǐəg'에서 중고음 'kǐi'로 변하는 과도 단계인 'kǐə'에 해당한다.

해 상당한 변개를 입은 것이어서 한국어 음운사 연구에 기대하는 부분이 많다. 한국 한자음사의 사료로는 우선 한글 창제 직후의 문헌을 들 수 있지만 이들은 세심한 주의를 갖고 다루지 않으면 안 된다. 한글 창제와 관련하여 『東國正韻』이라는 전례 없는 한국 한자음 운서가 편찬되었다. 이 운서는 일찍이 소실되었지만 한글 창제 직후에 나온 문헌의 한자음은 이것에 근거하고 있다고 생각되고 있다. 이러한 한자음과 『朝鮮王朝實錄』에 실린 서문을 통해 추측해 보건대, 『東國正韻』은 『韻會』에 기반하여 만든 것으로서 23자모, 91운으로 이루어져 있다. 그러나 이러한 구성은 결코 당시 전래되던 한국 한자음을 충실히 반영한 것은 아니고 중국 음운학을 인위적으로 적용했다는 흔적이 현저하다. 특히 23자모의 분류는 한국 한자음의 특징인 '순경음과 순중음, 설두음과 설상음, 치두음과 정치음의 구별이 없는 것'과 같은 점을 고려했을 뿐이고 그 밖의 자모 표기는 전적으로 운서를 적용하고 있다. 한국 한자음에는 없는 탁음(濁音)의 자모를 구별했다거나, 溪母의 글자들이 거의 전부 見母로 바뀌었는데도 불구하고 그 구별을 해 놓았다거나, 또는 전통적인 한자음에 없다고 생각되는 影母, 日母, 疑母를 기계적으로 표기했다거나 하고 있다. 운류(韻類)에서도 거의 비슷해서 效攝의 여러 운에 微母를 표시하는 기호 'ㅱ'을 덧붙여 模韻과 구별했다거나 그 밖의 인위적인 흔적이 상당히 보인다. 다만 운의 표기에는 여전히 문제되는 점이 많다.4)

그래서 전래 한자음을 알기 위해서는 시기를 좀 더 내려서 임진왜란 전후의 자료에 근거하지 않으면 안 된다. 가장 중요한 전거가

---

4. 예를 들어 '風'은 '봉', '國'은 '귁'으로 하는 등의 경우가 있다.

되는 것은 각종 경서 언해류인데 아쉽게도 임진왜란 이전의 것은 현존하지 않는다. 임란 직전의 자료로는 고판본 『千字文』과 『類合』 등이 있다. 그러나 이 문헌들의 한자음은 약간의 차이를 제외하면 현행 한자음과 큰 차이가 없다. 또한 조선 후기 운서로서 『華東正音通釋韻考』, 『三韻聲彙』, 『奎章全韻』이 있다.

한국 한자음의 문제로서 제일 으뜸은 그 모태가 어느 시대, 어느 곳의 중국음인가 하는 점을 들 수 있다. 종래에는 명확한 설이 없었는데 有坂秀世 씨가 『國語音韻史研究』에 수록된 「漢字の朝鮮音について」에서 송대(宋代)의 개봉음설(開封音說)을 제안한 바 있다. 이제 그것에 대한 비판을 시도함으로써 한국 한자음의 일면을 다루어 보고자 한다.

有坂秀世 씨는 한국 한자음의 여러 특징, 즉 ① 魚韻과 虞韻이 구별되는 점, ② 模韻이 'ㅗ'로 되어 있는 점, ③ 齊韻 및 祭韻과 止攝의 운들이 구별되는 점, ④ 灰韻과 止攝 合韻의 구별이 있는 점, ⑤ 歌韻과 戈韻이 'o, uo'로 되지 않고 'ㅏ'로 되어 있는 점, ⑥ 假攝 三等과 四等이 'ㅖ'로 되지 않고 'ㅑ'로 되어 있는 점, ⑦ 庚韻 二等 및 耕韻과 登韻이 구별되는 점, ⑧ 庚韻 三等 및 清韻, 青韻과 蒸韻의 구별이 있는 점, ⑨ 二等韻이 대부분 아직 요음화(拗音化)하지 않은 점, ⑩ 江韻 및 陽韻 開口의 설상음과 정치음(二等)이 합구화(合口化)하지 않은 점, ⑪ 입성운이 있는 점 등을 통해, 근대음의 특징 중 상당수가 아직 나타나지 않는다는 점으로부터 한국 한자음의 원음은 남송(南宋) 이후까지 내려가지는 않는다고 했다. 그러나 ①의 魚韻과 虞韻의 혼동은 이미 육조(六朝)의 북방음에 존재했다고 일컬어지며, ②의 模韻이 'ㅗ'로 되어 있는 것은 한국어의 'ㅗ'가 한편으로 'u'에서 발달했다고 생각되는 점이 있기 때문에 반

드시 논거라고 할 수는 없다.

有坂秀世 씨는 대체로 한국 한자음의 원음이 중고음의 양상을 전하고 있으며 일본 한음(漢音)의 원음과 매우 유사하고 또한 문화적으로도 한국 한자음의 차입 연대를 당대(唐代)에서 구하는 것이 무리는 아니지만, 그러나 다음 두 가지 점에서 한국 한자음의 기초를 당대(唐代)의 표준음으로 하면 모순을 초래한다고 말하고 있다.

> ① 明母, 泥母, 娘母, 疑母는 장안(長安)에서는 'mb, nd, n'd', ŋg'였었는데 한국에서는 'm, n, ŋ(>∅)'으로 되어 있다는 점
> ② 장안(長安)에서는 代韻(隊韻)과 泰韻의 구별이 없지만 한국 한자음에서는 代韻이 'ㅣ', 隊韻이 'ㅚ', 泰韻이 'ㅐ, ㅙ'로서 구별된다는 점

有坂秀世 씨도 인정하고 있듯이 이러한 두 가지 점은 오히려 좀 더 예전 상황을 전하고 있다고 말해야만 한다. 그렇기는 하지만 다음의 세 가지 근대적인 특징이 한국 한자음을 예전으로 소급하지 못하게 한다.

> ㄱ 止攝 (開口) 치두음이 '—ㅣ'가 아닌 '—·'로 표시된다는 점
> ㄴ 입성 '—t'가 'ㄹ'로 표시된다는 점
> ㄷ 魚韻 정치 二等이 '—ㅗ'로 되어 있어서 다른 글자처럼 '—ㅖ' 또는 '—ㅖ'로 되어 있지 않은 점

이것을 감안하여 有坂秀世 씨는 한국 한자음의 모태를 10세기 무렵의 개봉음(開封音)인 듯하다고 결론 지었다. 그것의 방증으로

고려 초기의 중국 문화 섭취라는 역사적 사실을 제시하고 있다.

이 학설은 한국 한자음에 대해 어떤 시기의 중국음이 그대로 전해져 내려온 것이라는 가정에 기반하고 있다. 그런데 한국 한자음은 일본 한자음과 달리 여러 시대의 중국음 영향을 받았다고 생각된다.[5] 가령 '有'는 동음자(同音字)인 '友, 右'가 '우'로 되어 있으므로 당연히 '우'로 되어야 하는데 '유'로 되어 있어서 분명 신구(新舊)의 두 층이 변별되고 있다. 더욱이 齊韻(祭韻)을 살펴보면 '米(미), 泥(니)' 등은 '-ㅣ', '齊(졔), 帝(뎨), 禮(례)' 등은 '-ㅖ', '憩(게), 殪(에)' 등은 '-ㅔ', '底(뎌), 妻(쳐), 西(셔), 麗(려)' 등은 'ㅕ'로 되어 있듯이 여러 가지 형태를 취하여 이 또한 다양한 시대의 음이 뒤섞여 있다.

이처럼 여러 시대의 음이 소위 층(層)들을 이루고 있어서, 有坂秀世 씨 학설의 근간을 이루는 세 가지 근대음적 특징도 요컨대 그 중 어느 한 층을 나타내는 데 불과하다. 특징 ㉠은 완전히 규칙적으로 보이지만 그렇다고 해서 고층을 전하는 한자음이 없는 것은 아니다. '厮, 澌'와 '偲, 緦' 등은 'ㅅ'로 되지 않고 '싀'로 되어 있어 원음 '-i'를 유지하고 있다. 특징 ㉡도 마찬가지로 '鉏, 詛'는 현행 한자음으로는 근대음 형태인 '주'를 전하고 있지만 『華東正音通釋韻考』에 기재된 속음에서는 '鉏'가 '서', '詛'는 '져'로서 원음 'ie' 또는 'e'를 간직하고 있다. 특징 ㉢의 경우, 羅常培의 「唐五代西北方音」을 이용한 有坂秀世 씨의 학설이 매혹적이기는 하지만 이 점은 여전히 범어(梵語) 역음(譯音)의 조사, 또는 한국 고어 역음(譯音)의

---

5. [역자주] 有坂秀世는 한국 한자음이 중국음의 어느 특정 시기 음을 전한 '단층적'인 것이라고 봄에 비해 河野六郎은 한국 한자음이 여러 시기의 음을 전한 '복층적'인 것이라고 보고 있다.

조사 등을 기다려야 비로소 명확해진다.

　이와 같이 한국 한자음은 여러 시대의 층을 포함한 것이며 이럴 경우 한국 한자음의 이용도 결코 단순하지 않게 된다. 그러나 가장 오래된 층은 역시 중국 문화가 한국에 뿌리를 내린 당대(唐代) 초기의 음을 가리킨다고 보는 것이 가장 온당할 것이다. 한국 한자음에서 아후음(牙喉音) 三等을 직음(直音)처럼 다루는 것은 일본의 오음(吳音)과 공통적이며 이것이 한음(漢音)이나 서장(西藏) 역음(譯音)에서 보이지 않는 것을 보아도, 결국 당(唐) 초기든지 육조(六朝) 말엽의 상황을 전한 것이라고 생각된다.[6]

　한글 창제와 관련하여 두 가지 대규모 사업이 이루어졌다. 그 중 하나는 전술한 한국 한자음 운서인 『東國正韻』의 편찬이고 다른 하나는 당시 중국음에 대한 연구이다. 후자는 『洪武正韻』의 번음(飜音)이라는 형태로 이루어졌는데 그 결과로 나온 『洪武正韻譯訓』(또는 『洪武正韻通攷』)이라는 책 역시 현재 전하지 않는다. 이 사업은 8년이라는 세월을 소비하고서야 겨우 완성되었다고 일컬어진다. 간혹 요동(遼東)에 유배 왔던 명나라의 한림학사 黃瓚에게 몇 번이나 왕래하여 질문을 하기도 하고 또한 사람들을 파견하여 북경에서 조사를 시키기도 했다고 한다. 여러 가지 증거로부터 이 책은 『洪武正韻』의 본문에 새로 만든 한글로 번음(飜音)을 넣고 당시 통용되던 속음을 주석으로 달았던 듯하다. 이 귀중한 저작은 유감스럽게도 산일되어 버렸지만 그 서문과 범례는 전하고 있다. 『洪武正韻譯訓』이 나온 후 여기서 번음(飜音)과 속음 주기(注

---

6. 그러나 이러한 소위 중뉴(重紐)의 문제는 좀 더 검토를 필요로 한다. 특히 그 하한선, 즉 중설적 개음(介音)이 어느 시기 무렵에 소멸했는지에 대해 연구해 볼 필요가 있다고 생각된다.

記)만 가려 뽑은『四聲通攷』가 나왔으며 더욱이 당시의 음에 맞도록『四聲通攷』에 개정을 가한『四聲通解』가 최세진의 손에 의해 편찬되었다.『四聲通攷』역시 현존하지 않지만『四聲通解』를 통해 원본『洪武正韻譯訓』의 일단(一端)을 추측할 수가 있다.

『洪武正韻譯訓』의 서문과 범례 및『四聲通解』에 따르면『洪武正韻譯訓』의 음사(音寫)도 그 원문인『洪武正韻』과 마찬가지로 인위적인 표준 한자음을 설정한 듯하여, 그 자체가 명나라 초기의 음 그대로에 대한 기술은 아니지만, 통용되던 속음의 기재를 게을리하지 않았다는 데 주목해야만 한다. 예를 들면 입성 운미인 '-k, -t, -p'는『洪武正韻』의 분운(分韻)을 쫓아서 보존했던 듯하지만 그 속음의 주기(注記)에서 입성자에는 影母인 'ㆆ'을 표시함으로써 당시 여전히 후두 폐쇄음 '[ʔ]'으로 발음되어 있었다는 상황마저 기술하고 있다. 또한 이 책의 속음을 전하고 있다고 생각되는 다라니의 한자음이 현존『月印釋譜』의 권21에 나오고 있으며『四聲通解』안에도 인용되어 있다.『四聲通解』의 사음(寫音)은『四聲通攷』의 역음(譯音)이 이미 시의적절하지 않고 복잡해서 고친 것이다. 가령 입성 운미의 표기를 폐지하고 설첨 모음을 표시하던 日母字 'ㅿ'을 쓰지 않았다. 이러한『四聲通解』의 역음(譯音)은 전술한 한국의 운서『華東正音通釋韻考』,『三韻聲彙』,『奎章全韻』에서 화음(華音)으로 채택되어 있다. 이 외에『老乞大』,『朴通事』등 중국어 학습서의 언해에는 각 글자에 대해 두 가지 사음(寫音)을 적고 있다. 오른쪽의 한자음은 시대에 부합하는 음을 한국식으로 적고 있고 왼쪽의 한자음은『洪武正韻譯訓』의 속음이다.

이러한 역음들은 문헌에 따라 표기되고 있기 때문에 필연적으로 한국어 음운 조직을 통해 약간 달라지는 것을 피할 수가 없다. 그러나 어느 정도 근대 중국음의 재구에 유용하다고 생각된다. 또한 한글 창제에 즈음하여 중국음 표기를 위해 특수한 문자까지 만들고 있는 것은 주목해야만 한다. 가령 순경음 'ㅸ, ㆄ, ㅹ, ㅱ'의 네 글자는 'ㅸ'을 제외하면 고유어 표기에 전혀 쓰이지 않는다. 더욱이 치두음과 정치음을 표시하는 문자는 고유어나 한국 한자음의 경우 'ㅈ, ㅊ, ㅉ, ㅅ, ㅆ'의 한 가지이지만, 중국음을 표기하기 위해서는 치두음과 정치음을 구별하려는 궁리가 더해져서, 치두음은 'ᅎ, ᅔ, ᅏ, ᄼ, ᄽ'과 같이 왼쪽 획을 늘이고 정치음은 'ᅐ, ᅕ, ᅑ, ᄾ, ᄿ'과 같이 오른쪽 획을 늘인 글자를 만들었다.[7]

아직 역음법(譯音法)에 대해서는 상세한 조사가 필요하지만, 그 중 현저한 예 하나를 들자면 소위 설첨 모음의 표기에 日母인 'ㅿ'을 사용하고 있는 점이다. 가령 '紙'을 '즹', '之'를 '즣', '子'를 '즣'으로 하는 것과 같다. 이러한 표기는 극도로 정밀한 기술이다. 게다가 '兒' 등의 역음(譯音)은 『四聲通攷』에서는 '슿'으로 되어 있음에 비해 『老乞大』와 『朴通事』의 역음에서는 '을'로서 현대의 음형을 표시하고 있다. 이러한 '슿'은 아마도 명나라 초기에 여전히 'z'의 상태에 있었음을 나타내는 것인 듯하다.

이러한 역음들의 커다란 결점은 四聲의 구별을 표시하지 않는다는 사실이다. 사성점(四聲點)의 표기는 한글 창제 직후에는 한국 한자음뿐만 아니라 고유어에서도 이루어졌으며 『老乞大』와 『朴通事』의 언해에도 모두 들어 있다. 그럼에도 불구하고 현존하는 『老

---

7. 치두음과 정치음의 발음법에 대해 『洪武正韻譯訓』의 범례(『四聲通解』에 수록)에서 "凡齒音, 齒頭則舉舌點齒, 故其聲淺. 整齒則卷舌點腭, 故其聲深."과 같은 기술이 있다. 또한 이 정치음과 관련하여, 오늘날 동일한 음이 된 '知'(설상음)와 '之'(정치음)를 여전히 속음에서 '知(지)'와 '之(즈)'로 구별하고 있다(『四聲通解』).

乞大』와『朴通事』 등에 쓰이지 않은 것은 유감이다. 그런데 역관들의 중국어 학습에 즈음해서는 구전(口傳)을 통해 四聲의 구별이 이루어졌으며 종종 성점(聲點)을 주필(朱筆)로 기입해 넣은 책이 있다. 그러한 방식은 대체로『四聲通解』에 실린 '飜譯老乞大朴通事凡例'[8]의 기술을 따르고 있다.

---

8. 규장각 도서인『老乞大諺解』의 권말에 수록되어 있다.

한글 고문헌의
성점에 대하여

7장

─ 한글 고문헌의 성점에 대하여

【해설】 이 논문은 원 제목이 '諺文古文獻の聲點に就いて'이며 1951년 5월『朝鮮學報』1호에 발표되었다. 중세국어 성조를 본격적으로 다룬 가장 이른 시기의 연구라고 해도 과언이 아니다. 기본적인 발상 중 일부는 1945년에 발표된 책의 일부에 이미 나오지만, 중세국어 문헌 자료를 자세히 검토하여 제대로 연구한 것은 이 논문에 와서의 일이다. 『月印釋譜』권1을 자료로 하여 체언을 음절수와 성조에 따라 분류했다. 기본적으로 체언의 성조는 단어에 따라 일정하게 유지된다고 했으며, 이러한 원칙에서 벗어나는 예외들에 대해서도 언급했다. 이 외에 부수적으로 평성과 거성이 축약되면 상성이 된다는 점, 대명사의 경우 성조에 따라 문법적 기능이 달라진다는 점, '去去去(高高高)'와 같은 성조 연쇄는 이화를 겪게 된다는 점, 성조 소멸이 특정한 성조형을 지향하는 경향으로 인해 음운론적 가치가 상실되었기 때문이라는 점 등 후대의 성조 연구에서 중요한 의의를 지니는 측면에 있어 흥미로운 견해가 다수 보인다.

1. 서론

한국의 나라글자(國字)인 한글은 조선 제4대 임금인 세종 28년 (서기 1446)에 공포되었다. 그리고 이 새로운 문자로 한국어는 자유롭게 표현되기에 이르렀고 많은 문헌이 한국어로 표기되었던 것이다. 현재도 한글 공포 직후의 문헌들이 원간본 또는 중간본의 형태로 약간 전하고 있는데, 이들 한국 고문헌에서 주목되는 바는 그 필체가 매우 단정하고 아름다워서 후대의 그것과 비교도 안 된다는 점이다. 이것은 세종을 중심으로 한 신진기예의 인사들 사이에 왕성한 국민 의식이 존재했음을 간접적으로 말해 주며, 이 새로운 문자를 떳떳한 나라글자로 배양하고자 했던 기개를 유감 없이 보인 것이다. 또한 한글 고문헌에 나타나는 한국어 표기법은 상당히 표음적(phonetic)이어서, 이것을 현대의 새로운 철자법과 비교할 경우 한글 표기법이 점차 문법적으로, 바꿔 말하면 표의적 (logographic)으로 바뀌어 왔다는 것은 문자론적으로 보아 매우 흥미로운 측면이 있다. 아무튼 이렇게 현저한 표음적 성격의 한글 고문헌에는 또 다른 특징이 하나 있다. 예컨대 『月印釋譜』 권13의 한 부분을 여기에 인용하면 다음과 같다.

> "쏘一·힗切·쳉衆·즁生싱·이기·픈무ㅅ·ᄆ로行ᅘᅵᆼ·ᅘᆞ논:이·ᄅᆞᆯ아·라ᄉᆞᄆ차
> 마·ᄀᆞᆫ디·업스·며·쏘諸졍法·법·에:다ᄫᅵᆯ·겨衆·즁生싱·들·히게一·힗切·쳉知
> ·딩慧·ᅘᆒ·ᄅᆞᆯ:뵈·ᄂᆞ니·라"

이 인용문에서도 알 수 있듯이 좌측의 가점(加點)은 단순히 한국어의 각 음절에 붙어 있을 뿐만 아니라 각 한자의 한자음—가령

'一'의 '잃', '衆'의 '즁'과 같은 경우—에도 붙어 있다. 이러한 가점(加點)이 도대체 어떤 것인지를 밝히려는 것이 본고의 목적이다.

이런 점들이 어떤 발음과 관련을 맺고 있다는 점은 쉽게 추론할 수 있는 바이지만, 그것이 어떠한 음운론적 의의를 지니며, 그 종류는 몇 가지인지, 또한 그 종류별로 어떤 성격을 가지는지, 더욱이 그것이 어떤 음운론적 가치를 지니고 있을 경우 형태론적으로는 어떻게 이용되고 있는지 등등의 의문을 해결하지 않으면 안 된다. 이것은 주로 한국어, 그것도 특히 저자가 중기 한국어라고 명명한 시기의 언어에 관한 것이며, 이러한 의문의 해결이 본고의 주요 과제이다.

다음으로 앞서 다룬 것처럼 이 가점(加點)은 한국 한자음에도 관계하고 있다. 즉 한자음의 가점은 어떤 것이었는지, 또한 고유어의 경우와 같은 방식으로 이해해야 하는지 등의 의문을 해결하는 것이 두 번째 과제이다.

세 번째 과제로는 중국어 음의 경우가 있다. 이 중국어 음은 앞서 언급한 한글 고문헌과는 직접적인 관계가 없지만 그 가점(加點)이 어떤 의미에서는 한국어 가점과 관계가 있는 것으로 추측된다. 원래 한국에서는 중국과의 교섭의 필요상, 직접적으로는 역관의 양성을 위해 중국어 학습을 끊이지 않고 해 왔다. 그런데 한글의 발명에 의해 그러한 학습은 현저히 개선되었다고 생각된다. 현재 예전부터 사용되어 왔던 중국어 학습어 『老乞大』나 『朴通事』에 한글로 음주(音注)를 하고 한국어 번역문을 붙인 언해본이 나오고 있다. 이러한 학습서 중 본문의 각 글자에 주필(朱筆)로 가점(加點)을 한 책이 전하고 있다. 불행히도 이 가점은 연대가 분명하지 않지만, 그 가점은 어떤 원칙을 따르고 있으며 그 원칙에 대한 기록도 따로 존재해서 대략 그 대요(大要)를 알 수가 있다. 물론 이러한 가점은 한국인이 중국어를 학습하는 데 있어 편의를 위한 것이기는 하지만, 이를 통해 근세 중국어 음의 한 단면을 접하는 것이 가능하며 근세 중국어사에 기여하는 한국측 자료의 일부를 제공하는 것이라고 말할 수 있을 듯하다.

이상의 세 가지 과제는 서로 관련이 있으며 또한 각각이 많은 문제를 포함하고 있다고 생각되므로 이 모든 것을 한꺼번에 해결한다는 것은 바랄 수가 없다. 본고에서는 이 중 주로 한국어와 관련된 문제를 다루기로 한다. 여기서 파생되는 문제들에 대해서는 훗날을 기다리고자 한다.

2. 성조의 존재와 종류

결론을 먼저 서술하자면 한글 고문헌에서 보이는 점(點)은 성점(聲點)이다. 성점이란 성조를 표시하는 점이다. 이런 사실은 『訓民正音』의 본문에 분명히 나타나고 있다. 즉 『訓民正音』에서 초성(종성) 및 중성의 각 글자들을 서술한 후 다음과 같이 설명하고 있다.

"左加一點則去聲, 二則上聲, 無則平聲, 入聲加點同而促急."

여기에 따르면 '無點'도 하나의 성조로 생각하고 있었으며, 따라서 한글 고문헌의 모든 음절은 平聲(無點), 去聲(一點), 上聲(二點)의 세 가지 성조 중 어딘가에 속했던 셈이 된다. '入聲加點同而促急'에 대해서는 뒤에서 언급한다.

말할 것도 없이 평성, 상성, 거성 등의 명칭은 중국어의 四聲, 즉 성조를 나타내는 술어이다. 이러한 술어를 사용한 이상, 이 점(點)들이 성점이라는 점은 명확한 듯하다. 그러나 『訓民正音』의 이런 간단한 기술만으로는 四聲의 표기를 표시하는 데 세 가지 종류를 구별한다고 하는 것밖에 없고, 평성·상성·거성·입성의 四聲이 도대체 한국어 음의 四聲인지, 한국 한자음의 四聲인지, 또는 중국어 음의 四聲인지 명백하지 않다.

다만 이러한 기술이 중국어 음의 四聲에 대한 것이라고 보는 것은 『訓民正音』의 성격상 무리이다. 왜냐하면 『訓民正音』의 목적은 한국어 음을 표시하는 데 있고, 중국어 음의 표기와 같은 것은 이차적이었기 때문이다. 그런데 이와 관련하여 약간 오해를 초래할까 걱정되는 점이 있다. 원래 『訓民正音』에는 한문으로 적힌 책 및 한글 주석과 번역을 갖춘 책이 있는데, 후자는 소위 언해의 체재를 지닌 것이라서 오히려 '訓民正音諺解'라고 불러야 한다. 이러한 두 종류 책의 차이는, 언해본의 경우 그 뒷부분에 다음과 같은 기사가 존재하지만 한문본[1]에는 그것이 없다는 데 있다.

"漢音齒聲有齒頭正齒之別, ㅈㅊㅉㅅㅆ字用於齒頭, ㅈㅊㅉㅅㅆ字用
於正齒, 牙舌脣喉之字通於漢音."

故 小倉進平 박사는 이 기사를 포함하는 책이 완전한 것이라고 생각하고 『世宗實錄』28년 가을 조항에 인용되어 있는 '訓民正音'은 "이러한 漢音의 齒頭, 正齒에 관한 규칙은 한국어 음과는 별로

---

1. 한문본은 전형필(全鎣弼) 씨 소장본과 『朝鮮王朝實錄』 수록본이다.

깊은 관계를 지니지 않기 때문에 고의로 이것을 생략한 듯하다."라고 말하고 있다. 그러나 이 기사는 현존하는 『訓民正音』 중에서도 가장 원형에 가깝다고 판단되는 전형필 씨 소장본[가]에는 없으며, 한음(漢音) 즉 중국음의 치두음과 정치음 구별은 한국어 음과는 아무런 관계가 없는 사항이다.

이와 관련하여 치두음은 36자모 중 精母(ts), 淸母(tsʰ), 從母(dz), 心母(s), 邪母(z)를 말하고, 정치음은 照母, 穿母, 牀母, 審母, 禪母의 다섯으로 개괄적으로 말하면 'ch, chʰ, j, sh, zh'와 같은 음을 지시한다. 이 둘의 차이는 중국어에서는 명확하게 구별해야만 한다. 그에 반해 한국어에서는 이러한 음운론적 대립을 허용할 수 없으며, 앞서와 같이 치두음과 정치음의 차이를 표시하는 한글은 특별히 중국어 음을 적기 위해 만들었기 때문에 그 용도는 자체로도 다른 것이다. 이렇게 생각하면 위의 기록이 『訓民正音』의 취지에 전혀 부합하지 않는다는 점은 명확하다. 사실, 이 기록은 원래 『洪武正韻譯訓』의 범례 중 한 항목에 기반하고 있으며 『訓民正音』의 언해를 지었던 시기에 그 안에 넣었던 것이다. 『洪武正韻譯訓』[3]은 『洪武正韻通攷』라고도 부르며 오늘날 산일되어 버렸지

---

2. 서울의 전형필 씨가 소장한 고본 『訓民正音』은 최현배 씨의 『한글갈-正音學-』(1942년 서울 간행)에 그 전문이 소개되어 있다. 저자 역시 『東洋學報』 제31권 2호(1947년 10월)에 「新發見の訓民正音に就いて」라는 제목으로 그 내용의 일부에 대한 해설을 기도한 바 있다. 뒤에 알게 된 것이지만, 이미 1943년에 이상백(李相佰) 씨의 소개가 『東洋思想硏究』(早稻田大學東洋思想硏究室年報) 제4호에 기고(제목은 「朝鮮に於ける'諺文'の起源について」)되어 있었다. 다만 이 논문은 작년(1950년)에 간신히 출판되었다. 또한 天理大學 조교수인 齋藤辰雄 씨에 의해 『天理大學學報』 제1권 2・3호(1949년 10월)의 「訓民正音の構成と變遷-正音字母から한글字母に至る變遷について」라는 논문에서도 소개 및 해설이 이루어졌다. 이러한 세 논문은 모두 독립적으로, 또한 각각 다른 각도에서 『訓民正音』을 다루고 있다.

만, 세종 시대에 한글 창제에 수반하여 당시 중국음을 정확히 적고
자 『洪武正韻』을 바탕으로 하여 한글로 음주(音注)를 덧붙인 책인
듯하며, 그 편찬에 13년이라는 긴 시간을 쏟았다고 일컬어진다. 다
행히도 그 범례가 '四聲通攷凡例'라는 제목으로 최세진의 『四聲通
解』 안에 수록되어 있으며, 그 중 한 항목에 다음과 같은 내용이
있다.

> "凡齒音, 齒頭則擧舌點齒, 故其聲淺. 整齒則卷舌點膕, 故其聲深.
> 我國齒聲ㅅㅈㅊ在齒頭整齒之間, 於訓民正音無齒頭整齒之別. 今
> 以齒頭爲ᄼᄌᄎ, 以整齒爲ᄾᅎᅔ, 以別之."

'整齒'는 곧 '正齒'이다. 마음을 비우고 이 항목을 읽는 사람은 정
치음과 치두음을 구별하는 기록이 『訓民正音』의 원본에 없었다
는 점을 쉽게 깨달을 것이다. 특히 "於訓民正音無齒頭整齒之別"이
라는 문구는 그러한 가설을 완벽하게 뒷받침하며, 게다가 "今以齒
頭爲ᄼᄌᄎ, 以整齒爲ᄾᅎᅔ, 以別之"를 통해 이런 구별이 『洪武正
韻譯訓』에서 비롯되어 받아들여진 것이라는 점을 명확히 할 수 있
다. 이리하여 중국음(漢音)에 대한 기사는 『訓民正音』에도 원래 없
었다는 점이 분명해지며, 따라서 『訓民正音』은 중국음의 전사와는
아무런 관계가 없고 오로지 한국어와 관계된다는 점 역시 알게 되
는 것이다.

따라서 당면한 문제인 성점 역시 중국어의 성조와는 일단 무관
하고, 전적으로 한국어의 성조와 관련된다. 그런데 현재의 한국어,

---

3. 『洪武正韻譯訓』에 대해서는 졸고인 「東國正韻及び洪武正韻譯訓に就いて」(『東
洋學報』27권 4호, 1940년 8월)를 참조하기 바란다.

특히 서울 방언에서는 보통 중국어의 성조와 같은 것은 적어도 음운론적으로 인정할 수 없다고 말하고 있다. 그러나 현대어에 그 구별이 없기 때문이라고 해서 그 과거에도 존재하지 않았다고 말할 수는 없다. 그러므로 당시 다른 문헌을 찾아서 그 상황을 고찰할 필요가 있다.

우선 한글 공포 후에 편찬된 한국 한자음 운서 『東國正韻』의 서문에 다음 내용이 있다.

"語音則四聲甚明, 字音則上去無別."

여기에 의하면 한국어의 성조가 명백했다는 점을 알 수 있다. 또한 이 점과 관련해서도 전형필 씨의 『訓民正音』은 중요한 지식을 제공해 준다. 즉 종래 알려지지 않았던 『訓民正音』의 해례(解例)가 이 책의 출현을 통해 비로소 구체적으로 밝혀진 것이다. 그 합자해에서 성조와 관련하여 다음과 같이 기록하고 있다.

"諺語平上去入. 如활爲弓而其聲平. :돌爲石而其聲上. ·갈爲刀而其去. 붇爲筆而其聲入之類. 凡字之左. 加一點爲去聲. 二點爲上聲. 無點爲平聲."

이를 통해 확실히 한국어에 최소한 세 성조(三聲)의 구별이 있었음을 알 수 있다.

이제 앞에서 『訓民正音』의 본문에 "入聲加點同而促急"이라는 문구가 있는 것에 대해 서술하기로 한다. 이것만 가지고는 입성의 가점(加點)이 어떤 성조와 같은지 알 수가 없다. 이 점과 관련하여 합자해에는 다음과 같은 명확한 설명을 더하고 있다.

"而文之入聲. 與去聲相似. 諺之入聲無定. 或似平聲. 如녑爲柱. 긷
爲脅. 或似上聲. 如:낟爲穀. :깁爲繒. 或似去聲. 如·몯爲釘. ·입爲口
之類. 其加點則與平上去同."

이 설명에 의하면 '文', 즉 한자음에서는 입성이 거성과 비슷하
지만 '諺', 즉 고유어의 입성은 일정하지 않아서 때로는 평성, 때로
는 상성, 때로는 거성과 비슷하다고 하는 점이 분명해진다. 한자음
에서 거성과 입성이 비슷하다는 점은, 앞서 제시했던 『月印釋譜』의
한 예에서도 '一'의 한자음 '힗'에 점이 하나 덧붙어 있듯이, 한글
고문헌을 통해 입성자의 한자음은 모두 성점이 하나라는 데서 알
수 있다. 이런 사실은 한자음의 입성자가 거성자와 동일한 성조에
속했거나 또는 속해야만 한다고 생각하고 있었음을 보여 준다.

고유어의 입성, 즉 'ㄱ, ㄷ, ㅂ' 등의 자음으로 끝나는 음절에는 일
정한 성조가 대응하지 않는다는 점은 당시 한국어의 성조에 평성,
상성, 거성이라는 세 부류의 구별만 존재했음을 말해 준다. 또한
앞서 제시한 『月印釋譜』의 예를 통해서도 알 수 있듯이 고문헌에
서는 각 음절이 無點(즉 평성), 一點(즉 거성), 또는 二點(즉 상성)의
세 가지 종류 이외의 구별은 지니지 않는다.

이상을 종합하면 한글 고문헌에 나타나는 점(點)은 중기 한국어
와 한국 한자음이 지니고 있던 성조를 지시하는 성점이며, 그러한
성조에는 평성, 상성, 거성의 세 가지 구별이 존재했다는 사실을 알
수 있는 바이다.

3. 성조의 성질

앞의 논의를 통해 중기 한국어에서 평성, 상성, 거성의 세 성조가
존재했었다는 점은 명확한데, 그렇다면 그 성조가 도대체 어떠한
성질을 지닌 것일까? 이것이 다음으로 해결해야 할 문제이다. 원래
성조란 소위 'pitch accent' 또는 'musical accent'이며 음의 높낮이
에 따른 구별이다. 그럼 중기 한국어의 평성, 상성, 거성은 어떤 모
습으로 음의 높낮이를 이용해 구분되었을까? 이 점과 관련해서 합
자해의 설명이 약간 흥미롭다.

"平聲安而和. 春也. 萬物舒泰. 上聲和而擧. 夏也. 萬物漸盛. 去聲
擧而壯. 秋也. 萬物成熟. 入聲促而塞. 冬也. 萬物閉藏."

이러한 비유적 표현으로는 물론 성조의 실체를 파악하기에 충분
치 않다. 다만 상성이 '和而擧'라는 데서 이 성조가 일부를 올리는
성질의 것임을 살필 수 있지만, 거성이 '擧而壯'이라고 한 것은 상성
과 어디가 다른지 이 문구로는 명료하지 않다. 입성이 '促而塞'라고
한 것은 『訓民正音』 본문의 '促急'이라는 표현에 대응하며, 이것은
성조의 구별이라고 말하기보다는 오히려 'implosive'적인 성격을 표
현한 것인 듯하다. 현대의 한국어에서도 음절말의 'k, t, p'는 분명
한 'implosive'이다.[4]

---

4. [역자주] 'implosive'는 원래 내파음(內破音)을 뜻하며 파열이 되지 않는 미
   파음(未破音)과는 다르다. 한국어의 장애음이 음절말에 놓이면 내파음이 아
   닌 미파음으로 실현된다. 그러므로 'implosive'는 정확한 표현은 아니다. 내국
   인에 의한 국어 음운론 연구에서도 같은 맥락에서 내파음이라는 용어를 사용
   하던 때가 있었다.

이러한 성조와 관련하여 그 성질을 가장 명료하게 전하고 있는 것은 『訓民正音』 언해본의 주석이다. 앞에 제시한 四聲 가점(加點)의 본문에 다음과 같은 주가 추가되어 있다.

"平뼝聲·셩·은·뭇놋가·본소·리·라" (평성은 바로 낮은 소리다)5)

"去·컹聲·셩·은·뭇노·폰소·리·라" (거성은 바로 높은 소리다)

"上:썅聲·셩·은·처서·미놋:갑고乃:냉終즁·이노·폰소·리·라" (상성은 처
음이 낮고 나중이 높은 소리다)

이러한 주석문에 의하면 평성은 낮은 음, 거성은 높은 음, 더욱이 상성은 처음에 낮고 나중에 높은 음임을 알 수 있다. 이 기록의 지식을 통해 합자해의 표현을 다시 살피면, 평성을 '安而和'라든지 '萬物舒泰'라고 한 것은 이 성조가 낮고 평평하게 이어지는 것임을 서술한 것이라고 생각한다. 거성을 '擧而壯'이라든지 '萬物成熟'이라고 한 것은 이 성조가 높고 명료한 느낌을 가지고 있음을 서술한 것이라고 본다. 상성의 '和而擧'는 '和'가 평성의 한 성질이고 '擧'는 문자 그대로 들어올리는 것이면서 게다가 거성의 한 성질이라는 점을 볼 때, 이 성조가 낮게 시작해서 높게 끝나는 굴곡을 가진 것임을 말하고 있다. 또한 이렇게 볼 경우 '萬物漸盛'의 여름(夏)으로 상징한 것도 이치가 없지 않다. 더욱이 이런 고저의 굴곡이 있는 성조가 상성이라고 불리는 것도 현대 북경어의 상성을 아는 사람에게는 매우 적절하다고 느껴질 것이다.

이리하여 평성, 상성, 거성의 세 성조는, 평성이 저조(低調), 거성

---

5. '뭇'은 강세를 표시하는 접두사이며, 적당한 번역어가 없어서 '바로(正에)'로 번역했다.

이 고조(高調), 상성은 저고조(低高調)였다는 것을 알 수 있다. 그런데 한 걸음 더 나아가면 중기 한국어에서는 고저의 두 가지 층위 (level)가 구별되고, 상성은 그 두 층위에 걸치는 상승조(上昇調)라고 볼 수 있다.

평성, 상성, 거성이라는 명칭은 물론 중국어 四聲의 명칭이다. 한국어의 성조에 이 명칭을 부여한 것은 중국어에서 본보기를 취한 듯하다.[6] 그러나 한국어의 四聲과 중국어의 四聲이 반드시 일치하지는 않는다는 점은 쉽게 생각할 수 있으며, 또한 실제로 두 언어의 四聲 비교를 시도한 저술이 있다. 그것은 최세진(崔世珍)이 지은 『四聲通解』에 수록되어 있는 '飜譯老乞大朴通事凡例'이다.[7] 이 범례가 최세진의 손에 의해 완성되었다는 점은 분명 틀림이 없다. 그러한 직접적인 증거는 없지만 (1) 최세진의 『四聲通解』에 수록되어 있고, 『四聲通解』의 범례에서 "鄕漢字音則例今不盡贅消, 得並考洪武韻凡例及二書輯覽飜譯凡例, 然後庶得分曉其訣法也."라고 한 '二書輯覽飜譯凡例'는 『老朴集覽』과 '飜譯老乞大朴通事凡例'라는 점, (2) 최세진이 『老乞大』와 『朴通事』의 언해서 및 두 책의 어구 해설

---

6. 평성, 상성, 거성이라는 명칭을 한국어의 저조, 저고조, 고조에 할당한 까닭이 반드시 명확한 것은 아니다. 그것은, 이 한국어의 四聲 명칭이 분명히 중국어 四聲과의 유사성에 의해 부여된 것임에 틀림없는데도 불구하고 뒤에서 서술할 중국어와 한국어의 비교에 있어 한국어의 평성이 중국어의 상성에 가깝다고 하고 역으로 한국어의 상성은 중국어의 陽平과 비슷하다고 하고 있기 때문이다. 다만 한국어의 거성만은 중국어의 거성과 동일하다고 한 점에서 이러한 명명의 근거를 발견할 수 있을 듯하다. 그러나 두 언어의 비교에서는 중국어의 陰平이 또한 한국어의 거성과 유사하다고 한다. 이러한 비교는 대략 16세기 초에 이루어진 것이라고 생각된다. 그렇다면 한국어 四聲의 명칭이 15세기 중엽에 정해진 이상, 이 반 세기 동안에 중국어의 성조가 변화했던 것일까? 이 문제는 해결되지 않은 채 남아 있을 수밖에 없다.

7. 본고에서는 京城帝國大學에서 간행한 奎章閣叢書 제9호 『老乞大諺解』의 권말에 게재되어 있는 「범례」에 의거했다.

서인『老朴集覽』을 지었다는 점,[8] (3) 범례의 기사 내용과 문체가
최세진으로 해서야 비로소 가능하다는 점 등을 통해 대체로 이 범
례는 최세진에 귀착된다고 확신한다.

이 범례에서 四聲의 비교에 대한 부분을 가져와 보기로 한다. 우
선 '國音' 조항에 다음과 같이 되어 있다.

"凡本國國音有平有仄. 平音哀而安. 仄音有二焉. 有厲而擧如齒字
之呼者, 有直而高如位字之呼者. 哀而安者爲平聲. 厲而擧者.[9] 直
而高者爲去聲, 爲入聲. 故國俗言語平聲無點, 上聲二點, 去國[10]
入聲一點. 今之反譯漢字下在左[11]諺音, 竝依國語高低, 而加點焉.
但通攷內漢音字旁之點, 雖與此同, 而其聲之高低, 則鄕漢有不同
焉."

이 문장은 한국어 四聲에 대한 관찰이며, 여기서도 합자해와 마
찬가지로 '哀'라든가 '安'과 같은 인상적 기술이 이루어지고 있다.
평성이 '哀而安', 상성이 '厲而擧', 거성이 '直而高'라고 한 표현은 합
자해보다는 약간 더 적절한 표현이다. 상성이 '如齒字之呼'라고 하
고 그 거성이 '如位字之呼'라고 한 것의 '齒'와 '位'는 중국음인 듯하
다. '今之反譯漢字下在左諺音'이란『老乞大諺解』와『朴通事諺解』에
서 보이는 한자 아래 좌우[12]의 역음(譯音)을 말하는 것으로, 여기
에 따르면『老乞大諺解』와『朴通事諺解』의 원본에는 가점(加點)이

---

8. 小倉進平 박사의『增訂朝鮮語學史』564쪽 및 555쪽 참조.
9. '厲而擧者' 뒤에 '爲上聲'이라는 문구가 빠져 있다. 보충해서 읽어야만 한다.
10. '國'은 '聲'의 잘못인지 모르겠다.
11. '在左'는 '左右'의 잘못이다.
12. 본문의 '在左'는 '左右'의 잘못이다.

되어 있었던 듯하다. 게다가 그 가점이 國語의 高低에 의한다고 말하고 있는 것 역시 이 가점이 고저를 표시하는 것임을 분명하게 한다. '通攷內漢音字旁之點'이라고 일컬은 것은 한자 아래의 좌측 역음(譯音)이며, 이것은 뒤에서의 서술을 통해 명확해지겠지만 '通攷' 즉 『四聲通攷』에 의거하고 있으며, 『四聲通攷』의 음은 다시 『洪武正韻譯訓』에서 규정된 번역음(譯音)이다. 그러한 가점(加點)의 의미가 '鄕漢有不同焉'이라고 한 것은, '鄕', 즉 우측의 역음(譯音)이 國語의 四聲을 따름에 반해 '通攷'의 역음은 '漢', 즉 중국음을 따르고 있다는 의미이다.

다음으로 '漢音'이라는 조항이 있는데 여기에는 다음 내용이 나온다.

"平聲全淸次淸之音, 輕呼而稍擧, 如國音去聲之呼. 全濁及不淸不濁之音, 先低而中按, 後厲而且緩, 如國音上聲之呼. 上聲之音低而安, 如國音平聲之呼. 去聲之音直而高與同[13]國音去聲之呼."

이 내용에 이어서 입성에 대한 기록이 나오는데, 이것은 논의하고 있는 주제와 약간 관계가 희박하므로 생략한다. 위의 기사는 중국어와 한국어의 四聲에 대한 비교이다. 거성의 음이 중국어와 한국어 모두 '直而高'이며 서로 비슷하다고 한 것은 오늘날 북경어의 거성이 다소 강하조(降下調)를 보이는 것과는 성격을 달리하는 모습이다. 당시의 중국어 거성이 直高型이었거나, 또는 당시에도 현재와 동일했지만 한국인의 귀에는 자신들이 지닌 直高型 성조와

---

13. '與同'은 '同與'이다.

동일시되었거나 둘 중의 하나인 듯하다.

평성에 두 가지 종류, 즉 陰平과 陽平이 있다는 것은 근세 중국어의 특징이며, 전청과 차청의 평성이 음평에 해당하고 전탁과 불청불탁의 평성이 양평에 상당한다는 점은 주지의 사실이다. 음평이 '輕呼而稍擧'라고 한 것은 약간 애매하기는 하지만 아무튼 다소 높은 층위(level)의 성조를 의미하는 듯하며, 이런 점은 음평이 국어의 거성(즉 고조)과 비슷하다고 한 보충 설명을 통해서도 엿볼 수 있다. 이런 상황은 오늘날 북경음의 음평과도 큰 차이가 없다. 양평의 설명은 '先低而中按, 後厲而且緩'이라고 하여 매우 상세하게 이루어지고 있다. 이것을 현대 북경음과 비교하면 대체로 동일한 듯 보인다. 다만 이런 설명은 현대의 상성에 좀 더 잘 부합하는 듯 생각되기도 한다. 양평의 성조가 '國音의 上聲과 비슷하다(如國音上聲)'고 한 것은 한국어의 상성이 저고조였다고 생각하면 수긍할 수 있다.

이에 반해 중국음의 상성이 '低而安'이라고 말한 것은, 저고조(低高調)의 특이한 굴곡을 지닌 현대 북경음의 상성과는 약간 성격이 다른 것 같다. 그러나 현대 중국어에 있어서도 상성의 본질은 그 굴곡보다 오히려 저조에 있다고 생각할 수도 있으므로 그 당시의 상성이 현대와 달랐다고 할 필요는 없다. 아무튼 한국어의 평성이 도리어 중국어의 상성에 가깝다고 하는 점은 한국어의 평성이 저조였다는 사실과 대체로 부합한다.

이상의 고찰을 요약하여 두 언어의 성조를 표로 비교하여 제시하면 다음과 같다.

중국어	한국어	
陰 平	去 聲	高
陽 平	上 聲	低高
上 聲	平 聲	低
去 聲	去 聲	高

그리고 이 기록은 전술한 한국어 세 성조의 성질과 대략 일치하며, 중기 한국어 성조의 성질을 밝히는 데 있어 측면적(側面的)인 기여를 하고 있다.

또한 이 범례에는 '旁點(漢字下諺音之點)'이라는 조항이 있는데, 여기서도 비슷한 기록이 보인다. 참고를 위해 필요한 부분을 제시하면 다음과 같다.

"在左字旁之點, 則字用通攷所制之字. 故點亦從通攷所點. 而去聲入聲一點, 上聲二點, 平聲無點. 在右字旁之點, 則從國俗編撰之法而作字. 故點亦從國語平仄之呼而加之. 漢音去聲之呼, 與國音去聲相同, 故鄕漢皆一點. 漢音平聲全淸次淸, 通攷則無點, 而其呼與國音去聲相似. 故反譯則亦一點, 漢人之呼亦相近似焉. 漢音上聲, 通攷則二點, 而其呼勢同國音平聲之呼. 故反譯則亦無點. 漢人呼平聲, 或有同上聲字音者焉. 漢音平聲全濁及不淸不濁之音, 通攷則無點. 而其聲勢同國音上聲之呼. 故反譯則亦二點. (하략)"

이 기록은 가점(加點)의 방법에 대해 서술한 것으로서, 그 내용은 앞의 두 조항과 대체로 동일하다. 『老乞大諺解』와 『朴通事諺解』에서는 각 한자에 일일이 음주(音注)를 달아 놓았으며, 게다가 두 가지의 역음(譯音)이 붙어 있다. 좌측의 것이 여기에 명기되어 있듯이 『四聲通攷』의 음이며, 가점의 방법은 일률적으로 평성은 無點, 상성은 二點, 거성과 입성은 一點이었다.[14]

그에 반해 우측의 주음(主音)은 '國俗編撰之法'에 의한 것으로, 그 표기가 『四聲通攷』처럼 엄밀하지 않고 좀 더 한국어식의 역음(譯音)이다. 따라서 그 가점 역시 한국어 四聲의 가점법(加點法)을 따르고 있다. 그 실제 상황에 대해서는 구체적인 예증이 있어서 흥미롭지만, 본고에서는 지면 관계상 다루지 않고 다음 기회에 다시 논의하고자 한다.

이상으로 동일한 시대의 기술과 중국어와의 비교를 통해 한국어 성조의 성질을 대략 밝힐 수 있었다. 그런데 한국어의 상성이 저고(低高)의 상승조였다는 사실은 다른 방면으로부터도 논증이 가능하다. 즉 어떤 이유로 인해 평성의 음절과 거성의 음절이 축약(contact)되어 한 음절을 이루는 경우, '平(低)+去(高)'가 '上(低高)'으로 되는 예가 약간 존재하는 것이다.

① '그(其)'는 無點, 즉 평성이지만 여기에 거성인 주격조사 '-·이'가 결합하면 ':긔'가 되어 그 성조는 상성을 가리키고 있다. 현대어에서는 주격조사가 모음으로 끝나는 체언 뒤에 붙을 때 '-가'를 사용하지만, 중기어에서는 이 '-가'가 아직 발생하지 않았으며 모음으로 끝나는 체언에도 '-이'가 결합했다.

② '부텨(佛)'는 平平형의 성조를 지닌 단어였다. 여기에 주격조사 '-·이'가 결합하면 '부:톄'가 되며, 또한 지정사 '-·이·라'가 붙어도 '부:톄·라'가 된다.

---

14. 졸고인 「東國正韻及び洪武正韻譯訓に就いて」의 129쪽 참조.

③ '그디'라는 2인칭 대명사도 마찬가지로 平平형의 단어이지만, 주격조사가 결합하면 '그:디'가 된다.

④ '몬져'는 '先'을 의미하는 平平형의 부사로 여기에 지정사 '-i(r)-'가 붙으면 가령 '몬:제·오'(『月印釋譜』序-15)와 같이 平上으로 변한다.

⑤ 현대어에서도 사용되는 부사 '다(皆, 悉)'는 상성으로 나타난다. 이 단어는 원래 '다올(盡)'[15]이라는 동사의 부사형 '다아'에서 생겨난 것으로 그 어근 '다'는 평성이었다. 그리고 동사의 부사형을 나타내는 제3-어기 접사 '아' 또는 '어'는 원칙상 거성으로 표시되었다. 따라서 '다아'는 '다·아'(『月印釋譜』1-21b)이다. 이것이 합쳐져서 ':다'가 되었다.

⑥ 'ᄂᆞᆺ가ᄫᆞᆯ(低)'이라는 형용사가 있다. 이것의 관형사형은 'ᄂᆞᆺ가·ᄫᆞᆫ'(『訓民正音』14a)이며 平平去를 보이고 있다. 이 형용사에 부동사형 (converbum) '-·고'가 이어질 경우에는 'ᄂᆞᆺ:갑·고'(『訓民正音』13b)로서 상성으로 축약된다. 즉 '가·ᄫᆞᆯ(平去)'가 ':갑(上)'으로 실현되는 것이다.

⑦ '더ᄫᅳᆯ(熱)'도 마찬가지이다. 관형사형 '더·ᄫᅳᆫ(平去)'에 대해 종결형은 ':덥·다(上去)'이다. 예는 『月印釋譜』권1 18장 앞면에서 보인다.

⑧ 마찬가지 상황이 동사 '숣ᄫᅳᆯ(白)'에서 발견된다. '숣·ᄫᅵ·니'(『月印釋譜』1-15b)에 대해 ':숣·고'(『月印釋譜』1-15b)가 존재한다. 다만 ':숣ᄫᅵ샤·ᄃᆡ'와 같이 경어법 조동사 '-시-'가 결합하면 '숣ᄫᅵ'는 平去로 되지 않고 上去로 바뀐다. 이러한 변칙은 설명을 필요로 하는데 후일

---

15. [역자주] 저자는 어간에 '-(으)ㄹ'이 결합한 활용형을 용언 어간의 기본적인 형태로 하고 있다.

의 연구를 기다린다.

⑨ '도·ᄫᆞᆯ(援)'도 동일하다. '도·ᄫᆞᆯ·씨·니'(『月印釋譜』 1-32b)에 대해 ':돕·ᄂᆞᆫ'(『月印釋譜』 1-32b)이 존재한다.

⑩ 더욱 흥미로운 것은 소위 ㄹ-불규칙 활용 용언의 경우이다. 가령 '일(成)'이라는 동사를 예로 들면, 이 동사의 부사형은 '이·러'(『楞嚴經諺解』 9-10b)이지만, 접사 '-·면'이 이어지면 ':일·면'(『楞嚴經諺解』 9-10b)이 되며 또한 '-니·라'가 뒤에 오면 'ㄹ'을 잃고 ':이니·라'(『楞嚴經諺解』 9-10a)가 되어 모두 상성을 나타낸다.

⑪ '알(知)'도 마찬가지여서, 부사형이 '아·라'(『楞嚴經諺解』 9-4b)임에 반해 ':알·의'(『釋譜詳節』 序-1a), ':알·씨·라'(『釋譜詳節』 序-2b) 또는 ':아·디·몯·ᄒᆞ다·니'(『月印釋譜』 序10b)로 되어 있다.

⑫ '살(生)'은 부사형이 '사·라'(『釋譜詳節』 序-1b), 명사형이 '사·로·ᄆᆞᆫ'(『月印釋譜』 1-12a)이지만, ':살·씨·라'(『月印釋譜』 序-4b)가 존재한다. 다만 경어법의 '-시-'가 결합하면 ':사·ᄅᆞ시·고'(『月印釋譜』 1-19b)가 된다.

⑬ '지ᅀᅳᆯ(作)'은 명사형이 '지·ᅀᅵ'(『月印釋譜』 1-44b), 제4-어기 관형형이 '지·ᅀᅮᆫ'(『月印釋譜』 1-6b)인 데 반해 ':짓더·니'(『月印釋譜』 1-45a)가 존재한다.

⑭ '무를(問)'은 '무·를·씨·라'(『釋譜詳節』 序-20a)에 대해 ':묻·더신'(『釋譜詳節』 序-20a)이 있다. 이것은 ㄷ-불규칙 활용이다.

이러한 예들은 아직도 많이 발견할 수 있다. 위에 제시된 예들 중 ⑥~⑭는 용언 활용에서 보이는 대립이다. 개괄적으로 말해 제2·제3·제4-어기, 즉 모음을 동반하는 어기에서 平去로 나타나는 것이 제1-어기, 즉 어간의 자음으로 끝나는 어기에서는 상성으로 변화하는 경우이다. 이는 아마도 제1-어기가 축약을 입은 형태이며, 축약의 흔적이 성조에 남아 있는 것인 듯하다.

이상과 같은 예로부터 '平+去'의 성조가 축약되는 경우에는 상성으로 바뀐다는 법칙을 수립할 수 있다. 이러한 축약은 평성이 저조(低調), 거성이 고조(高調), 그리고 상성이 저고조(低高調)였다는 점에서 보자면 지극히 자연스러운 일이다.

중기 한국어의 여러 문헌에서 이처럼 명백하게 성점으로서 되어 있는 성조가 오늘날 전혀 문제가 되지 않은 것은 오히려 불가사의하다. 사실상 현대 한국어의 성조에 관해서는 완전한 조사가 거의 이루어지지 않은 것이다.[16] 그러나 현대 한국어에서는 성조가 음운론적 의의를 지니지 않는 듯하다. 물론 금후 좀 더 정밀한 조사를 통해 의외로 성조가 오늘날에도 존속하고 있음을 발견하게 될지도 모른다. 그렇지만 임진왜란 이후 (어쩌면 그 이전부터 이미) 문헌에서 성점이 완전히 자취를 감춰 버린다는 점은 주목해야 하며,[17] 이 사실은 역시 성조의 음운론적 가치가 상실되었음을 말해 주는 듯하다.

다만 오늘날의 한국어에도 예전 성조의 흔적이 전해지고 있는 것은 사실이다. 가장 두드러진 예는 이전의 상성이다. 『月印釋譜』 권

---

16. 현대 한국어의 성조에 관해 최초로 주목해야 할 논문은 服部四郎 박사의 「朝鮮語動詞の使役形と受身・可能形」(『藤岡博士功績記念言語學論文集』, 423~446쪽, 1935년 12월)이다. 이 논문에 따르면 동래와 대구 등에서는 성조가 음운론적 가치를 지니고 있는 듯하지만, 서울 방언에서는 역시 그러한 구별이 없다. 또한 小倉進平 박사의 『朝鮮語方言の研究』(下) 431~439쪽 참조.

17. 齋藤辰雄 씨의 「訓民正音の構成と變遷」 77쪽의 각주 11)에서 성점 소실의 시대적 고찰이 이루어지고 있다. 이러한 성점 소실의 과정은 현존 문헌의 전면적인 조사와 그 소실 조건의 연구를 필요로 하는데, 장래의 연구를 기다린다.

1 15장 뒷면에 ':됴·타'라는 단어가 보인다. 이 단어는 현재에도 '좋다[ʧoːtʰa]'라는 형태로 말하는데, 이러한 발음에서 주목해야 하는 것은 두 가지이다. 하나는 첫 음절이 길게 발음된다는 점이고, 다른 하나는 이처럼 길게 발음되는 '[ʧoː]'가 처음에는 낮게 이어지다가 나중에 점차 높아져서 둘째 음절 '[-tʰa]'가 높게 발음된다는 점이다. 요컨대 중기어의 ':됴·타(上去)' 그대로의 성조를 전하고 있다고 말할 수 있는 듯하다. 또한 ':알(知)'도 현대어에서 '알고'라든지 '알면'이라고 말하는 경우에는 역시 低高의 성조로 발음된다. '몯'[18] 에서도, '없다(無)'에서도 마찬가지이다. 모두 길게 발음되고 低高의 성조를 나타낸다. 일반적으로 모음의 장단이 대립을 보일 경우, 가령 '말(馬)'과 '말(語)'의 대립과 같은 경우, 장모음으로 발음되는 단어는 많은 경우 중기어에서 상성을 지니고 있었다. '말(馬)'은 단모음으로 발음되며 이것은 중기어에서는 ':ᄆᆞᆯ'이었다. 반면 장모음인 '말(語)'은 중기어에서 ':말'로서 상성이었다. 더욱 더 흥미로운 것은 '개(犬)'이다. 이 단어 역시 장모음으로 발음되며 또한 低高의 성조를 보여 준다. 이 단어는 중기어에서는 '가·히'(『月印釋譜』21-42)였다. 즉 平去의 성조를 지닌 2음절 단어였던 것이다. 이것이 단음절화하여 '개'가 되고 게다가 상성조(上聲調)와 같은 성조를 나타내기에 이르렀다는 점은, 중기어 성조의 축약과 완전히 동일한 과정을 겪었음을 말해 준다.

상성 이외의 경우는 아직 분명하지가 않다. 합자해에 제시되어 있는 '활(弓)'과 '갈(刀, 현대어 '칼')' 사이에 높낮이의 차이는 조금도 인정할 수 없다. 그 밖의 단어에서도 마찬가지이다. 다만 '아니'라는

---

18. 불가능을 표시하는 부정사이다.

부정사는 현재에도 '아(低)니(高)'로 발음된다. 요컨대 오늘날의 한국어에서는 중기어에 상성을 지닌 단어가 장모음 음절로 남아 있는 것 이외에는 성조의 구별이 거의 소실되었다고 말할 수 있을 듯하다. 그리고 장모음 음절이 전하는 성조는 중기어 상성조(上聲調)의 구체적 모습을 방불케 하고 있다.

이상을 정리하면, 중기어의 세 성조는 저조(평성), 고조(거성), 저고조(상성)의 세 가지 종류이며, 저고조는 오늘날에도 그 모습을 전하고 있다. 그리고 저조와 고조가 축약되면 그 결과 저고조가 된다는 두드러진 경향도 인정할 수 있다.

4. 성조의 음운론적 의의와 형태론적 의의

한글 고문헌의 가점(加點)이 성점(聲點)이라는 점, 이 성점이 중기 한국어의 성조를 표시한다는 점, 성조에는 평성, 상성, 거성의 세 가지가 있다는 점, 이 세 성조 각각이 지닌 성질의 개요가 거의 판명되었다. 다음으로 제시되는 문제는 이 성조가 어떠한 음운론적, 형태론적 가치를 지니는지 명확히 하는 것이다. 그러나 이 문제는 현재 눈으로 볼 수 있는 고문헌을 전면적으로 조사해야 비로소 명확해지는 것이며, 조사가 아직 완료되지 않은 현재로서는 그 무엇도 확언할 수 없다. 그러므로 여기서는 주로 『月印釋譜』권1에 보이는 체언의 성조 상황에 대해 중간 보고를 시도하고, 자세한 결과는 현재 진행 중인 중기 한국어의 전면적인 조사가 완료된 후 다시 발표하고자 한다. 저본으로 이용된 『月印釋譜』권1은 경상도 풍기의 희방사(喜方寺)에 현존하는 판본에 의한 것으로, 天順 연간[19]의

원간본은 아니고 隆慶 2년(1568년) 출판된 중간본이며 원간본을
반드시 완전하게 전하고 있다고는 말하기 어렵다. 그렇지만 변화가
풍부한 텍스트(text)로서 중요한 자료이고, 조사 결과로부터도 대
체로 원형을 미루어 짐작하는 데 충분하다고 생각되어서 이용했던
것이다.

성점이 찍혀 있는 고문헌을 관찰하고 곧바로 드는 생각은 성조
가 단어에 따라 대체로 정해져 있다고 하는 점이다. 『月印釋譜』 권
1에서 두세 가지 예를 가져오기로 한다. 아래에서 'I, II' 등은 권
수, 'A'와 'B'는 권1의 앞에 실린 서문으로 'A'는 『釋譜詳節』의 서문,
'B'는 『月印釋譜』의 서문을 가리키고, 아라비아 숫자는 장수, 'a'와
'b'는 각각 앞면과 뒷면을 표시한다.

'곶(花)'은 다음과 같이 실현된다.

곶(I, 4a), 곶(I, 9b), 고·지(I, 4a), 고·줄(I, 3b), 고·ㅈ란(I, 9b),
고·지·라(I, 10a)

즉 '곶'이라는 단어는 항상 평성으로 나타나는 것이다. 또한 '나
라(國)'는 다음과 같이 언제나 '나·라'로서 平去의 성조를 보이고
있다.

나·라(I, 30a), 나·라·히(I, 21b), 나·라·홀(I, 5a), 나·라·해(I, 5b),
나·라해·션(I, 30a), 나·라히·니(I, 21b)

---

19. [역자주] 天順은 1457년부터 1464년까지이다.

덧붙이자면 이 단어(나라)는 조사 또는 접미사가 결합할 때는 'ㅎ'이 나타나서 자음 곡용을 보인다.[20]

앞의 두 예에서도 볼 수 있듯이 주격조사 '-이'나 대격조사 '-을'은 항상 거성을 보이고 있다. 이 둘뿐만 아니라 조사나 접사의 대다수는 거성이며, 일본어처럼 그것이 붙는 단어에 따라 그 성조를 달리 하는 경우는 약간의 예외를 제외하면 원칙적으로 없다.

이처럼 성조는 단어별로 대략 일정한 모습이다. 이런 점은 성조가 단어의 식별에 유용함을 보여 주는 것으로서, 바꿔 말하면 성조는 중기어에서 어떤 음운론적 가치를 지니고 있었다고 말해 주는 바이다. 성조의 이러한 시차적 기능으로 인해 동일한 음운 구조를 가진 두 단어가 식별되는 경우도 당연히 존재한다. 가령 '내'는 '香'도 의미하고 '河'도 의미하지만, 전자는 '·내'(Ⅰ, 32a)에서 보듯 거성이고 후자는 ':내'(『龍飛御天歌』 1-1a)에서 보듯 상성으로 되어서 성조상으로 구별되고 있다.

또한 '아래'라는 단어는 현재 '下'를 의미한다. 그런데 중기어에서는 '下'의 경우 '아·래'로 平去의 성조를 보임에 비해, 성조를 달리하는 별개의 단어가 존재했다. 가령 다음과 같다.

前쪈世·솅生싱·은:아·랫:뉘·옛生싱·이·라 (Ⅰ, 6b)

여기서 ':아·랫'은 ':아·래'의 속격으로, 그 의미는 '先, 前' 등 '앞선

---

20. [역자주] 자음 곡용이라는 용어는 현재 잘 쓰이지 않는데 저자는 명사의 말음이 자음으로 끝나는 곡용을 가리키고 있다. 이와 반대로 명사의 말음이 모음으로 끝나면 모음 곡용이라고 부르기도 한다. 이 용어들에 대해서는 저자의 『朝鮮方言學試攷』에서 간략하게 언급하고 있다.

시기'이다. 이 단어는 부사 '甞'의 의미로도 쓰였다.

> ·내:아·래前젼生싱罪:쬥業·업·엣果:광報봉·룰니·버邓꽁池띵ㅅ龍룡·이
> 드외·야 (Ⅱ, 50b)

즉 이 단어는 ':아·래(上去)'라서 '아·래'와는 성조를 달리하고 있
다.

성조의 시차적 기능은 문장의 해석에 도움이 되는 경우도 있다.
다음 『釋譜詳節』 서문의 주석 중 한 부분 등이 그러한 예이다.

> 漢·한字·쭝·로몬져·그·를밍·글·오그·를·곧因힌·ᄒᆞ·야

이 문장에서 '그를'이라는 표현이 두 번 나오는데 앞에 나오는
':그·를'은 '글(文字, 文, 本)'의 대격형, 즉 '글·을'이다. 그러나 뒤에 나
오는 '그를'은 앞의 것과 동일한 단어가 아니다. 이 사실은 성조의
차이로 알 수 있다. '그·를(文)'이 去去인데 반해 이것은 '그·를'로 平
去이다. 뒤에 나오는 것은 '그(其)'의 대격형, 즉 '그·를'이다.

이와 같이 성조는 중기어의 지식에 필요불가결한 것으로서, 그
음운론적 의의는 단순히 중기어에만 국한되지 않으며 한국어사에
있어 정당하게 평가받지 않으면 안 된다. 그런 경우의 하나로서 고
대 한국어에서 중기어에 걸친 현저한 음운 변화를 예시하고자 한
다. 그것은 고대 한국어에서 2음절이었던 단어가 단음절화한 예이
며 그러한 단음절화에 수반하여 성조의 축약(contraction)을 낳았
다고 생각되는 경우이다.

'山'과 '川'은 중기어에서 각각 '뫼'와 '내'라고 했는데 이 두 단어는

고대어에서는 '모리'와 '나리'라고 했던 듯하다. 『日本書紀』에서 '韓土地名'의 '山'과 '川'을 '茂梨'(曾戶茂梨)나 '那禮'(阿利那禮) 또는 '那利'(久麻那利)로 적었고, 또한 韓地名의 '山'과 '川'을 훈독하는 훈독법에서 'ムレ(山)'나 'ナレ(川)'라고 하는 것이 남겨져 있는데, 이들은 고대어 '모리'와 '나리'를 전하고 있다.[21] 이 두 단어는 고대어로부터 중기어에 걸쳐 어중의 'ㄹ'을 탈락시키고 다시 모음 연쇄를 꺼려서 '뫼'와 '내'로 단모음화했다. 이러한 한글 표기법은 분명히 한글 창제 시대에는 '[moi]'와 '[nai]'라는 이중모음이었음을 가리키고 있다. '[moi]'와 '[nai]'가 다시 단모음화하여 현재에는 '[mö:]'와 '[nɛ:] (또는 '[næ:]')'로 바뀌었다.

그러나 여기서 주의해야 하는 것은 '뫼'와 '내'가 모두 상성의 성조를 지니고 있다는 점이다. 즉 ':뫼'와 ':내'인 것이다. 상성이 종종 平去의 축약이었다는 점은 앞에서 지적한 바인데, 이 두 단어의 상성도 平去의 축약 결과는 아닐까 생각된다. 그러한 방증의 하나로 ':뉘'라는 단어가 있다. 이 단어에는 '누·리'(『訓蒙字會』中卷 '世'의 훈)라는 쌍형어가 병존했으며,[22] 이것은 平去의 성조를 보이고 있

---

21. 『人文科學の諸問題』(八學會連合 편, 1949년 11월)에 들어 있는 졸고 「日本語と朝鮮語の二三の類似」 참조.

22. 『三國遺事』 권1에서는 신라의 시조 朴赫居世 왕의 이름을 풀이하여 "蓋鄕言也, 或作弗矩內王, 言光明理世也"라고 했다. 이 '弗矩內'는 아마도 '블근뉘'를 적은 것이고 '光明理世'는 그 풀이이며, 또한 '赫居世'도 '赫居(블근)世(뉘)'인 듯하다. '블근'은 후대에는 '赤'이지만 일본어의 'アカ'가 '朱'와 '明'을 모두 의미하는 것처럼 '블근'은 '블ㄱ(明)'과 동일한 말이며, 음양의 구별이 있었을 뿐 모두 '붉다, 밝다'의 두 가지를 의미했던 것으로 보인다. 아무튼 '內'는 '뉘'를 적은 것임에 틀림없다. 또한 『三國遺事』에 '儒禮尼師今一作世里智王'이라고 되어 있는데 이 때의 '儒禮'나 '世里'도 모두 '누리'를 가리키는 것 같다. 졸저 『朝鮮方言學試攷』(京城帝國大學 文學會論纂 제11호, 1945년 4월)의 136~137쪽 각주 9)와 10) 참조.

다. 즉 '누·리>:뉘'인 것이다. 만약 이 ':뉘'와 마찬가지 방식으로 ':뫼'
와 ':내'를 생각할 수 있다면, '모리'와 '나리'는 '모·리'와 '나·리'였다
고 추측된다. 이 두 단어와 평행한 예로서 『訓蒙字會』의 ':외(瓜)'가
있다. 다만 이 단어의 고대어 형태는 실증할 수가 없다. 그러나 일
본어 'ウリ'를 여기에 끌어와서 생각하면, ':외'는 '모·리, 나·리'와 동
일하게 '오·리'라 불리던 것이 똑같은 변화를 입어 ':외'로, 그것도 상
성으로 변화한 것은 아닐까 한다. 그 외에 'ㄹ'이 탈락한 것은 아니
지만 『訓蒙字會』의 ':괴(猫)'는 고대어로는 '고·니'였던 듯하다. 그것
은 『鷄林類事』에서 '鬼尼'로 적혀 있는 것으로도 알 수 있으며 현대
의 방언 중에 '고냉이' 계열의 형태가 예전 층에서 눈에 띈다는 점
으로도 살필 수 있다.[23] '鬼尼'는 중국음으로서는 上平의 성조이지
만 이 성조는 어쩌면 한국어의 平去, 즉 저고(低高)의 성조를 표현
한 것일지도 모른다.

아무튼 상성을 나타내는 단어 또는 음절 중 일부가 平去의 축약
으로부터 생겨났다고 하는 사실은 한국어의 옛 모습을 탐구하는
데 어떤 방향을 암시하게끔 하며, 한국어를 알타이 비교 연구에 포
함하려고 할 경우 이런 사실은 특히 주의를 기울일 필요가 있다. 왜
냐하면 상성조(上聲調)는 성조의 축약을 가리키는 것과 동시에 음
절의 축약을 지시하는 것이기 때문이다. 가령 ':돌(石)'은 중기어에서
곡용을 하는 경우 ':돌·히, :돌·흔'처럼 'ㅎ'을 나타내고 있으며, 'ㅎ'을
어근의 한 자음으로 생각하는 것도 가능하다. 즉 '돓—'과 같은 어근
을 생각하는 것이다. 사실 방언이 보여 주는 바에 따르면,[24] 'torg—'
이라는 어근을 생각할 수 있다. 더욱이 『三國史記』(권36 雜志第五,

---

23. 『朝鮮方言學試攷』124~125쪽 참조.
24. 『朝鮮方言學試攷』108~109쪽 참조.

地理(三)의 夫餘郡治에 石山縣이라는 현의 이름이 있고 그것은 '本
百濟珍惡山縣'이라고 되어 있다. 즉 백제 옛 영토의 땅으로 '珍惡
山'이라는 것이 '石山'의 옛 명칭인 것이다. 다른 지명의 예로부터
추론컨대, '珍惡=石'이라는 점을 알 수 있다. '珍'은 '돌, 돌'로 훈
독되므로 '珍惡'은 '돌악'으로 읽힌다. 즉 이 단어는 원래 '*torak-
(~torag-)'이었다고 생각되는 것이다. 그렇다면 '*torak-~*torag-'
이 'torg-'으로 단음절화한 흔적이 이 단어의 상성에 깃들어 있다
는 뜻이다. 그리고 이 단어가 몽고어 'čilaɣun(<*tïlaɣun, 石)'과 비
정된다는 것은 매우 자연스러운 듯하다.[25] 이처럼 중기어의 성조는
한국어사뿐만 아니라 알타이어의 비교 연구에도 중요한 지식을 제
공한다고 생각한다.

4.1. 중기어 체언의 성조

이제 앞서 서술했듯이 『月印釋譜』 권1에서 보이는 체언에 대해,
그 성조 상황의 개략을 적기로 한다. 여기서 체언만을 선택한 이유
는, 체언의 경우 비교적 분리하기가 쉽고 또한 용언에 비해 성조를
간단하게 파악할 수 있기 때문이다. 용언에서도 성조는 대체로 각
단어와 형태에 따라 일정한 모습이지만, 용언의 어형 변화는 매우
복잡하므로 성조 변동 역시 단순치가 않다. 이러한 상황은 용언 형
태론 전반에 대한 연구 결과를 기다리지 않으면 안 된다. 그리하여
본고에서는 용언의 명사형은 다루지 않기로 했다.

성조가 각 단어별로 일정하다고 하면 당연히 일본어의 예를 본

---

25. Б. Я. Владимирцов의 『Сравни-тельная Грамматика Монгольского Пись
менного Языка н Халхаского Наречия』(Ленинград, 1929) 365쪽 참조.

따 악센트형을 문제 삼을 수 있을 듯하다. 그러나 주의해야 할 점은 중기 한국어에서는 전술했듯이 조사나 접사도 각각 성조를 지니고 있다는 사실이다. 따라서 일본어의 '木(根)'와 '木(値)'의 성조 구별이 'ガ' 등의 조사 결합에 의해 표시되는 것과 같은 경우는 없다. 중기 한국어의 성조형은 세 종류의 성조 및 음절수의 조합을 통해 고찰할 수 있을 듯하다. 다만 3음절 및 그 이상의 단어는 비교적 수가 적으므로, 본고에서 다루는 범위 안에서는 몇 가지 형이 있는지 분명하지 않다. 또한 2음절 단어에서도 가능한 조합들이 모두 평균적으로 나타나는 것은 아니다. 어떤 형태는 압도적으로 많은 용례를 보이지만 어떤 유형은 겨우 하나의 예밖에 나타나지 않는 경향이 있다. 물론 아래의 기술은 지극히 한정된 자료에 기반한 것이라서 결정적인 단정을 내릴 수는 없다. 다만 중기어 성조의 한 단면을 제공하는 데 불과하다는 점을 미리 양해 구하는 바이다.

논의의 편의를 위해 1음절 단어부터 시작하여 2음절 단어에 이르며, 마지막으로 3음절 이상의 단어에 대해 덧붙이기로 한다.

4.1.1. 1음절 단어

앞에서 인용된 합자해에 1음절 단어 중 평성, 상성, 거성의 세 가지 유형이 있다는 사실이 기록되어 있다. 평성의 예로는 '활(弓)', 상성의 예로는 ':돌(石)', 거성의 예로는 '·갈(刀)'[26]이 각각 제시되었다. 이러한 평성, 상성, 거성의 세 유형에 속하는 단어들을 『月印釋譜』 권1에서 가려내 보기로 한다.

또한 이후에 인용하는 예들에서는 텍스트에 나타나는 형태를 내세워 조사 및 지정사 '-i(r)-' 등과 결합한 모습을 나타냈다. 단독형으로 제시한 형태, 가령 '것'은 『月印釋譜』 서문 19장 앞면의 주석에 나온 "括·은方훈·것고·틸·씨·라"의 '것'과 같은 경우로서, 대부분 대격조사를 동반하지 않는 대격적 용법으로 쓰인다. 또한 아래의 예들에서는 번거로움을 피하기 위해 다음과 같은 약호를 사용한다.

[주] 주격형(nominative). 조사 '-이'를 동반하는 형태. 이것은 주어 및 '드윌(化)'과 '아닐(不)'의 보어를 지시한다.

[대] 대격형(accusative). 조사 '-울, -을, -를, -를'을 동반하는 형태.

[처] 처격형(locative). 조사 '-애, -에, -익, -의'를 동반하는 형태. 다만 이 조사는 속격에도 쓰인다. 그런 경우에는 '[속]'이라고 표시했다.

[속] 속격형(genitive). 조사 '-애, -에, -익, -의' 외에 'ㅅ' 및 '처격조사+ㅅ'의 결합인 '-앳, -엣, -잇, -읫'을 동반하는 형태.

[구] 구격형(instrumental). 조사 '-로, -으로, -으로'를 동반하는 형태. 수단과 방향을 표시한다.

[여] 여격형(dative). '처격조사+그에'로 표시된다. 현대어의 '-의게, -에게'에 해당한다.

[재] 재격형(adessive, 在格形). '처격조사+셔'로서 소재를 표시하며 탈격적인 용법도 지닌다.

---

26. '갈(刀)'은 현대어로는 '칼'로서 유기음 'ㅋ'을 보이고 있다. 이 유기음은 이 단어가 원래 '갏'을 어근으로 하며 중기어에서는 곡용을 할 때 '갈히, 갈홀' 등과 같이 'ㅎ'을 나타내고 있어서 이 'ㅎ'이 원인이 되어 어두의 'ㄱ'에 작용한 결과라고 생각된다. '고(鼻)'가 '코'로 변한 것도 마찬가지이다. 前間恭作 선생의 『龍歌故語箋』 66쪽 참조.

[공] 공동격형(comitative). 조사 '−와 −과'를 동반하는 형태.

[절] 절대격형(absolutive). 조사 '−은, −은, −는, −는'을 동반하는 형태. 일본어의 'ハ'.

[복] 복수형. 조사 '−돌(ㅎ)'을 동반하는 형태.

[지] 지정사를 동반한 형태(predicative). 지정사란 '−i(r)−'이며, 여러 가지 형태 변화를 일으킨다. 즉 '−이라, −이니, −이오, −이며' 등과 같다. '−이라'는 종결형이고 그 외에는 부동사형(converbial form)이다.

① 平聲

○ 것(物) − 것(B, 19a), 것·돌히·라[복]/[지](A, 1b), 거·시·라[지] (A, 1a), 거·시·니[지](B, 16a)

○ 그(其) − 그(A, 3b), 그·를[대](A, 6a), <다만>[27] :긔[주](Ⅰ, 18b)

○ 몯(長, 孟) − 몯아·두·리(B, 14a, 長子), 무·다·오[지](B, 14a)

○ 읗(上) − 우·희[처](B, 26a), 우·흿[속](B, 24b), 우·흐·로[구](B, 18a), 우·히·라[지](B, 17b)

○ 굵(穴) − 굼·글[대](B, 21a), 굼·기·라[지](B, 21a)

○ 낡(木) − 남·기·니[지](B, 24b), 남·기[주](Ⅰ, 24a), 즘·게남·골[대] (Ⅰ, 24a), 남·기[처](Ⅰ, 1b)

○ 곶(花) − 곶(Ⅰ, 4a), 곳(Ⅰ, 9b), 고·즈란(Ⅰ, 9b), 고·지[주](Ⅰ, 4a), 고·줄[대](Ⅰ, 3b), 고·지·라[지](Ⅰ, 10a)

---

27. [역자주] 성조 실현이 약간 특이한 것을 표시한다.

○ 집(家) — 집(Ⅰ, 17a), 지·븐[절](Ⅰ, 9b), 지·븨·셔[재](Ⅰ, 46b), 지
  ·비·라[지](Ⅰ, 6a), 지·비·니[지](Ⅰ, 10a)

○ 곁(傍) — 겨·틀·로[구](Ⅰ, 6a)

○ 뭍(陸) — 무·튓거·시·며[속](Ⅰ, 11a)

○ 갓(妻) — 가·시두외·아지·라[주](Ⅰ, 11b), 가·시·라[지](Ⅰ, 12a),
  가·시·며[지](Ⅰ, 13a)

○ 목(頸, 喉) — 모·기[처](Ⅰ, 14b), 목소·리(『訓民正音』8a)

○ 갗(皮) — 가·치·라[지](Ⅰ, 16a)

○ 늦(兆) — 느·지·오[지](Ⅰ, 17b)

○ 물(馬) — 물(Ⅰ, 27b), 므·리[주](Ⅰ, 28a), 묘頭腦[속](Ⅰ, 23a), 므
  ·리·니[지](Ⅰ, 27b)

○ 밑(底, 本) — 미·틔[처](Ⅰ, 24a), 미·티·라[지](B, 14a)

○ 놓(繩) — 노·흥·로[구](Ⅰ, 29a), 노·히·니[지](Ⅰ, 29a)

○ 겇(皮) — 거·치[주](Ⅰ, 42b~43a)

○ 밖(外) — 밧(Ⅰ, 6a), 밧·기·라[지](Ⅰ, 1b)

○ 흙(土) — 홀·굴[대](Ⅰ, 7b)

이상의 예로부터 이후에 서술할 거성·상성과 비교하여 주의해야
할 점은 다음과 같다.

(1) 1음절 평성 단어에서는 '−·으로, −·에·셔'와 같은 조사가 去去
  를 보인다는 점

(2) '−·이·라, −·이·니, −·이·오, −·이·며'와 같이 지정사 '−i(r)−'의
  '이'가 거성을 보인다는 점

② 去聲

○ 글(文) − ·글(A, 1a), ·그·를[대](A, 4b), ·그리·라[지](A, 4a)

○ 뜯(意) − ·뜯(B, 26a), 뜨·든[절](B, 14a), 뜨·들[대](B, 8a), 뜨
드·로[구](I, 32a), 뜨디·라[지](A, 1b)

○ 바(所) − 바·롤[대](A, 6a), 배·라[지](A, 1b)

○ 힘(力) − ·힘(A, 6a), ·히미·라[지](B, 5b)

○ 히(年, 歲) − ·히(B, 172), ·힛[속](A, 6b), ·히·니[지](B, 25a)

○ 빛(光, 色) − ·빗(I, 35a), ·비·치[주](I, 23a), ·비·츤[절](I, 36a),
·비치·라[지](B, 1b), ·비치·오[지](B, 1b), 비·쳇[속](I, 22a)

○ 몸(身) − ·몸(B, 22a), ·모·미[주](I, 26b), ·모·믈[대](I, 6b), ·몺
:ᄀ·새[속](I, 8b), 모·매[처](I, 17b), 몸·앳[속](I, 2b), 모·매·셔
[재](I, 26b)

○ 밤(夜) − ·밤(B, 17b), ·밤·ᄎ(I, 25a), ·바미·라[지](B, 3b), 바·민
[처](B, 4a)

○ 눈(眼) − ·눈(B, 3b), ·누·늘[대](B, 4a), 눉·ᄆ·리[속](I, 36b), ·누
니·라[지](B, 3b), 누·네[처](B, 2b)

○ 긿(道) − ·긼가·온·딗[속](I, 4a), ·길히·라[지](B, 4a), 길·헤[처]
(B, 4b)

○ 짷(地) − ·짜·히[주](I, 18a), ·짜·홀[대](I, 8b), ·짜ㅎ·로[구](I,
23b), ·짨·마·시[속](I, 42a), ·짜히·라[지](B, 4b), ·짜히·니[지](B,
18a), 짜·해[처](A, 3b), 짜·해·셔[재](I, 27a)

○ 날(日) − ·날(B, 17b), ·나·롤[대](B, 17b), 나·래[처](I, 19b)

○ 곧(處) − ·곳(I, 44b), ·고·든[절](I, 37a), ·고·들[대](I, 31b), ·고
디·라[지](B, 20a)

○ 긑(端) — ·그티·라[조](B, 21b)

○ 돌(月) — ·둘(B, 22b), ·드·룰[대](B, 22b)

○ 피(血) — ·피(Ⅰ, 7b), ·필[대](Ⅰ, 2b)

○ 옷(衣) — ·옷(Ⅰ, 4a), ·오·슬[대](Ⅰ, 5b)

○ 잣(城) — ·자시·라[지](Ⅰ, 6a)

○ 플(草) — ·프·리[주](Ⅰ, 47a), ·프리·니[지](Ⅰ, 6a)

○ 대(竹) — ·대(Ⅰ, 6a)

○ 엻(十) — ·열·자(Ⅰ, 6a), ·열히·오[지](Ⅰ, 15a)

○ 온(百) — ·오니·라[지](Ⅰ, 6a)

○ 발(足) — ·발(Ⅰ, 8b), ·바리[주](Ⅰ, 28a)

○ 눔(他人) — ·눔(Ⅰ, 8b), ·ᄂ·미[주](Ⅰ, 32a), <u>ᄂ·민[속]</u>(A, 6a)

○ ᄡᅵ(種子) — ·ᄡᅵ(Ⅰ, 12a)

○ 밥(飯) — ·밥(Ⅰ, 15a)

○ 쁠(角) — ·쁜·리[주](Ⅰ, 15a)

○ 히(日, 太陽) — ·히·룰[대](Ⅰ, 17b)

○ 내(香) — ·내(Ⅰ, 32a), 香·내(Ⅰ, 14b)

○ 숩(藪) — ·숩(Ⅰ, 24a)

○ 쇠(金, 鐵) — ·쇠(Ⅰ, 26a)

○ 살(矢) — ·사리·니[조](Ⅰ, 26a)

○ 톱(鋸) — ·톱·과·로(Ⅰ, 29a)

○ 굶(區) — ·굴비·라[지](Ⅰ, 32b)

○ 맛(味) — ·마·시[주](Ⅰ, 42a)

○ 뿔(鑿) — ·뿔(Ⅰ, 42a)

○ 쩍(餠) — ·쩍(Ⅰ, 42b)

○ 숧(肉) — ·슬·히[주](Ⅰ, 43a)

○ 춤(踊) ─ ·춤(Ⅰ, 44b)

○ 뿔(米) ─ ·뿔·란(Ⅰ, 45a)

○ 않(內) ─ ·안히·라[지](Ⅰ, 20a), <u>안·해</u>[처](Ⅰ, 17b)

○ 손(手) ─ ·손(Ⅰ, 52a), ·소ᄂᆞ·로[구](Ⅰ, 27a), <u>소·내</u>[처](Ⅰ, 17b),
  <다만> 숐가락(B, 22b)

○ 긿(刀) ─ <u>갈·해</u>[처](Ⅰ, 26b)

○ 입(口) ─ <u>이·베</u>[처](Ⅰ, 32a), <u>이·베·셔</u>[처](Ⅰ, 26b)

이상의 예들에서 가장 주목을 끄는 것은 앞서 여러 차례 언급
했던 원칙, 즉 성조는 대체로 단어에 따라 일정하다는 데에 약간
의 예외를 인정하지 않을 수 없다는 점이다. 즉 처격조사 '─에/
애, ─이/의'와 여기서 파생된 '─애셔, ─앳' 등이 덧붙으면 거성인
단어는 규칙적으로 평성으로 변화한다는 사실이다. 앞에서 밑줄을
친 것들이 모두 그러하다. 그러나 이것 역시 다음과 같은 예외를
보인다.

○ 블(火) ─ ·블(Ⅰ, 8b), ·브·리[주](Ⅰ, 26b), ·블·로[구](Ⅰ, 29a), ·브
  ·리·라[지](Ⅰ, 29b). 그런데 '·브·레[처](Ⅰ, 22a·b ; Ⅱ, 71a)'는 예외
  이다.

○ 믈(水) ─ ·믈(Ⅰ, 11a), ·므·를[대](Ⅰ, 27a), ·믈·와(Ⅰ, 5b), ·므리·라
  [지](Ⅰ, 23a). 그런데 '·므레[처](B, 8b), ·므·렛[속](Ⅰ, 11a), ·므레
  ·셔[재](Ⅰ, 27a)'는 예외이다.

○ 쑴(夢) ─ ·쑤·믈[대](Ⅰ, 17a). 그런데 '·쑤·믜[속](Ⅰ, 18a)'는 예외
  이다.

○ 물(群) ─ ·무리·라[지](A, 1b). 다만 '·무·레[처](Ⅰ24a)'는 예외

이다.

이러한 약간의 예외가 존재하는 것은 거성 단어에 두 부류의 구별이 있었음을 암시한다. 이러한 종류의 구분은 분명히 보다 예전 시대에 어떤 구별이 있었던 흔적임에 틀림없지만 현재는 명확지 않다.

이 외에 다소 불규칙적인 성조 변화를 보이는 단어가 하나 있다.

○ 쇼(牛) ― ·쇼·를[대](I, 23b), ·쇼로[구](I, 24b), :쇠[속](I, 27a[28])

거성을 지닌 단어에서 그 밖에 주의해야 할 점은 다음 두 가지이다.

(1) '－으로'의 성조는 평성인 단어와 달리 平去로 되어 있다는 점이다. 그리고 '－에서'는 많은 경우 '·에·셔(去去)'이지만 '믈'의 경우에는 '에·셔(平去)'이다. 이것은 앞에서 서술했듯이 '믈'이 항상 거성을 유지하고 있기 때문이다.
(2) 지정사 '－i(r)－'의 '이'는 규칙적으로 평성이다.

③ 上聲

○ 쳔(財) ― :쳔(I, 2a)

---

28. 이 장에는 두 군데에 나온다. 다만 'I, 24b'에는 '·쇠'로 나타난다.

○ 돈(錢) − :돈·올[대](Ⅰ, 3b), :도·ᄂᆞ·로[구](Ⅰ, 10a·b)

○ 녜(昔) − :녯[속](B, 19a), :녜·라[지](B, 10a), :녜·오[지](B, 19a)

○ 분(方[敬稱]) − :부·니시·니·라[지](A, 1a)

○ 일(事) − :이·롤[대](A, 4b), :이·릭[속](A, 3b), :일·로[구](Ⅰ, 21a), :이리·라[지](A, 5b)

○ 말(語) − :말(A, 4b), :마·롤[대](A, 5b), :말·로[구](B, 23b), :마리·라[지](B, 11b), :마리·오[지](B, 9a)

○ 둟(二) − :둘·혼[절](Ⅰ, 17a), :둘히·라[지](B, 12b), :두[접두형](B, 12a)

○ 셓(三) − :세·혼[절](Ⅰ, 17a), :세히·오[지](Ⅰ, 15a), :세[접두형](B, 14b)

○ 넿(四) − :네·혼[절](Ⅰ, 17b), :네[접두형](Ⅰ, 19a)

○ 둟(石) − :돌(B, 21a), :돌·홀[대](Ⅰ, 27a), :돌해·셔[재](Ⅰ, 27a)

○ ᄀᆞᇫ(境) − :ᄀᆞᅀᆡ[주](B, 25b), :ᄀᆞᅀᆡ·라[지](B, 26a), :ᄀᆞᅀᆡ·오[지](B, 25a)

○ 묗(山) − :뫼·홀[대](Ⅰ, 27a), :묏[속](Ⅰ, 27a), :뫼히·라[지](Ⅰ, 5b), :뫼·해[처](Ⅰ, 5b), :뫼해·셔[재](Ⅰ, 27a)

○ 뉘(世) − :뉘·옛[속](Ⅰ, 6b)

○ 낟(穀粒) − :낟(Ⅰ, 9a)

○ 솝(裏) − :소·배[처](Ⅰ, 10a)

○ 속(裏) − :소·개[처](Ⅰ, 13a)

○ 숨(息) − :숨(Ⅰ, 11a)

○ 양(樣) − :야이·오[지](Ⅰ, 17b)

○ 즁(僧) − :즁이·라[지](Ⅰ, 18b)

○ 셤(島) − :셤(Ⅰ, 24a), :셔·미[주](Ⅰ, 24a), :셔·믄[절](Ⅰ, 24a)

○ 솔(刷毛) — :솔·로[구](Ⅰ, 27b)
○ 엄(牙) — :엄(Ⅰ, 28a), :어·미[주](Ⅰ, 28a)
○ 진(液) — :지·니[주](Ⅰ, 43b)

상성어에서는 다음을 주의해야 한다.

(1) '—에셔'는 가령 ':돌해·셔, :뫼해·셔'와 같이 平去이다. 다만 '—ᄋ
로'는 ':도·ᄂᆞ·로'의 한 예뿐이라서 확언할 수 없다.
(2) '—i(r)—'의 '이'는 규칙적으로 평성이다.

이상 1음절 단어의 상황을 예시했는데, 이것을 요약하면 다음과
같다.

⑴ 원칙상 성조는 각 단어에 따라 일정하며 또한 그렇게 유지되
고 있다. 그러나 거성인 단어는 두 부류이며, 그 중 하나는 처
격 조사 앞에서 평성으로 변화한다.
⑵ 체언에 붙는 조사와 접미사도 대체로 각 성조를 유지하는데,
㈀ '—에셔'는 평성 단어 및 거성 단어의 한 부류에서는 去去이
고, 거성 단어의 다른 부류 및 상성 단어에서는 平去로 되어
나타난다.
㈁ '—ᄋ로'는 평성 단어에서는 去去, 거성 단어에서는 平去이다.
상성의 상황은 아직 조사를 필요로 한다.
㈂ 지정사의 '이'는 평성 단어에서는 거성이지만, 거성과 상성
단어에서는 평성을 보여 준다.

4.1.2. 2음절 단어

가능한 조합은 平平, 平去, 平上 등 총 9가지이며, 또한 각 유형의 예시도 없는 것은 아니다. 그러나 그 분포는 매우 불균형적이다.

① 平平형

○ 부텨(佛) − 부텨(A, 2b), 부텻[속](A, 4a), 부텻·긔[여](Ⅰ, 13b), 부텨·를[대](Ⅰ, 8b). 다만 주격조사 '−·이'와 지정사 '−·일'이 결합하면 축약을 통해 '부:톄'로 바뀐다. (예) 부:톄[주](A, 1a), 부:톄아·니·라[주](B, 22a), 부:톄시·니·라[지](A, 1a)

○ ᄒᆞ낳(一) − ᄒᆞ나·흔[절](Ⅰ, 17a), ᄒᆞ나·히[속](Ⅰ, 51b), ᄒᆞ나·히·라[지](A, 4a)

○ 얼굴(姿) − 얼굴(Ⅰ, 34b), 얼구·리[주](Ⅰ, 35a), 얼구·를[대](Ⅰ, 34a), 얼구·리·라[지](B, 1b)

○ ᄆᆞᅀᆞᆷ(心) − ᄆᆞᅀᆞ·미[주](B, 3a), ᄆᆞᅀᆞ·매[처](Ⅰ, 34a), ᄆᆞᅀᆞ·ᄆᆞ·로[구](Ⅰ, 52a), ᄆᆞᅀᆞ·미·라[지](B, 3a)

○ ᄀᆞᅀᆞᆶ(秋) − ᄀᆞᅀᆞ·히[처](B, 16a)

○ 아ᅀᆞ(弟) − 아ᅀᆞ(Ⅰ, 5a)

○ 도죽(盜賊) − 도죽(Ⅰ, 6a), 도즈·기[주](Ⅰ, 6b), 도즈·기[속](Ⅰ, 6b)

○ 그디(御身) − 그딋[속](Ⅰ, 11b). 다만 주격 조사가 붙으면 '그:디(Ⅰ, 7a)'로 축약된다.

○ 그위(官) − 그윗[속](Ⅰ, 6a)

○ 남진(男) − 남진(Ⅰ, 25b), 남지·니·라[지](Ⅰ, 8a)

○ 스승(師) － 스스·이[주](Ⅰ, 51a), 스승·이·오[지](Ⅰ, 9a)

○ 벌에(蟲) － 벌에(Ⅰ, 12b)

○ 즁싱(獸) － 즁싱·이[주](Ⅰ, 12b), 즁시·이·라[지](Ⅰ, 46b)

○ 풍류(音樂) － 풍류(Ⅰ, 14b)

○ 나모(木) － 나못[속](Ⅰ, 24a)

○ 손톱(爪) － 손토·비[주](Ⅰ, 29a)

○ ᄇᆞᄅᆞᆷ(風) － ᄇᆞᄅᆞ·미[주](Ⅰ, 41a), ᄇᆞᄅᆞ·미·라[지](Ⅰ, 38b)

○ 수을(酒) － 수을(Ⅰ, 43a)

○ 나조ㅎ(夕) － 나조·히[처](Ⅰ, 45a)

○ 그릏(穀種子) － 그르·히[주](Ⅰ, 45a)

○ ᄆᆞᅀᅳᆶ(村) － ᄆᆞᅀᅳ·히[처](Ⅰ, 47a)

○ 귓것(鬼) － 귓거·시·라[지](Ⅰ, 46b)

이 유형의 단어에서 주의해야 할 점은 다음과 같다.

(1) 1음절 평성 단어와 동일하게 '-ᄋᆞ로'는 去去이다. 단 한 예밖에 없다.

(2) 지정사도 마찬가지로 '·이'를 나타내고 있다.

② 平去형

이 유형의 단어가 가장 많다.

○ 하ᄂᆞᆶ(天) － 하·ᄂᆞᆯ·ᄃᆞᆯ·히[복]/[주](A, 2a), 하·ᄂᆞᆯ·히[주](Ⅰ, 7b), 하·ᄂᆞᆯ·해[속](Ⅰ, 19a), 하·ᄂᆞᆯ로·셔(Ⅰ, 26a), 하·ᄂᆞᆯ히·라[지](A, 1b),

하·ᄂᆞ리·라[지](Ⅰ, 19a)

○ ᄆᆞᄎᆞᆷ(終) ― ᄆᆞᄎᆞᆷ(A, 5a), ᄆᆞ·ᄎᆞ·ᄆᆞᆯ[대](A, 2b), ᄆᆞ·ᄎᆞ미·라[지](A, 2b)

○ 여듧(八) ― 여·듧(B, 4b), 여·들비·라[지](A, 3a)

○ 양ᄌᆞ(樣子) ― 양·ᄌᆞ·ᄅᆞᆯ[대](A, 5b), 양·ᄌᆞ라[지](A, 3a)

○ 젼ᄎᆞ(次第) ― 젼·ᄎᆞ·로[구](Ⅰ, 3b)

○ 일홈(名) ― 일·홈(A, 4b), 일·후·미[주](B, 5a), 일·후·믈[대](A, 5b), 일·후미·라[지](A, 6b), 일·후·미니[지](A, 4b)

○ 소리(聲, 音) ― 소·리(Ⅰ, 32a), 소·리·니[지](A, 5b)

○ 나랗(國) ― 나·라(Ⅰ, 30a), 나·라·히[주](Ⅰ, 21b), 나·라·ᄒᆞᆯ[대] (Ⅰ, 5a), 나·랏[속](A, 5b), 나·라해[처](Ⅰ, 5b), 나·라해·션(Ⅰ, 30a), 나·라히·니[지](Ⅰ, 21b)

○ 가지(種類) ― 가·지·로[구](B, 2a), 가·지·오[지](B, 10a)

○ 수ᄉᆡ(間) ― 수·ᄉᆡ·예[처](B, 26a), 수·ᄉᆡ·라[지](B, 26a), 수·ᄉᆡ·오 [지](B, 2b)

○ 여슷(六) ― 여·슷(B, 4a), 여·스시·라[지](Ⅰ, 15a)

○ 잠개(武器) ― 잠·개(B, 6b)

○ 바ᄅᆞᆯ(海) ― 바·ᄅᆞᆺ[속](Ⅰ, 11a), 바·ᄅᆞ·래[처](Ⅰ, 11a), 바·ᄅᆞ리·라 [지](B, 8b)

○ 놀애(歌) ― 놀·애(Ⅰ, 15a), 놀·애·로[구](Ⅰ, 15a), 놀·애·라[지](B, 13a)

○ 아비(父) ― 아·비·라[지](B, 15b), 아·비·오[지](B, 14a)

○ 아ᄃᆞᆯ(子息) ― 아·ᄃᆞ리·오[지](Ⅰ, 7a), 아·ᄃᆞ리·며[지](Ⅰ, 7a), 믈 아·ᄃᆞ·리(B, 14a)

○ 서리(霜) ― 서·리·오[지](B, 15b)

○ 이슬(露) − 이·스·리[[주](Ⅰ, 26b), 이·스리·라[지](B, 15a)

○ 겨를(暇) − 겨·르·리[주](B, 17a), 겨·르리·라[지](B, 17a)

○ 술위(車) − 술·위·니[지](B, 17b)

○ 아히(子) − 아·히·라[지](B, 18a)

○ ᄆᆞ론(卷子) − ᄆᆞ·로니·라[지](B, 19a)

○ 긔지(期) − 긔·지·오[지](B, 19b)

○ 불휘(根) − 불·휘·룰[대](B, 21a), 불·휘·라[지](B, 21a)

○ 고기(魚肉) − 고·기(B, 22b), 고·기·룰[대](B, 22b)

○ 그릇(器) − 그·릇(B, 22b), 그·르·슬[대](B, 23a)

○ 아ᅀᆞᆷ(親戚) − 아·ᅀᆞᆷ·과[共](B, 24b), 아·ᅀᆞ미·오[지](B, 24a)

○ 녀름(夏) − 녀·름(B, 25a), 녀·르·미[주](B, 25b), 녀·르멘(Ⅰ, 26b)

○ ᄀᆞᄅᆞᆷ(江) − ᄀᆞ·ᄅᆞ·매[처](Ⅰ, 1a)

○ 다숫(五) − 다·숫(Ⅰ, 4a), 다·ᄉᆞ·슨[절](Ⅰ, 17b), 다·ᄉᆞ시·오[지]
(Ⅰ, 6a)

○ 마리(髮) − 마·리·룰[대](Ⅰ, 4a)

○ 닐굽(七) − 닐·굽(Ⅰ, 4b)

○ 이틀(翌日) − 이·틄[속](Ⅰ, 6b)

○ 자최(跡) − 자·최(Ⅰ, 6b)

○ 므슷(何) − 므·슷(Ⅰ, 7a)

○ 줄기(筋) − 줄·기(Ⅰ, 9b)

○ 므슴(何) − 므·슴(Ⅰ, 10b)

○ 여름(實) − 여·름(Ⅰ, 12a), 여·르미·오[지](Ⅰ, 12a)

○ 기름(油) − 기·르·미[주](Ⅰ, 43a), 기·르미·라[지](Ⅰ, 13a)

○ 사ᄉᆞᆷ(鹿) − 사·ᄉᆞ·믈[대](Ⅰ, 23b), 사·ᄉᆞ·미[처](Ⅰ, 16b)

○ 아래(下) − 아·래(Ⅰ, 52b), 아·래·로[구](Ⅰ, 19a)

- 셜흔(三十) — 셜·흔(Ⅰ, 20a)
- 바닿(海) — 바·다·히[주](Ⅰ, 23b), 바·다·해[처](Ⅰ, 24a), 바·다·히·니[지](Ⅰ, 23a)
- 몰애(砂) — 몰·애(Ⅰ, 24b)
- 구리(銅) — 구·리(Ⅰ, 26a)
- ᄀ·장(限) — ᄀ·자·이[주](Ⅰ, 32b), ᄀ·자·은[절](Ⅰ, 26b)
- 겨슬(冬) — 겨·스렌(Ⅰ, 26b)
- 구슬(珠) — 구·스·리[주](Ⅰ, 27b), 구·스·른[절](Ⅰ, 27b)
- 즘게(樹) — 즘·게(Ⅰ, 27b)
- 꼬리(尾) — 꼬·릿[속](Ⅰ, 46a), 꼬·리·예[처](Ⅰ, 28a)
- 가마(釜) — 가·마·애[처](Ⅰ, 29a)
- 허리(腰) — 허·리·예[처](Ⅰ, 29b)
- 소리(聲, 音) — 소·리·니[지](Ⅰ, 33a)
- 아홉(九) — 아·호비·라[지](Ⅰ, 33b)
- 너출(蔓) — 너·추·렛[속](Ⅰ, 43a)
- 우숨(笑) — 우·숨(Ⅰ, 43b)
- 아춤(朝) — 아·춤(Ⅰ, 45a), 아·ᄎ·믹[처](Ⅰ, 45a)
- 닐웨(七日) — 닐·웨·를[대](Ⅰ, 52a)

이러한 平去형에서 주의해야 할 점은 다음 세 가지이다.

(1) 1음절 거성 단어에서와 같은 성조 변동은 보이지 않는다.
(2) '—에셔'는 하나의 예(나·라해·션)밖에 없기는 하지만 平去를 보이고 있다. '—으로'의 예는 없지만 '—로'에 '셔'가 결합하면 '로'가 평성으로 변화하는 예(하·늘로·셔)가 하나 있다.

(3) 지정사의 '이'는 평성을 보인다. 물론 모음으로 끝나는 체언 뒤에서는 '이'가 그 체언 안에 포섭되며 성조의 변화는 없다.

③ 平上형

이 유형의 단어는 매우 적다. 다음 두 예밖에 없다.

○ 목숨(命) — 목:숨(I, 19a), 목:수·믈[대](I, 16b), 목:수미·라[대] (I, 16b). 이 단어는 '목(頸, 喉)+:숨(息)'의 결합이며, 이 성조 는 각 단어의 성조 결합에 불과하다.
○ 앒뒤(前後) — 앒:뒤·헷[속](B, 24b). 이 단어 역시 '앒(前)+:뒤 (後)'의 결합이다.

또한 지정사 '이'는 평성을 보이고 있어서 1음절 상성 단어의 경 우와 동일하다.

④ 去平형

○ 처섬(始) — 처섬(I, 24a), ·처어·믜[속](I, 29a). 지정사가 붙을 때는 '·처·서미·라(I, 24a), ·처·서미·오(I, 32b)'이다.
○ 어미(母) — ·어미·라[지](B, 14a)
○ 구룸(雲) — ·구루·믈[대](B, 18b), ·구·루미·라[지](B, 18a)
○ 즈믄(千) — ·즈믄(I, 1a·2a). <다만> ·즈·믄(I, 28a)
○ 즈갸(自分) — ·즈개[주](I, 25a), ·즈걋[속](I, 5b)
○ 놀개(翼) — ·놀개쏫·싀[속](I, 14b), ·놀개·라[지](I, 14b)

○ ᄇ얌(蛇) ‒ ·ᄇ얇[속](Ⅰ, 15a)

○ 서리(間, 中) ‒ ·서리·예[처](Ⅰ, 24a), ·서리·라[지](Ⅰ, 19b)

○ 차반(饌, 膳) ‒ ·차반(Ⅰ, 32a), 차바·ᄂᆞᆯ[대](Ⅰ, 26b)

이 유형에서 주의해야 할 점은 다음 두 가지이다.

(1) 지정사가 붙으면 자음 어간의 체언은 去平이 去去로 변하며 '이'는 평성을 나타낸다. 가령 '·구룸'은 '·구·루미·라'로 실현된다.

(2) '·ᄌᆞ갸'에 주격조사 '‒·이'가 결합하면 'ㅣ'는 '갸'와 합쳐져서 '개'가 되며, 축약을 일으키지 않고 평성 성조를 유지한다.

⑤ 去去형

○ 입겿(口訣) ‒ ·입·겨지·라[지](A, 1a)

○ 글왈~글월(文) ‒ ·글·왈(A, 5a), ·글·월(B, 11b), ·글·워·레[처](B, 19a), ·글·와리·라[지](A, 4b), ·글·워리·라[지](B, 21b)

○ 우리(我) ‒ ·우·리(A, 5b)

○ 아기(兒) ‒ ·아·기(Ⅰ, 44b)

○ 나히(齡) ‒ ·나·히(Ⅰ, 46b)

이상과 같이 의외로 이 유형의 단어는 적다. 또한 '‒이라'는 去平 유형의 단어와 동일하게 '이·라'이다. 去平 유형의 단어는 '‒이라'가 붙으면 어간이 去去로 바뀌므로, '이라'가 붙은 형태만으로는 去平 유형과 去去 유형의 구별이 되지 않는다. 예를 들어 '·녀·퍼니·라(Ⅰ,

9b)'라는 예가 보이는데, 이것만 가지고는 '녀편(女)'이라는 단어가 去去인지 去平인지 알 수가 없다.

⑥ 去上형

이 유형 역시 매우 드물다. 다음 한 예만 보인다.

    ○ 킈젹(大小) — ·킈:젹(Ⅰ, 26b)

'킈'는 '大'의 의미로 거성(Ⅱ, 65a)이고, '젹'은 형용사 '젹을'의 어간으로 이 어간은 항상 상성을 보이고 있다.[29]

⑦ 上平형

    ○ 사룸(人) — :사룸(A, 6a), :사룸·돌[복](A, 2a), :사ᄅ·미[주](A, 3a), :사ᄅ·믈[대](A, 1a), :사ᄅ·믄[절](B, 20a), :사ᄅ·믜[속](Ⅰ, 12b). 그러나 지정사가 붙으면 ':사·ᄅ·미·라(A, 1b), :사·ᄅ·미·니(Ⅰ, 7b), :사·ᄅ·민·가:사·룸·아·닌·가(Ⅰ, 15a)'가 된다. <다만> :사·ᄅ·미·며(Ⅰ, 11a)

    ○ 겨집(女, 婦) — :겨지·비[주](Ⅰ, 25b), :겨지·븨그에[여](Ⅰ, 26b), :겨지·비·라[지](Ⅰ, 8a). <다만> :겨·지비·니[지](Ⅰ, 26b)

    ○ 잢간(暫時) — :잢간·도(B, 4b)

    ○ 말쏨(言) — :말쏨(B, 1a)

---

29. (예) :져그·며(Ⅰ, 29b).

○ 샤옹(夫) − :샤오·이·오[지](Ⅰ, 12a)

○ 쳔량(財) − :쳔랴·을[대](Ⅰ, 12b), :쳔량·이·라[지](Ⅰ, 24b)

○ 거즛(噓) − :거즛:말(Ⅰ, 25b)

○ 갈기(鬣) − :갈기·예[처](Ⅰ, 27b)

이 유형에서 주의해야 할 점은 지정사가 붙을 때 上平의 성조를 유지하는 것과 上去로 변화하는 것이 있으며, 일정하지 않다는 사실이다.

⑧ 上去형

○ 님금(王) − :님·금(Ⅰ, 1a), :님·긊[속](B, 16b), :님·그미·라[지](Ⅰ, 31b)

○ 힝덕(行) − :힝·뎌기[주](Ⅰ, 5b), :힝·뎌·글[대](Ⅰ, 11b), :힝·뎌기·라[지](Ⅰ, 5b)

○ 아래(前, 嘗) − :아·래(Ⅱ, 50b), :아·랫[속](Ⅰ, 6b)

○ 보븨(寶) − :보·븨·롤[대](Ⅰ, 11a)

○ 아모(某) − :아·모(B, 3b), :아·모저긔(Ⅰ, 16a), :아·모거·긔·도(Ⅰ, 24a), :아·뫼어·나(Ⅰ, 13a). <다만> :아모·듸·나(Ⅰ, 26a), :아못것·도(B, 18b)

○ 기리(長) − :기·리[주](Ⅰ, 26b). <다만> 기·리(Ⅰ, 43b)

○ 돗귀(斧) − :돗·귀(Ⅰ, 29a)

'아모'는 대명사로서 약간 특이한 모습을 보이지만, 다른 단어에서는 지정사 '이'가 평성을 보이고 있다. 또한 '기리'가 上去로도 되고 平去로도 되는 것은 주목해야만 한다.

⑨ 上上형

이 유형도 한 예밖에 없다.

○ 두서(二三) — :두:어·힛(Ⅰ, 6a)

이 단어는 원래 '두(二)'와 '서(三)'의 결합으로 모음 사이에 개재
한 'ㅅ'이 유성음화하여 'ㅿ'이 되었다. 현대어에서는 'ㅿ'이 탈락하여
'두어'로 변화했다. '두'든 '서'든 모두 상성의 단어이며, 합성어에서
도 원래 성조를 유지하고 있다.

이상 2음절 단어의 상황을 살펴보았는데 요약하면 다음과 같다.

⑴ 2음절 단어에서도 원칙상 성조는 일정하게 나타나지만 去平
형의 단어는 지정사 앞에서 去去형으로 바뀌며, 또한 上平형
의 단어에서도 동일하게 上去형으로 변화하는 예가 있다. 다
만 上平의 원형을 유지하는 경우도 있어서 일정하지는 않다.
平去형의 단어에 처격조사가 결합해도 1음절 거성 단어에서
보이는 것과 같은 변화는 발견되지 않는다. 去去형과 上去형의
경우는 예가 없어서 불분명하다.
⑵ 조사와 접미사에서의 성조 변동은 다음과 같다.
㈀ '−에셔'의 예는 적으며 平去형 단어에 붙는 한 예에서 '에셔'
가 平去를 보이는 경우가 있다.

(ㄴ) '-으로' 역시 예가 적다. 平平형 단어에 붙어서 去去를 보이는 한 예가 있다. 또한 '-로셔'가 平去로 나타나는 경우가 平去형 단어에서 하나 존재한다. 이것은 '-에셔'에 준하여 생각할 수 있을 듯하다.

(ㄷ) 지정사의 '이'는 平平형 단어에서는 거성, 上平형 단어에서도 거성을 나타내는 경우가 있지만, 그 밖의 경우에는 대체로 평성이다. 다만 去上형과 上上형 단어에는 예가 없다. 여기서 '이라'를 대표로 하여 각 형태의 모습을 보이면 다음과 같다. 즉 去平형과 去去형은 동일한 형태이며, 부분적으로는 上平형과 上去형이 혼동된다.[30]

- 平平 　○○·이·라
- 平去 　○·○이·라
- 平上 　○:○이·라
- 去平 　·○·○이·라
- 去去 　·○·○이·라
- 上平 　:○○·이·라~:○·○이·라
- 上去 　:○·○이·라

4.1.3. 3음절 단어

앞에서 언급했듯이 3음절 이상 단어는 드물며 따라서 유형의 분류나 변동을 명확히 할 수가 없다. 조사에 포함된 3음절 단어의 예

---

30. [역자주] 이것은 어간과 지정사를 모두 합친 활용형의 성조가 어떤지를 비교한 결과이다.

만 제시하는 것으로 그치고자 한다.

① 平平平형

- 숣가락(指) － 숣가락(B, 22b), 숣가라·글[대](B, 22b), 숣가
  라·기·오[지](B, 22b)
- 아라옹(上下)[31] － 아라우·히[주](Ⅰ, 29b)

② 平平去형

- 어버싀(親) － 어버·싀·롤[대](B, 16a)
- 듣긇띠(塵垢) － 듣긇·띠(B, 8b)
- 죽사리(生死) － 죽사·릴[대](Ⅰ, 21b), 죽사·릿[속](Ⅰ, 11b)
- 보오리(峰) － :묏보오·리(Ⅰ, 27a)

③ 平去平형

- 머릿박(頭) － 머·릿바·기·며[지](Ⅰ, 13a)
- 즘게낢(樹木) － 즘·게남·글[대](Ⅰ, 2a)
- 거우루(鏡) － 거·우·루(Ⅰ, 34a)

---

31. 글자대로라면 '下上'이다.

④ 平去去형

 ㅇ 술위뼈(車輪) ― 술·위·뼈·니[지](B, 4a)
 ㅇ 가온듸(中) ― 가·온·듸·라[지](Ⅰ, 22a)

⑤ 平去上형

 ㅇ 아바님(父) ― 아바:님(Ⅰ, 41a)

⑥ 去平去형

 ㅇ 고키리(象) ― ·고키·리·오[지](Ⅰ, 27a)
 ㅇ 뎡바기(頂) ― ·뎡바·기·예[처](Ⅰ, 31a)
 ㅇ 빗바당(腹) ― ·빗바·다·ㅇ·로[구](Ⅰ, 15a)
 ㅇ 눉ᄌᅀᅵ(眦) ― ·눉ᄌ·ᅀᅵ·며[지](Ⅰ, 13a)
 ㅇ 발자최(足跡) ― ·발자·췰[대](Ⅰ, 2b)

⑦ 上去平형

 ㅇ 님자히(主) ― :님·자히·라[지](Ⅰ, 46a)

여기서 알 수 있듯이 복합어가 많다. 그리고 복합어의 경우 그
것을 이루는 단어의 성조를 그대로 유지하는 경우가 많은 듯하다.
가령 '·발자·최'는 '·발(足)+자·최(跡)'의 합성어이고, '고키·리'는 '곻
(鼻)+기·리(長)'의 결합이다.

4.1.4. 대명사에서의 성조 변동

이상 주로 명사에 대해 서술해 왔는데 명사의 경우에는 약간의 변동을 포함하지만 원칙상 성조는 대체로 고정되어 있음을 보았다. 대명사에서는 성조 역시 약간 불규칙성을 드러내고 있다. 그리고 성조가 다름으로써 문법적 기능에 차이를 보인다는 점도 주목할 가치가 있다. 우선 1인칭 대명사 '나'에 대해 살피기로 한다.

나·ᄀᆞᆫᄒᆞ·리·라(Ⅰ, 17a)

여기서의 '나'는 독립형으로, 이를 통해 이 단어가 평성 단어라는 점을 알 수 있다. 그런데 한편으로 '·나'로 나타나는 예도 적지 않다.

·나·와(Ⅰ, 13a), ·나·는(Ⅰ, 12b)

이처럼 평성과 거성의 두 가지 형태가 쓰이는 것은 이 단어의 격 변화에서도 불규칙성을 만들어 낸다. '나'의 대격형이 ':날爲·ᄒᆞ·야(Ⅰ, 17b)'이나 ':날ᄃᆞ·려(B, 11a)'와 같이 상성을 보이는 것은 '나+·ᄋᆞᆯ'의 축약으로 보아야 하는데, '아·바:님·이:나·를·올타·ᄒᆞ시·니(Ⅰ, 41a)'의 ':나·를'도 ':날'에 대한 유추로 설명할 수 있을 듯하다. 그런데 한편으로 '날(B, 2a)'과 같이 거성으로 나타나는 예도 있다. 이것은 '나+·ᄋᆞᆯ'로 보인다.

지정사가 결합하는 경우에는 다음과 같다.

·내·라(B, 4b), ·내어·니(Ⅰ, 7a)

여기서도 '나'를 지시한다.

가장 흥미로운 것은 '내'라는 형태이다. 원래 '내'는 주격과 속격의 두 가지 기능을 보인다. 그런데 이 두 기능은 성조의 차이에 따라 구별되고 있다.

·내·이고·줄나·소리·니(Ⅰ, 11b)

·내:겨지·비·라(Ⅰ, 13a)

·내스랑·호·딕(B, 15a)

·내·나·아간·들(Ⅰ, 41a)

·내어·저·쇠다·숫가·짓·쑤·믈·쑤우·니(Ⅰ, 17a)

위와 같이 주격의 경우에는 거성을 보인다. 반면 속격에서는 다음과 같이 평성으로 나타난다.

내願·을(Ⅰ, 12a)

내·몸안·해(Ⅰ, 17b)

내·몸:얻노·라(Ⅰ, 36b)

더욱이 다음 용례는 종속문의 주어를 표시하는 속격의 용법을 보여 준다.

能·은내·호미·오(B, 2a)

내布施·호·논ᄆᆞᅀᆞᆷ(Ⅰ, 13a)

이처럼 1인칭 대명사 '나'의 성조는 상당히 불규칙적이며 또한 성조의 구별이 형태론적 의미를 지니고 있었음을 알게 된다.

1인칭의 '나'에 대응하는 2인칭 대명사는 '너'이다. '너'도 대체로 '나'와 동일한 상황을 보여 준다. 지정사 '-이라'와 결합할 경우에는 ':네·라(B, 10b)'이다. 이것은 '너+·이·라'의 축약이다. 단독형 '너'의 성조는 다음과 같이 평성이다.

> 너爲·ᄒᆞ야(권21, 139장 앞면)
>
> 너·그·리ᄂᆞ·니·와너讚歎ᄒᆞ·ᄂᆞ니·와(권21, 158장 앞면)

이러한 '너'의 경우도 주격과 속격의 구별은 성조의 차이로 표시되고 있다. 주격은 다음과 같이 상성으로 나타난다.

> :네阿僧祇劫·을:디·나·가(Ⅰ, 15b)
>
> :네쟝·ᄎ부텨두욇相·이로·다(Ⅰ, 18a)
>
> :네釋譜·롤밍·ᄀᆞ라(B, 11a)

반면에 속격은 다음과 같이 평성으로 나타난다.

> 네願·을(Ⅰ, 12b)

'저(自分)'도 '너'와 완전히 동일한 모습을 드러낸다. 지정사 '-이라'가 결합하면 상성으로 된다.

> :제·라(B, 18a)

또한 주격과 속격의 차이도 상성과 평성의 대립으로 구별되고 있다.

:제딩·ᄀ·라:제·즐·기ᄂ·니(Ⅰ, 31b)

위의 예는 주격의 예이고 다음은 속격의 예이다.

:아·모거긔·도제·무·레위두흔거·슬王·이·라·ᄒᄂ·니·라(Ⅰ, 24a)

제머·군·ᄠ드·로(Ⅰ, 32a)

4.2. 종합적 검토

앞서 양해를 구한 것처럼 아직 조사가 완전히 이루어지지 않았기 때문에 결론적인 것은 전혀 말할 수 없는 상태이지만, 지금까지 살핀 것으로도 성조가 지니는 음운론적 가치와 형태론적 가치가 크다는 점은 분명하다고 생각한다.

이 중간 보고적 성격의 조사에서 명확해진 것은 성조가 대체로 단어에 따라 고정되어 있다는 원칙이다. 그러나 이러한 원칙도 소수이지만 약간의 예외를 포함하고 있으며, 이 예외가 어떠한 원인에 기인한 것인지는 이 정도의 한정된 조사로는 물론 밝힐 수가 없다. 그러나 주목해야 할 점은 2음절 단어에서 平去형이 압도적으로 많다고 하는 것이다. 이와 더불어 지정사 '—이라, —이니, —이오' 등과 조사 '—에서, —으로' 등 2음절을 이루는 형태의 성조 변동—특히 이들이 자주 平去로 바뀐다는 점—을 함께 고려할 경우, 어떤 경향이 작용을 하거나 또는 작용을 드러내는 것은 아닌지 짐작된

다. 지정사의 경우[32] 2음절 단어 중 平平형과 부분적으로는 上平
평을 제외하면 平去로 이동하는 경우는 모두 그 앞 음절의 성조가
거성 또는 상성이며, 거성은 高調이고 상성은 低高調이기 때문에
그 뒤에 去去(高高)가 오면 '高高高'의 세 음절이 이어지게 된다. 거
기서 성조의 이화가 일어나서 '高低高', 즉 '去(~上)平去'로 변화했
던 것은 아닐까 한다. 1음절 단어에서 거성 단어와 상성 단어에 지
정사가 결합하면 지정사가 동일하게 平去로 되는 것 역시 같은 원
리라 하겠으며 또한 거성 단어의 대부분에 거성의 '-·에'가 붙을
때 거성 단어가 평성으로 변화하는 것도 平去로 이동하는 하나의
경향을 암시하는 것으로 보인다.

한 걸음 더 나아가 중기어의 종말과 함께 성조가 소멸하게 된 것
이, 단어의 성조가 어떤 커다란 흐름, 가령 平去를 지향하는 흐름
에 합류함으로써 그 음운론적 가치를 잃어버렸기 때문이라고 생각
한다면 지나친 억측일까 모르겠다. 물론 이러한 성점의 소실 과정
은 차후의 연구 과제이기는 하지만, 그 맹아가 이미 중기어에서 잉
태하고 있었다고 보아도 그다지 망상은 아니리라 본다.

그렇다고는 하지만 앞서 제시한 예들을 보아도 알 수 있듯이 중
기어에서는 여전히 성조의 음운론적 기능이 명백하다. 그리고 성조
의 변별이 반드시 문장 악센트에 지배되는 것처럼 볼 수는 없다. 또
한 기대하는 것과 같은 tone-sandhi도 인정할 수 없는 듯 보인다.
예컨대 상성의 중출도 적으나마 존재한다.

　　:겯:낼·씨·니(Ⅰ, 11a), :몯:어·드리·라(Ⅰ, 12b)

---

32. [역자주] 앞에 제시된 '-이라, -이니, -이오'와 같이 지정사가 2음절로 나타
　　나는 경우만을 대상으로 하고 있다.

더욱이 세 음절이 연속하면서 세 개의 상성이 이어지는 경우마
저 있다.

　:몬:내:알거·시·라(Ⅰ, 14b)

다만 약간 흥미로운 것은 앞의 ':걷:낼(渡)'이다. 이 단어는 '걷/걸
(步)+내(出)'라는 두 동사 어근의 결합에서 생겨난 것으로, '걷'이
든 '내'든 모두 원래 상성을 지니는 동사이다. 이 동사에 다시 '뛰
(跳)-'가 덧붙어 ':걷:내뛸'이 되면 '超, 超越'을 의미하게 된다. 이
동사는 ':걷:내뛰여'(Ⅰ, 52b)라는 연결형으로 『月印釋譜』 권1에 나
타난다. 그런데 '天順版'으로 생각되는 『楞嚴經諺解』 권9에 다음과
같이 나오고 있다.

　:걷·내뛰는(2a), :건·네뛰ᄂ·니·라(3b)

우선적으로 주의해야 할 것은 '걷'의 'ㄷ'이 뒤에 오는 'ㄴ'에 동화
되어 'ㄴ'으로 되었다는 점으로, '걷내'가 어원적 의식에서 표기된 데
대해 이것은 발음적인 표기라고 하겠다. 다음으로 ':건·네뛰ᄂ·니·라'
에서 '건네'로 되어 있는 것은 모음조화에 따른 형태이며, 이 또한
표음적인 표기이다. '걷내' 또는 '건내'는 분명히 모음조화를 깨뜨린
형태이며 이것 역시 어원을 의식한 표기법이다. 더 주목해야 할 것
은 ':걷:내'가 ':건·네' 또는 ':건·내'로 바뀌어 上上이 上去로 변화했
다는 점이다. 즉 ':걷:내'라는 표기는 철저히 어원적인 표기이고, 실
제로는 아마도 ':건·네'로 발음되었음에 틀림없는 것이다. 이런 사실
은 上上의 중복을 피하여 上去로 바꾼다고 하는 Sandhi의 존재를

보여 주는 것은 아닐까? 이런 사실도 차후의 조사를 통해 밝혀질
터인데, 중기어 문헌의 두드러진 표음성에도 불구하고 여전히 어원
적이거나 인위적 표기 또한 약간 포함되어 있음을 추측게 하기에
충분한 듯하다.

【후기】

당초 계획으로는 서론에서 언급했던 세 가지 과제, 즉 한글 고문
헌에 보이는 성점이 나타내는 중기어 성조에 관한 문제, 마찬가지
로 한자음의 성조와 관련된 문제, 그리고 조선의 중국어 학습서 성
점에 관한 문제, 이들 전반에 대해 그 개관을 시도할 작정이었다.
결과는 첫 번째 과제, 그것도 시종일관 극히 시론적인 기술에 그치
고 말았다. 그러나 성조의 문제는 상당히 광범위한 측면에 걸친 주
제이고 또한 아직 조사되지 못한 영역이 많아서, 그 전반에 대한
논의는 훗날을 기다리지 않으면 안 된다.

두 번째 과제 역시 조사되지 않았는데, 이 문제의 조사는 의외로
품은 많이 들어도 얻는 것은 적지 않을까 생각한다. 왜냐하면 중기
고문헌에 있는 한자음의 성점은 그 한자음과 더불어 매우 인위적
이기 때문에 한국 한자음의 역사를 연구하는 데 자료적 가치가 적
기 때문이다.[33]

다만 이 논문에서도 서술했듯이, 『東國正韻』의 서문에 나오는
"語音則四聲甚明, 字音則上去無別"이라는 문구는 주목해야 한다.
현재의 한자음에서도 거성에 속하는 글자가 종종 상성 글자와 동

---

33. 졸고인 「東國正韻及び洪武正韻譯訓に就いて」 참조.

일하게 장모음을 지니며 또한 상성적인 성조를 보이는데, 같은 상황이 중기어 한자음에 대해서도 말할 수 있다는 것을 이 문구로써 알 수 있다.

그것의 구체적인 증거 중 하나가 한글 고문헌에서도 발견된다. 본론에 제시된 1음절의 상성 단어 중 ':양'이라는 것이 있다. 이것은 한글로 표기되어 있지만 한자어 '樣'이라는 점은 의심할 바가 없다. '樣'은 거성 글자이기 때문에 기계적으로 본다면 '양'이 되어야 한다. 그런데 '양'은 한국어로서는 ':양'과 같이 상성점이 찍혀 있다. 이것은 분명히 당시 전래 한자음의 거성 글자가 상성과 혼동되고 있었음을 말해 준다. 또한 '양ᄌᆞ'라는 단어가 있는데, 이것은 '樣子'이다. 이것이 '양·ᄌᆞ'(平去형)로 되어 있는 것도 흥미롭다. 형식적으로 생각하면 '樣'은 거성이고 '子'는 상성이므로 '양·ᄌᆞ'이지 않으면 안 된다. 그런데도 '양·ᄌᆞ'와 같이 平去의 성조로 나타나는 것은 어떤 이유에 근거한 것일까? 그 까닭은 아마도 다음과 같이 생각할 수 있을 듯하다. 중기어에서 한자음의 거성이 상성이었다고 한다면 '양ᄌᆞ'는 ':양·ᄌᆞ'가 될 것이다. 그런데 앞의 4.2.에서 서술한 데 의하면 상성의 중출이 上去로 변화는 경향이 있었던 듯하다. 그렇다면 먼저 ':양·ᄌᆞ'로 변했음에 틀림없다. 上去의 성조는 '低高—高'이다. 따라서 이것이 '低—高'로 바뀌는 것은 한 걸음에 불과하다. 실제로 앞서 제시한 上去형 단어 중에도 '기리(長)'가 ':기·리'로도 나타나고 '기·리'로도 나타나는 예가 있다. 지금까지의 조사로는 이 하나의 예밖에 없지만, 이런 종류의 변칙 예는 다른 데에서도 발견할 수 있으리라 본다. 그렇다면 ':양·ᄌᆞ'가 '양·ᄌᆞ'로 변화해도 그다지 다르다고 할 정도는 아닐 것이다. 오히려 이 '양ᄌᆞ'와 같은 예로부터 문헌의 표면에 드러나지 않는 성조의 변동을 살짝 엿볼 수 있지는 않을까 한다. 그러나 이러한 종류의 문제는 좀 더 정밀한 조사 결과에 기반하여 명확히 할 부분이다.

　세 번째 과제에 대해서는 본고의 3절에서 한국어와 중국어 성조를 비교한 것 외에는 지면 관계상 전부 생략했다.

8장

『伊路波』의 한글 표기에 대하여

- 한국어사의 입장에서 -

─『伊路波』의 한글 표기에 대하여

-한국어사의 입장에서-

【해설】 이 논문은 원 제목이 「伊路波の諺文標記に就いて」이며 1952
년 11월 『國語國文』 21권 10호에 발표되었다. 부제에서 알 수 있듯
이 『伊路波』의 한글 표기를 통해 한국어 음운사와 관련된 측면을 다
루고 있다. 자음 표기에서는 'ㅿ'과 'ㅸ'이 중심이다. 특히 'ㅸ'의 음가를
'[β]'로 추정하는 과정이 흥미롭다. 모음 표기에서는 'ㅔ'가 당시 이중모
음이라는 점, 그래서 일본어 '[e]'의 표기에는 'ㅖ'나 'ㆎ'가 더 적절했다
는 점을 주로 서술하고 있다.

1. 머리말

『伊路波』가 한국어 음운 자료로서 귀중한 것은 일본어의 음절
문자 체계(syllabary)를 그에 근사한 한국어 음운으로 전사한 것이
기 때문이지만, 특히 이것이 弘治 5년, 즉 1492년(성종 23)에 완성
된 것이라는 점에 특별한 가치가 있다. 왜냐하면 한글은 1443년에
창제되어 1446년에 공포된 것이므로 『伊路波』는 한글이 나온 지
불과 50년이 채 못 되어 만든 것이며 따라서 저자의 소위 중기 한
국어 음운을 아는 데에도 흥미로운 자료이기 때문이다. 또한 한국
에서 일본어 음 표기를 한 가장 오래된 자료에 속하고, 이후의 『捷

解新語』(1676년)에 선행하는 문헌으로서『捷解新語』의 일본어 음
표기의 기초가 되었다고 생각된다. 종래 小倉進平 선생의『增訂朝
鮮語學史』(411~412쪽) 등에 의해 그 명칭만 알 뿐이었는데, 올 여
름(1952년) 외우(畏友)인 濱田敦 씨가 香川大學 학장 神原甚造 씨
의 호의로 그의 소장본을 빌려 본 후 필사한 것을 눈여겨볼 기회
를 얻어서 그 실체를 알 수 있게 된 것은 저자에게는 크게 기쁜 일
이었다. 여기서 神原甚造 씨와 濱田敦 씨의 호의에 깊이 감사하고
자 한다. 아울러 진작부터 한국어학에 지대한 관심을 가지고 있던
濱田敦 씨에게서 그는 자신의 전문 영역인 일본어 음운사 측면에
서『伊路波』를 연구하고 저자는 한국어 측면에서 고찰하여 협동으
로 집필했으면 하는 제안이 있었기에, 본고에서 이『伊路波』와 관
련해 한국어 음운사상으로 주목해야 할 점에 대해 약간 논의함으
로써 감히 濱田敦 씨의 업적에 사족(蛇足)으로 빌붙을 따름이다.

【한글의 로마자 전사표】[1]

자음자(초성)			
ㄱ k	ㅋ k^h	ㆁ ŋ	
ㄷ t	ㅌ t^h	ㄴ n	ㄹ r
ㅂ p	ㅍ p^h	ㅁ m	
ㅸ f	ㆄ f^h	ㅱ w	
ㅈ c	ㅊ c^h		
ㅅ s			△ z
ㆆ ’	ㅎ h	ㅇ ‘	

---

1. 이하 기술에서는 인쇄의 편의상 이 표의 로마자에 의거해 한글을 표시하기로
한다. [역자주] 번역문에서는 특별한 상황을 제외하고는 로마자 대신 한글을
사용한다.

모음자(중성)		
· ɐ		
ㅡ ɯ		
ㅣ i		
ㅏ a	ㅑ ya	ㅘ oa
ㅗ o	ㅛ yo	
ㅓ ə	ㅕ yə	ㅝ uə
ㅜ u	ㅠ yu	
ㅐ ai	ㅒ yai	ㅙ oai
ㅚ oi	ㆉ yoi	
ㅔ əi	ㅖ yəi	ㅞ uəi
ㅟ ui	ㆌ yui	

『伊路波』에서 일본 각 가나(假名)의 음을 표시하는 한글의 양상을 서술함에 있어 한 마디 해 두고자 하는 것은, 일본어와 한국어라는 상당히 다른 음운 체계를 가진 두 언어를 대비할 때에는 당연하겠지만, 한글의 비정(比定)이 근사치일 수밖에 없다는 점이다. 게다가 두 언어 모두 약 500년 전의 상황을 다루고 있기 때문에 그 음가 추정 역시 필연적으로 명확하지 않은 점이 적지 않은 것은 말할 것도 없다. 그러나 오히려 그렇기 때문에 흥미로운 점도 많다고 생각된다. 이제 그 대비를 통해 주의해야 할 점을 간단히 서술하기로 한다.

2. 자음의 경우

가나(假名)의 각 행음(行音)을 표시하는 한글 초성의 배당을 개괄적으로 보이면 다음과 같다.

- ○ ㄱ행에 대해서는 'ㅇ'. 다만 'ㄱ'에는 'ㅱ'.
- ○ ㄱ행에 대해서는 'ㄱ'.
- ○ ㄱ행에 대해서는 'ㅅ'. 다만 'ㅈ'에는 'ㅿ'.
- ○ ㄱ행에 대해서는 'ㄷ'.
- ○ ㄱ행에 대해서는 'ㄴ'.
- ○ ㄱ행에 대해서는 'ㅸ'. 또한 부분적으로 'ㅎ'. 다만 'ㅅ'에는 'ㆄ'.
- ○ ㄱ행에 대해서는 'ㅁ'.
- ○ ㄱ행에 대해서는 '+ㅇy'.
- ○ ㄱ행에 대해서는 'ㄹ'.
- ○ ㄱ행에 대해서는 'ㅇ'. 'ㄱ'는 '와[wa]'.

이것은 표—A에 대한 개괄로, 표—B와 표—C를 참조하면 세부적인 점에서 여러 가지 문제가 있다.[2]

'ㄱ'는 표—A에서는 '푸'로 되어 있지만 표—C에서는 '우'(內音 '우디')로 되어 있으며 또한 표—A 안에 있는 'ㅏㄱ'의 'ㄱ'에 대해 '우'를 할당하고 있다. 다만 이 경우는 'ㅏㄱ'(十)이기 때문에 조건이 약간 다르다. 표—A의 '푸'와 표—C의 '우'를 어떻게 생각할지는 濱田敦 씨의 고찰이 있다고 보고, 저자로서는 'ㅱ'에 대해 서술하여 참고로 제시하는 데 그치고자 한다. 이 'ㅱ'이라는 글자는 원래 중국 음운학의 微母를 표시하는 것으로서, 그 문자는 'ㅁ'(明母)과 'ㅇ'(喩母)을 결합한 것이다. 이미 『訓民正音』에서 명기한 것처럼 소위 순경음 계열은 모두 순중음 글자에 喩母의 'ㅇ'을 덧붙여 나타낸다. 喩

---

2. 본고에서 '표—A'라고 한 것은 제1장의 'ㅓㅍㅅ'와 숫자의 표를, 표—B는 제3장과 4장에 걸쳐 있는 「右各字母外同音三十三字類」의 '變體假名' 표를, 표—C는 제4장의 「別作十三字類」라고 제목이 붙은 '書牘頻出漢字' 등의 표를 각각 가리킨다.

母의 첨가는 『訓民正音』의 「制字解」에서 "以輕音脣乍合而喉聲多
也"라고 한 그 '喉聲'을 'ㅇ'으로써 표시한 것이다.[3] 이 微母의 글자
는 중기어의 여러 문헌 이래로 한국어를 표시하는 데는 전혀 사용
되지 않았는데, 중기어 문헌에서는 한자음에 쓰이는 경우가 있다.
그 한자음은 流攝 및 效攝에 속하는 것이며, 두 섭(攝)의 한자음
운미를 이 微母로 나타내고 있다. 가령 '流'를 '륳', '好'를 '홓'와 같이
표기한다. 그러나 이 한자음 표기는 『東國正韻』의 표기법이며,[4] 한
국에 전래되던 한자음으로는 流攝이 'ㅜ' 또는 'ㅠ'로 끝나고 效
攝은 'ㅗ' 또는 'ㅛ'로 끝나서 어떠한 운미도 지니지 않는다.[5] 이
러한 微母의 첨가는 流攝과 效攝의 인위적인 표기에 불과하다. 그
러나 당시 중국음의 流攝과 效攝 운미에 대해서도 이 'ㅱ'을 사용
하고 있었고 이러한 방식을 한국 한자음에 적용한 것이라고 생각
된다. 이 두 섭(攝)의 운미에 'ㅱ'을 사용한 것은 'ㅱ'의 음가를 추정
하는 데 중요하다. 원래 微母는 'mv-[6]>v->w-'의 과정을 거쳤다
고 보이는데, 명나라 초기에 이미 'w'의 단계에 도달했었다는 사실
이 流攝과 效攝의 운미 표기에 微母를 사용한 것에 의해 판명된다.
流攝과 效攝의 운미는 'u' 또는 'o'라고 생각되기 때문에 微母가 당
시 'v'였다고 하기보다 'w'였다고 하는 편이 좀 더 합리적일 듯하다.
또한 주의해야 하는 것은 이 『伊路波』의 표-A 중에 발견되는 '京
音 꺌'와 '上音 샿'라는 표기이다. 여기서도 微母인 'ㅱ'을 통해 'キャ
ウ'와 'ジャウ'의 'ウ'를 표시하고 있다. 이러한 일본 한자음의 표기는

---

3. 후음의 기본자는 'ㅇ'이다. 졸고인 「新發見の訓民正音に就いて」(『東洋學報』 제
31권 2호) 103쪽 참조.
4. 졸고 「東國正韻及び洪武正韻譯訓に就いて」(『東洋學報』 제27권 4호) 참조.
5. '流'는 '류', '好'는 '호'이다.
6. 이 때의 'm'은 순치음이다.

한국 한자음과 중국음에 있어 流攝과 效攝의 운미 표기를 적용한
것인 듯하다.

'ズ'에 'ㅿ'을 할당한 것은 물론 'ゼズ'로 훈독되던 것을 적은 경우이
며, 그런 사실은 'ゼ'에 '션'과 같이 비음 'ㄴ'을 덧붙이고 있다는 점을
통해서도 알 수 있다. 또한 ザ행에 'ㅿ'을 배당한 것은 앞의 표기 '샿'
에서도 볼 수 있다. 'ㅿ'은 현대 한국어에는 없지만 당시 한국어에서
는 꿋꿋하게 살아 있었다. 다만 어두에는 오지 않는다. 원래 한글의
자음자는 중국음의 두자음(頭子音) 체계를 빌려 당시 한국어의 자
음 체계를 관찰 및 정리한 결과로 만들어진 것이다.[7] 'ㅿ'은 중국음
의 日母에 대응한다고 생각되기 때문에 당시 중국의 日母 음이 어
떤 것이었는지 그 세부적인 성격은 명확지 않다고 해도 'z' 또는 그
와 유사한 음이었으리라 생각할 수 있다면, 한국어의 'ㅿ' 역시 최소
한 'z'와 유사한 음을 나타냈다는 점은 의심할 바가 없다. 이러한 'ㅿ'
이 남부 방언에서 'ㅅ'에 대응한다는 점도 이 음운의 음성적 성격의
일면을 보여 주는 듯하다. 『伊路波』에서 'ズ'에 할당되어 있는 것도
이러한 상정(想定)을 뒷받침한다. Ramstedt 씨가 이 'ㅿ'을 '경구개음
ń'(a palatal ń)이라고 하고 '약하게 비음화된 j'(a weak nasalized j)와
같은 음이라고 했던 데는 전적으로 찬성하기 어렵다.[8]

'ヂ'에 대해 '디', 'ヅ'에 대해 '두'를 할애한 것은 일본어 음운사에
있어 흥미로운 점이지만, 'ヂ(디)'와 'テ(데)'의 표기는 한국어로서도
문제가 된다. 왜냐하면 'ti'와 'ty-'는 한국어에서도 일본어와 마찬

7. 앞의 졸고 「新發見の訓民正音に就いて」(『東洋學報』 제31권 2호) 참조.
8. G. J. Ramstedt의 「A Korean Grammar」(『Mémoires de la Société Finno-
ougrienne』 82) 10쪽 참조.

가지로 'ci'와 'c-'로 변화했기 때문이다. 중기어에서는 'ti, ty-'와 'ci, c-'의 구별이 명료했었다. 가령 '彼'는 오늘날에는 '저'라고 하여 '自分'을 의미하는 '저'와 같은 형태이지만 중기어에서는 '彼'가 '뎌', '自分'은 '저'라고 했었다. '뎌(彼)'는 평안도 방언에서 지금도 '더, 데'라고 부른다. 'ti'와 'ty-'의 't'를 남기고 있는 것은 평안도 방언의 특징이다. 따라서 『伊路波』의 '디(チ)'와 '데(テ)'는 아직 동화가 일어나지 않았다고 생각해야 한다. 동화가 일어난 것은 乾隆 무렵이었던 듯한데, 상세한 연구는 아직 없다.[9]

'두'는 일본어와 같이 파찰음화하지는 않는다.

가장 흥미로운 것은 ハ행이다. 『伊路波』에서 나타나는 ハ행의 상황을 보면 다음과 같다.

- ハ 봐(표-A·B) 함바 ハハ(표-C)
- ヒ 빙(표-A·B) ヒト(표-A) 피도
- フ 뵹(표-A·B) フタ(표-A) 후다
- ヘ 볘(표-A)
- ホ 뵹(표-A·B) 혼도 程(표-C)

우선 ハ행을 'ㅸ'과 'ㅎ'으로 표시한다는 점이 주목된다. 이러한 표기는 일본어 음운사에서 당연히 문제가 될 듯하다. 그 참고로서 'ㅸ'에 대해 서술해 보기로 한다. 'ㅸ'은 중국음의 非母에 대응한다. 따라서 순음의 무성마찰음으로 생각할 수 있다. 그러나 중국음의 非母를 나타낼 뿐만 아니라 종종 한국어에도 나타난다. 그런데 어

---

9. [역자주] 乾隆은 1736년부터 1795년까지이다.

두에 놓이는 경우는 없다. '병'은 항상 유성음 사이에서 나타나며 '유성음 사이'라는 음성적 조건을 고려할 때, 마치 'ㅂ'이 동일한 조건에서 '[b]'로 실현되는 것과 마찬가지로 '병' 역시 아마 유성음으로 실현되었으리라 생각된다. 다만 'ㅅ'은 유성음 사이에서도 유성음화하지 않기 때문에 반드시 유성음으로 바뀐다고 단정하기는 어렵다.

그러나 이 '병'은 후대에 대체로 '[w]'로 바뀌었다. 예를 들어 소위 ㅂ-불규칙 활용 용언 등이 대표적인 예이다. 즉 '덥-(暑)'은 '더본, 더버'가 현대어에서 '더운, 더워[təwə]'로 된 것이다. '더운'은 'tə-wɯn'으로부터의 변화이다. 일반적으로 순음에 후속하는 'ㅡ(ɯ)'는 현대어에서는 'ㅜ'로 변화한다. '믈>물(水), 블>불(火)'이 그 예이다. 또한 주의해야 할 점은 '병'의 결합이 'ㅗ'로 바뀐다는 사실이다. 가령 '드뷔-(化)'는 '드외-'를 거쳐 '되-'가 되었다. 게다가 '드뷔-'와 '드외-'는 시간적인 거리가 그다지 멀지 않은 문헌에서 나타난다. '드뷔-'는 『龍飛御天歌』에, '드외-'는 『楞嚴經諺解』(天順版)에서 발견된다. 이것에 대한 해석은 다양할 수 있지만, 아무튼 이런 사실들은 '병'이 유성음화하여 나타난다는 점을 명시하는 듯 보인다. 또한 '표범(豹)'은 '표(豹)'와 '범(虎)'의 합성어로 이 때의 '병'은 분명이 'ㅂ'이 모음 사이에 개재했기 때문에 약화(마찰음화)한 것이다. 이 경우 역시 'ㅂ'은 두 모음 사이라는 조건 아래에서 일단 '[b]'였다고 생각할 수 있으므로, '병'을 그것의 약화라고 보면 역시 유성음적인 성격이었다고 생각된다.

이상의 여러 사실로부터 한국어에 나타나는 '병'은 음성적으로는 유성음이며, 게다가 'ㅂ'의 약화 및 '[w]'로의 변화 과정을 고려하면 양순마찰음이었으리라 추정되는 것으로서, '[β]'라고 상정하는 것

이 적당하다. 그러나 중국음의 非母를 표시하는 한에서는 역시 무성음이라고 생각해야 하며 따라서 어두에서는 '[F]'를 상정할 수가 있을 듯하다. 그러므로 『伊路波』에서의 '벙' 역시 '[F]'를 나타낸다고 생각해도 좋다. 이 점은 당시 일본어의 ハ행 음의 성질을 어느 정도 보여 주는 것 같다.

'벙'이 非母를 나타냄에 대해 '퐁'은 敷母를 나타낸다. 모두 微母의 경우와 동일하게 순경음이며, 한글로는 'ㅂ(幫母)' 및 'ㅍ(滂母)'과 'ㅇ(喩母)'의 결합이다. 그런데 'ヘ'에 대해 '퐁'을 사용한 것은 무슨 이유 때문일까? 원래 敷母는 중국음에서 이론상 全淸인 非母에 대응하는 次淸의 음이며 또한 순중음의 次淸인 滂母 'pʰ'로부터 발생한 것인 이상, 그 존재는 당연히 생각할 수 있다. 그러나 적어도 한글이 만들어진 당시의 중국음에서는 非母와 혼동되고 있었다.[10] 따라서 체계상 敷母에 상당하는 글자가 만들어지기는 했지만 실제 음가는 '벙'과 다를 바가 없었다고 생각된다. 이렇게 보면 'ヘ'에 '퐁'을 사용한 것 역시 음가로는 '벙'과 하등 차이가 없다고 해도 지장이 없다고 보인다.

더욱이 표-A에서 '百'의 'ヒャ'에 대한 표기는 아마도 '퍄'인 듯하다. 또한 표-A에서 'ヒ'의 'ヒ'에 대해 '피'를 할당하고 있다. 원래 한국어는 어두에 'f'와 비슷한 음이 오지 않는다. 그래서 'f'로 시작

---

10. 약간 시대가 뒤처지기는 하지만, 『四聲通攷』의 범례에 다음과 같은 조항이 있다. "一, 脣輕聲非敷二母之字, 本韻及蒙古韻混而一之且, 中國詩音亦無別, 수以敷歸非". 여기서 말하는 '本韻'은 『洪武正韻』이며 '蒙古韻'은 파스파(八思巴) 문자에 의거한 『蒙古韻略』이다. 이 『蒙古韻略』과 동일한 책인지 여부가 분명치 않으나 『蒙古字韻』이라 불리는 책이 따로 있으며 마찬가지로 파스파 문자로 한자음을 전사한 운서로서, 여기에서도 非母와 敷母의 두 성모가 혼동되는 것이 보인다. 모두 원나라 시대의 책이기 때문에 원대(元代)에는 이미 사실상 구별이 없었음을 알 수 있다. 『中原音韻』 역시 동일한 모습이다.

하는 외국어를 차용했을 경우 그 외국어의 'f'를 전하는 데 있어 어떠한 방법을 취했는지 보면 'ㅍ'을 사용했던 것 같다. 가령 '風'의 한자음은 '풍'이다. '風'은 원래 幫母(p)였다가 非母(f)로 변한 예이기 때문에 '風'의 한국 한자음도 'ㅂ'이 기대되지만 'ㅍ'으로 되어 있는 것이 이상하다. 중기어 문헌의 한자음에서 'ㅸ'으로 나타나는 것은 정확히 그러한 기대에 부응하고 있지만, '풍'으로 되어 있는 것은 순경음화한 단계, 즉 'fuŋ' 또는 'fəŋ'을 전하고 있다고 이해된다.[11] 현대어에서도 영어의 'f'에 대해 'ㅍ'을 사용한다. 'philosophy＝필로소피[pʰillosopʰi], film＝필룸[pʰillum]' 등이 그러하다. 이러한 'ㅍ'이 'f'와 유사하다고 느끼는 것은 강한 유기성의 병존(竝存)에 기인하는 듯하다.

『伊路波』에서 일본어의 'fi[Fi]'에 대해 '피'를 배당한 것도 비슷한 친근감에 기반한다고 생각된다. 일본어의 똑같은 음에 대해 때로는 'ㅸ'을 쓰고 때로는 'ㅍ'을 쓰는 것은, 'ㅸ'이 어두에서는 철저하게 외국어 음의 표기에 사용되고 있었기에 한국인의 음운 체계 안에서 유기적으로 결합되지 못했고 그래서 한국인의 음운 체계 안에 있는 'ㅍ'을 이용했던 듯하다. 'ㅸ'이 일본어 음절 문자 체계(syl-labary, 표-A)에 있는 ハ행을 표시하는 데 반해 'ヒト(一)'라는 단어의 표기에 'ㅍ'을 사용하는 것 역시 그러한 상황을 암시한다고 생각할 수 있다.

バ행은 표-C에서 'ハヽ(함바)'와 '候ベク候(소로며구소로)'의 두 예가 보인다. 전자인 '함바'라는 음절 결합은 현대어에서는 '[hamba]'

---

11. 다른 예로서 '分(푼)'이라는 것이 있다. 이것은 도량형에 쓰이는 '分'으로, '나누다'의 의미에서는 '분'이라고 한다. 이 '푼'도 순경음화한 'fən'을 전하고 있는 듯하다.

로 되어 나타나는데 당시에도 마찬가지 사정이었다고 생각된다. 즉 무기파열음과 파찰음은 유성음 사이, 특히 비음과 유음 뒤에서는 유성음화한다는 원칙의 한 예인 것이다. 후자의 '〈'에 대한 '며'는 다소 특이한 예이다. 충분한 설명은 할 수 없지만 현대어의 한 특징을 참고할 수 있을 듯하다. 즉, 'm'은 어두에서 종종 불완전한 비음이 된다. 가령 '몇 시'는 '[mbyəssi, mbessi]'와 같이 들리는 경우가 있다. 다만 이것은 어두에서 발견되는 현상이다. 아니면 '며'는 '벼'의 잘못일지도 모르겠다.

일본어의 'ン'에 대해서는 표-A에서 '千'을 '쳔', '萬'을 '만'이라고 하고 있고 표-C에서는 '御'를 '온'이라고 표시하고 있다. 더욱이 표-C에 다음과 같이 되어 있다.

~(ン)音은逐字下如諺文終聲例合用

아마도 '은'은 'ン'을 단독으로 말할 때 가장 적당한 표기인 듯하다. 다만 'ㄴ'은 엄밀하게 말하면 'ン'이 나타내는 비음과는 약간 다른 것이라는 점은 말할 것도 없다.

3. 모음의 경우

일본어 각 모음에 대해 어떤 중성자를 배당하고 있는지를 개괄적으로 보면 다음과 같다.

◦ ア열은 'ㅏ'.

○ ィ열은 'ㅣ'.
○ ゥ열은 'ㅜ'.
○ ェ열은 'ㅖ'. 일부는 'ㅕ'.
○ ォ열은 'ㅗ'. 다만 'ホ'에 대해서는 '봇'.

ェ열과 ォ열 이외에는 거의 문제가 없다.

ェ열은 거의가 'ㅖ'로 표시되지만 'ㅕ'에 할당되어 있는 예가 약간 있다.

○ セ 션(표-A·B) 션[千](표-A)
○ デ 면뎌[目出](표-C)
○ ネ 녀(표-A·B·C)
○ ベ 며(표-C)
○ メ 면뎌(표-C)

'セ'를 '션'이라고 한 것은 앞서 서술했듯이 'セズ'로 훈독되었기 때문에 뒤에 오는 'ズ'의 탁음(濁音)을 표시하기 위해 'ㄴ'을 덧붙인 것이다. 표-B '變體假名表'의 경우에 '瀬音션'이라고 되어 있는 것은 약간 이해할 수 없지만, 이 표는 'ィロハ'의 전체 음절 문자 체계(syllabary)를 당연히 예상하고 있다고 생각되기 때문에 기계적으로 'セ'의 표기를 옮겨다 놓은 것으로 보인다. 'メ'의 '면'(표-C) 역시 뒤에 오는 'デ'를 적기 위한 것인 듯하다.[12]

이러한 ェ열에 대해 'ㅖ'와 'ㅕ'로 표기하는 것은 조금 의외이다. 현

---

12. [역자주] 'デ'의 濁音을 '면'의 종성 'ㄴ'으로 표시했다는 설명이다.

대어의 지식이 있는 사람은 ㅗ열에 대해 'ㅔ[e]' 쪽이 더 적절하다고 생각할 것임에 틀림없다. 그러나 'ㅔ'는 그 문자의 구성에서 알 수 있듯이 적어도 이 문자가 만들어진 당초에는 오늘날과 같은 단모음이 아니었다. 만약 단모음이었다면 반드시 단독 문자를 만들었을 것이다.[13] 그리고 그런 사정이 『伊路波』가 저술된 시대에도 그다지 다르지 않았다고 한다면, 'ㅔ'라는 이중모음으로 'ㅗ'를 표시하는 데는 주저했으리라는 점을 쉽게 생각할 수 있다.

이런 논법대로라면 'ㅔ' 또는 'ㅕ'로 표기해도 'ㅗ'를 나타내기에 반드시 충분하지는 않게 된다. 실제로 그러했음이 분명하다. 그러나 'ㅖ'의 경우는 'ㅓ'를 사이에 두고 두 개의 전설모음적 요소가 나타나기 때문에 'ㅓ'가 가장 먼저 전설모음화했다고도 충분히 생각할 수 있다. 즉 'ㅖ'는 당시 [−yei] 정도로 발음되었던 것 같다. 어쩌면 이미 현대의 [ye] 단계에 들어섰을지도 모른다. 'ㅕ'의 경우도 대체로 비슷한 듯하다. 이 경우에는 전설모음적 요소가 앞에 올 뿐이지만 순행동화의 결과 'ㅓ'는 현저하게 'e'와 가까워졌을지 모르는 일이다. 현대의 여러 방언에서도 'yə'와 'e'의 교체는 발견되며 게다가 그 교체는 상당히 광범위하게 분포하고 있다. 서울에서조차 드물지 않다. 가령 '몇(幾)'을 [myət, met], '며느리(媳婦)'를 [myənuri, menuri]라고 한다.[14] 이리하여 일본어의 ㅗ열 음에 있어 가장 적합

---

13. [역자주] 'ㅖ'와 같이 기존에 있던 'ㅓ'와 'ㅣ'를 합자하지 않고 전혀 별개의 문자 (이것을 '단독 문자'라고 하고 있다)를 만들었으리라는 생각이다.

14. 小倉進平 선생의 『朝鮮語方言の研究』(下) 28~33쪽 참조. 특히 32쪽에서 다음과 같이 서술하고 있는 것은 과연 탁견이다.

"요컨대 한국의 한자음 및 고유어에서 'iɔ'(본고의 'ㅕ[yə]'에 해당한다)를 포함한 상당수의 단어가 일본 기록에서 비교적 규칙성 있게 'e'로 나타나는 것은 매우 흥미로운 사실이다. 이런 사실로부터 추측하면 이 'e'는 오래 전에 이미 한반도 남부 지방에서 발달했고, 주로 남부 지방에서 한국인과 접촉한 일본인

한 표기는 'ᆌ' 또는 'ᅧ'였음을 이해할 수 있다. 그리고 이러한 표기로부터 'ㅗ'가 'ᆌ'로 적혀 있다고 해도 그것이 반드시 당시의 일본어 'ㅗ'가 '[ye]'로 발음되었음을 가리킨다고 단정할 수는 없는 것이다.

ォ열에 대해서는 원칙상 'ㅗ'가 할당되어 있는데, 다만 하나의 예외로서 'ホ'에 '봊'(표-A·B)를 대응시킨 것은 그 이유를 명확히 하기 어렵다. '봊'는 또한 'フ'를 표시하는 데도 쓰이고 있다. 한편 표-C에서 'ホト'을 '혼도'로 표기한 예가 보인다. 또한 '京'에 대해서는 '골'로 함에 반해 '上'에 대해서는 '샿'으로 한 것도 특이한 예인 듯하다. 어쩌면 가나 표기법(假名遣)의 영향일까?

이 그 변화된 음을 그대로 전한 것으로 보인다."
어쩌면 『伊路波』에도 남부 방언의 영향이 있을지 모른다.

중기 한국어 용언 어간의 성조에 대하여

9장

— 중기 한국어 용언 어간의 성조에 대하여

【해설】 이 논문은 원 제목이 '中期朝鮮語用言語幹の聲調に就いて'이며 1953년 5월 『金田一博士古稀記念 言語民俗論叢』(三省堂)에 실려 있다. 이보다 2년 전에 나온 「諺文古文獻の聲點に就いて」의 후속편이라고 할 수 있다. 즉 이전에는 주로 체언을 대상으로 성조를 살폈고 여기서는 용언을 대상으로 성조를 다루는 것이다. 체언 성조의 경우 그 변동이 복잡하지 않아서 분류가 단순했지만 용언 어간은 그렇지 않다. 그래서 어간에 결합하는 어미별로 상세한 분류를 해 놓았다. 현재 중세국어 성조 연구에서 일반화된 '율동 규칙'의 개념을 표면화하지는 않았지만 그와 비슷한 의식이 부분적으로 나타나서 가령 3음절 결합에서는 '去平去~上平去'가 선호되고 4음절 결합에서는 '去去平去~上去平去'가 선호된다는 지적도 보인다. 또한 어간 성조 변동의 관찰 결과에도 이후 논의에 기반이 되는 지적들이 다수 들어 있다.

1. 서론

중기 한국어에는 성조가 존재했으며 성조의 종류와 성질이 어떠했는지에 대해서는 이미 『朝鮮學報』 1집에 들어 있는 졸고 「諺文古文獻の聲點に就いて」에서 서술한 바와 같다. 그런데 그 논문에서는 주로 중기어 체언의 성조를 대략적으로 기술하는 데 그쳤고 용

언에 대해서는 거의 다룬 바가 없었다. 그 이유는 용언의 성조가 체언의 경우에 비해 훨씬 복잡하기 때문이었다. 체언의 경우는 약간의 예외를 제외하면 대체로 단어에 따라 성조가 일정함에 대해 용언은 반드시 그런 것은 아니다. 어기의 형태 변화, 즉 활용에 있어서, 그리고 접사의 교착에 있어서 어간의 성조가 변동하는 경우가 적지 않은 것이다. 용언 성조의 다양한 변화를 어떤 일정한 법칙으로 묶는 데는 아직도 많은 연구가 필요하지만 여기서 두드러진 현상, 특히 용언 어간의 성조에 대해 약술하고자 한다.

2. 용언 어간의 성조

중기어 용언 중에서 가장 빈번하게 나타나는 것은 1음절 용언 어간이며 2음절 용언 어간이 그 다음이고 3음절 이상 어간은 적다. 특히 4음절 이상의 어간은 극히 드물며 또한 2음절 이상 어간에서는 둘 이상의 어근이 결합하여 이루어진 것이 많다. 그리고 어근이 결합할 때 성조는 대부분 각 어근의 성조를 유지하는 모습이다. 여기서는 지면의 제한 때문에 1음절 어간에 대해서만 서술한다. 편의상 폐음절 어간과 개음절 어간으로 나누어 다루기로 한다.

2.1. 폐음절 어간

여기에는 성조가 일정한 것과 그렇지 않은 것, 즉 성조가 변동하는 것이 있다. 전자에는 평성 어간, 거성 어간, 상성 어간의 세 종류가 있으며 후자는 대체로 한 종류이다.

2.1.1. 평성 어간

이 부류에 속하는 어간은 상당히 많이 존재한다. 그 중 하나로 '받-(受)'을 보자면 다음과 같다.

Ⅰ 받[L]-
Ⅱ 바득[LH]-~바득[LL]-
Ⅲ 바다[LH]-
Ⅳ 바도[LH]-
(Ⅰ, Ⅱ, Ⅲ, Ⅳ, Ⅴ는 제1-어기, 제2-어기, 제3-어기, 제4-어기, 제5-어기를 가리킨다. 이하도 마찬가지이다.[1])

위와 같이 어간은 요컨대 평성이며 어기 모음 '·/—(Ⅱ), ㅏ/ㅓ(Ⅲ), ㅗ/ㅜ(Ⅳ)'가 대체로 거성을 지니고 있다. 다만 Ⅱ에서는 두 가지 형이 있어서 어기 모음이 거성을 지니는 경우와 그렇지 않은 경우가 있다. 거성을 지니는 경우를 (a), 그렇지 않은 경우를 (b)라고 하고 그 상황을 예시하도록 한다. 예는 모두 『月印釋譜』에서 가져왔으며 특별한 경우가 아니면 권수와 장차를 생략한다.[2] 또한 인쇄 관계상 한글을 로마자로 전사한다.[3] 성조를 표시하는 점[4]은 각 음절의 핵을 이루는 모음 아래 다음과 같이 적는다.

---

1. 한국어 용언은 일본어와 동일하게 접사, 조사의 종류에 따라 그것이 붙는 형태, 즉 어기가 다르다. 중기어에서는 대체로 다섯 가지 어기를 구별할 수 있다.
2. 특별한 경우 권수는 로마자, 장차는 아라비아 숫자, 앞면은 'a', 뒷면은 'b'로 표시한다. [역자주] 번역문에서는 '2-31b'와 같은 형식을 사용한다.
3. [역자주] 번역문은 옛글 그대로 사용한다.
4. 원문에서는 각 음절자의 왼쪽에 덧붙이고 있다. [역자주] 번역문에서는 '[ ]' 속에 'L(平), H(去), R(上)'로 표시한다.

○ 평성 : 원문은 無點. 로마자 전사도 無點
○ 거성 : 원문은 一點. 로마자 전사도 一點
○ 상성 : 원문은 二點. 로마자 전사도 二點

◇ 받－(受)

(a) 바들[LH], 바ᄃ라[LHH], 바ᄃ며[LHH]

(b) 바ᄃ샤[LLH], 바ᄃ쇼셔[LLHH]

◇ 잡－(把)

(a) 자ᄫᆞᆯ[LH], 자ᄇ리[LHH], 자ᄇ라[LHH], 자ᄇᆫ[LH], 자ᄇ며
   [LHH]

(b) 자ᄇ시니라[LLHLH], 자ᄇ시ᄂ니[LLHLH]. <다만>5) 자ᄇ샤
   [LHH](2-34a)

◇ 먹－(食)

(a) 머글[LH], 머그리라[LHLH], 머근[LH], 머그니[LHH], 머그며
   [LHH]

◇ 죽－(死)

(a) 주글[LH], 주그락[LHH], 주근[LH]

◇ 븥－(附)

(a) 브트리라[LHLH], 브튼[LH], 브트니[LHH], 브트니라[LHLH],
브트며[LHH], 브트면[LHH]

◇ 깊－(深)

(a) 기플[LH], 기픈[LH], 기프며[LHH], 기픠[LH]

(b) 기프시며[LLHH], 기프실[LLH]

---

5. [역자주] 성조 실현이 약간 특이한 것을 표시한다. 이 경우 '－시－' 앞의 '으'가 보
   통 평성으로 실현되지만 '자ᄇ샤'에서는 거성으로 실현된다.

◇ 높-(高)

(a) 노프며[LHH], 노픠[LH]

(b) 노프시며[LLHH], 노프샤[LLH]

◇ 둪-(覆)

(a) 두프며[LHH]

(b) 두프시고[LLHH], 두프시며[LLHH], 두프샤[LLH]

◇ 벗-(脫)

(a) 버슬[LH], 버스면[LHH]

◇ 곷-(具)

(a) マ즈니라[LHLH], マ즈리니[LHLH], マ준[LH], マ즈니[LHH], マ즈니라[LHLH], マ즈니오[LHLH], マ즈며[LHH], マ즈면 [LHH]

(b) マ즈실[LLH], マ즈시며[LLHH], マ즈신[LLH], マ즈시니 [LLHH], マ즈샤[LLH]

◇ 맞-(合)

(a) 마줄[LH], 마준[LH], 마즈면[LHH]

(b) 마즈샤[LLH]

◇ 몿-(終)

(a) 마츠면[LHH]

(b) 마츠신[LLH], 마츠시니[LLHH]

◇ 좇-(隨)

(a) 조츨[LH], 조츠리오[LHLH], 조춘[LH]

(b) 조츠샤[LLH]

◇ 앉-(坐)

(a) 안줄[LH]

(b) 안ᄌ시니[LLHH], 안ᄌ시며[LLHH], 안ᄌ샤[LLH]

◇ 닭-(修)

(a) 닷ᄀ리[LHH], 닷곤[LH], 닷ᄀ니[LHH], 닷ᄀ나[LHH]

(b) 닷ᄀ샤[LLH]

이상의 여러 예에서 평성 어간의 용언은 II의 경우 어기 모음 'ㆍ/
ㅡ'가 거성을 취하는 것이 원칙이며 다만 경어법 접사 '-시-' 앞에
서만 평성을 취한다는 사실이 판명된다. 따라서 '자ᄇ샤[LHH](2-
34a)'의 가점(加點)은 잘못이며 당연히 '자ᄇ샤[LLH]'가 되어야 한
다. 다만 예외로서 ㄷ-활용, ㅎ-활용, △-활용 어간은 모두 (b)의
형식을 취한다.

◇ 듣-(聞)

드를[LL], 드르리니[LLHH], 드른[LL], 드르니[LLH], 드르
며[LLH], 드르시고[LLHH], 드르시ᄂ니[LLHLH], 드르시니
[LLHH], 드르샤[LLH], 드르샤도[LLHH], 드르쇼셔[LLHH]

주의해야 할 점은 '-리니'가 붙는 경우로서 이 접사는 다른 동사
에서는 가령 'ᄀᄌ리니[LHLH]'와 같이 平去를 보이는 반면 이 동
사에서는 '드르리니[LLHH]'와 같이 去去를 보인다.
또한 ㅎ-활용은 다음과 같다.

◇ 낳-(生)

나ᄒ리[LLH], 나ᄒ니[LLH], 나ᄒ며[LLH]

◇ 빟-(雨降)

비흘[LL], 비ᄒᆞ며[LLH]

◇ 짛-(名)

지ᄒᆞ니라[LLHH], 지ᄒᆞ면[LLH]

◇ 놓-(放, 置)

노ᄒᆞ라[LLH]

◇ 닿-(觸)

다흘[LL]

△-활용은 다음과 같다.

◇ 빟-(注)

비슬[LL], 비스며[LLH]

2.1.2. 거성 어간

'곫(·)-(如)'을 예로 하면 다음과 같다.

Ⅰ 곧[H]-

Ⅱ 곧ᄒᆞ[HL]-~곧ᄒᆞ[HH]-

Ⅲ 곧ᄒᆞ야[HHH]-

Ⅳ 곧호[HH]-~곧호[HL]-

Ⅴ 곧히[HH]-

어간은 거성을 유지한다. 그러나 어기 모음의 성조는 변동이 많다. 즉 Ⅱ와 Ⅳ의 어기 모음은 거성으로 되는 경우(ⓐ)와 평성으로 되는 경우(b)가 있다. Ⅳ도 (a), (b)의 두 가지 경우가 있다. Ⅴ의 어기 모음은 항상 거성이다.

◇ 곬-

Ⅱ(a) 곬ᄒᆞ시며(=ᄀᆞᄐᆞ시며)[HHLH], ᄀᆞᄐᆞ시고[HHLH], ᄀᆞᄐᆞ시
    긔[HHLH], ᄀᆞᄐᆞ실[HHL], 곬ᄒᆞ시니라[HHLHH], ᄀᆞᄐᆞ샤
    [HHH], ᄀᆞᄐᆞ샤디[HHLH], 곬ᄒᆞ샤ᅀᅡ[HHLH]

Ⅱ(b) 곬홀~ᄀᆞ틀[HL], 곬ᄒᆞ리라[HLHH], 곬혼~ᄀᆞ튼[HL], 곬ᄒᆞ니~
    ᄀᆞᄐᆞ니[HLH], 곬ᄒᆞ며~ᄀᆞᄐᆞ며[HLH]. 흥미로운 것은 '곬ᄒᆞ니
    라[HLHH]'라는 형태에 대해 'ᄀᆞᄐᆞ니라[HHLH](1-23a)'라
    는 형태가 있다는 점이다.

Ⅳ(a) ᄀᆞ토미[HHL]

Ⅳ(b) ᄀᆞ토디[HLH]

'좋(·)-[淨]'도 대체로 같은 모습이다.[6]

◇ 좋(·)-[淨]

Ⅱ(a) 조ᄒᆞ시며[HHLH], 조ᄒᆞ샤[HHH]

Ⅱ(b) 조홀[HL], 조혼[HL], 조ᄒᆞ며[HLH]

Ⅳ(a) 조호미[HHH]

Ⅳ(b) 조호디[HLH]

이상의 두 동사에 있어서는 Ⅱ-(a), Ⅱ-(b)가 평성 어간과는 반대

---

6. [역자주] '좋(·)-'의 '(·)'는 '조ᄒᆞX'의 모음 '·'를 가리킨다.

로 (a)는 경어법 접사 '-시-' 앞에서 나타나고 그 외의 접사 앞에서
는 (b)가 발견된다. 다른 동사에 대해 살펴면 다음과 같다.

◇ 듭-(盛)
ᄃᆞ몬[HL](『楞嚴經諺解』9-21a)
◇ 숨-(隱)
수므며[HLH]
◇ 옳-(正)
올흔[HL], 올ᄒᆞ며[HLH]
◇ 줌-(沈)
ᄌᆞ무락[HLH]
◇ 춤-(耐)
ᄎᆞ물[HL]

이상과 같이 (b)를 보이고 있다. 다만 ㄹ-활용은 조금 다른 예이
다.

◇ 들-(入)
Ⅰ 들[H]-
Ⅱ 드르[HH]-~드르[HL]-
Ⅲ 드러[HH]-~드러[HL]-
Ⅳ 드로[HL]-

Ⅱ(a) 드르시니[HHLH]
Ⅱ(b) 드르싪[HLL], 드르샤[HLH] ; 풀-(賣) ᄑᆞᄅᆞ샤[HLH]

Ⅲ(a) 드러[HH] ; 폴-(賣) 파라[HH]

Ⅲ(b) 드러도[HLH], 드러와[HLH] ; 폴-(賣) 파라지이다 [HLHLH]

Ⅳ 드로미[HLH], 드론[HL], 드롤[HL] ; 폴-(賣) 푸롬[HL]

2.1.3. 상성 어간

'없-(無)'의 활용은 다음과 같다.

Ⅰ 업[R]-

Ⅱ 업스[RH]-~업스[RL]-

Ⅲ 업서[RH]-~업서[RL]-

Ⅳ 업수[RL]-

Ⅴ 업시[RH]-

우선 어간의 상성은 변동하지 않는다. 또한 Ⅱ, Ⅲ의 어기 모음은 거성인 경우(a)와 평성인 경우(b)가 있다. Ⅱ의 경우는 다음과 같다.

(a) 업스시고[RHLH], 업스시며[RHLH], 업스실씨[RHLH], 업스샤미[RHLH]. <다만> 업스샤[RLH]

(b) 업슬씨[RLH], 업슬씨니[RLHH], 업스리이다[RLHLH], 업스레이다[RLHLH] ; 업슨딕[RLH], 업스니[RLH], 업스닌[RLH], 업스니이다[RLHLH], 업스나[RLH] ; 업스며[RLH], 업스면[RLH]. <다만> 업스리라[RHLH], 업스리니[RHLH], 업슨[RH], 업스니라[RHLH]

언뜻 보아 경어법 접사 '-시-'의 경우는 (a), 그 밖의 접사는 (b)와 같이 생각되지만 이렇게 하면 여러 가지 예외를 허용하지 않으면 안 된다.

Ⅲ의 경우는 다음과 같다.

(a) 업서[RH], 업서이다[RHLH]

(b) 업서ᅀᅡ[RLH]

Ⅳ는 일반적으로 '업수[RL]-'이다. 다만 '업수ᄆ로[RHLH], 업수미라[RHLH]'는 '업수[RH]-'로 되어 있다.

업수ᄆ[RLH], 업수미[RLH], 업수믈[RLH]~업수믈[RLH], 업수메[RLH]~업수매[RLH], 업숨과[RLH], 업수디[RLH], 업수니[RLH]

Ⅴ의 이례(異例)로 '업시ᄒ야[RLHH]'(『楞嚴經諺解』 9-96b)라는 형태가 있다.

상성 어간의 다른 예로서 '됴-(好)'을 보면 Ⅱ는 다음과 같다.

Ⅱ(a) 됴ᄒ신[RHL], 됴ᄒ실쎠[RHLH], 됴ᄒ실씨라[RHLHL], 됴ᄒ시며[RHLH], 됴ᄒ샤미라[RHLHL]

Ⅱ(b) 됴ᄒ며[RLH]

이 경우에는 경어법의 '-시-' 앞인지 아닌지에 따라 (a), (b)가 나뉘는 듯 보인다. 다만 뒤에서 다룰 용언 'ᄒ-(爲)'로의 유추가 작용하고 있는 모습이다. Ⅳ의 '됴호믈[RHH]'의 가점(加點)이 '업수믈

[RLH]'처럼 上平去가 되지 않고 上去去가 된 것도 '형'의 Ⅳ '호물
[HH]'이 去去를 보이는 것과 유추적 관계에 있다고 생각된다.

'많-(多)'도 동일한 모습인데 이 용언은 현대어와는 달리 중기어
에서는 아래와 같이 '형-'와 동일한 활용을 보였으며 성조 또한 동
일하다.

　　Ⅱ 만홀[RL], 만흔[RL], 만흐며[RLH]
　　Ⅲ 만흐야[RHH]
　　Ⅳ 만호미[RHH], 만호딕[RHH]
　　Ⅴ 만히[RH]

2.1.4. 성조 변동 어간

1음절의 폐음절 어간 중에서 어간 부분의 성조가 앞서 본 세 경
우처럼 일정하지가 않고 활용을 하면서 변동하는 것이 있다. 가령
'짛-(作)'의 상황을 보면 다음과 같다.

　　Ⅰ 짛[R]- : 짛고[RH], 짛던[RH], 짛더니[RLH], 짛디아니흐면
　　　　[RHLHLH], 짛닉닌[RLH], 짛논디라[RHHH]
　　Ⅱ(α) 지스[RH]- : 지스시니라[RHLHH]
　　Ⅱ(β) 지스[LH]- : 지슨[LH], 지스며[LHH], 지스면[LHH]~지슥
　　　　면[LHH]
　　Ⅲ 지서[LH]- : 지서[LH]
　　Ⅳ 지소[LH]-, 지수[LH]- : 지숨[LH], 지소딕[LHH], 지손
　　　　[LH]~지순[LH], 지술[LH]

Ⅴ 지시[LH]

또한 '삼-'은 다음과 같다.

Ⅰ 삼[R]- : 삼고[RH], 삼ᅀᆞ보리라[RLHLH]

Ⅱ(α)

(a) 사ᄆᆞ[RH]- : 사ᄆᆞ시니라[RHLHH]

(b) 사ᄆᆞ[RL]- : 사ᄆᆞ샤[RLH]

Ⅱ(β) 사ᄆᆞ[LH]- : 사ᄆᆞ료[LHH], 사ᄆᆞ니라[LHLH]

Ⅲ 사마[LH]- : 사마[LH]

Ⅳ 사모[LH]- : 사모ᄃᆞᆫ[LHH], 사모리라[LHLH], 사모려ᄒᆞ실ᄊᆡ [LHLHLH]

또한 '숣-(白)'은 다음과 같다.

Ⅰ 숣[R]- : 숣고[RH], 숣ᄂᆞ니[RLH], 숣ᄂᆞ니라[RHLH], 숣논 [RL], 숣노라[RLH], 숣노니[RLH], 숣뇌[RH]

Ⅱ(α)

(a) 술ᄫᅥ[RH]- : 술ᄫᅥ신ᄃᆡ[RHLH]

(b) 술ᄫᅥ[RL]- : 술ᄫᅥ샤[RLH]

Ⅱ(β) 술ᄫᅥ[LH]- : 술ᄫᅥ리[LHH], 술ᄫᅥ니[LHH], 술ᄫᅥ니라[LHLH]

Ⅲ 술바[LH]- : 술바[LH], 술바ᄂᆞᆯ[LHH], 술바시ᄂᆞᆯ[LHLH]

Ⅳ 술보[LH] : 술보ᄃᆡ[LHH], 술보니[LHH], 술보리니[LHLH]

이상 세 예와 그 밖의 예로부터 이들 동사의 성조 변동 양상을 종합하면 다음과 같다.

    ① Ⅰ은 상성을 나타낸다.

    ② Ⅲ, Ⅳ와 Ⅴ는 平去가 된다. 즉 어간은 평성이다.

이상의 ①, ②는 실제로 명백하다. 문제는 Ⅱ이다.

    ③ Ⅱ는 매우 복잡하다. 우선 어간이 상성인 경우(α)와 평성인 경우(β)가 있다. (β)의 경우 어기는 平去이다.

    ④ (α)의 경우는 다시 上去와 上平의 두 가지가 있다. 또한 (α)와 (β)의 차이는, (α)는 경어법 접사에 이어질 때이고 그 밖의 경우는 (β)라는 점에 있다.

르–활용의 경우를 ‘알–(知)’을 통해 보면 다음과 같다.

0 아[R]– : 아다[RH], 아디몬호미[RHRHH], 아는[RR], 아논 [RL], 아ᅀᆞᄫᅡ[RLH], 아ᅀᆞᆸ고[RLH], 알씨라[RHH], 알씨[RH], 안 [R]

Ⅰ 알[R]– : 알오[RH], 알에[RH], 알리라[RLH], 알라[RH], 알며 [RH]

Ⅱ(a) 아ᄅᆞ[RH]– : 아ᄅᆞ시고[RHLH], 아ᄅᆞ시리러니라[RHLH LLH], 아ᄅᆞ샤미[RHLH], 아ᄅᆞ쇼셔[RHLH]

Ⅱ(b) 아ᄅᆞ[RL]– : 아ᄅᆞ샤[RLH]

Ⅲ 아라[LH]– : 아라[LH], 아라ᅀᅡ[LHH], 아람직ᄒᆞᆫ[LHHL]

Ⅳ 아로[LH]– : 아로미[LHH], 아로ᄆᆞᆯ[LHH], 아로미라[LHLH], 아롫ᄃᆡ[LHH], 아롫디라[LHHH]

'0'도 상성을 나타낸다는 것 외에는 앞서 여러 예들과 차이나는 부분이 없다. 다만 II에서 (α)만 있고 (β)가 없는 이유는, 이 어간의 활용에서 (β)에 해당하는 것은 어떤 때는 0을 취하고 어떤 때는 I과 같이 되기 때문이다. 이러한 '알-'과 마찬가지로 르-활용에 속하면서 변동 어간을 지닌 것에 '일-(成), 울-(泣), 살-(生), 덜-(減)' 등이 있다. 모두 '알-'과 동일하게 이해할 수 있다. 예외적으로 '더르쇼셔[RLLH](2-72b)'라는 것이 있는데 이는 아마도 '더르쇼셔[RHLH]'의 오각인 듯하다.

이러한 르-활용의 특색을 요약하면 다음과 같다.

① 0, I, 그리고 'II+시'일 때는 상성이다.
② III, IV, V와 II에 '-시-' 이외의 접사가 결합하는 경우에는 平去로 된다.

2.2. 개음절 어간

개음절 어간의 경우도 대략 네 종류로 나눌 수 있을 듯하다. 거성 어간, 상성 어간 및 두 종류의 변동 어간이 있다. 평성 어간이 없는 점이 다르다고 하겠는데 변동 어간의 한 종류가 실제로는 평성 어간인 것 같다.

2.2.1. 거성 어간

'투-(乘)'는 다음과 같다.

Ⅰ 튼[H]-
Ⅱ 튼[H]-
Ⅲ 타[H]-
(Ⅳ) 토[H]-

'쓰-(用)'는 다음과 같다.

Ⅰ 쓰[H]-
Ⅱ 쓰[H]-
Ⅲ 써[H]-
Ⅳ 뿌[H]-

이상과 같이 거성밖에 없다.[7) 이들 외에 '츠-(滿), 츠-(冷), 크-(大), 프-(唉), 쓰-(書)' 등의 용언이 여기에 속한다.

2.2.2. 상성 어간

'뵈-(見)'는 다음과 같다.

Ⅰ 뵈[R]-
Ⅱ 뵈[R]-
Ⅲ 뵈야[RH]-
Ⅳ 뵈요[RH]-~뵈요[RL]-

---

7. 용례는 생략한다.

이 어간은 상성으로 일관하고 있다. Ⅳ의 경우는 다음과 같다.

(a) 뵈요[RH]- : 뵈요리라[RHLH]
(b) 뵈요[RL]- : 뵈요미[RLH]

'내[R]-(出)'도 이러한 상성 어간에 속한다.

2.2.3. 평성 어간(?)

이 어간의 성조는 꽤 변동이 심하다. 여기서 '보-(見), 오-(來), 가-(行), 나-(出), ᄒᆞ-(爲)'의 다섯 동사에 대해 그 상황을 고찰해 보고자 한다.

◇ 보-
Ⅰ(α) 보[L]- : 보고[LH], 보게[LH], 보긔[LH] ; 보다[LH], 보디 몯ᄒᆞᄂᆞ니[LHRHLH]
Ⅰ(β) 보[H]- : 보ᄂᆞᆫ[HH], 보ᄂᆞᆫ다[HLH], 보ᄂᆞ니라[HHLH], 보ᄂᆞᆫ [HL] ; 보ᅀᆞᆸ고[HLH], 보ᅀᆞᆸ더니[HHLH], 보ᅀᆞᄫᅡ[HLH], 보ᅀᆞ ᄫᆞ디[HHLH]
Ⅱ(α) 보[L]- : 볼[L], 보리니[LHH], 보리러니[LHLH], 보라[LH] ; 보니[LH], 보며[LH], 보면[LH]
Ⅱ(β) 보[H]- : 보시며[HLH], 보샤도[HLH], 보샤미[HLH], 보 쇼셔[HLH]
Ⅲ(a) 보아[HH]- : 보아[HH]
Ⅲ(b) 보아[HL]- : 보아도[HLH]

Ⅳ 보[R]- : 봄[R], 보미[RH], 보믈[RH], 보믄[RH] ; 보니[RH] ;
    봃[R], 보리라[RLH], 보리어다[RHLH]

◇ 오-

Ⅰ(a) 오[L] : 오고[LH], 오다[LH], 오돗[LH]

Ⅰ(β) 오[H] : 오거늘[HLH] ; 오ᄂ니라[HHLH] ; 오습더니
    [HHLH], 오ᅀᆞ보이다[HLHLH]

Ⅱ(a) 오[L] : 올[L], 오리니[LHH], 오리로소이다[LHLHLH], 오
    라[LH] ; 온[L], 온다[LH], 오니[LH], 오니라[LHH] ; 오며
    [LH], 오면[LH]

Ⅱ(β) 오[H] : 오시며[HLH], 오시니[HLH], 오시ᄂ다[HHLH], 오
    샤[HH], 오샤믈[HLH]

Ⅲ(A) 와[H] : 와[H], 왜셔[HH], 왯ᄂ[HL], 왯더니[HLH], 왯거든
    [HLH]

Ⅲ(B)

(a) 오나[HH] : 오나시든[HHLH], 오나시늘[HHLH]

(b) 오나[HL] : 오나늘[HLH], 오나든[HLH], 오나라[HLH]

Ⅳ 오[R] : 오매[RH] ; 온[R], 오니[RH] ; 오이다[RLH] ; 오리이
    다[RHLL], 오라[RH]

◇ 가-

Ⅰ(a) 가[L]- : 가고[LH], 가게[LH], 가긔[LH] ; 가돗[LH], 가디
    [LH]

Ⅰ(β) 가[H]- : 가ᄂ[HH], 가는다[HLH], 가ᄂ니[HLH], 가ᄂ니라
    [HHLH], 가노라[HLH] ; 가거늘[HLH], 가더라[HLH], 가더
    니[HLH], 가다가[HLH] ; 가ᅀᆞ본[HLH]

Ⅱ(a) 가[L]- : 갈~갏[L], 가리라[LHH], 가리니[LHH], 가리이

다[LHLH], 가료[LH], 가라[LH] ; 간[L], 간다[LH], 가니
[LH], 가니라[LLH], 가뇨[LH] ; 가면[LH]

Ⅱ(β) 가[H]- : 가시고[HLH], 가시니[HHH], 가싫[HH], 가샤
[HH], 가샤미[HLH]

Ⅲ 가[H]-~가아[HH]- : 가[H]~가아[HH], 갯거늘[HLH], 갯다
가[HLH]

Ⅳ 가[R]- : 가미[RH], 가몰[RH], 가믄[RH] ; 간[R], 가니[RH] ;
갏[R], 가리이다[RHLH]

◇ 나-

Ⅰ(α) 나[L]- : 나고져[LHH], 나게[LH], 나긔[LH] ; 나디[LH]

Ⅰ(β) 나[L]- : 나ᄂ니[HLH], 나ᄂ니라[HHLH], 나논[HL]
; 나거늘[HLH], 나거든[HLH], 나거나[HLH], 나거니와
[HHLH], 나건디[HLH], 나가지이다[HLHLH] ; 나더라
[HLH]

Ⅱ(α) 나[L]- : 날~낧[L], 나리라[LHH], 나리니[LHH], 나락
[LH] ; 난[L], 나니[LH], 나니라[LHH], 나니이다[LHLH] ;
나며[LH]

Ⅱ(β) 나[H]- : 나시며[HLH], 나신[HL], 나시니[HLH], 나실
[HL], 나샤[HH], 나샤ᄆ[HLH]

Ⅲ 나[H]-~나아[HH]- : 나[H]~나아[HH], 나잇다가[HLLH]

Ⅳ 나[R]- : 나미[RH], 나믄[RH], 나미라[RLH] ; 나디[RH] ; 나
라[RH]

◇ ᄒ-

Ⅰ(α) ᄒ[L]- : ᄒ고[LH], ᄒ고사[LHH], ᄒ고라[LHH], ᄒ기[LH],
ᄒ게[LH] ; ᄒ둣[LH] ; ᄒ사이다[LHLH] ; ᄒ져[LH]

I(β) ᄒᆞ[H]- : ᄒᆞᄂᆞᆫ[HH], ᄒᆞᄂᆞ다[HLH], ᄒᆞᄂᆞ니[HLH], ᄒᆞᄂᆞ뇨[HLH], ᄒᆞᄂᆞ니오[HHLH], ᄒᆞᄂᆞ니이다[HLHLH], ᄒᆞᄂᆞᆫ[HH], ᄒᆞ노라[HLH], ᄒᆞ노니[HLH], ᄒᆞ노이다[HHLH] ; ᄒᆞ거늘[HLH], ᄒᆞ거니와[HHLH], ᄒᆞ거시늘[HHLH], ᄒᆞ거시니와[HHLLH] ; ᄒᆞ더라[HLH], ᄒᆞ더니~ᄒᆞ다니[HLH], ᄒᆞ더니라[HHLH], ᄒᆞ더시다[HHLH], ᄒᆞ더시니[HHLH], ᄒᆞ다가[HLH] ; ᄒᆞᆸ고[HLH], ᄒᆞᅀᆞᄫᅧ[HHLH], ᄒᆞᅀᆞᄫᅡ[HHH], ᄒᆞᅀᆞᄫᅩᄃᆡ[HHLH]

II(α) ᄒᆞ[L]- : ᄒᆞᆯ~ᄒᆞᆶ[L], ᄒᆞ리라[LHH], ᄒᆞ리니[LHH], ᄒᆞ리이다[LHLH], ᄒᆞ라[LH], ᄒᆞ려뇨[LHH] ; ᄒᆞᆫ[L], ᄒᆞ니[LH], ᄒᆞ니라[LHH], ᄒᆞ니이다[LHLH], ᄒᆞ나[LH] ; ᄒᆞ며[LH], ᄒᆞ면[LH]

II(β) ᄒᆞ[H]- : ᄒᆞ시다[HLH], ᄒᆞ시고[HLH], ᄒᆞ신[HH], ᄒᆞ시니[HLH], ᄒᆞ싫[HL], ᄒᆞ샤[HH], ᄒᆞ샤ᄆᆞᆫ[HLH]

III(a) ᄒᆞ야[HH]- : ᄒᆞ야[HH], ᄒᆞ야시늘[HHLH], ᄒᆞ야시든[HHLH], ᄒᆞ야니와[HHLH], ᄒᆞ얫는[HHL], ᄒᆞ얫거든[HHLH]

III(b) ᄒᆞ야[HL]- : ᄒᆞ야사[HLH], ᄒᆞ야지이다[HLHLH], ᄒᆞ야늘[HLH]

IV(A) ᄒᆞ요[HH]- : ᄒᆞ욘[HH], ᄒᆞ욜[HH]

IV(B) 호[H]- : 홈[H], 호미[HH], 호ᄆᆞᆯ[HH], 호ᄆᆞᆫ[HH], 호ᄆᆞ로[HLH], 호미라[HLH], 호매[HH] ; 호ᄃᆡ[HH] ; 혼[H] ; 홀~ᄒᆞᆶ[H], 호리[HH]. 또한 'ᄒᆞ욘[HH](『楞嚴經諺解』9-14a)'이라는 형태도 있다.

V 히[H]- : 히[H]

이상 다섯 개 용언의 성조 상황을 보면 종래 서술해 온 다른 용언과는 성격을 상당히 달리 하는데 그러나 그런 가운데에도 어떤 규격이 존재함을 알 수 있다. 그 특징을 열거하면 다음과 같다.

① 이들 용언은 활용할 때 그 어간이 평성, 거성, 상성의 세 성조를 모두 취한다.

② I에서는 어근이 평성의 경우(α)와 거성의 경우(β)가 있으며 그 구별은 접사의 종류에 따른다. 어떤 접사 앞에서 (α)이고 (β)인지를 말하면 다음과 같다.

◦ (α) : '-고' 및 '-고'를 포함한 것(-고사, -고라 등). '-게' 또는 '-긔, -기'. 다만 강세법 어간인 '-거-'는 (β)에 속한다. '-다, -디, -둣'. 다만 미완료 어간 '-더-'와 '-다가'는 (β)에 속한다.

◦ (β) : 이상의 어미 이외의 것, 즉 어간 '-ᄂᆞ-'와 '-노-', 어간 '-거-', 어간 '-더-', '-다가', 겸양법 접사 '-ᅀᆞᆸ-'.

③ II에 있어서도 (α), (β)의 두 종류가 있다.

◦ (α) : 존경법 접사 '-시-' 이외의 것.

◦ (β) : 존경법 접사 '-시-'

④ III에서는 거성을 나타낸다. '보아[HH], ᄒᆞ야[HH], 가아[HH], 나아[HH]'. 어간 모음과 어기 모음이 한 음절을 이룰 때에도 거성을 나타낸다. 가령 '와[H], 가[H], 나[H]'가 그러하다. 또한 III에 조사나 접사가 붙으면 어기 모음이 평성으로 변화는 경우가 있다. 가령 'ᄒᆞ야사[HLH], ᄒᆞ야늘[HLH], 보아도[HLH], 오나든[HLH]'과 같다. 다만 '-시-'가 붙으면 '오나시든[HHLH], 오나시늘[HHLH], ᄒᆞ야시늘[HHLH]' 등과 같이 어기 모음의 거성이 다시 나타난다.

⑤ '흐-'를 제외하면 Ⅳ는 상성을 보인다. '흐-'는 '흐요[HH], 호
[H]'로 된다.

이상과 같은 상황으로부터 이 어간의 성조를 평성이라고 단정하
는 것은 곤란할지도 모른다. 그러나 Ⅳ에서 특히 '보-'와 '오-'의 경
우 어기 모음 '-ㅗ[H]'가 붙어서 상성이 된다고 보면 어간이 원래
평성이었던 것은 아닌가 하고 생각된다. 왜냐하면 어간 모음 'ㅗ[L]'
와 어기 모음 'ㅗ[H]'가 결합하여 한 음절을 이루면 성조는 'LH'가
축약되어 상성이 되기 때문이다.[8] 이러한 'ㅗ'에 대한 유추로 '가-'
또는 '나-'와 같은 동사도 Ⅳ에서 상성을 지니게 된 듯하다.

또한 이들 용언에 '-ㅣ-'를 붙여 파생 어간을 만드는 경우를 살
펴보면 '보-(見)'로부터 '뵈-', '나-(出)'로부터 '내-'를 생성해 낸다.
이 두 어간은 앞서 본 것처럼 상성 어간이다. 그리고 '-ㅣ-'는 항상
거성이기 때문에 '뵈-'와 '내-'는 '平去>上'이라는 축약의 결과임을
알 수 있으며 또한 여기서도 '보-'와 '나-'가 원래 평성이었음을 판
단할 수 있다. 다만 Ⅰ, Ⅱ에서 거성인 경우가 있는 것과 Ⅲ에서 거
성을 취하는 이유가 무엇인지는 판명할 수 없다.

2.2.4. 성조 변동 어간

개음절 어간에서도 폐음절 어간과 마찬가지로 성조가 변동하는
것이 있다. 다만 이런 경우는 사실상 Ⅰ과 Ⅱ의 구별이 없어서 성격
을 약간 달리한다. 예로는 '뷔-(空)'이 있다.

---

8. 졸고 「諺文古文獻の聲點に就いて」 104~107쪽 참조.

Ⅰ·Ⅱ 뷔[R]-

Ⅲ 뷔여[LH]-

Ⅳ 뷔유[LH]-

Ⅱ의 상황을 보면 경어법의 '-시-' 앞에서는 '뷔샤[RH]'와 같이 상성으로 되는 점이 폐음절 어간의 경우와 동일하지만 그 밖의 접사 앞에서도 마찬가지로 상성을 보인다. 가령 '뷘[R], 뷔며[RH]'와 같다. 똑같은 활용을 보이는 '뮈-(動)'에서도 '뮌[R], 뮐[R], 뮈며[RH], 뮈면[RH]'처럼 역시 상성으로 나타나고 있다.

2.3. 불규칙 용언

2.3.1. Ⅲ·Ⅳ에서 '-ㄹㄹ-'로 나타나는 어간

성조 측면에서 말하자면 Ⅲ·Ⅳ에서 평성을 나타내는 것(a)과 상성을 나타내는 것(b)의 두 가지가 있는 듯하다.

(a)

모ᄅ-(乾) : Ⅰ·Ⅱ - 무ᄅ[LL], Ⅲ - 몰라[LH], Ⅳ - 몰로[LH]

브ᄅ-(號) : Ⅰ·Ⅱ - 브르[LL], Ⅲ - 블러[LH], Ⅳ - 블로[LH]

므ᄅ-(退) : Ⅰ·Ⅱ - 므르[LL], Ⅲ - 믈러[LH], (Ⅳ - 믈로[LH]?)

흐ᄅ-(流) : Ⅰ·Ⅱ - 흐르[LL], Ⅲ - 흘러[LH], (Ⅳ - 흘로[LH]?)

이상에서 이 유형의 용언은 결국 평성이다. 그리고 Ⅰ·Ⅱ가 '平平'으로 되어 있는 것은 주목해야만 한다.

(b)

몷-(無知) : Ⅰ·Ⅱ – 모릇[LH], Ⅲ – 몰라[RH], Ⅳ – 몰로
[RH]

눖-(壓) : Ⅲ의 '눌러[RH](8-66a)'에서 보면 '눖-'은 이 유형에
속하는 듯하지만 Ⅱ의 '누를써니[LLHH](8-66a)'는 특
이한 예로 보인다.

'몷-'의 경우는 특수한 변동 어간으로 Ⅰ·Ⅱ의 '모릇-'가 平去를
보임에 비해 Ⅲ·Ⅳ는 上으로 되어 있다.

2.3.2. Ⅲ·Ⅳ에서 '-ㄹㅇ'으로 나타나는 어간

이 어간은 평성밖에 없는 듯하다. 가령 '닐ㅇ-(言)'을 예로 하면
다음과 같다.

Ⅰ·Ⅱ 니릇[LL]-~니르[LL]-
Ⅲ 닐어[LH]-
Ⅳ 닐오[LH]-~닐우[LH]-

그 밖에 다음과 같은 예가 있다.

올ㅇ-(上) : Ⅰ·Ⅱ – 오릇[LL], Ⅲ – 올아[LH], Ⅳ – 올오[LH]
달ㅇ-(異) : Ⅰ·Ⅱ – 다릇[LL], Ⅲ – 달아[LH], Ⅳ – 달오[LH]
둘ㅇ-(廻) : Ⅰ·Ⅱ – 두르[LL], Ⅲ – 둘어[LH], (Ⅳ – 둘우
[LH]?)

딜ㅇ-(刺) : Ⅰ·Ⅱ – 디르[LL], Ⅲ – 딜어[LH], (Ⅳ – 딜ㅇ
[LH]?)

이상 단음절 어간의 성조를 관찰한 결과를 종합하면 다음 사실
들을 알 수 있다.

첫째, 어간부 성조는 단어에 따라 유형이 일정하며, 그 유형은 어
기의 형태 변화(활용) 과정에서 성조가 바뀌지 않는 것과 바뀌는
것이 있는데 성조 변동 방식은 일정하다. 성조가 바뀌지 않는 것에
는 폐음절의 경우 평성 어간, 거성 어간, 상성 어간의 세 종류, 개음
절 어간의 경우 거성 어간과 상성 어간의 두 종류가 있다. 성조가
바뀌는 것에는 폐음절 어간의 경우 변동 어간이 한 가지 유형, 개
음절 어간에서는 변동 어간이라고 생각되는 것이 두 종류인데 그
중 하나는 아마도 평성 어간이라고 해야 하는 것이다. 또한 불규칙
용언에서는 불변형으로서 평성 어간이 한 가지, 변동형이 한 가지
있다.

둘째, 이처럼 어간부의 성조는 일정한 유형을 보이지만 그 뒤에
오는 어기 모음의 성조는 변동이 심하고 또한 불규칙적이다. 그러
한 변동은 어기에 붙는 접사의 종류에 의한 것인 듯하다. 그러나
자세히 검토하면 반드시 접사 고유의 성조 영향 때문이라고 생각
되지는 않는 모습이다.

2.4. 성조 변동의 두 가지 경향

하나의 어기 모음이 평성이 되거나 혹은 거성이 되는 것은 이미
살핀 바와 같다. 가령 폐음절 평성 어간은 Ⅱ에서 어기 모음 '·/—'

가 경어법 접사 '–시–' 앞에서만 평성을 취하는데 다른 접사 앞에 서는 거성을 취한다. 이 경우는 '–시–'가 거성을 지니며 접사의 성질에 의거하는 듯 생각된다. 반대로 폐음절 거성 어간의 경우는 Ⅱ 의 어기 모음 '·/—'가 '–시–' 앞에서는 거성을 지니고 그 외의 접사 앞에서는 평성을 지니는 것이 원칙이다. 이런 유형의 어간에서는 '–시–'가 거성이 아닌 평성을 지닌다. 따라서 접사 '–시–'에 고유의 성조가 있다고도 말할 수 없다. 게다가 폐음절 상성 어간의 경우를 보면 Ⅱ의 어기 모음은 거성 어간과 마찬가지로 '–시–' 앞에서는 거성, 그 외의 어미 앞에서는 평성이 되는 예가 다수이다. 그런데 이 경우는 예외가 많다. '업스샤[RLH]'는 경어법 접사 '–시–' 앞에서도 어기 모음 '—'가 평성이다. 또한 '업스니[RLH]'에 대해 '업스니라[RHLH]', '업스리이다[RLHLH]'에 대해 '업스리라 [RHLH]'와 같은 예외가 발견된다. 이러한 예를 앞에 두고는 어기 모음이 변화하는 원인을 단순히 접사의 종류 또는 그 영향에서 구하는 것이 무리임을 깨닫게 된다.

또한 Ⅲ의 경우 통상적으로 어기 모음 'ㅏ/ㅓ'는 거성을 취한다. 이러한 사실은 Ⅲ이 그대로 연결형으로 사용될 때에는 거의 예외를 보이지 않는다. 그러나 Ⅲ에 조사 또는 접사가 이어지면 종종 어기 모음이 평성으로 변하는 경우가 있다.

들[H]–(入) – 드러[HH] ⇔ 드러도[HLH]

없[R]–(無) – 업서[RH] ⇔ 업서샤[RLH]

보[L]–(見) – 보아[HH] ⇔ 보아도[HLH]

오[L]–(來) – 오나시눌[HHLH] ⇔ 오나눌[HLH], 오나든[HLH], 오나라[HLH]

ᄒ[L]-(爲) - ᄒ야[HH] ⇔ ᄒ야사[HLH], ᄒ야ᄂᆞᆯ[HLH]

　이러한 예들은 거성을 지닌 1음절 조사 또는 접사가 첨가됨으로써 생겨난 성조의 변동을 나타내는 것으로서, 去去 또는 上去를 보이는 연결형에 거성의 조사 또는 접사가 첨가된 결과 去去去 또는 上去去로 기대되는 형태가 去平去 또는 上平去로 변한 것이다. 전술한 '업스샤[RLH]'의 예도 경어법의 '-시-' 앞이기 때문에 '업스샤[RHH]'가 기대되는 곳에서 어기 모음 'ᅳ'가 평성으로 나타난 것은 上去去가 上平去로 바뀐 예인 듯하다. 즉 이러한 변동은 접사의 성질에 의한 영향에서 기인하는 것이 아니라 일정한 성조 결합에서 나타나는 계기적 변동에 기반한다고 생각되는 것이다. 정의에 따라 去聲이 高(H), 平聲이 低(L), 上聲이 高低(L·H)라고 한다면 '去去去→去平去'는 'HHH→HLH', '上去去→上平去'는 'L·HHH→L·HLH'라고 생각할 수 있다. 어떤 경우든 'HHH'로 연속해서 고조가 이어지는 것을 꺼림으로써 'HLH'로 변화시킨 성조 이화의 결과이다. 일반적으로 거성 또는 상성으로 시작하는 3음절 결합에서 去平去 또는 上平去의 유형을 즐겨 취한다는 것은 앞의 기술 중 여러 예에서도 두드러지는 현상이다.

　이상은 3음절 결합의 경우였고 가장 빈번하게 출현하는 4음절 결합은 어떤 양상일까? 앞에서 잠깐 다룬 것처럼 '업스니[RLH]'에 대해 '업스니라[RHLH]'라는 형태는 형태적으로 단순히 종결형 접사 '-라[H]'가 첨가된 것에 불과하다. 둘 사이의 성조가 다른 것은 결국 3음절 결합과 4음절 결합 사이의 차이로 귀결되어야만 한다. '업스니[RLH]'가 上平去라는 3음절 결합의 favorite pattern을 보임에 비해 '업스니라[RHLH]'는 上去平去라는 유형을 보이고 있다. 마찬가지 4음절 결합형인 '업스리라[RHLH]'도 동일한 上去平去로 되어 있다. 또한 같은 어간의 Ⅳ 형태를 보면 '업수믄[RLH], 업수미[RLH], 업수믈[RLH], 업수메[RLH], 업숨과[RLH],[9] 업수딘[RLH], 업수니[RLH]'와 같이 3음절 결합에서는 모두 '上平去'의 유형(pattern)을 보인다. 이에 대해 4음절 결합이 되면 '업수므로[RHLH], 업수미라[RHLH]'로서 이 역시 上去平去의 형태가 나타난다.

이는 상성으로 시작하는 경우인데 거성으로 시작하는 경우 역시 4음절 결합에서는 去去平去라는 형태가 즐겨 사용된다. 'ᄀᆞᄒᆞ시며[HHLH], ᄀᆞᄐᆞ시고[HHLH], ᄀᆞᄐᆞ시긔[HHLH], ᄀᆞᄐᆞ샤ᅀᅡ[HHLH], ᄀᆞᄐᆞ샤딘[HHLH], 드르시니[HHLH]' 등 많은 예가 발견된다. 또한 개음절 평성 어간으로 생각되는 어간의 경우 역시 그 어간이 거성으로 나타나는 형태 중 '보ᄂᆞ니라[HHLH], 보ᅀᆞᆸ더니[HHLH], 보ᅀᆞᄫᅩ딘[HHLH], 오ᄂᆞ니라[HHLH], 오ᅀᆞᆸ더니[HHLH], 오나시ᄂᆞᆯ[HHLH], 가ᄂᆞ니라[HHLH], 나ᄂᆞ니라[HHLH], 나거니와[HHLH], ᄒᆞᄂᆞ니오[HHLH], ᄒᆞ노이다[HHLH], ᄒᆞ거시ᄂᆞᆯ[HHLH]' 등 이러한 형태를 보이는 것이 매우 많다. 즉 上聲과 去聲으로 시작하는 4음절 결합에서는 上去平去 또는 去去平去가 favorite pattern이라는 사실을 알 수 있는 것이다.

이상은 거성 또는 상성으로 시작하는 3음절 결합과 4음절 결합의 유형에 대해 서술한 것인데 평성, 즉 저조로 시작하는 경우는 대체로 다음의 두가지 유형이 나타난다.

---

9. 이상은 명사형 '업숨'에, 체언에 붙는 조사 '-은, -을, -에, -과'가 결합한 형태이다.

◦ 3음절 결합 : (a) 平去去 (b) 平平去
◦ 4음절 결합 : (a) 平去平去 (b) 平平去去

둘 중 어느 것이 더 빈번하게 사용되는지는 갑작스레 결정하기 어렵다.

여기서 떠오르는 것은 체언의 성조이다. 이미 앞에 제시된 졸고에서 지적했듯이 2음절 성조에 지정사 '—이라'가 붙으면 다음과 같은 형태가 나타난다.

① 平平형 — ○○·이·라[LLHH][10]
② 平去형 — ○·○이·라[LHLH]
③ 平上형 — ○:○이·라[LRLH]
④ 去平형 — ·○·○이·라[HHLH]
⑤ 去去형 — ·○·○이·라[HHLH]
⑥ 上平형 — :○○·이·라[RLHH](A) 또는 :○·○이·라[RHLH](B)
⑦ 上去형 — :○·○이·라[RHLH]

여기서 주의해야 하는 것은 去平형이 去去형과 동일한 성조형을 보이며 上平형이 上平을 보존하는 경우(A) 외에 上去형과 동일한 모습을 보이는 경우(B)가 있다는 점이다. 이것을 전술한 용언의 4음절 결합의 성조형과 비교하면, 평성으로 시작하는 경우에는 체언의 ①이 용언의 (b)-형, 체언의 ②는 용언의 (a)-형과 동일하다. 체언의 ③은 용언에서는 불분명하기 때문에 제외하고 ④ 이

---

10. [역자주] 平平형이란 체언의 기본 성조가 '平平'이라는 의미이고 그 뒤에 '—이라'가 붙을 때의 성조는 곡용형 뒤에 표시했다.

하의 거성 또는 상성으로 시작하는 경우를 보면 ④, ⑤는 거성으로 시작하는 용언 4음절 결합의 favorite pattern과 동일하다. 또한 ⑥(B)와 ⑦은 상성으로 시작하는 용언 4음절 결합의 favorite pattern과 일치한다. 이리하여 일반적으로 술어적 문법 단위[11]에 있어서의 4음절 결합은 다음과 같은 성조형을 지니는 경향이 있다고 말할 수 있을 것이다.

① 평성으로 시작하는 경우에는 平平去去 또는 平去平去 중 한 쪽을 취할 수 있다.

② 거성으로 시작하는 경우에는 去去平去의 형태를 취하는 경향이 강하다.

③ 상성으로 시작하는 경우에는 上去平去의 형태를 취하는 경향이 강하다.

더욱이 주의해야 할 바는 위의 네 가지 성조형 중 세 가지가 '□去平去'라는 일반적인 성조형을 보인다는 점이다. 그리고 이러한 경향은 단어의 형태론적 특색 여하에 관계 없이 인정할 수 있기 때문에 이러한 경향에 기반한 성조 변동은 비음운론적이고 기계적인 변동이라고 생각할 수 있다.

그러나 이러한 형태는 어떠한 경우에나 나타나는 것은 아니다. 가령 폐음절 거성 어간의 '긇-'은 '긇흐니[HLH]'와 같이 去平去의 favorite pattern을 취하는 경우도 있지만 동일한 3음절 결합이라

---

11. 술어적 문법 단위란 주문장이든 부문장이든 서술어가 점유하는 위치를 임시로 명명한 것으로서 이 위치에는 주문장의 경우 용언의 종결형이, 부문장의 경우에는 접속형이 나타난다. 여기서 문제가 되는 예들은 모두 이러한 술어적 문장 단위에 나타나는 것들이다.

도 '곧ᄒ샤[HHH]'와 같이 去去去라는 고조의 연속형을 취하는 경우도 있다. 또한 4음절 결합에서는 '곧ᄒ시며[HHLH]'처럼 favorite pattern인 去去平去를 보이는 경우도 있는 반면 '곧ᄒ리라[HLHH]'와 같이 去平去去 형태를 보이는 경우도 있다. 이러한 차이점은 이 용언에서는 접사 '-시-'가 결합되는지 여부에 따라 규정된다. 이미 서술했듯이 일반적으로 경어법 접사 '-시-'의 첨가와 다른 접사의 첨가에서 어간 또는 어기 모음의 성조가 변하는 경우가 종종 있다. 이는 폐음절의 평성 어간과 거성 어간, 개음절의 평성 어간 등에서 두드러지는데, 폐음절 변동 어간의 Ⅱ에서 어간 모음이 이 접사(-시-)를 동반할 때에 한해 상성을 보이는 것은 주목해야만 하는 사실이다. 다만 이 접사 자체는 그 성조가 평성으로 나오기도 하고 거성으로 나오기도 하여 일정하지가 않다. 그러나 그것이 첨가됨으로써 성조 변동이 일어난다는 점은 어떤 음운론적 내지 형태음운론적 의미를 지닌다고 생각하지 않을 수 없다.

요컨대 용언 어기의 형태 변화, 즉 활용에 있어 나타나는 성조의 변동에는 음운론적 요인과 비음운론적·기계적 요인이 복잡하게 작용하여 다양한 전개를 보이고 있다. 게다가 이 두 가지 요인이 한 형태에서 뒤섞여 나타나는 경우는 매우 흥미롭다. 가령 '곧ᄒ니라[HLHH](2-19a)'에 대해 'ᄀᆮ니라[HHLH](1-23a)'라는 형태가 있으며 '곧ᄒ-'와 'ᄀᆮ-'의 차이는 단순한 표기상의 차이에 지나지 않는다. 이 두 형태의 공존은 분명 앞의 두 가지 요인이 작용한 데 기인한다. 이 용언에서는 경어법 접사 '-시-' 앞에서만 '곧ᄒ[HH]~ᄀᆮ[HH]'가 되는 것이 원칙이기 때문에 '곧ᄒ니라[HLHH]'가 아마도 원래의 음운론적 성조형에 의거한 것인 듯하다. 그런데 이 형태는 4음절의 결합이기 때문에 4음절 결합에 기계적으로 작용하는

去去平去의 형태의 영향 아래에서 'ᄀ튼니라[HHLH]'라는 형태가 생겨난 것이라고 본다.

3. 결론

본고는 연구가 끝나지 않았고 지면 관계도 있고 해서 용언의 성조에 있어 단음절 어간만을 문제 삼았으며 그것도 어간과 어기로 논의를 한정하게 되었다. 2음절 이상의 어간과 활용에 있어서의 성조 양상, 또는 접사의 성조, 각 음절 결합에 있어서의 성조 형태 등에 대해서는 차후의 논의를 기대한다. 다만 본고에서 논의한 한도 내에서 알 수 있었던 사실을 총괄적으로 서술함으로써 본고를 마무리하고자 한다.

용언에서도 체언과 마찬가지로 단어에 따라 성조형이 일정하며 이러한 성조 유형의 차이를 통해 용언의 부류 구별이 가능하다. 다만 체언의 경우와 달리 용언에서는 형태 구조의 복잡성 때문에 성조의 음운론적 가치가 어간에서 명료하게 인정되는 데 불과하다.

접사 또는 조사가 결합하는 어기는 접사와 조사가 붙음에 따라 복잡한 성조 양상을 전개한다. 그 때 접사와 조사의 특성에 의해 생겨나는 음운론적 변동과 일정한 음절 결합에 따라 기계적으로 나타나는 비음운론적 변동이 뒤얽혀 나타난다. 그 결과 용언 활용형들의 성조 상황은 매우 불규칙한 양상을 드러낸다. 그리고 기계적인 성조 변동에는 통일화의 경향을 엿볼 수 있어서 3음절 결합에서는 '□平去', 4음절 결합에서는 '□去平去'가 지배적이다. 이것과 체언에서 보이는 平去로의 강력한 경향을 함께 고려할 때[12] 이

러한 기계적이고 비음운론적 경향이 우세하게 되어 중기어의 음운
론적 성조를 파괴하고 결국 현대어와 같은 상황을 드러내기에 이
르렀다는 추측이 떠오른다. 물론 이러한 억측이 실증되기 위해서는
중기어 내지 현대어의 정밀한 조사가 필요하다. 또한 비음운론적
성조 변동은 아마도 음운론적 성조형 중에서 발생한 것인 듯한데
그러한 흔적을 찾는 것도 차후의 문제로 남는다.

---

12. 졸고인 「諺文古文獻の聲點に就いて」의 136~137쪽 참조.

10장

한글 각 글자의 명칭에 대하여

─ 한글 각 글자의 명칭에 대하여

【해설】 이 논문은 원 제목이 '諺文各字の呼稱に就いて'이며 1954년 6월 『東洋學報』 37권 1호에 발표되었다. 『訓蒙字會』의 범례에 나오는 내용을 근거로 현재의 글자 명칭에 대해 설명하고 있다. 그뿐만 아니라 『訓蒙字會』에 나오는 글자의 명칭이 이 책에서 비롯된 것이 아니며 『訓民正音』의 창제 당시에도 비슷한 명명법이 존재하지 않았을까 추정하고 있다.

한국의 나라글자(國字)인 한글의 각 요소 글자는 각각 그 호칭을 지니며 일정한 순서로 배열된다. 오늘날 통용되는 호칭은 다음과 같다.[1]

자음자				
ㄱ (기역)	ㄴ (니은)	ㄷ (디귿)	ㄹ (리을)	ㅁ (미음)
ㅂ (비읍)	ㅅ (시옷)	ㅇ (이응)	ㅈ (지읒)	ㅊ (치읓)
ㅋ (키읔)	ㅌ (티읕)	ㅍ (피읖)	ㅎ (히읗)	

모음자				
ㅏ (아)	ㅑ (야)	ㅓ (어)	ㅕ (여)	ㅗ (오)
ㅛ (요)	ㅜ (우)	ㅠ (유)	ㅡ (으)	ㅣ (이)

　　이러한 명칭은 전승되던 예전 형태(舊形)에 정정(訂正)을 가한 것이며, 예전 형태가 문헌에 나타나는 가장 오래된 것은 최세진(崔世珍)의 『訓蒙字會』(1527년) 범례에 나오는 「諺文字母(俗所謂反切二十七字)」에 기록되어 있다. 여기에 그것을 발췌하면 다음과 같다.[2)]

　　　　初聲終聲通用八字
　　　　ㄱ其役 ㄴ尼隱 ㄷ池(末) ㄹ梨乙 ㅁ眉音 ㅂ非邑 ㅅ時(衣) ㅇ異凝
　　　　ㄷㅅ兩字取本字之釋俚語爲聲
　　　　其尼池梨眉非時異八音用於初聲
　　　　役隱(末)乙音邑(衣)凝八音用於終聲
　　　　初聲獨用八字
　　　　ㅋ(箕) ㄷ治 ㅍ皮 ㅈ之 ㅊ齒 △而 ㅇ伊 ㅎ屎
　　　　(箕)字亦用本字之釋俚語爲聲
　　　　中聲獨用十一字
　　　　ㅏ阿 ㅑ也 ㅓ於 ㅕ余 ㅗ吾 ㅛ要 ㅜ牛 ㅠ由 ㅡ應不用終聲
　　　　ㅣ伊只用中聲　·思不用初聲

　　이 기록을 통해 호칭을 보면 현재의 형태와 대동소이하지만 두세 가지 주의해야 할 점이 있다. 이제 그 명칭을 복원해 보면 다음과 같다.

---

1. 『한글 맞춤법 통일안』의 개정판에 의거한다. 또한 본고에서는 한글 활자 대신 로마자를 쓰기로 한다. 로마자 표기 방식은 『東洋學報』 제31권 2호(1947년 10월)에 수록된 졸고(「新發見の訓民正音に就いて」)에서 사용했던 것이다. [역자주] 번역본에서는 편의를 위해 로마자 대신 한글로 표시한다.
2. 동경대학 부속 도서관에 소장된 고본(古本)에 의거한다.

ㄱ 其役(기역)   ㄴ 尼隱(니은)   ㄷ 池ᄆ(디귿)   ㄹ 梨乙(리을)

ㅁ 眉音(미음)   ㅂ 非邑(비읍)   ㅅ 時ᄒ(시옷)   ㅇ 異應(이응)

이 중 ○ 안에 들어 있는 것은 한자음에 의한 것이 아니고 각 한자의 훈을 고유어로 할당한 것이다. 즉 '末'은 '末, 端'을 의미하는 '귿'이며, 현대에는 '끝'인데 중세어로는 '귿'[3]이었다. '衣'는 '衣'를 의미하는 '옷'이다. 이 둘을 제외하면 모두 한자음이다. 다만 현대 한자음과는 약간 차이 나는 것이 있다. 가령 '池'는 현대에는 '지'이지만 당시에는 '디'라고 했다. 'ㄷ'은 'i'나 'ï' 앞에서는 'ㅈ'으로 바뀌었다. 변화의 시기는 대략 乾隆 무렵[4]인 듯하다.

앞의 기록에도 설명되어 있듯이 자음자 명칭의 전반부인 '其, 尼, 池' 등은 초성의 경우에 대한 것이고, 후반부인 '役, 隱, 乙' 등은 종성의 경우에 대한 것이며, 이 둘을 결합하여 각 글자의 명칭이 된다. 이러한 원칙은 'ㄴ, ㄹ, ㅁ, ㅂ, ㅇ'의 명칭에서도 관찰할 수 있는 것처럼 'X] 으Y'(X는 초성, Y는 종성)의 형태를 취하고 있다. 'ㄱ, ㄷ, ㅅ'에서 약간 특이한 형태를 보이는 것은 '-윽, -은, -읏'에 해당하는 한자음이 아마도 한국어에 우연히 존재하지 않기 때문에, 그와 가까운 '-역, -귿, -옷'으로 할당한 결과이다. 또한 'ㅇ'의 명칭 '異應'이 흥미롭다. 왜냐하면 '異'의 한자음은 '이'이지 '이[ŋi]'가 아니기 때문이다. '異'는 무릇 喩母字(ㅇ)에 속하는 한자이며, 疑母字(ㆁ)는 아니다. 중국의 성모 체계를 가능한 한 충실하게 표기하고자 했던 『東國正韻』의 한자음[5]에서도 '異'의 한자음은 '잉'이며 'ᅌᅵᆼ'는 아니다. 따라서 'ㅇ'의 호칭에 '異'를 사용하는 것은 『訓蒙字會』의 시대

---

3. 어간은 '귿'이다.
4. [역자주] 乾隆은 1736년부터 1795년까지이다.

에 이미 'ㆁ'을 초성으로 하는 한자음이 없었음을 나타낸다.[6] 이 사
실은 뒤에서 서술할 중성자의 명칭 중 'ㅡ'에 '吾'(원래 疑母)를 사용
하고 'ㅜ'에 '牛'(원래 疑母)를 사용한 것에 의해서도 뒷받침된다. 훈
민정음 창제 직후의 한글 고문헌에 나오는 한자음, 즉 동국정운식
의 한자음 중에는 疑母 글자에 대해 'ㆁ'을 할당하고 있지만 이것은
중국 성모를 기계적으로 적용한 것이고, 한국어 자체에 'ㆁ'을 초성
으로 하는 것은 없었다고 생각된다. 또한 'ㆁ'은 후대에 'ㅇ'과 합류
했는데 이것은 자형의 유사성 외에 'ㅇ'은 오로지 초성에만 쓰이고
'ㆁ'은 오직 종성에 사용된다고 하는 분포상의 특징에도 기인하고
있다. 다만 『訓蒙字會』에서는 'ㆁ'이 '初聲獨用八字'에 들어 있어서
외견상 'ㅇ'과 구별되고 있다.

대체로 'Xㅣ 으Y'의 형태로 표시되는 명칭은 앞서 서술했듯이 '初
聲終聲通用八字'에만 국한되고, 초성에만 쓰이는(初聲獨用) 글자는
아래와 같이 'Xㅣ'의 형태로 되어 있다.

ㅋ (箕)(키)	ㅌ 治(티)	ㅍ 皮(피)	ㅈ 之(지)
ㅊ 齒(치)	△ 而(ㅿ)	ㅇ 伊(이)	ㅎ 屎(히)

이 중 'ㅋ'의 명칭은 '箕'를 의미하는 한국어의 음을 배정한 것이
다. 또한 '治'는 현대 음으로는 '치'이지만 이것은 '티>치'의 변화를
겪은 것으로, 'ㅌ'은 앞에서 다룬 'ㄷ'의 경우와 마찬가지로 'i' 또는

---

5. 『東洋學報』27권 4호(1940년 8월)에 수록된 졸고(「東國正韻及び洪武正韻譯
   訓に就いて」) 참조.
6. 梅田博之 군이 동경대 소장 고본 『訓蒙字會』를 조사한 것에 의하면, 본문에서
   'ㆁ'을 초성으로 사용한 예는 상권 3장 앞면에 나오는 '霓'의 풀이에서 한 음으로
   '又入聲열'이라고 된 하나의 예밖에 없다.

'i' 앞에서 'ㅊ'으로 바뀌었다. 『訓蒙字會』가 편찬된 시대에는 아직 이런 변화가 일어나지 않았었다. 또한 'ㅿ'은 후에 탈락하지만 당시에는 여전히 남아 있었다. 'ㅇ'의 '伊'는 현대 한자음과 마찬가지로 '이'의 가치를 지니고 있었음을 가리킨다. '伊'는 원래 影母에 속하며 동국정운식 한자음에서는 影母 'ㆆ'에 의해 '힝'로 되어 있는데, 『訓蒙字會』에서는 이 'ㆆ'을 이미 사용하지 않았다. 『訓蒙字會』의 범례 중에 「諺文字母(俗所謂反切二十七字)」의 '二十七字'는 『訓民正音』에서 정한 28자에서 'ㆆ'을 뺀 글자 수이다. 초성의 'ㆆ'도 외견상 'ㅇ'과 동일한 것으로서, 실제로는 이것을 초성으로 지니는 글자가 없었다고 생각된다.

현대의 명칭에서는 '初聲終聲通用'과 '初聲獨用'의 구별을 두지 않는다. 현대 철자법에서는 모든 자음자를 그 발음 여부와 상관 없이 종성에서 인정하므로 이러한 구별을 받아들이지 않은 것이다.[7] 그러나 예전 철자법에서는 발음되지 않는 자음자는 종성에 표기하지 않는 원칙이 지켜지고 있었다. 이미 『訓民正音』의 「終聲解」에 다음과 같이 되어 있다.

"然ㄱㅇㄷㄴㅂㅁㅅㄹ 八字可足用也. 如빗곳爲梨花, 영의갗爲狐皮, 而ㅅ字可以通用, 故只用ㅅ字. 且ㅇ聲淡而虛. 不必用於終. 而中聲可得成音也. (하략)"

---

7. 현재 쓰이는 새로운 철자법과 예전의 철자법 사이에는 근본적인 차이가 있다. 새로운 철자법에서는 이른바 형태음운론적 표기에 중점이 놓여 있음에 반해, 예전 철자법에서는 오히려 음운론적 표기에 의지하고 있는 것이다. 물론 모두가 엄밀한 의미에서는 형태음운론적이라고도 할 수 없고 음운론적이라고도 할 수 없다.

　여기에 따르면 'ㄱ, ㆁ, ㄷ, ㄴ, ㅂ, ㅁ, ㅅ, ㄹ'의 여덟 글자만 종성
에 허용했다.[8] 이러한 원칙이 『訓蒙字會』의 '初聲終聲通用八字'로
계승되었던 것이다. 따라서 이들 이외의 자음자는 초성에만 쓰이는
(初聲獨用) 글자가 되어 그 명칭 역시 'ㅋ]'의 형태로 불렀다. 현대에
는 그 원칙을 버렸기 때문에 나머지 글자들도 'ㅋ] ㅇㅡㅅ'의 명칭으
로 불리게 되었다.

　그런데 'ㅋ] ㅇㅡㅅ'와 'ㅋ]'라는 형태의 명칭은 『訓蒙字會』에서 비
롯된 것은 아니다. 이러한 관습은 이미 『訓民正音』에서 시작되었
다고 생각되는 자취가 존재한다.[9] 적어도 'ㅋ] ㅇㅡㅅ'의 'ㅋ]', 즉 각
각의 초성에 모음 'ㅣ'를 붙여서 초성자의 명칭으로 부른 듯하다는
점은 『訓民正音』 언해본 안에서 간접적인 증거를 발견할 수가 있
다. 『訓民正音』 언해본에서는 각 초성자의 설명에 있어 초성자 바
로 뒤에 조사 'ㅡ논'을 붙이고 있다.

　　ㄱ논 牙앙音홈이니 (하략)

　　ㄷ논 舌쎯音홈이니 (하략)

　　ㅂ논 脣쓘音홈이니 (하략)

---

8. 현대어에서는 종성의 'ㄷ'과 'ㅅ'이 음성학적으로 동일한 실현을 보이지만, 중기어
에서는 달랐던 듯하다. 여기에 대해서는 다음 기회로 미룬다.

9. 최현배 씨는 그의 저서 『한글갈－정음학－』의 350쪽에서 『訓蒙字會』의 범례에
대해 서술하면서 다음과 같이 언급하고 있다.
　"낱낱의 한글 글자의 이름을 지었다. 곧 세종 대왕의 『訓民正音』은 한글 스물 여
덜 자를 낳기만 하고 그 이름은 짓지 아니하였다. 崔世珍의 『訓蒙字會』는, 『訓民
正音』이란 어머니가 낳은 스물 여덜 아이 가운데에 하나가 없어진 뒤에 스물 일
곱 아이의 이름을 지은 이름아비(作名父)이다."
　과연 『訓民正音』에서는 정식 명칭이 제정되지 않았다. 그러나 초성자의 경우에
는 어떤 모음을 덧붙여서 불렀음에 틀림없다. 중성자의 경우는 그대로 부르는
것도 가능했으며 그것이 명칭이 되었다.

위와 같이 모두 '-는'을 사용하고 있다. 그런데 이 조사는 당시 중기어에서는 다음과 같은 네 가지 형태가 있었다.

(1) 자음으로 끝나는 체언에 붙는 경우
　ㄱ. 체언이 양모음을 지닌 경우 : 은
　ㄴ. 체언이 음모음을 지닌 경우 : 은
(2) 모음으로 끝나는 체언에 붙는 경우
　ㄱ. 체언이 양모음을 지닌 경우 : 는
　ㄴ. 체언이 음모음을 지닌 경우 : 는

따라서 訓民正音의 초성자에 '-는'이 붙는다는 것은 이 초성자의 명칭이 문자로는 표시되지 않았지만 모음을 붙여서 불렀으며 그 모음이 양모음이었음을 알 수 있다. 양모음에는 'ㆍ, ㅗ, ㅏ'가 있는데 그 중 어느 것인지는 판명할 수 없다. 그런데 또 한 가지 가능성이 있다. 그것은 모음 'ㅣ'이다. 'ㅣ'는 모음조화에서는 중립이지만, 중기어에서는 'ㅣ'로 끝나는 체언 뒤에 '-는'이 오는 것이 원칙이었다. 마찬가지로 『訓民正音』 언해본에서 약간의 예를 가져오면 다음과 같다.

之징는(1a, 4), 異잉는(1a, 6), 而싱는(2a, 6),
易잉는(3a, 5), 耳싱는(3a, 7), 製졩는(1a, 2),
其끵는(2a, 7), 矣읭는(2b, 1), 制졩는(2a, 1)

이 사실을 『訓蒙字會』의 'Xㅣ 으Y' 전반부 및 'Xㅣ'의 명칭과 함께 고려하면, 후자가 결코 『訓蒙字會』에서 비롯된 것이 아니며 이

미 『訓民正音』에서 'ㅈㅣ'라는 명칭이 있었으며, 따라서 각 초성자의
설명에 대한 언해에서 조사를 붙일 때 당시의 원칙에 의거해 '─는'
의 형태를 취했던 것이라고 생각되는 바이다. 즉 각 글자의 설명을
언해한 부분은 다음과 같이 읽혔으리라 추정된다.

ㄱ(ㅣ)는 牙앙音흠이니 (하략)

종성 명칭의 형태인 '─으Y' 역시 같은 시기인 한글 창제 당시부
터의 관습이었다고 생각되지만 이것을 확인할 길이 없다.
모음자의 명칭은 『訓蒙字會』의 시대나 현재나 큰 차이가 없다.
'中聲獨用十一字'에 제시된 명칭은 다음과 같다.

ㅏ 阿(아)	ㅑ 也(야)	ㅓ 於(어)	ㅕ 余(여)
ㅗ 吾(오)	ㅛ 要(요)	ㅜ 牛(우)	ㅠ 由(유)
ㅡ 應不用終聲(으)	ㅣ 伊只用中聲(이)	ㆍ 思不用初聲(ᄋ)	

다만 'ㆍ'는 오늘날 쓰이지 않는다. 이러한 명칭에 할당된 한자의
한자음 역시 오늘날과 변함이 없다. 『訓民正音』 반포 직후의 한글
문헌에 보이는 동국정운식 한자음에서 보자면 '阿'는 '항', '於'는
'헝', '吾'는 '옹', '要'는 '욯', '牛'는 '울', '由'는 '율' 등이지만, 'ㆆ(影母),
ㅇ(疑母)'의 표기 또는 效攝과 流攝의 운미 'ㅸ'은 인위적 표기이며
실제로는 발음되지 않았다고 생각되기 때문에 訓民正音 창제 당
시에도 이들 한자음은 『訓蒙字會』와 같았으리라 본다. 'ㅡ'에 대해
'應不用終聲'이라고 한 것은 '應'이 '응'으로 읽혔기 때문에 종성 'ㅇ'을
생략하고 '으'로 읽는다고 했던 것이며, 'ㆍ'에 대한 '思不用初聲' 역시

‘思(ᄉ)’의 초성 ‘ᄉ’을 빼고 ‘ᄋ’로 읽으라고 했던 것이다. 이들은 ‘으’ 또는 ‘ᄋ’라는 음절을 나타내는 한자음이나 고유어가 모두 없었기 때문에 이런 방법을 택했던 것이다. 다만 ‘ㅣ’의 ‘伊只用中聲’은 불필요한 주석이다. 왜냐하면 ‘阿’에서 ‘由’에 이르기까지의 명칭들도 중성만을 사용했는데 여기에만 주석을 하는 것은 철저하지 못한 방식이기 때문이다. 이것은 ‘ㅣ’가 ‘ㅡ’와 ‘·’의 사이에 개재되어 있음으로 해서 ‘ㅡ’와 ‘·’의 주석과 균형을 맞추려고 붙인 것인 듯하다.

중성자의 명칭도 『訓民正音』의 명명 방식을 답습한 것이다. 『訓民正音』의 언해본에는 다음과 같이 되어 있다.

· ᄂᆞᆫ(9b, 1), ㅡᄂᆞᆫ(9b, 5), ㅣᄂᆞᆫ(9b, 7), ㅗᄂᆞᆫ(10a, 3),
ㅏᄂᆞᆫ(10a, 6), ㅜᄂᆞᆫ(10a, 6), ㅓᄂᆞᆫ(10b, 5)

조사를 붙이는 방식에서 보면 각 중성자의 음가를 그대로 불러서 명칭으로 삼았음을 알 수 있다. 다만 초성자의 경우든 중성자의 경우든 『訓民正音』에서는 정식 명칭을 규정하지 않았으나 편의상의 명칭은 있었으리라 추정되며, 그것이 나중에 명칭으로 되었던 것이다.

11장

『東國正韻』에 대한 재론

─『東國正韻』에 대한 재론

【해설】 이 논문은 원 제목이 '再び「東國正韻」に就いて'이며 1959년 10월 『朝鮮學報』 14호에 발표되었다. 저자는 『東國正韻』의 원본을 보지 못한 상태에서 1940년 그 내용을 추측하는 논문을 쓴 적이 있다. 그 논문의 내용이 실제와 부합하는지 검토하기 위해 새로 쓴 논문이다. 앞부분에서 이전 논문의 중심 내용을 요약한 후 뒷부분에서 몇몇 차이 나는 점에 대해 상술하고 있다. 이 과정에서 『東國正韻』과 『訓民正音』의 관계, 『訓民正音』 23자모의 표지로 쓰인 23개의 한자에 얽힌 내용 등 주목할 만한 내용이 많이 언급되었다.

1. 서론

벌써 20년쯤 전에 저자는 「東國正韻及び洪武正韻譯訓に就いて」라는 논문을 발표한 적이 있다.[1] 그 논문의 목적은 조선 시대 세종이 나라글자인 한글을 창제했을 무렵, 이 새로운 문자로 한국 한자음과 당시 중국 한자음을 표기하려고 했던 두 개의 운서, 즉 『東國正韻』과 『洪武正韻譯訓』의 내용을 추측하고자 한 데에 있었다. 그

---

1. 1940년 8월 『東洋學報』 27권 4호에 발표되었다. 『河野六郎著作集(2)』의 191쪽에 수록되어 있다. [역자주] 이 번역서의 2장에 해당한다.

때는 두 운서 모두 산일한 상태여서 남아 있는 서문과 그 밖의 관계 기록을 실마리로 하여 억측을 일삼는 것 외에는 다른 것이 없었다. 그런데 최근 한국에서 『東國正韻』의 잔권(殘卷)이 발견되어 서울대학교에서 영인본이 간행되기에 이르러서 예전 논의의 보충을 겸해 다시 한 번 『東國正韻』을 다루어 보려는 것이다. 논의의 순서상 전술한 옛 논문 중 『東國正韻』에 관한 부분의 개요를 서술하고 거기서의 추측을 원본과 비교해 보고자 한다.

원본이 발견되기 이전에는 『東國正韻』의 내용을 알기 위한 1차 자료가 『世宗實錄』 권117 세종 29년 9월 조항에 실린 신숙주의 서문이었다. 그래서 이전 논문에서는 이 서문의 주요 부분에 대해 분석을 하면서 이 운서의 내용을 고찰해 나갔던 것이다. 이제 그 결론을 간단히 서술하기로 한다. 신숙주의 서문에 따르면 『東國正韻』은 4聲, 23字母, 91韻의 체계였다. 이러한 체계의 내용이 어떠한 것이었는지를 고찰하여 다음과 같은 결론을 얻었다.

우선, 4聲이 平上去入의 네 가지라는 점은 언급할 필요도 없다. 다만 신숙주의 서문에 따르면 당시 고유어에서는 4聲이 매우 분명하지만 한자음에서는 상성과 거성의 구별이 없었음을 지적하고 있다.[2] 이를 통해 그 당시 고유어에 성조가 존재했음을 알게 됨과 동시에[3] 당시 전승되던 한자음에는 '평성:상성/거성'의 대립밖에 없었던 듯하다는 점[4]도 엿볼 수 있다. 그러나 『東國正韻』의 편찬자들은 이것을 분명히 '變'이라고 간주하고서 교정하여 4聲의 구별을

---

2. "語音則四聲甚明, 字音上去無別"
3. 중기 한국어의 성조에 대해서는 졸고 「諺文古文獻의 聲點에 就いて」(『朝鮮學報』 제1호, 93~140, 1951년 5월)와 「中期朝鮮語用言語幹의 聲調에 就いて」(『金田一博士古稀記念 言語民俗論叢』, 三省堂, 887~911, 1953년 5월) 참조. [역자주] 이 번역서의 7장과 9장에 해당한다.

두었던 것이다.

23字母에 대해서는 신숙주의 서문에서 설두음과 설상음, 순중음과 순경음, 치두음과 정치음의 구별을 한자음에서는 설정하지 않는 것이 자연스럽다[5]고 말하고 있으므로, 기준으로 삼은 36字母로부터 설상음 4개 성모, 순경음 4개 성모, 치두음 5개 성모, 도합 13개의 성모를 빼고 나면 23字母를 얻게 된다.

가장 어려운 것은 91韻이다. 이렇게 말하는 이유는, 신숙주의 서문에서는 東韻과 冬韻, 江韻과 陽韻을 구별해야 하는 것은 아니라고만[6] 언급하고 있을 뿐이어서 字母와 같이 분명한 계산을 할 수 없기 때문이다. 그래서 세종이 『東國正韻』이 편찬되기 3년 전에 원나라의 『韻會』(정확히는 『古今韻會擧要』)를 번역하라고 명을 내린 기록[7]에 기반하여, 또한 그 사업에 참여한 주요 인물들과 『東國正韻』 편찬자의 주요 인물들이 일치한다는 점에 주목하여 『東國正韻』의 편찬은 『韻會』 번역의 연장선이라고 결론 지었다. 후술하는 바와 같이 실제로 『東國正韻』에는 『韻會』의 영향이 두드러진다. 『韻會』는 『禮部韻略』 계통의 107운 형식의 운서인데 그 기사

---

4. 고유어(語音)의 성조에는 평성(低), 거성(高), 상성(低高)의 세 가지가 있었지만 한자음에는 거성과 상성의 구별이 없어서 두 가지 종류만 있었던 것 같다. 그것이 고조(高調)인지 저고조(低高調)인지 알 수 없으나 후자였던 듯하다. 왜냐하면 대체로 중기어의 성조 대립은 현대어(서울 방언)로 오는 과정에서 소실되어 버리는데 그 때 '평성/거성 : 상성'의 대립이 '단모음 : 장모음'의 대립, 즉 양적인 대립으로 변질되었기 때문이다. 한자음에서는 좀 더 불분명하지만 상성과 거성의 한자음은 장모음으로 발음되는 것이 많다. 아직 이러한 점들에 대해서는 연구를 필요로 한다.

5. "如舌頭舌上脣重脣輕齒頭正齒之類, 於我國字音未可分辨, 亦當因其自然, 何必泥於三十六字乎"

6. "如東之與冬、江之與陽之類, 豈可以韻別而不相通協哉"

7. 『世宗實錄』 세종 26년 2월 丙申 조항 참조. 또한 앞서 언급한 졸고 「東國正韻及び洪武正韻譯訓に就いて」를 참조하기 바란다.

중에 東韻과 冬韻, 微韻과 脂韻, 魚韻과 虞韻, 淸韻와 靑韻[8]을 합쳐야 한다고 언급하고 있다.[9] 또한 『韻會』의 이면(裏面) 체계인 '字母韻'의 체계[10]에서는 이 운들이 완전히 혼동되고 있다. 다만 魚韻과 虞韻의 혼동은 한국 한자음에서는 용인할 수 없기에 이것은 제외한다. 이에 반해 江韻과 陽韻의 혼동은 전술했듯이 신숙주의 서문에서도 말하고 있는 바이다. 그리하여 '冬/腫/宋/沃, 江/講/絳/覺, 微/尾/未, 靑/迥/徑/錫'의 15개 운을 107운으로부터 빼고 나면 92운이 된다. 마지막으로 106운 방식을 좇아서 상성의 迥韻과 拯韻을 합치면 91운이 된다. 이렇게 해서 91운의 내용을 얻을 수 있었다고 적어도 그 당시에는 생각했다.

그렇지만 신숙주 서문의 언급 및 『東國正韻』과 관련 있다고 생각되는 『韻會』의 기사만으로는 마음이 놓이지 않는다. 좀 더 구체적으로 지지해 주는 것이 없을까 하던 차에 생각난 것이 한글 창제 직후의 언해본에 있는 대량의 한자음 자료였다. 이 한자음은 현재 전승되어 오는 한자음과 비교할 때 상당히 성격이 다르다. 특히 字母의 적용은 완전히 이론적이어서 매우 인위적이다. 이러한 한자음들을 전술한 4聲, 23字母, 91韻과 비교해 보면, 4聲에 있어서는

---

8. 상성, 거성, 입성도 모두 동일하다. [역자주] 제시된 운들은 모두 평성이며 여기에 대응하는 상성, 거성, 입성의 운들도 마찬가지라는 의미이다.
9. 『古今韻會擧要』 권1 운목(韻目)의 후주 및 '攏'의 주석 참조.
10. 『韻會』는 흥미로운 운서이다. 가장 주목해야 할 점은 음운 체계에 표리(表裏)의 두 가지 형태가 있어서 서로 다르다는 하는 점이다. 표면(表面)의 체계는 『禮部韻略』 계통의 것이며 거기에 『五音集韻』 이래의 字母 체계로써 정리를 한 것이지만, 이는 형식적인 것일 뿐 당시 한자음을 나타내는 데는 이미 도움이 되지 않았다. 그래서 당시의 한자음 체계에 기반하여 '字母韻'의 표시가 주석에 나타나고 있다. 이러한 이면(裏面) 체계 쪽이 음운사적으로는 가치가 있다. 더 자세한 것은 坂井健一 씨의 「古今韻會擧要に就いて」(『中國文化研究會會報』(竹田博士還曆記念專刊號), 1952년)를 참조.

각 한자음에 성점(聲點)이 찍혀 있으며 평성은 0점, 상성은 2점, 거성과 입성은 1점이라는 원칙이 발견된다. 이것은 『訓民正音』에서 규정하고 있는 내용과 일치한다.

특히 주목해야 할 점은 설내 입성의 취급 방식이다. 언해류의 한자음을 보면 설내 입성을 모두 'ᅙ'으로 표시하고 있다. 가령 '薩'은 '삻'으로 되어 있다. 이와 관련하여 신숙주의 서문에서 "又於質勿諸韻, 以影補來, 因俗歸正"이라고 되어 있는 것과 일치하고 있다. '影'은 影母인 'ㆆ'을, '來'는 來母인 'ㄹ'이다. 그러므로 '以影補來'란, 한국 한자음의 설내 입성은 'ㄹ'로 전해지지만 이것으로는 입성이 아닌 듯하기에 影母인 후두 폐쇄음 'ㆆ'을 보충하여 'ᅙ'이라는 형태로써 마침내 입성인 것처럼 한다는 일종의 타협책(因俗歸正)인 것이다. 또한 각 한자의 4聲 배당은 전적으로 중국의 운서에 의거하고 있다.

字母 체계는 앞에서 상정했던 것과 부합하여 다음과 같이 되어 있다.

1	2	3	4	
見 ㄱ	溪 ㅋ	群 ㄲ	疑 ㆁ	
5	6	7	8	
端[知] ㄷ	透[徹] ㅌ	定[澄] ㄸ	泥[娘] ㄴ	
9	10	11	12	
幫[非] ㅂ	滂[敷] ㅍ	並[奉] ㅃ	明[微] ㅁ	
13	14	15	16	17
照[精] ㅈ	穿[淸] ㅊ	牀[從] ㅉ	審[心] ㅅ	禪[邪] ㅆ
18	19	20	21	
影 ㆆ	曉 ㅎ	匣 ㆅ	喩 ㅇ	
22	23			
來 ㄹ	日 ㅿ			

각 한자음으로의 적용은 완전히 기계적이다. 그러므로 이들 언해
본의 한자음은 당시의 한자음은 아니며 어떤 규범에 의한 한자음,
즉 『東國正韻』의 한자음임에 틀림없다고 생각한다. 다만 이 한자
음을 보아도 91운의 분류에 대해서는 끝내 명백한 것을 얻을 수가
없었다.

2. 『東國正韻』 잔권의 발견과 그 구성

『東國正韻』은 전술한 것처럼 "여러 언해본의 표준이 되었지만 원
래 자연적으로 전승되어 오던 한국 한자음을 형식적으로 통일하려
고 시도한 것이었던 만큼 부자연스러움을 면할 수 없었으며 따라
서 실용상 편리하지 않았다는 것은 쉽게 생각할 수 있다."[11] 실제로
명종대에는 이미 쓰이지 않고 있으며,[12] 그 후 소실되어 버렸다.

그런데 지난 1958년 2월, 한국의 서울대학교 대학원에서는 '聚
珍叢書' 제1호로 『東國正韻』을 영인, 간행하였다. 필자도 황수영
(黃壽永) 씨의 호의로 책 한 권을 증정 받아서 그 원형을 접할 기
회를 얻었다. 영인본에 있는 이숭녕 교수의 해제에 따르면, 20여
년 전 전형필 씨가 경상북도의 한 고가(古家)에서 나온 것을 입수
했다고 하며 그렇다면 古本 『訓民正音』과 동시에 전형실 씨의 수
중에 들어간 셈이 된다. 그러나 당시에는 『訓民正音』에만 주의가
쏠려서 『東國正韻』에 대해서는 모(某) 씨의 입을 통해 그 정도의
이야기만 들을 수 있을 뿐이었다. 이번 영인본의 간행은, 이미 서술

---

11. 앞서 언급한 「東國正韻及び洪武正韻譯訓に就いて」 참조.
12. 『明宗實錄』 명종 6년(1551) 3월 乙酉 조항.

했듯이, 이 운서의 내용에 대해 추측을 시도했던 필자로서는 매우 기쁜 일이었다. 그래서 이에 대해 약간 서술하고자 한다.

영인본은 권두에 이병도(李丙燾) 교수의 서문이 있으며, 그 뒤에 원본 표지 사진이 한 장, 거기서부터 영인판−신숙주의 서문, 동국정운 목록, 본문 권1, 권6,[13] 그리고 권말에 이숭녕 교수의 상세한 「동국정운 해제」가 실려 있다. 이 책에 이용된 한글의 글자체는 古本 『訓民正音』과 동일한 고체(古體)이다. 즉 'ㅗ'는 'ㆍ', 'ㅜ'는 'ㆍ', 'ㅏ'는 'ㅣㆍ', 'ㅓ'는 'ㆍㅣ', 'ㅛ'는 'ㆍㆍ', 'ㅠ'는 'ㆍㆍ', 'ㅑ'는 'ㅣㆍㆍ', 'ㅕ'는 'ㆍㆍㅣ'로 되어 있다.

권2부터 권5까지가 빠져 있는 것은, 이병도 교수도 "그러나 初期의 佛經諺解에서 漢字마다 이 東國正韻의 新字音이 注音되었으므로 이제 落帙된 卷二, 三, 四, 五의 再構도 可能할 것이라고 보아"(서문)라고 말하고 있듯이 언해본의 한자음 주음(注音)을 수집함으로써 각 글자의 한자음을 재구하는 것이 가능하다. 그러나 운서로서의 체계를 상세히 검토하는 데 여전히 불분명한 점이 적지 않다. 다만 앞머리에 목록이 완전하게 남아 있어서 어느 정도의 사실은 추측할 수 있다. 따라서 이 목록과 권1, 권6의 본문을 통해 전체를 고찰하는 수밖에는 없다.

우선 목록과 권1, 권6의 본문을 쭉 훑어보면 4聲은 平上去入의 구별이 명백하여서 가령 목록의 '十四'는 다음과 같이 되어 있다.

十四　감甘平　：감感上　·감紺去　·갑閤入

---

13. 권2부터 권5까지는 빠졌다. [역자주] 『東國正韻』의 원본, 즉 권1부터 권6까지가 온전하게 갖추어진 완질본은 1972년 강릉에서 발견되어 1973년 건국대학교 출판부에서 영인본이 출판되었다.

평성은 0점, 상성은 2점, 거성과 입성은 1점이라는 『訓民正音』의
규정은 예상대로 충실히 지켜지고 있다. 또한 이 책에서는 중국 운
서처럼 4聲에 따라 권수를 나누는 방식을 채택하지 않고, 같은 종
류의 운을 일괄한 후 그것을 4聲으로 나누는 방식을 따르고 있다.
이러한 방식은 한국에서 선호되던 것으로 『四聲通解』 역시 이것을
답습하고 있다.

字母에 대해 보면 권1, 권6 모두 각 운의 글자는 다음 순서로 배
열되며 괄호 안의 한자를 각 자모의 표지(標識)로 삼고 있다.

1	2	3	4
ㄱ (君)	ㅋ (快)	ㄲ (虯)	ㆁ (業)
5	6	7	8
ㄷ (斗)	ㅌ (呑)	ㄸ (覃)	ㄴ (那)
9	10	11	12
ㅂ (彆)	ㅍ (漂)	ㅃ (步)	ㅁ (彌)
13	14	15	16
ㅈ (卽)	ㅊ (侵)	ㅉ (慈)	ㅅ (戌)
17	18	19	20
ㅆ (邪)	ㆆ (挹)	ㅎ (虛)	ㆅ (洪)
21	22	23	
ㅇ (欲)	ㄹ (閭)	ㅿ (穰)	

이 표지에 사용되고 있는 한자들은 『訓民正音』 초성자의 예자
(例字)와 동일하며 순서 역시도 『訓民正音』과 일치한다. 이 자모들
에 대한 추측은 이미 서술한 바 있으며 체계상으로는 적중하고 있
다. 다만 字母의 표지에 '君, 快' 등과 같은 『訓民正音』의 예자(例
字)가 선택되었으리라고는 생각이 미치지 못했다. 이러한 자모 표
지의 채택은 『訓民正音』의 체계와 명칭을 운서에 적용한 결과이다.

여기에 대해서는 다음 장에서 논의하기로 한다.

91韻의 내용에 이르러서는 예상과는 상당한 격차가 있다. 91韻의 운목은 목록에서 볼 수 있다. 이제 그 전체를 제시하면 다음과 같다.[14]

一	궁揯平	:큉肯上	궁亙去	·극亟入
二	굉觥平	:굉礦上	·훵橫去	·괵虢入
三	귕肱平			·귁國入
四	공公平	:공拱上	공貢去	·곡穀入
五	강江平	:강講上	강絳去	·각覺入 (이상 권1)
六	궁弓平	:뀽重上	큥諤去	·국匊入
七	경京平	:경景上	경敬去	·격隔入
八	근根平	:큰懇上	근艮去	·긇訖入
九	곤昆平	:곤袞上	·곤睔去	·곯骨入
十	간干平	:간笴上	간旰去	·갏葛入
十一	군君平	:군攟上	군攈去	·귫屈入
十二	건鞬平	:건寋上	·건建去	·긿訐入
十三	즘簪平	:合瘁上	즘譖去	·즙戢入
十四	감甘平	:감感上	감紺去	·갑閣入
十五	껌箝平	:검檢上	검劒去	·겁劫入
十六	곻高平	:곻杲上	곻誥去	
十七	굻鳩平	:굻九上	굻救去	
十八	즹貲平	:즹紫上	즹恣去	
十九	굉傀平	:욍隗上	굉儈去	
二十	갱佳平	:갱解上	갱蓋去	
二十一	긩嫣平	:긩軌上	긩媿去	
二十二	곙雞平	:켕啓上	곙闋去 (이하 권6)	
二十三	공孤平	:공古上	공顧去	
二十四	강歌平	:강哿上	·강箇去	

---

14. 이 목록에는 권별 기재가 없다. 그래서 권1과 권6을 제외하면 어디부터 어디까지가 권2나 권3 등에 수록되었는지 알 수 없다.

二十五	궁拘平	:궁矩上	·궁屨去	
二十六	경居平	:경擧上	·경據去	
	26韻	25韻	25韻	15韻 [총91韻]

　이 목록에 의하면 전통적인 운서의 구성, 즉 '東, 冬, 江, …'의 배열을 따르지 않고 있음을 알 수 있다. 또한 전통적인 운서의 배열에서는 가령 '瓵'과 '肱'은 登韻 안에 포함되어 있으며 '公'과 '弓'도 東韻에 소속되어 있지만, 여기서는 따로 따로 놓여 있다. 이에 반해 권1의 본문을 보면 瓵韻은 '웅, 잉, 잉'의 소운(小韻)을 포함하고 있는데, 이 중 '웅, 잉'은 전통적인 운서의 蒸韻과 登韻에 들어 있는 운으로서 이들을 한 운으로 합친 것은 그런 대로 괜찮지만 '잉'은 庚韻에 상당하는 것이라서 이것까지 포함하는 것은 의외라고 하겠다. 그러나 이것이 바로 신숙주 서문의 소위 "可倂者倂之, 可分者分之"에 해당한다. 이미 서술했듯이 91韻의 내용을 추측함에 있어 오로지 중국『禮部韻略』계통의 운서를 기준으로 하여 그것의 합병을 고려했던 필자의 상상한 바는 그대로 무너져 버리고 마는 것이다.

　字母의 경우는 그 명칭에서 전통적인 자모의 명칭을 사용하지 않고『訓民正音』예자(例字)을 사용하고 있는데, 韻의 경우에도 전통적인 운목의 명칭, 즉 '東韻, 冬韻, 江韻' 등을 쓰지 않고 위와 같은 명칭을 쓰고 있다. 이들은 전통적인 운목의 명칭은 아니지만, 대체로『韻會』의 이면(裏面) 체계인 '字母韻'의 명칭이다. 여기에도『韻會』번역의 연장이라고 한 증거가 있다. 다만 일부 경우에 이례(異例)가 존재한다. 다음에 제시하는 운목은『韻會』의 '字母韻' 명칭과 차이를 보인다.[15]

---

15. 괄호 안은 그것에 대응하는『韻會』의 '字母韻' 명칭이다.

평성	舡 (公)	君 (鈞)	傀 (媧)	拘 (居)			
상성	礦 (孔)	攔 (?)	重 (拱)	痒 (錦)	矩 (擧)		
거성	橫 (貢)	誇 (供)	儈 (媿)	闠 (寄)	屨 (據)		
입성	亟 (訖)	隔 (格)	骨 (穀)	屈 (匊)	戢 (櫛)	閣 (葛)	劫 (訐)

　이러한 이례의 대부분은『韻會』의 '字母韻'이 기반한 음운 체계와 한국 한자음이 기반한 음운 체계의 차이에서 기인한다. 예를 들어 '舡[平], 礦[上], 橫[去]'은 모두『韻會』에서는 '公[平], 孔[上], 貢[去]'과 합류하고 있음에 반해 한국 한자음에서는 '舡, 礦, 橫'은 '욍', '公, 孔, 貢'은 '옹'으로 명백히 구별되고 있었기에 이를 강제로 합병하는 것은 용인할 수 없었다. 그래서 별도로 '舡韻, 礦韻, 橫韻'을 설정할 필요가 있었던 것이다.

　그 외에도 대체로 비슷한 이유에 바탕을 두고 있다. 특히 입성의 차이는, 한국 한자음에서 예전의 '喉內, 舌內, 脣內'라는 세 가지 입성의 구별이 분명함에 비해『韻會』에서는 이미 세 입성 사이의 혼동이 나타나고 있었기 때문에 여러 가지 운목을 새로이 만들지 않으면 안 되었다. 이와 같이『韻會』와 한국 한자음은 동일한 체계에 기반한 것이 아니라서『韻會』의 체계를 약간 수정했던 만큼 그대로 답습하지는 않았으며, 그리하여『韻會』의 번역은 결국 완성되지 않은 채 그 연장선으로서『東國正韻』이 편찬된 것인 듯하다.

　이제 이러한 구성 아래에 배열되어 있는 한자음을 보면 각 한자음은 예상한 바대로 각종 언해본에 적혀 있는 것과 완전히 동일하다. 그 중 한 예로서 언해본과 동일 계통의 한자음을 기록하고 있는『月印釋譜』권17·18[16]에서 약간의 한자음을 뽑아서 제시하기

---

16. 연세대학교 동방학 연구소에서 간행한 '國故叢刊' 제7권이다.

로 한다. 모두가 『東國正韻』 영인본에 들어 있는 한자음과 동일하
다.[17] 괄호 안의 숫자는 영인본의 쪽수이다.

(A)	德·득 (3)	能능 (3)	僧승 (6)	億·흑 (7)	百·븩 (17)
	生싱 (21)	行힝 (22)	惑·획 (26)	功공 (27)	恭공 (27)
	聡총 (40)	種:죵 (74)	欲·욕 (50)	方방 (60)	妄·망 (65)
	著·땨 (75)	想:샹 (79)	相·샹 (79)	藥·약 (82)	良량 (83)
	量·량 (83)				
(B)	濟·졩 (102)	世·셍 (105)	慧·뼁 (111)	五:옹 (114)	度·똥 (116)
	阿항 (138)	化황 (149)	無뭉 (158)	數·숭 (159)	住·뜡 (163)
	虛헝 (171)	諸졍 (174)	如셩 (179)		

　(A)와 (B)의 두 부류로 나누었는데 (A)는 종성을 가진 경우,
(B)는 종성을 가지지 않은 경우이다. 그러나 이들 한자음에서는
(B)의 경우에도 종성 'ㅇ'을 붙인다.[18] 이것은 모든 한자음에 종성이
있어야만 한다는 주장[19]이 모습을 드러낸 것이다. 이러한 한자음들
과의 비교를 통해 언해본에 표기된 한자음이 『東國正韻』의 한자
음이라는 점이 확인된 셈이다.

---

17. 언해본에 많이 나타나는 '씀'가 『東國正韻』에 나오지 않는 것은 이해할 수
　　없다.
18. (A)의 종성 'ㅇ'과 구별하고 있는 데 주의해야 한다.
19. 신숙주의 『洪武正韻譯訓』 범례에 "凡字音必有終聲, 如平聲支齊魚模皆灰等韻
　　之字, 當以喉音ㅇ爲終聲"이라고 되어 있다. 이 범례에 대해서는 졸고 「東國正
　　韻及び洪武正韻譯訓に就いて」를 참조.

3. 『東國正韻』 구성의 원리와 그 전거

원본의 출현으로 그 구성의 대체적인 것을 알 수 있게 된 것은 다행스러운 일이다. 그러나 세부적으로는 본문의 권2부터 권5까지의 낙질로 인해 불분명한 점이 많다는 것이 애석하다. 다만 이 잔권본(殘卷本)을 자세히 검토함으로써 『東國正韻』이 어떤 원리에 따라 편찬되었는지를 어느 정도 추론할 수 있다고 생각한다. 4聲의 분류는 아무런 문제가 없다.

3.1. 字母의 표지에 대하여

23자모는 아래에 서술하는 바와 같이 중국 36자모를 기준으로 하여 거기에 한국 한자음의 특징을 가미한 것이다. 이런 사실은 이미 서술한 것처럼 신숙주의 서문으로도 충분히 추측이 가능하다. 다만 字母의 명칭을 예상과 달리 전통적인 것으로 하지 않고, 『訓民正音』의 예자(例字)를 표지로 하고 있다는 점은 앞에서 살핀 바와 같다. 그렇다면 이러한 예자(例字)는 도대체 어떤 근거로부터 가져온 것일까? 예자(例字)로 쓰이는 글자들의 한자음을 관찰해 보면 결코 간단한 발상이 아님을 알 수 있다. 각 예자(例字)의 중성과 종성 분포는 아래의 표와 같다.

中聲＼終聲	ㅇ	ㄱ	ㄴ	ㄴ	ㆆ	ㅁ	ㅂ	ㅇ	ㅱ	계
·			呑툰					慈짱		2
ㅡ		卽즉					挹흡			2
ㅣ					侵침			彌밍		2

中聲＼終聲	ㅇ	ㄱ	ㄴ	ㅭ	ㅁ	ㅂ	ㅇ	ㅱ	계
ㅗ	洪홍						步뽕		2
ㅏ					覃땀		那낭		2
ㅜ		君군						斗둫	2
ㅓ						業업	虛헝		2
ㅛ		欲욕						漂푷	2
ㅑ	穰샹						邪썅		2
ㅠ			戌슗					虯뀰	2
ㅕ				彆볋			閭령		2
ㅙ							快쾡		1
계	2	2	2	2	2	2	8	3	23

이 표를 보고 곧바로 떠오르는 생각은, 23개의 예자(例字)에는 중성 11자가 각각 2번씩 사용되고 있다는 점, 그리고 종성 'ㅇ, ㄱ, ㄴ, ㅭ, ㅁ, ㅂ'도 각각 2번씩 쓰이고 있다는 점이다. 이것은 우연한 것이 아니다. 분명 어떤 의도를 가지고 선택한 결과임에 틀림없다. 더욱이 종성에서는 'ㅇ'이 8번, 'ㅱ'이 3번 쓰이고 있다. 'ㅇ'과 'ㅱ'은 실제로 발음되는 종성은 아니고,[20] 앞서 서술한 '모든 한자음은 반

---

20. 'ㅇ'은 원래 종성이 없는 경우이지만 'ㅱ'은 『東國正韻』 편찬자의 입장에서는 'w' 로 발음하기를 원했을지도 모른다. 그러나 이러한 종성은 전래의 한국 한자음 에는 없었다. 가령 '高(곱)'는 중국의 원음 'kâu'에 대응하지만 그 운인 '‒âu'에 는 중성 'ㅗ'가 대응해서 더욱 더 운미 'w'는 필요가 없는 것이다. 또한 당시의 전래 한자음이 구체적으로 어떤 것이었는지는 거의 알 수가 없지만, 가끔 한자 어가 고유어화하여 한글 문헌에 한글로 표기된 것이 있어서 조금이나마 그 모 습을 파악하게 된다. 예를 들어 '常例'는 『月印釋譜』 권1의 28장에 한자로 적 혀 있고 각 글자에 '썅', '‧롕'라는 『東國正韻』의 한자음이 표기되어 있지만, 같 은 책 권17의 69장에는 '샹‧녜'로 되어 있다. 이 단어는 '항상'을 의미하는데 이 두 가지 표기를 보면 『東國正韻』 한자음의 초성 'ㅆ'과 종성 'ㅇ'은 인위적인 표 기에 불과함을 알 수 있다. '例(‧롕)'의 'ㄹ'이 'ㄴ'으로 되어 있는 것은 '샹'의 'ㅇ' 에 영향을 받은 것으로 오늘날의 상황과 동일하다. 또한 『月印釋譜』 권1의 14 장에는 '풍류'라는 말이 나오는데 이것은 '風流'라는 한자어로서 '음악'을 가리

드시 종성을 지닌다'라고 하는 이론을 실행에 옮긴 가상의 종성이
다. 'ㅱ'은 效攝과 流攝의 운미를 인위적으로 표시한 것이다. 그리고
위의 표에서 볼 수 있듯이 'ㅱ'은 'ㅇ'이 나타나지 않는 경우에 나타
나고 있어서 서로 상보적인 분포를 보이고 있다. 게다가 이 가상의
종성(ㅇ, ㅱ)은 'ㅡ'를 제외하면 각 중성에 1번씩 나타나며, 'ㅡ'와 'ㅙ'
를 제외할 때 각 중성이 두 번씩 사용되는 것은 실제 종성과 가상
의 종성이 1번씩 사용되는 데 따른 것이다. 이런 분포 등도 분명히
의도를 가지고 행한 결과이다. 덧붙이자면 'ㅡ'에는 가상의 종성이
나타나지 않는데 이는 한국 한자음 중에 '응' 또는 '읗'라는 것이 하
나도 없기 때문이다.

더욱 더 흥미로운 것은 이러한 23개의 예자(例字) 중 어떤 것은
중성자의 예자(例字)를 겸하는데 그것들이 모두 실제 종성을 지닌
경우에 국한된다고 하는 점이다. 즉 다음과 같은 것이다.

· (呑)	ㅡ (卽)	ㅣ (侵)	ㅗ (洪)
ㅜ (君)	ㅏ (覃)	ㅓ (業)	ㅛ (欲)
ㅠ (戌)	ㅑ (穰)	ㅕ (彆)	

다만 초성 'ㅋ'의 예자(例字)로 '快'가 선택된 것은 어째서일까? 이
경우에 한해 중성 합성자 'ㅙ'가 쓰인 것은 분명 이해할 수 없다. 그
러나 여기에는 이유가 있다. 초성 'ㅋ'은 36자모의 溪母에 해당하는
데 溪母字 중에서 'ㅋ'을 초성으로 하는 것은 전래 한국 한자음에
서 극히 적다. 이 '快' 외에 이와 동일한 음을 가진 글자 정도뿐이
다. 『訓民正音』이 정해질 무렵 역시 마찬가지였던 듯해서 신숙주의

킨다. 이것을 『東國正韻』의 한자음으로 바꾸면 '쾡'가 된다. 즉 流攝의 글자
도 당시 전래 한자음에서는 'ㅱ'(w) 등을 붙이지 않았던 것이다.

『東國正韻』 서문에서도 "國語多用溪母而字音則獨夫之一音而已"라고 언급하고 있다. 짐작건대 초성 'ㅋ'을 예시하는 가장 전형적인 글자는 '快'였던 것 같다. '快'가 선택된 것은 아마도 이런 특수한 사정에 바탕을 두고 있다.

이와 같이 『訓民正音』에서 초성 17자(병서까지 포함하여 23자)와 중성 11자, 도합 28자(또는 34자)를 예시하는 23개의 한자들은 분명히 의도적으로 선택되어진 것들이다. 그리고 이러한 선택의 근거를 중국 음운학의 체계에서 찾을 수는 없다. 가령 '呑'의 중성과 '慈'의 중성이 같은 음소였다거나 '欲'의 중성과 '漂'의 중성이 같은 음소로 인정된다는 것은 한국 한자음의 체계에서만 가능하기 때문이다. 그러나 이러한 점들은 『訓民正音』의 문제이고 당면한 『東國正韻』과는 직접적인 관계가 없다고 생각될지도 모른다. 그런데 뒤에서 보는 바와 같이 『訓民正音』의 성립 과정에는 한국 한자음이 크게 작용하고 있어서 『東國正韻』의 구성 배후를 고찰하는 경우에는 특히 『訓民正音』을 함께 고려하지 않으면 안 된다.

3.2. 운류(韻類)의 구성

字母의 경우는 그 근거가 된 원리가 비교적 명백하되 표지로 쓰인 글자의 선택에 문제가 있었던 것과 대조적으로, 운(韻)의 경우에는 그 운목을 표시하는 표지 글자가 앞장에서 서술한 것처럼 『韻會』의 '字母韻' 명칭을 채용하고 있음이 분명하되 이번에는 그 구성 원리가 불분명하다. 이제 목록과 권1, 권6의 본문에 의거해 가능한 한 찾아보고자 한다.

목록에 따르면 운(韻)의 배열은 크게 양운류(陽韻類)과 음운류

(陰韻類)로 나눌 수 있다. 양운류(陽韻類)는 운미[21]가 평성, 상성, 거성에서는 비음, 입성에서는 비음에 대응하는 폐쇄음을 지닌 운(韻)의 부류이고, 이에 대해 음운류(陰韻類)는 운미가 모음으로 끝나며 입성을 지니지 않은 운(韻)의 부류이다. 『東國正韻』의 한자음으로 보자면 양운류는 'ㆁ(ㄱ), ㄴ(ㅭ), ㅁ(ㅂ)'이고 음운류는 'ㅱ, ㅇ'이다.

중국의 전통적인 운서의 구성에서도 대체로 운미가 공통되는 운(韻)은 일관하여 나란히 놓는다. 가령 '-n(입성 -t), -m(입성 -p)'의 운들은 연속으로 배열되어 있다. 다만 '-ŋ(입성은 -k)'의 운들은 둘로 나뉘어서, 『廣韻』의 평성을 가지고 보자면 '東韻, 冬韻, 鍾韻, 江韻'이 한 부류를 이루고 '陽韻, 唐韻, 庚韻, 耕韻, 淸韻, 靑韻, 蒸韻, 登韻'이 또 다른 한 부류를 이루며 그 사이에 다른 부류가 개재하고 있다. 그러나 여기에는 또 다른 이유가 있다.[22]

『東國正韻』에서는 이러한 운미(종성)의 특징에 따른 부류 구별을 더욱 더 합리적으로 발전시켜 앞부분에는 양운류, 그것도 'ㆁ(ㄱ), ㄴ(ㅭ), ㅁ(ㅂ)'의 순으로 배치하고, 이어서 뒷부분에는 'ㅱ, ㅇ'을 종성으로 하는 운들을 이 순서대로 배열하고 있다.[23] 이런 배열 방식도 종래 운서의 구성을 토대로 하여 이것을 합리화시킨 것이라고 말할 수 있다.

그러나 문제는 중성의 배열법이다. 이것은 전통적인 운서의 배열

---

21. 한국식으로 말한다면 종성(終聲)이 된다.

22. 賴惟勤 씨의 학설에 따르면 '東韻, 冬韻, 鍾韻, 江韻'의 부류와 '陽韻, 唐韻, 庚韻, 耕韻, 淸韻, 靑韻, 蒸韻, 登韻'의 부류가 분단되어 있는 것은 그 운미의 성질에 조음상의 차이가 있기 때문이라고 한다. 賴惟勤 씨의 「上古中國語の喉音韻尾について」(『お茶の水女子大學人文科學記要』 3, 1953년) 참조.

23. 'ㅱ'은 效攝과 流攝에 속하는 운들의 종성을 표시한다.

과는 명백하게 차이를 보이고 있다. 이러한 배열이 어떤 원리에 따른 것인지를 명확히 하기 위해서 영인본의 평성 부분만을 취하여 운의 배열 및 각 운 안에 포함된 운류(韻類)의 배열을 고찰해 보기로 한다.

앞서 서술했듯이 각 운은 종성의 종류별로 묶여 있는데, 각 종성의 부류는 'ㆍ'로 시작하는 것이 원칙인 듯하다. ㄴ-부류에서는 '八 根곤', ㅁ-부류에서는 '十三 簪줌', ㅇ-부류에서는 '十八 賮즁'에서 시작하고 있다. 다만 ㆁ-부류만은 '一 摳궁'에서 보듯 'ㅡ'에서 시작한다. 이는 'ㅿ'이라는 운을 가진 한자음이 없기 때문이 아닐까 한다.

다음으로 아래의 내용은 꽤 규칙적인 평행 관계를 보여 주고 있다.

ㆁ-부류	4 公공	5 江강	6 弓궁	7 京경
ㄴ-부류	9 昆곤	10 干간	11 君군	12 鞬건
ㅇ-부류	19 傀굉	20 佳갱	21 嬀귕	22 雞곙
	23 孤공	24 歌강	25 拘궁	26 居경

이들로부터 'ㅗ→ㅏ→ㅜ→ㅓ'의 배열을 생각할 수 있으며 이것과 앞서 서술한 'ㆍ'의 위치를 아울러 고려할 때 『訓民正音』의 중성자 배열, 즉 'ㆍ, ㅡ, ㅣ, ㅗ, ㅏ, ㅜ, ㅓ, ㅛ, ㅑ, ㅠ, ㅕ'를 떠올리기에 충분하다. 다만 'ㅛ, ㅑ, ㅠ, ㅕ'는 '4 公'의 운류가 'ㆁㅗ, ㆁㅛ', '5 江'의 운류가 'ㅏ, ㅑ', 더욱이 '24 歌'의 운류가 'ㅏ, ㅑ', '25 拘'의 운류가 'ㅜ, ㅠ', '26 居'의 운류가 'ㅓ, ㅕ'인 것으로부터 보자면 『訓民正音』과는 약간 달라서 'ㅗ, ㅛ, ㅏ, ㅑ, ㅜ, ㅠ, ㅓ, ㅕ'로 되어 있다. 또한 'ㆍ, ㅡ, ㅣ'의 순서는 상당히 불명확하지만 'ㆍ'가 가장 먼저 나타난다는 점과, '1 摳'의 운류인

'ᅘᅳᆼ, ᅌᅵ'의 배열이나, 평성인 '8 根'에 대해 입성은 '訖‧긇'로 되어 있다
는 점 등으로부터 'ㆍ, ㅡ, ㅣ'로 상정할 수 있을 것이라고 생각된다.

이상의 모습에서 일단 'ㆍ, ㅡ, ㅣ, ㅗ, ㅛ, ㅏ, ㅑ, ㅜ, ㅠ, ㅓ, ㅕ'로 고
쳐서 운(韻)이나 운류(韻類)의 배열을 재검토해 나가면 권1의 배
열은 약간 혼란스러운 듯 보인다. 즉 '1 揥(ᅘᅳᆼ, ᅌᅵ, ᅌᅵ), 2 舩(ᅘᅵᆼ), 3 肱
(ᅘᅴᆼ), 4 公(ᅘᅩᆼ, ᅘᅮᆼ), 5 江(ᅘᅡ, ᅘᅣ, ᅘᅪ)'으로 되어 있어서 위의 원칙과는
일치하지 않는 모습이다. 그러나 1의 'ᅌᅵ'과 4의 'ᅘᅳᆼ'의 사이를 잘 보
면 'ᅌᅵ, ᅘᅵᆼ, ᅘᅴᆼ'이 개재하고 있지만 이들은 모두 'ᅌᅵ'으로 끝나는 것이
라서 이 부분(ᅌᅵ)을 제외하면 'ㆍ, ㅗ, ㅜ'로서 원칙에 잘 들어맞는다.
그래서 권1의 운류(韻類) 순서는 다음과 같다고 생각할 수 있다.

　　ᅘᅳᆼ ᅌᅵ （ᅌᅵ ᅘᅵᆼ ᅘᅴᆼ） ᅘᅩᆼ ᅘᅮᆼ ᅘᅡ ᅘᅣ ᅘᅪ

이러한 구성은 ㅇ−부류에서도 발견된다.

18 貲(ᅌᅳ)	19 傀(ᅌᅬᆼ)	20 佳(ᅌᅢ)	21 嬀(ᅌᅯᆼ)
22 雞(ᅌᅨ, ᅌᅰᆼ)	23 孤(ᅌᅩ)	24 歌(ᅌᅡ, ᅌᅣ, ᅌᅪ)	
25 拘(ᅌᅮ, ᅌᅲ)	26 居(ᅌᅥ, ᅌᅧ)		

19에서 22는 'ᅌᅵ'로 끝나므로 이것을 빼고 나면 'ㅗ, ㅏ, ㅜ, ㅓ'로
되어 있어서 권1과 동일한 상황인 것이다. 즉 ㅇ−부류의 순서는 다
음과 같은 것이다.

　　ᅌᅳ （ᅌᅬᆼ ᅌᅢ ᅌᅯᆼ ᅌᅨ ᅌᅰᆼ） ᅌᅩ ᅌᅡ ᅌᅣ ᅌᅪ ᅌᅮ ᅌᅲ ᅌᅥ ᅌᅧ

또한 어떤 경우든지 'ㅏ, ㅑ, ㅘ'의 순서가 발견된다는 것도 귀중하

며, '22 雞'의 운류 'ᅨ, ᅰ'의 순서는 'ᅧ, ᆏ'의 배열 원칙을 표시한 것이라서 어쩌면 그 앞에 'ᅥ, ᅯ'가 배치된다는 생각이 더욱 더 든다. 이리하여 중성의 배열은 일반적으로 'ㆍ, ㅡ, ㅣ, ㅗ, ㅛ, ㅏ, ㅑ, ㅘ, ㅜ, ㅠ, ㅓ, ㅝ, ㅕ, ᆏ'였다고 생각할 수 있다. 이제 이러한 배열에 따라 평성의 모든 운을 종성별로 구분해 보면 다음과 같은 표를 얻는다. 권2부터 권5까지는 본문이 빠져 있기에 운류의 배열이 불분명하지만 권1과 권6으로부터 유추하여 시험 삼아 채워 두었다. 다만 '*'로 표시한다.24)

終＼中	ㅇ						ㄴ			ㅁ		
中	番	韻	韻類	番	韻	韻類	番	韻	韻類	番	韻	韻類
ㆍ ㅡ ㅣ	1	揑궁 〃 〃	ᅙᅵ ᇰ	1	揑궁	ᅙᅵᇰ	8	根곤 〃 〃	～ㄴ 25) *긴	13	簪줌 〃 〃	*ᆷ *ᆷ
ㅗ ㅛ	2	舡굉	ᅘᅵᇰ	4	公공 〃	ᅘᅳ ᆼ	9	昆곤	ㄴ			
ㅏ ㅑ ㅘ				5	江강 〃 〃	ᅘᅣᆼ ᅘᅣᆼ	10	干간 〃	난 *ᆫ	14	甘감	ᆷ
ㅜ ㅠ	3	朓굉	ᅘᅵᇰ	6	弓궁 〃	ᅘᅮᆼ 26)	11	君군 〃	ㄴ *ᆫ			
ㅓ ㅝ ㅕ ᆏ				7	京경 〃 〃	ᅧᇰ *ᅱᇰ	12	鞬건 〃 〃 〃	건 *권 *ᅧᆫ *권	15	箝검 〃 〃	ᆷ *ᆷ

24. 굵은 선 안이 권1과 권6이다.
25. 입성은 '訖글'이다.
26. 상성은 '重뚱'이다.

終 中	몽			ㅇ								
	番	韻	韻類	番	韻	韻類	番	韻	韻類	番	韻	韻類
· ㅡ ㅣ				18 ″	貲 중 ″ ″	ᅌᅵ *ᅀᅵ	18 ″	貲 중 ″ ″	*ᅙᅵ? *ᅙᅵ			
ㅗ ㅛ	16 ″	高 골 ″ ″	ᄒᆞᆯ *ᄒᆞᆯ				19	傀 굉	ᅙᅬ	23	孤 공	ᅙᅩ
ㅏ ㅑ ㅘ				20 ″	佳 갱 ″ ″	ᅙᅢ *ᅙᅫ	24 ″ ″	歌 강 ″ ″ ″ ″	ᅙᅡ ᅙᅣ ᅙᅪ			
ㅜ ㅠ	17 ″	鳩 굴 ″ ″	ᄀᆔᆯ *ᄀᆔᆯ				21 ″	嬀 귕 ″ ″	ᅙᆔ ᅙᆔ	25	拘 궁	ᅙᆕ
ㅓ ㅕ ㅝ ㅖ				″ ″	″ ″ ″ ″	*ᅙᅨ? *ᅙᅨ?	26 ″	居 경 ″ ″	ᅙᅥ ᅙᅧ			
				22 ″	雞 곙 ″ ″	ᅙᅨ ᅙᅨ						

이리하여 운류(韻類) 구성의 원리는, 세부적인 차이는 있지만 대체로 『訓民正音』의 중성 배열에 기반하고 있음이 판명되었다. 그러나 이것으로는 문제를 『訓民正音』으로 옮겨 놓았을 뿐이고, 『訓民正音』의 중성 배열이 대관절 무엇을 근거로 한 것인지를 명확히 하지 않고서는 문제가 해결되지 않는다. 그런데 아쉽게도 이 문제는 고본 『訓民正音』에 실려 있는 제자해(制字解)와 중성해(中聲解)를 보아도 결국은 알 수 없다. 다만 제자해의 기술에 따르면 중성자 11자는 '·, ㅡ, ㅣ'의 세 모음을 기초로 하며 이 중 '·'와 'ㅡ'는 양모음과 음모음의 대립을 나타낸다. 그리고 '·'와 'ㅡ'에 '口蹙'의 요소를 더할 경우 'ㅗ(ㅗ) : ㅜ(ㅜ)'의 대립이 되고 '口張'의 요소를 더할

경우 'ㅣ‧(ㅏ)ㆍ‧ㅣ(ㅓ)'의 대립이 된다. 이러한 글자 모양의 선택 방식이
든 그 근거가 된 음소의 고찰이든 모음조화에 대한 의식이 작용하
고 있는 것은 분명하다. 모음조화는 중국어에서는 찾아볼 수 없기
때문에 중성자의 고찰은 중국의 음운학 체계에 근거하지 않으며
한국어의 독자적인 입장에 입각하고 있다고 생각되는 것이다. 그러
나 초성자를 만들어 낸 원리가 중국의 자모 체계에 있다고 한다면
중성자의 경우도 중국의 운(韻) 체계 안에서 구하는 것이 자연스럽
다. 그런데도 중국 음운학의 체계 안에는 한국 중성자의 기준으로
서 일목요연하다고 생각할 만한 것이 없기 때문에 결국 불분명한
채로 남기지 않으면 안 된다.

3.3. 『訓民正音』과 『東國正韻』

3.1.과 3.2.에서 본 것처럼 『東國正韻』의 자모와 운(韻)의 체계를
고찰할 경우에는 『訓民正音』의 문제가 필연적으로 관련된다. 그리
고 일단은 『訓民正音』이 성립된 후에 『東國正韻』이 나왔다는 연대
적 선후와 평행적으로, 『訓民正音』의 체계에 준거하여 『東國正韻』
의 구성이 성립되었다고 할 수는 있다. 그러나 잘 생각해 보면 그리
단순하게 말할 수가 없다. 왜냐하면 『訓民正音』의 예로서 쓰이고
있는 한자음이 실제로는 『東國正韻』의 한자음이라는 사실만으로
도 둘 사이의 관계가 복잡함을 나타내기 때문이다. 그래서 다소 대
담한 표현일지도 모르겠지만 『訓民正音』의 성립 과정에서 한국 한
자음이 먼저 재료로 선택되어 음소 분석이 이루어졌으리라 생각하
는 바이다.

대개 문자가 만들어져서 사용되고 있을 때에는 지극히 자연스러

우며 아무것도 아닌 듯 느껴지지만, 문자가 없던 상황에서 새로 만들어 내는 경우에는 우리의 상상을 초월하는 고심이 있었으리라 생각된다. 오늘날과 같이 음성학이 발전했다거나 음운론 연구도 이루어지고 있는 시대라면 문자화란 그다지 어렵지는 않을 것이다. 그러나 그러한 무기를 지니지 않던 조선 초기의 사람들로서는 아무리 자기의 언어라고는 하지만 한국어를 바로 문자화할 수는 없었을 것이다.

무엇보다도 한국어의 음소 분석이 결코 용이하지가 않다. 다만 이 경우 그들이 문자화하는 데 유리한 매개가 있었다. 그것은 한국에 전래된 한자음이다. 한자음은 그 모태는 중국에 있기 때문에 중국 음운학의 체계에 비추어 생각할 수가 있으며, 그런 반면 한자음은 이미 한국어화가 이루어져 있어서 한자음의 분석은 한국어 음의 분석에도 용이하게 옮겨올 수 있다. 실제로 이와 같이 명확하게 의식했는지는 알 수 없지만 당시 학자들에게 비교적 손쉽게 실마리가 되는 것은 고유어보다도 역시 한자음이었으리라 생각된다. 그러나 한자음의 분석을 시작해 보면 그 당시 전승 한자음은 신숙주가 『東國正韻』 서문에서 서술하고 있듯이 중국 음운학의 체계로부터 볼 때 매우 혼잡스러웠다. 그래서 한자음의 정리부터 손을 대지 않을 수 없었다고 본다.

또한 한자음이 『訓民正音』 각 글자를 고안하는 데 재료가 되었음을 뒷받침하는 사실로 초성, 중성, 종성이라는 삼성(三聲) 구조의 원리를 들 수 있다. 이러한 삼성(三聲)의 구조는 무엇보다도 한 음절을 단위로 하는 것이어서 분명히 한자를 기초로 한 사고이다. 또한 중국에서는 음절 구조를 먼저 字母와 韻으로 분석하고 韻은 개모(介母), 운복(韻腹), 운미(韻尾)로 나누지만, 운미 및 운복의 모음 성격에 따라 운섭(韻攝)의 분류도 결정되기 때문에 중국 음운학의 입장에서 초성, 중성, 종성의 세 가지 소리로 분석하는 것은 쉬운 일이다. 만약 고유어의 음을 일차적인 재료로 삼았다면 이러한 분석이 이루어질 수 있었을까 의심스럽다. 『訓民正音』 본문의 각 글자에 대한 설명에서 예자(例字)로 제시한 것은 모두 한자라는 점도 한자음이 기초적인 재료가 되었음을 보여 주는 것인 듯하다. 물론 한자음의 분석으로부터 얻어진 것은 고유어 음에도 적용했음에 틀림없으며 그러한 검증을 거쳐 28개의 요소 문자를 정립하는 데 이르렀다고 생각된다. 그리고 그 결과가 『訓民正音』으로 공포되었다. 이와 동시에 재료로 사용된 한국 한자음은 다시금 정리되어 그 결과가 『東國正韻』이라는 결실로 나온 것이다.

12장

고대 한국어의 모음 간 'ㄷ'의 변화

── 고대 한국어의 모음 간 'ㄷ'의 변화[1]

【해설】 이 논문은 원 제목이 '古代朝鮮語に於ける母音間のㄷの變化'
이며 1961년 10월 『朝鮮學報』 21·22호에 발표되었다. 고대 한국어에
존재했던 모음 사이의 'ㄷ'이 'ㄹ'로 바뀌는 변화에 대해 몇몇 사례를
통해 논의하고 있다. 변화의 사례를 개별적으로 검토하는 방식을 취하
고 있어 논의는 비교적 단순한 편이다. 또한 'ㄷ>ㄹ'은 동일한 환경에
서 'ㄱ, ㅂ, ㅅ'이 약화되는 일반적인 변화의 일환이라는 점도 지적하고
있다. 이 논문에서는 기본적으로 후대에 화석으로 남아 있는 현상을
바탕으로 하여 그 이전 시기 언어의 상태를 살피는 일종의 내적 재구
방식을 취하고 있다.

1

한국어 음운사는 엄밀하게는 중기어 이후, 즉 한글 창제 이후의

---

1. 본고의 집필 중 우연히 이숭녕 교수로부터 기증 받은 『國學硏究論著總覽』을 쭉
훑어보다가 유창돈(劉昌惇) 씨의 「ㄷ·ㄹ音韻變化의 連關性」(『人文科學』 3집,
연세대)이라는 논문이 있음을 알고 재빨리 동양문고(東洋文庫)에서 찾아보았
는데, 『人文科學』은 오고 있지만 하필 제3집이 빠져 있어서 낙담한 바 있다. 앞
의 『國學硏究論著總覽』에 나오는 요약(34쪽)에 의하면 대체로 동일한 취지인
듯 보여서 본고의 집필을 단념하려고 생각했었다. 그러나 요약으로는 구체적인
것을 잘 알 수 없는 데다가 그 내용이 모두 유창돈 씨의 논의와 일치하지는 않
고 해서, 이미 착수한 것이니까 일단 감히 생각하는 바를 피력한 후 유창돈 씨
를 비롯한 제현들의 비판을 삼가 청하고자 한다.

사실밖에 알 수 없다. 그 이전 상황에 대해서는 문헌상으로 자취를 좇아 확인하는 것이 매우 어렵다. 다만 하나의 방법으로 중기어 또는 그 이후 문헌에 화석화되어 남아 있는 형태를 비교·검토함으로써, 아마도 중기어 이전, 즉 고대 한국어에서 일어났다고 생각되는 몇몇 음운 변화를 추정할 수 있는 경우가 있다. 본고에서 논의하는 것은 그런 경우 중 하나이다.

2

【2.1】 '牡丹'은 '牡'가 '모', '丹'은 '단'인데도 불구하고 '牡丹'에서는 '모단'이라고 하지 않고 '모란'이라고 한다. 이것은 분명 'mo-dan>mo-ran'으로서 모음 간에 개재한 'ㄷ²'이 'ㄹ'로 변화한 경우이다. 이와 같은 예는 다른 데에서도 보인다. '차례'라는 단어는 때로 '次例' 등과 같은 한자를 할당하는 경우도 있지만, 이것은 단지 한자를 갖다 붙인 것(宛字)일 뿐 원래는 '次第(츠데)'가 '츠례'로 된 것이다. 다만 '次第'라는 한자어는 오늘날에는 문자 그대로 '차제(<츠데)'라고 읽고, '차례'는 고유어화하여 원래 한자로부터 멀어져 버렸다. 또한 '菩提'는 '보리'라고 한다. 이것 역시 '*보디'로부터의 변화이다. '提'는 원래 '데'가 올바른데, '디'라는 형태는 아마도 중국에서 일어난 齊韻의 변화(-ei>-i) 이후에 수입된 것인 듯하다. 게다가 '菩提'는 범어인 'bodhi'의 역음(譯音)이기 때문에 범어의 원음에 대한 고려도 있었을 것이다.

이 예들은 모두 모음 사이에 개재한 'ㄷ'이 'ㄹ'로 변화한 예들이

---

2. 이 경우는 '[-d-]'이다.

다. 그러나 주의해야 할 점은 이들이 특수한 예로서, 같은 조건에서
도 다른 경우에는 그러한 변화를 일으키지 않는다는 사실이다. '牡
丹, 次第, 菩提'라는 세 단어가 한자어라고는 해도 완전히 고정된
말로서 한국어 속에 깊이 뿌리를 내리고 있었음을 고려할 때, 이러
한 변화는 한 시대 전에 일어난 변화의 흔적을 남기고 있다고 말해
도 좋을 것이다.

【2.2】 이러한 변화의 흔적은 한자어뿐만 아니라 고유어 중에도
한두 가지 흥미로운 예가 눈에 띈다.

① '바룰(海)'의 경우

중기어에 '바룰(海)'이라는 말이 있었다. 이 말은 신라어로는 '*바
둘'이라고 불렀다. 이 사실은 어떻게 알 수 있을까? 『三國史記』「職
官志」(上)에 따르면 신라의 관직에 '波珍滄'[3]이라는 것이 있다. 이
것은 『日本書紀』「仲哀紀」(9년)에 '波珍干岐'로 나오며 'ハトリカン
キ'로 읽히고 있다. '波珍'은 'ハトリ'에 해당하고 '珍'은 '둘'로 훈독되
기 때문에[4] 'ハトリ'는 '*바둘'로 복원된다. 게다가 '波珍干'은 한편으
로 '海干'이라고도 적혀 있으며[5] 이 관직명은 '海司'를 의미했던 듯
하다. 또한 신라의 향가에서 '海'를 '海等'으로 적고 있는 경우가 있
는데 '等'은 '海'의 훈 중 '둘'을 가리켜서 '*바둘'의 '둘'을 표시한 것
이다.[6] 이러한 사실들을 통해 '海'를 신라어로 '*바둘'이라 불렀다는
것은 대체로 확실하다고 생각한다. 이 '*바둘'이 중기어 '바룰'의 전
신(前身)이라는 점은 의심의 여지가 없다. 즉 여기서도 모음 사이의

---

3. 『三國史記』通行本에는 또한 '或云破弥干'으로 되어 있는데 이 '弥'는 '珍'의 오
기(誤記)이다. 양주동(梁柱東) 씨의 『朝鮮古歌研究』 458~459쪽 참조.
4. '珍'은 한국의 옛 지명에서는 '둘' 또는 '돌'로 훈독된다. 양주동 씨의 『朝鮮古歌
研究』 708쪽 참조.
5. 『三國史記』「職官志」(上) 참조.

‘ㄷ>ㄹ’이라는 변화의 흔적이 보이는 것이다.

　②　‘모르다(不知)’의 경우[7]

　이 단어의 어원은 분명히 ‘몯’과 ‘알다’의 결합에 있다. 처음에 ‘몯’과 ‘알－’이 결합하여 하나의 어간 ‘*모달－’을 형성하였다. 그런데 ‘*모달－’이라는 어간은 첫 음절 ‘모’의 stress에 의해 둘째 음절 ‘달’의 모음이 약화되어 ‘*모들－’로 바뀌었다. 그것은 ‘오날(今日)’[8]이 ‘오늘’로 바뀐 것과 정확히 동일한 경로이다. 이 ‘*모들－’의 단계가 향가의 ‘毛冬’ 또는 ‘毛達’로 표시되고 있다.[9] ‘*모들－’은 ‘ㄷ>ㄹ’의 변화에 의해 ‘*모를－’로 되었다. 이 단계에서 어간의 분열이 일어났다. 한편으로 제1－어기, 제2－어기에서는 ㄹ－활용의 정석대로 어간 말음의 ‘ㄹ’을 상실하여 ‘모른－’가 되었고, 다른 한편으로 제3－어기(즉 부사형)에서는 ‘*모른라’, 제4－어기에서는 ‘*모른로’가 되었다.[10] 이 단계에서는 오늘날의 소위 러－불규칙 활용(가령 ‘푸르~푸르러’)과 동일하다. 이윽고 제3－어기, 제4－어기의 ‘*모른라, 모른로’가 둘째 음절의 모음 탈락에 의해 ‘몰라, 몰로’로 바뀌었다. 이러

---

6. 小倉進平 선생의 『郷歌及び吏讀の研究』 136쪽에서는 ‘海等’을 ‘바룰들’이라고 하여 복수형으로 읽고 있지만, 이것은 양주동 씨(『朝鮮古歌研究』 707~708쪽)의 설대로 ‘等(들)’을 ‘바둘’의 ‘둘’로 보는 편이 좋을 듯하다. 여기서는 양주동 씨의 설을 따랐다.

7. 양주동 씨의 『朝鮮古歌研究』(368~370쪽)에서는 이 단어에 대해 고증을 하여 그 결론을 다음과 같이 내리고 있다.
　“이에仿하여 「모른」의 原形은 「몯」이니 「不能」의 義의 「몯」과 同一語다. 「몯」은 原來 「不知·不能」의 兩義를 兼有하엿던것이 後世에 兩語로 分化된것이다.” (370쪽)
　이 설은 흥미롭기는 하지만 兩語를 同一語라고 하는 것은 역시 무리인 듯하다. 저자는 본문과 같이 평범한 해석을 하고자 한다.

8. ‘오늘’은 중기어에서는 ‘오늘’이다. 이 ‘늘’은 의미상 ‘날(日)’의 변화임에 틀림없다. ‘오’는 아마도 ‘이(斯)’를 의미하는 말이었던 듯하다.

9. 小倉進平 선생의 『郷歌及び吏讀の研究』 114~115쪽과 231쪽 참조. 양주동 씨의 『朝鮮古歌研究』는 369쪽과 370쪽 참조.

한 모음 탈락 역시 아마도 첫 음절 모음의 stress와 관계가 있으리라 보며, 한편으로 'ㄹ'의 중출이 그 탈락을 한층 촉진했다고 생각된다. 이리하여 오늘날과 같이 '모르~몰라'의 교체를 보이는 르–불규칙 활용에 들어가게 된 것이다.

③ '흐ᄅ(一日)'의 경우

이 예는 그다지 명확하지는 않은데, 이 단어의 어근은 예전에 '*hɐd-'이었던 듯하다. 한편으로 『二中曆』에서 고려어의 '一'에 대해 'カタナ'라고 한 것은 후대의 독립형 '흐나'의 고형인 '*흐ᄃ나'를 반영한 것이고, 다른 한편으로 관형형인 '흔'의 고형 '*흐ᄃ'은 향가의 '一等'으로 표시되며, 또한 『鷄林類事』에서는 '河屯'이라고 되어 있는 데서 이렇게 생각할 수 있다.[11] '흐ᄅ'라는 단어는 이 '*흐ᄃ'와 다른 말 또는 접미사의 융합으로 생겨난 것으로 보이는데, 적어도 복합어의 앞부분인 'her-'은 고형 '*hɐd-'의 변화라고 할 수 있다. 그

---

10. [역자주] 이것은 한국어 용언 어간의 활용을 어기의 개념으로 설명하는 일본의 방식이다. 단순화시켜 말한다면 어간이 자음으로 시작하는 어미와 결합할 때의 어간 형태가 제1–어기, '으'로 시작하는 어미와 결합할 때 어간과 '으'의 결합형이 제2–어기, '아/어'로 시작하는 어미와 결합할 때 어간과 '아/어'의 결합형이 제3–어기, 중세국어 시기에 '오/우'로 시작하는 어미와 결합할 때 어간과 '오/우'의 결합형이 제4–어기가 된다.

11. 양주동 씨는 '*흐ᄃ'을 인정하고 있지만 '*흐ᄃ나'라는 형태는 고려하지 않았다. 그리고 "이 「河屯·カタナ」로 보아 「一等」은 「一」의 新羅시대 一古訓「흐ᄃ」임을 알수잇다. 이제 이말의 成語를 按하건댄 「흐ᄃ」은 「單一」의 義의 形容詞「*흔」의 連体形에 不外하다고 생각한다."(『朝鮮古歌硏究』 470쪽) 그러나 저자의 견해로는 후대의 '흐나~흔'을 예전에는 '*흐ᄃ나~*흐ᄃ'이라고 했던 것은 아닐까 한다. 다만 이 고형이 후대의 '흐나~흔'으로 변화한 과정은 아마 다음과 같으리라 본다. 우선 독립형인 '*흐ᄃ나'는 둘째 음절 모음이 탈락하여 '*hedena>*hedna>*henna'로 된 것이 '흐나'로 변화했다. 오늘날 방언 중에도 '한나'라고 하는 경우가 있다. 관형형의 경우는 '*흐ᄃ'에서 직접 '흔'으로 바뀐 것은 아니고 독립형이 '*흔나' 또는 '흐나'로 되었을 때 여기에 대한 유추로 '흔'이 생겨났다. [역자주] 이런 견해는 1945년에 나온 『朝鮮方言學試攷』의 첫 번째 주제에서 이미 제시된 바 있다.

렇다면 이것 역시 'ㄷ>ㄹ'의 한 예가 될 것이다.

【2.3】 이러한 모음 사이의 'ㄷ>ㄹ' 변화를 고려할 때 당연히 연상되는 것은 소위 ㄷ-불규칙 활용을 하는 용언이다. 가령 '듣다(聞)'는 '듣~들'의 교체로 활용하는데, '들'이라는 어기는 부사형의 '들어', 관형형의 '들은' 등과 같이 뒤에 모음이 이어지는 경우에 나타난다. 즉 이러한 용언의 어간말 'ㄷ'이 모음 사이에 개재하는 조건 아래에서 'ㄹ'로 되는 것이다. 이것은 분명히 모음 사이의 'ㄷ>ㄹ'과 무관하지 않다. 모음 사이의 'ㄷ>ㄹ' 변화는 고대 한국어의 어느 시기엔가 일어났다. 그 무렵에는 다른 장애가 없는 한 이 변화가 규칙적으로 일어났다. '듣다' 이외에 오늘날 ㄷ-불규칙 활용을 하는 용언들도 그러한 영향을 입었음에 틀림없다. 그런데 이러한 음운 변화는 그 시기를 지나면 이미 작용하지 않고 겨우 앞에 제시한 몇몇 단어에 화석화하여 잔존할 뿐이다. ㄷ-불규칙 활용 어간의 경우에는 그 흔적이 'ㄷ~ㄹ'의 교체라는 형태론적 특징으로 이용되어 온 것이다. 형태론의 음 교체 현상이 종종 좀 더 예전에 일어난 음운 변화의 흔적에 기반한다는 점은 많은 언어가 보여 주는 바이다.

【2.4】 이렇게 보면 중기어에서 '이다(是)' 어간에 'ㄷ'으로 시작하는 접사 또는 어미가 결합할 때 이 'ㄷ'이 'ㄹ'로 변화하는 특이한 예도 동일한 각도에서 고찰할 수 있을 듯하다. 이미 故 前間恭作 선생도 지적하고 있듯이[12] 중기어 문헌에는 다음과 같이 되어 있다.

 ◦ *이다 → 이라
 ◦ *이더라 → 이러라

---

12. 前間恭作 선생의 『龍歌故語箋』 101쪽 참조.

◦ *이도다 → 이로다
◦ *이다가 → 이라가

이들은 '-다, -더라, -도다, -다가'의 'ㄷ'이 모음 사이에 개재한 결과 '-라, -러라, -로다, -라가'로 바뀐 경우이다. 덧붙이자면 '이다'와 같이 매우 기본적인 단어나 형태가 예전의 흔적을 남기고 있는 것 역시 다른 많은 언어들이 지시하는 바이다.

3

이상으로 중기어 또는 그 이후의 언어 상황에서 보이는 특이한 예를 모음 사이에서의 'ㄷ>ㄹ'이라는 변화의 예로 파악할 수 있으며, 아마도 고대 한국어의 어떤 시기에 일반적으로 일어났던 음운 변화의 결과가 화석화하여 흔적을 남긴 것이라고 생각할 수 있음을 서술했다. 모음 사이의 'ㄷ'이 'ㄹ'로 변화하는 음성학적 조건은 여러 가지를 고려할 수 있을 듯하다. 우선 이 위치는 분명 현대어와 마찬가지로 앞뒤의 모음에 영향을 받아 'ㄷ'은 유성음적인 [d]로 실현되었음에 틀림없다. 그리고 이 유성의 'd'가 다시 'ㄹ'로 변한 것은 치조에서의 폐쇄를 완전하게 수행하지 않은 조음에 기반하는 것으로 보인다. 이를테면 조음상의 약화가 일어난 것이다.

그런데 이러한 약화는 모음 사이의 'ㄷ'만이 겪은 변화는 아니다. 고대 한국어 시기에 모음 사이 또는 유성음 사이에 놓인 자음의 조음이 일반적으로 약화를 일으키기 시작한 전반적 경향의 일면에 불과하다. 즉 중기어 또는 그 이후의 상황으로부터 다음과 같은 변화가 역으로 추론되는 것이다.

① -ㄱ-(>-ㅎ-)>-ㅇ-

② -ㅂ->-ㅸ->-ㅇ-

③ -ㅅ->-ㅿ->-ㅇ-

이러한 세 변화에 대해서는 이미 몇몇 연구가 있으므로 여기에서 서술할 필요는 없다. 그런데 이들 변화가 각각 단독으로 아무런 관계 없이 일어난 것이 아니라는 점은, 이 세 변화 모두 결국 소멸의 방향을 겪었다는 사실에서도 고찰할 수 있다. 물론 'ㄷ>ㄹ'과 위의 세 변화는 각 음운의 성격에 따라 약화 및 소멸되는 과정은 제각각이다. 특히 모음 사이에 놓인 'ㄱ'은 다른 경우와 달리 반드시 'ㅎ'의 단계를 거쳐 소멸했던 것은 아닌 듯하다. 또한 용언 활용에서, 'ㅂ'의 경우는 소위 ㅂ-불규칙을, 'ㅅ'의 경우는 ㅅ-불규칙을 발생시킴으로써, 'ㄷ>ㄹ'의 변화와 마찬가지로 음운 변화의 결과를 형태론적으로 이용하고 있다. 그에 반해 'ㄱ'의 경우는 그러한 불규칙을 낳지 않았다. 그러나 아무튼 'ㄷ>ㄹ, ㄱ>ㅎ, ㅂ>ㅸ, ㅅ>ㅿ'은 폐쇄음의 마찰음화, 무성음의 유성음화라는 조음상의 일반적인 약화 경향을 보인다고 생각한다. 이러한 변화가 어느 시기 무렵 생겨났는지는 거의 알 수 없다. 'ㄷ>ㄹ'의 경우 신라 시대에는 아직 모음 사이의 'ㄷ'이 남아 있었던 듯하지만, 그러나 향가에서 '是良羅(이러라)'라는 형태도 발견되기 때문에 불분명하다.

이러한 'ㄷ>ㄹ'의 변화를 인정함에 있어 해결하지 않으면 안 되는 문제가 있다. 그것은 ㄷ-불규칙 활용에서 'ㄹ'로 끝나는 어기가 어간말 'ㄷ'이 'ㄷ>ㄹ'의 변화를 입은 결과라고 하더라도, 그렇다면 'ㄷ'으로 끝나는 정칙 활용 어간은 어째서 이런 변화를 겪지 않았는가 하는 문제이다. 가령 '얻다(得)'는 부사형에서도 '얼어'로 되지

않고 '얻어'로 되어서 어간의 'd'를 유지하고 있다. 여기에 대한 해
답은 쉽지가 않다. 생각할 수 있는 하나의 방안은, 이 '얻다'의 'ㄷ'
과 '듣다'의 'ㄷ'이 고대 한국어에서 다른 성질의 음소였다고 하든지
또는 다른 음운론적 환경[13]에 있었다고 하는 것이다. 어쩌면 유추
의 결과에 따른 분열이라고 보는 방식도 가능할 듯하다. '얻어' 역
시 'ㄷ>ㄹ'의 변화를 입었었지만, 'ㄷ>ㄹ'의 변화가 더 이상 작용하
지 않게 되었기 때문에[14] 제1-어기형 '얻'의 'ㄷ'으로 유추가 일어나
'얻어'를 만들어 내고, 이것이 고형 '얼어'를 몰아내었다. 반면 '듣다'
나 그 밖의 어간들은 고형을 유지했기 때문에 이들은 후세에 ㄷ-
불규칙으로 다루어지게 되었다는 사고 방식이다. 아무튼 이 문제
는 'ㄷ>ㄹ'의 변화를 인정한 연후에 새로이 해석을 필요로 하는 바
이다.

---

13. 성조나 강세의 차이, 다른 자음의 개입 등등을 생각할 수 있다.
14. [역자주] 앞에서도 나왔듯이 저자는 'ㄷ>ㄹ'이 고대 한국어에서는 규칙적으로
　　일어났지만 그 이후 작용하지 않게 되었다는 생각을 지니고 있다.

중국어가 한국어에
미친 영향

13장

— 중국어가 한국어에 미친 영향

【해설】 이 논문은 원 제목이 '中國語の朝鮮語に及ぼした影響'이며 1962년 6월 『言語生活』 129집에 발표되었다. 중국어가 한국어에 미친 영향을 음운, 어법, 어휘, 문자의 측면으로 나누어 간략히 검토했다.

중국은 고도로 발달한 문화를 통해 인근의 여러 국가에 많은 영향을 주었는데, 언어 측면에서 보아도 중국을 둘러싼 여러 민족의 언어에는 많든 적든 중국어 영향의 흔적을 남기지 않은 것이 없다. 그 중에서도 한국어는 한국이 예전부터 중국 문화를 접하며 그것에 강한 동경을 품어 왔기 때문에, 중국어의 각인은 음운, 어법, 어휘와 더불어 문자의 각 방면에서까지 농후하게 발견된다.

우선 음운의 면에서 보면 한국어는 원래 다음절(多音節) 언어이다. 지금은 2음절 단어가 주축을 이루고 3음절 단어도 있지만 1음절 단어도 꽤 있다. '물(水), 불(火), 달(月), 밭(畑)' 등등이 그러하다. 이러한 1음절 단어 중 예전에는 2음절이었던 것이 있다. 예를 들면 '곰(熊)'은 원래는 '고마'였다. 『龍飛御天歌』라는 책에 '熊津'이라는 지명이 나타나는데 그것의 향명으로 '고마ᄂᆞᄅ'가 제시되어

있다. 이러한 '고마'는 분명히 후대형 '곰'의 전신(前身)이다. 그렇다
면 어말 모음 'a'가 탈락하여 단모음절로 바뀌어 버린 경우이다. 또
한 일본어 'テラ(寺)'는 아무래도 한국어로부터의 차용인 듯하다.
'寺'는 오늘날에는 '절'이라고 하며 좀 더 예전에는 '뎔'이라고 했다.
이것은 더 소급하면 '*tera'였으리라 생각된다. 神功皇后의 신라 정
벌 전설에 나오는 'アリナレ(阿利那礼)'의 'ナレ'는 '川'을 의미하던 한
국어였으며 이것은 분명히 '*nari'라고 불리었다. 이 '*nari'가 'nai'
로 변화하여 현재는 'nä'로 단음절화했다. 이러한 단음절화는 단음
절성을 그 특징 중 하나로 하는 중국어의 영향이라고 일컬어진다.
이것은 작고한 白鳥庫吉 박사의 설인데, 어쩌면 그와 같은 경우도
생각할 수 있을지 모르겠다.

현대 한국어의 음운상 특징 중 하나는 'ㄱ, ㄷ, ㅂ'과 같은 폐쇄음
이 '무기음:유기음:경음'의 세 계열을 가진다는 점이다. 경음은 기
식을 농축시켜 발음하는 것으로서, 일본어의 촉음(促音)과 같은 음
이다. 이상의 세 계열 중에서 경음의 발생은 비교적 후대의 일이다.
훨씬 예전 단계에서는 '무기음'과 '유기음'의 구별도 없었던 듯하다.
요컨대 오늘날의 세 계열은 원래부터 그런 것은 아니며 폐쇄음은
처음에 한 계열만 있었던 것 같다.[1] 한 계열이던 것이 '무기음:유기
음'의 두 계열로 발달한 것은 아무래도 중국어의 영향에 의한 것으
로 보인다.

일본어나 한국어 모두 알타이어적인 특징을 하나 공유하고 있다.
그것은 어두에 'r'이 오지 못한다는 사실이다. 현재 일본어에서는
어두에 ラ행 음이 오는 단어가 많지만, 그것은 한자어나 외래어이

---

1. 일본어의 청탁(淸濁) 역시 어두에서 그 구별이 가능한 것은 중국어의 영향에
기인한다.

다. 일본어에서 ㅋ행의 어두 음이 가능하게 된 것은 한자음의 영향 때문이다. 한국어는 오늘날에도 'r'이 어두에 놓이지 않는다. 중국음에서 'l'로 시작하는 한자음도 한국에서는 다른 음인 'n'으로 변화해 버린다. 다만 현재 북한에서는 어두의 'r'을 의식적으로 발음하고 있다. 이것은 북한의 어떤 방언에서 어두의 'r'이 가능한 경우가 있었기 때문인데 어두에 'r'이 놓이는 것은 역시 한자어이다. 즉한국어에서 어두 'r'의 성립은 일본어 ㅋ행 어두음과 마찬가지로 중국어의 영향인 것이다.

어법에 관해 보자면 한국어는 중국어와는 구조상 그 유형을 달리한다. 중국어는 소위 '고립어'이지만 한국어는 '교착어'이다. 다만이러한 유형 분류는 오늘날에 있어서는 이미 낡았으며 구조 언어학이 왕성해진 현재로서 보자면 유형론을 다시 다루어 볼 시기가되었다고 생각한다. 그러므로 '고립어'든 '교착어'든 새로운 원리로부터 재검토할 필요가 있다. 물론 여기서 그 문제를 논의하지는 않는다. 요컨대 한국어와 중국어가 구조 원리가 상당히 다른 언어라는 점은 틀림없는 사실이다.

이러한 구조의 차이는 어법상 중국어의 수용에서 많은 고심을불러일으켰다. 한국어는 일본어와 현저히 유사한 구조를 지닌 언어로서, 단어와 단어가 상당히 궁굴(窮屈)한 어순에 얽매어 있다. 예를 들어 술어를 나타내는 용언은 일반적으로 문장 끝에 놓이며, 그 용언은 소위 조동사나 조사를 동반한 '용언 복합체'라고도 불러야 할 구조를 이루면서 그 안에 법(法)이나 태(態)를 표시한다. 그러한 구조는 미리 단어의 배치를 예상해 나가지 않으면 안 되는 폐쇄성을 지니는 데 반해, 중국어의 경우는 그러한 배치가 불필요하며 상당히 자유롭게 단어와 단어를 결합해 나간다. 중국어에서는 각각의 단어가 매우 독립성이 높고 여기저기 배치되어 간다.

이러한 중국어 단어를 한국어 구조의 틀 안에 수용할 경우 이를테면 문장 결구(結構) 안의 소재가 되는 것이며, 문법적 기능상으로는 한자어가 체언의 자격을 지닌다. 따라서 그것이 한국어 문장 안에 사용되는 경우 한국어 본래의 체언과 마찬가지로 조사를 취하여 관계를 표시한다. 그리고 한자어가 용언으로 쓰이는 경우에는 한자어를 어간으로 하고 여기에 '하다'라는 용언을 덧붙인다. '하다'라는 용언은 '爲, 言, 思' 모두를 의미하며 매우 편리한 말이다. 예컨대 '使用'이라는 한자어를 용언으로 바꿀 때에는 '使用하다'라는 용언을 만들어서 다른 용언과 동일한 방식으로 활용시킨다. 더욱이 한국어 용언은 일본어와 마찬가지로 동사와 형용사의 구별이 형태론적으로 명백하지 않다. 그러므로 형용사적 의미를 지닌 한자어의 경우에도 역시 '하다'를 붙인다. '華麗하다'가 그러하다. 결국 '하다'는 일본어 'する'보다 훨씬 광범위하게 쓰이며, '하다'의 첨가를 통해 모든 한자어는 용언으로 쓰이는 것이 가능해진다. 다름 아닌 이러한 '하다'의 폭넓은 사용은 중국어 수용의 결과 중 하나라고 할 수 있다.

이와 같은 구조의 차이는 한문의 독법에도 나타난다. 신라 시대에는 한자의 훈독이 이루어진 흔적이 있지만 후대에는 한자를 언제나 음독하고 훈독하는 경우는 없다. 따라서 한문을 읽는 경우에도 일본처럼 역독점(逆讀點)을 찍어서 반대로 읽거나 하지는 않는다. 숙달이 되면 원문을 그대로 봉독(奉讀)하지만 주의해서 읽는 경우에는 소위 '토(吐)'를 붙인다. '토'는 어떻게 붙이는지 보면 문절(文節)마다 조사나 조동사를 넣는다. 예컨대 '鸚鵡雖能言不離飛鳥'를 '鸚鵡ㅣ雖能言ᄒ나不離飛鳥ᄒ며'라고 하는 것처럼 각각의 문절을 한 덩어리로 하여 토를 붙인다. 그 문절이 용언을 포함하는 경우에는 '하다' 또는 '이다'를 붙여서 용언화하여 읽으며, 여기서도 교착어적인 성격이 떠오른다. 또한 '雖能言'과 같은 문절의 경우 한문은 그대로 읽고 문절 전체의 의미를 취해서 '흐나'라는 토를 덧붙인다. 이러한 독법은 종종 문절의 부분을 한국어 문장 안에 사용하는 결과를 낳는다. 예를 들어 '不可不'은 물론 한문으로서 그 뒤에 문장이 이어지는데, 이 세 글자만을 취하여 '어쩔 수 없이'라는 의미의 부사로 사용한다. 마찬가지로 '甚至於' 역시 그대로 부사로 쓰이고 있다.

또한 일본의 한문 훈독법 원형이 한국에 있었다는 생각은 반드시 성립되지 않는 것은 아니지만 실증적으로 검토해 보면 명백한 증거는 결코 얻을 수가 없다. 왜냐하면 일본이 오로지 규범으로 삼았던 백제가 훈독의 흔적을 남기지 않았기 때문이다.

한국어 속의 한자어에는 대체로 세 가지 종류가 있다. 첫째는 고전적인 한자어, 둘째는 중국어 속어로부터의 차용어, 셋째는 일본에서 만들어진 한자어이다. 첫 번째의 고전적 한자어는 옛날의 사대부가 교양으로 배웠던 고전 한문을 형성하는 한자어이며, 이것은 일본의 경우와 동일하다. 두 번째 종류는 고전적인 한자어와는 다르며, 아마도 원나라나 명나라 무렵의 중국 관료들이 사용했던 문서의 용어에서 유래한 것이든지 또는 당나라 무렵부터 고전 한어와 함께 수입되었던 중국의 속어 계통으로서, 이런 종류의 한자어는 일본에서는 낯선 것이 많다. 가령 현재 '汝'를 '당신'이라고 하는데 이것은 '當身'이라는 한자어이며 이 한자어는 당대(唐代)의 통속 문학에서 보인다. 또한 '공부'는 '功夫'라는 한자어로 일본어 '工夫'나 현대 중국어의 '工夫(暇)'와 동일한 말이다. 이 단어는 중국

어에서 '궁리→공부→겨를'이라는 의미 변화를 겪었으며, 마치 영어의 'school'이 그리스어 'scholē(暇)'에서 온 것과 반대 관계가 되어 있어 흥미롭다. 이러한 '功夫' 등도 중국 속어의 수입이다. 이런 종류의 속어 계통 한자어에 대해서는 연구가 거의 이루어지지 않아서 불분명한 점이 많다. 세 번째로 일본에서 만들어진 한자의 경우 그 기초는 고전적인 한자어이지만 그 배후에는 서양 문화의 개념에 대한 번역이 들어 있으며, 메이지(明治) 시대 이후 구미의 개념들을 한자어의 새로운 결합으로 치환했기 때문에 생겨난 것들이다. 이러한 일본제(日本製) 한자어가 중국에 역수입되었다는 것은 잘 알려진 바인데, 한국은 일본의 통치 아래 있었던 관계로 더 많은 일본제 한자어를 사용하고 있다. 덧붙여 말하자면 근대의 한국은 또한 일본 문화를 압도적으로 수용하고 있지만 그에 비해서는 일본어가 많이 들어오지 않았다. 그 이유는 모두 한자를 매개로 하여 일본어를 받아들였기 때문으로, 일본제 한자어의 범람이 그러한 사정을 잘 말해 준다. 더욱이 순수한 일본어도 한자로 표기되는 것은 모두 한자어로 수입했다. 예를 들어 'テツヅキ'는 '手續'이라고 적기 때문에 일본어를 차용하는 경우 이 한자를 음독하여 '수속'이라고 부르며 사용하고 있다. '取扱, 葉書' 등 이러한 예가 약간 보인다.

이렇듯 현재의 한국어에는 한자어가 어휘의 커다란 비중을 차지하고 있는데, 그것은 단순히 수량의 문제뿐만이 아니라 한자어의 채용은 한자어에 의한 한국어의 침식이라는 결과를 낳고 있다. 일본어도 한자어의 침식을 늘 강하게 받아 왔지만 한국어의 경우는 더욱 더 격심하다. 그러한 침식이 상당히 기초적인 어휘에까지 미치고 있다는 점이 주목된다. 예를 들어 '山'을 의미하는 말이 예전에는 '뫼(moi)'라는 순수 고유어였지만, 오늘날에는 '산(山)'이라는 한자어가 일반적으로 쓰이고 있다. 오히려 '뫼'는 봉분을 한 무덤을 의미하는 것으로 변화하고 있다. 또한 수사인 '百'도 예전에는 '온'이라는 고유어를 사용했지만 현재는 '백(百)'이라는 한자어를 쓴다. 이 밖에 '兄'은 '형(兄)', '孫'은 '손자(孫子)'라고 한다. 앞서 제시한 '當身'은 현재 가장 일반적인 2인칭 대명사로 사용된다.

이러한 침식은 진작부터 그 위험성을 느끼고서 순화 운동을 해 왔다. 예를 들어 최현배 씨는 자신의 문법 체계를 설명하는 데 한자어 술어를 사용하지 않고 새로이 고유어로 술어를 만들어 쓰고 있으며 그 영향은 상당한 듯하다. 북한에서는 일찌감치 한자를 폐지했고, 한국에서도 근래 상당히 진지하게 한자 폐지에 착수한 것 역시 한편으로는 한자어의 침식을 방지하기 위함이라고 볼 수 있다.

한자어 폐지 이야기가 나왔으니 이번에는 문자 측면에서 중국의 영향을 보고자 한다. 원래 한국에는 고유의 문자가 없었다. 상고 시대 한반도를 할거했던 민족들이 문자를 사용할 정도로 문화가 발달할 무렵에는 중국 문화가 눈앞에 있었고, 따라서 문필 기록은 중국 또는 중국의 교양을 몸에 익힌 사람들이 관여하고 있었다. 결국 한자 문화를 통해 기록을 한 것이다. 이것은 고구려나 백제, 신라, 또한 일본 역시 마찬가지였다. 그러므로 고유 문자를 고안하여 사용할 필요는 거의 없었다.

그러나 시간이 경과함에 따라 점차 자국어를 표현할 필요성이 생겨났는데, 역시 한자를 이리저리 변통하여 표현하고자 노력했다. 오늘날 남아 있는 금석문(金石文) 등에도 그러한 고심의 흔적이 엿보인다. 머지 않아 일본에서는 능숙하게 한자를 일본어에 맞추어 '萬葉假名'을 만들었고 그것이 가나(假名)의 고안으로 이어졌다. 그런데 한국에서는 그와 약간 비슷한 부근까지는 갔지만 역으로 일본과 같이 한자에서 나라글자를 만들어 내는 데 이르지는 못했다. 그리고 15세기 중엽이 되어 일단 한자와는 다른 문자를 창안했다. 이것이 소위 '諺文'이다. 지금은 이 명칭이 한자에 대비하여 비하한 것이기 때문에 사용하지 않고 '한글²'이라는 호칭을 쓴다.

이처럼 한글은 어쨌거나 한자를 변형하거나 변용한 것은 아니다. 그러나 이 글자의 창제 배후에는 역시 중국의 영향이 두드러지게 나타난다. 우선 이 문자는 두 가지 문자 원리의 교착을 통해 만들어졌다. 첫 번째는 고대의 셈족 사이에서 생겨난 알파벳 방식의 단음(單音) 문자 원리이다. 이 원리는 한편으로 시리아 문자로부터 소그드 문자, 위구르 문자, 몽고 문자를 거친 것과 다른 한편으로 역시 셈 문자로부터 생겨난 인도 문자나 또는 인도 문자 계통인 티베트 문자, 어쩌면 파스파(八思巴) 문자에 의한 것의 두 가지 경로를 생각할 수 있다. 한글이 단음 문자를 요소 문자로 하고 있는 것은 이러한 원리를 따른 것이다. 그런 반면 한글은 단음 문자를 조합한 음절 문자를 단위로 하고 있는데 이러한 음절 단위는 한자의 원리이다. 이와 같은 원리 이외에 단음 문자의 고안 역시 중국 음운학의 체계를 배경으로 한 것이며, 특히 자음 문자는 완전히 중국의 체계에 의거했다.

이처럼 한국에서는 예전에 어떻게 해서든 한자를 한국어에 적용시키려고 했으나 끝내 성공하지 못하고, 알파벳 문자의 원리를 도입하여 이것을 한자 원리와 결부시켜서 한글을 만들어 내게 된 것이다. 그러나 이 문자도 처음 이 문자를 몸소 만들었다고 일컬어지는 세종이나 세종의 아들인 세조 시대에는 희망에 가득찬 미래를

---

2. 위대한 문자라는 의미이다.

생각게 했지만, 이윽고 반대 움직임이 일어나고 사대부가 부끄럽게 여기는 바가 되어 오로지 부녀자 사이에서 근근이 쓰이게 되었으며 근대에 이르기까지는 완전히 양자(養子) 취급을 받아 왔다. 이미 서술한 것처럼 오늘날 북한에서는 한 걸음 앞서서, 그리고 한국에서도 점차 본격적으로 한자 폐지를 채택하고 있다. 이는 과거 중국어 영향으로부터의 탈피를 의도한 것이다. 그것이 어느 정도 성공할지는 장래를 기다리지 않을 수 없다.

14장

고대의 일본어와 한국어

── 고대의 일본어와 한국어

【해설】 이 논문은 원 제목이 '古代の日本語と朝鮮語'이며 1967년 4월에 간행된 『ことばの宇宙』에 수록되었다. 고대에 한국에서 일본으로 차용되었다고 추정되는 몇몇 단어의 예를 검토하고 있다. 이 과정에서 고대 한국의 언어 상황에 대한 언급도 있는데 이는 『朝鮮方言學試攷』(1945)의 내용과 크게 다르지 않다.

　상대(上代)에 중국 문화가 일본으로 전해졌을 무렵 일단 중국 문화가 한국에 정착하여 거기서 한국 문화를 배양하고 난 후 일본에 이식되었다는 점은 지금 여기서 많은 말을 할 필요가 없을 것이다. 중국인이 고대 한국의 남부에도 상당한 집단을 이루어 이주했던 듯하다는 것은 문헌에서 그 근거가 발견되는 바인데, 이들 중국인의 자손이 다시 한국에서 일본으로 건너갔으며 그들을 통해 일본에 있어 중국 문화 섭취의 기반이 형성되었다고 생각된다. 그와 함께 백제나 신라의 요소도 가미되었다는 점 역시 쉽게 상상할 수 있다. 이러한 고대 한국 문화가 일본에 미친 영향은 여러 가지 측면에서 구체적으로 그 흔적을 찾을 수가 있다. 그런데 언어 방면에서는 어떠한지를 보면 의외로 불분명한 점뿐이다.

우선 한자의 도입에 따라 그 한자를 토착어에 적용하려는 시도는 한국에서든 일본에서든 찾아 볼 수 있다. 일본의 경우 그러한 시도는 결국 '萬葉假名'으로 나타났으며 더욱이 가나(假名)의 발생을 촉진하였고 또한 한자의 훈독(訓讀)이라는 독특한 방식을 낳았다. 가능성으로 보자면 일단 한국에서 일종의 실험이 이루어지고 그러한 토대 위에 일본에서의 한자 순화(馴化)가 되었다고 생각할 수 있다. 그러나 실제로는 적용해야 하는 언어의 성격으로 인해 한국에서는 한자의 순화(馴化)가 실패하고 일본에서는 성공하는 결과를 빚었는데, 이러한 가능성을 실증하려 한다면 그것은 거의 불가능하다. 왜냐하면 남아 있는 자료가 한국보다도 일본이 더 오래되었을 뿐만 아니라 구체적으로 흔적을 찾을 수가 없기 때문이다. 참고로 말하면 한국의 나라글자인 한글은 15세기 중엽에 별개의 원리로부터 만들어진 것이라서 한자로부터의 탈피는 아니다.

한국어의 역사는 본격적으로는 한글이 창제된 15세기부터라고 하겠다. 따라서 상대(上代)에 한국의 언어가 어떠한 양상을 보이고 있었는지는 전혀라고까지 할 수는 없겠지만 극히 애매하게밖에 알지 못한다. 물론 한글 창제 이전에도 한자를 사용하여 무엇인가 한국의 언어를 표기하고자 했던 흔적은 옛 문헌에 단편적인 형태로 발견되기는 한다. 또한 25수만 전해지기는 하지만 신라의 가요라고 일컬어지는 것이 한자의 복잡한 이용을 통해 표기되어 있다. 그러나 그 해독은 『萬葉集』에 비하면 훨씬 어렵다.

어쩔 수 없이 기껏해야 500년 전의 한국어를 재료로 삼지 않을 수 없는데, 이 500년이라고 하는 언어의 역사로서는 그다지 길지 않은 시간 동안 한국어라는 언어는 상당한 변화를 겪어 왔다. 이것을 다시 약 천 년 가까이 소급한다면 얼마만큼의 변화가 그 시간

사이에 일어났을지는 충분히 짐작할 수 있을 것이다. 더욱이 단편적으로 전해지고 있는 한자를 통한 표기는, 표음성에 있어서 효율이 낮은 문자의 성격 탓에 어형의 정확한 구성을 충실하게 말해 주지 못한다.

다만 역시 단편적이고 또한 세부적인 점까지 판명되지는 않았지만 약간 흥미로운 자료가『日本書紀』안에 존재한다.『日本書紀』의 한국 관련 기사 중에, 韓土의 지명과 인명의 훈독법이 전해지고 있다. 그 중에는 후대 한국어의 전신(前身)이라고 해석할 수 있는 것이 약간 있다. 예를 들어 '城'을 'サシ'라고 읽는 것은 후대의 '잣'[1]과 동일한 단어이다. 또한 '山'은 'ムレ', '川'은 'ナレ, ナリ'로 해독되는데 이것은 아마도 '*mori~*more', '*nari~*nare'를 적은 듯하다. 15세기 무렵의 한국어(이하 중기어)에서는 '山'이 'moi', '川'은 'nai'이며 오늘날에는 'moi'가 'mö', 'nai'는 'nɛ'로 바뀌어서 쓰이고 있다. 이두 단어의 변천에서 주의해야 하는 것은 'r'이 탈락했다는 점으로, 이러한 'r'의 탈락이 고대 한국어에서 일어났다는 사실은 다른 데에도 예가 있다. '主'를 가리키는 'ニリム'는 '*nirim>님(중기어)', '帶'를 가리키는 'シトロ'는 'sitŭrŭi>쯰(중기어)>띠(현대어)'의 변화를 거쳤다.

이 예들은 비교적 혜택 받은 경우이며, 항상 이렇듯 후대 한국어와 결부된다고는 할 수 없다. 게다가『日本書紀』의 훈독법이 도대체 어떤 언어를 전한 것인지도 반드시 뚜렷한 것은 아니다. 왜냐하면 고대 한국의 여러 언어, 즉 백제어, 신라어, 고구려어 등등이 후대의 한국어로 발전하게 된 한 언어의 방언이며 그것들이 서

---

1. 현재는 '城'에 대해 '성'이라는 한자어를 사용한다.

로 친근 관계를 지닌다고는 말할 수 없기 때문이다. 그보다도 오히려 『魏志』「倭人傳」바로 앞에 나오는 「東夷傳」에 따르면 고구려, 부여 등의 맥족(貊族)과 남부의 한족(韓族) 사이에는 언어적으로 유사성이 없었던 듯하다. 또한 백제에서는 지배 계급(貊族)의 언어와 피지배 계급(韓族)의 언어가 차이가 났으며 이중의 언어가 사용되고 있었다. 맥족의 대표였던 고구려 언어의 정체가 거의 파악되지 않은 이상 두 종족 언어의 관계는 구체적으로 판명할 수 없지만, 고대 한반도에서는 여러 계통의 서로 다른 언어가 쓰였고 현재와 같은 한국어 일색은 아니었다고 생각된다. 아무튼 『日本書紀』에 남아

있는 한어(韓語)를 모두 어떤 한 언어로부터 가져왔다고 할 수는 없을 듯한데, 대세로 보자면 아마도 백제어가 그 다수를 점유하고 있음에 틀림없다. 사실 백제의 이중적인 언어성도 그 안에 약간 반영하고 있다. 『日本書紀』의 한어(韓語)가 후대의 한국어로 이어지는 이유는 그 민족, 즉 한족(韓族)의 언어가, 후대 한국어의 선조인 신라어와는 방언적 차이를 지니면서도 동일한 언어였기 때문이다.

이상 제목으로부터 다소 벗어나긴 했는데, 그것은 저자에게 주어진 주제를 고찰함에 있어 그 문제를 구체적으로 다루는 것이 자료적으로 얼마나 어려운지를 말하고 싶었기 때문이다. 앞서 말한 것

과 같은 한자나 가나(假名)로 기록된 극히 적은 예를 중기 한국어의 기반에 놓고 합리적으로 해석하는 수밖에 없는 상태에서, 상대(上代)에 있었던 두 언어 교섭의 다양한 모습을 충실히 그려 낸다는 것은 어차피 무리한 일이다. 따라서 이후에 서술하는 예는 비교적 확실하다고 여겨지는 약간의 경우이며, 실제로는 좀 더 많은 말이 일본어 안에 차용되었음에 틀림없지만 현재는 완전히 일본어화해 버려서 그 기원에 대한 조사는 불가능하다고 본다.

'コホリ(郡)'라는 단어가 있다. 여기에 대응하는 한국어에 '골:'이 있는데 이것은 중기어에서 'ᄀᆞᄫᆞᆯ'이었고 이 'ᄀᆞᄫᆞᆯ'은 *kəpər'로 소급할 수 있다. 그런데 이 *kəpər'은 고대 한어(韓語)로는 'kə-pər'로 분석된다. 'kə-'는 『日本書紀』에서 보이는 'コニキシ~コキシ(王)'의 'コニ' 또는 'コ'에 해당하는 '大'를 의미하는 말이다.[2] 'pər'은 신라어 *pŭr(聚落, 町)'[3]과 동일한 말로서, 'pŭr'이 'kə'의 'ə'에 이끌려 'pər'이 되었다고 생각한다. 참고 삼아 말하면, 현재의 '서울'은 '都'를 의미하는 한국어로서 중기어에서는 '셔볼'이었고 더 소급하면 *셔블'이 되는데, 그 의미는 아마도 '셔(金?)의 고을(町)'이며 신라의 도읍 경주를 가리켰다.

*kəpər'은 『日本書紀』의 한 부분에서 '己富里'라고 적혀 있으며, 상대(上代)의 특수한 가나 표기법(假名遣)에 따르면 'köfori'가 된다. '己富里'의 '富'도 만약 'ホ'에 갑류와 을류 두 부류가 있었다고 한다면 을류의 'ホ', 즉 'fö'로 읽을 수 있는 글자이다. 결국 일본어의 'コホリ'는 이 'köföri'이고, 한어(韓語)에서 차용되었다고 생각해도 잘못이 아닐 것이다. 그것은 앞서와 같이 한어(韓語)로서 완전

---

2. 'コニキシ' 또는 'コキシ'는 큰 임금(君)이라는 뜻이다.
3. '火' 또는 '伐'로 표기된다.

하게 분석 및 해석할 수 있기 때문이다. 또한 한국어의 'ɐ'라는 모음은 일본어의 모음 'ö'에 잘 대응한다. 이러한 차용은 행정 구획에 관한 새로운 개념의 도입을 말해 주는 것인지도 모른다.

문화사적으로는 'テラ(寺)'를 들 수 있을 듯하다. '寺'는 현대 한국어로는 '절'이라고 하지만 중기어에서는 '뎔'이었다. 그 어원은 분명하지 않지만 'ㅕ'는 고대 한국어(중기어 이전 상태를 일괄하여 붙인 명칭)에서는 'ye' 또는 'e'였을 가능성이 있다. 한편 고대 한국어 중 어말의 모음 'a'가 탈락했다는 흔적이 있다. 백제의 도읍 '熊津'은 '고마ᄂᆞᄅᆞ'의 한자 표기로 '고마(熊)'는 후대에 '곰'으로 단음절화했다. 일본어의 'クマ(熊)'도 차용의 한 예이다.[4] 또한 현대어 '섬(島)'도 중기어에서는 '셤'이었는데『日本書紀』에서 보이는 한어(韓語)에서는 'セマ'[5]로 되어 있다. 여기서도 'ㅕ'가 'ㅗ'로 표시되고 있다. 결국 '*sema'가 중기어에서 '셤'으로 바뀐 것과 평행하게 '*tera'가 중기어에서 '뎔'로 바뀌었다고 생각하는 것은 음운사적으로 수긍할 수 있다. 이러한 'テラ'의 예는 불교의 전래라는 사건으로부터 추측하여 한어(韓語)로부터의 차용이라고 단정할 만하다.

일본과 한국의 고대 문헌을 좀 더 깊게 파고들어 보면, 이런 종류의 차용은 더 발굴할 수 있을 것이다. 다만 그러한 예들을 차용이라고 단정하기 위해서는, 문화사적 배경을 분명히 한 후에 다시 앞서와 같은 음운사적 고증을 충분히 거치지 않으면 안 된다.

마지막으로 문법과 관련된 문제에 대해 다소 대담한 억측을 시도해 보려 한다. 주지하다시피 경어 표현은 여러 언어에서 발견되지만, 많은 경우 그것은 어휘적인 면에서 찾아볼 수 있다. 경어 표

---

4. 이것은 新井白石의 설이다.
5. 예를 들어 '主島'라는 섬을 'ニリムーセマ'로 읽고 있다.

현이 하나의 문법 범주가 되어 형태론적 구조에 포함되는 경우는 매우 적다. 적어도 이 주변의 언어에서는 일본어와 한국어 이외에는 안 보이는 듯하다. 물론 이 두 언어가 서로 어떠한 영향도 없이 각각 개별적으로 경어 표현을 발생시켰다고 생각할 수도 있다. 어쩌면 그러한 사고가 무난할지도 모른다. 다만 경어법이라는 것은 당연히 신분과 계급이 확립된 사회를 예상한다. 따라서 태고적부터 존재했다고는 도저히 볼 수 없다. 또한 소위 경어법 조동사도 그 근원을 찾으면 본래적인 것이 아니고 'する'나 'ある' 또는 그 밖의 동사가 조동사화한 것이다. 한국어도 마찬가지였던 듯하다. 한국어의 경어법 조동사는 '-시-'라고 하는데, 이것은 원래 '爲'를 의미했던 것 같다. 왜냐하면 후대에는 '爲'가 'ᄒ-'인데 그 사역형이 중기어에서는 '시기-'[6]이며 '-기-'는 사역을 나타내는 접사이므로 '시-'는 어간 '爲'에 대응하기 때문이다. 또한 '存'을 의미했던 고어 '겨-'[7]에서 발달한 경어법 조동사도 방언에 남아 있다.[8]

이렇듯 경어법 조동사가 다른 동사를 전용(轉用)함으로써 생겨났다고 한다면, 그러한 전용이 두 언어에서 별개로 일어났다고 하기보다 한어(韓語)에서의 전용을 원형으로 하여 일본어가 모방하여 그 결과 일본어에도 경어법이라는 새로운 문법 범주가 성립되었다고 생각하는 편이 더 정확한 것은 아닐까 한다. 특히 경어법의 문법 범주화라는 매우 특수한 현상이 예기치 않게 서로 인접한 두 나라에서 우연히도 평행하게 발생했다고 생각하기란 어려운 것이

---

6. 현대에는 '시키-'이다.
7. 오늘날은 '겨시-'의 일부에 화석화되어 남아 있다.
8. [역자주] 방언에 남아 있는 '-겨/게-' 등의 형태를 가리킨다. 여기에 대해서는 小倉進平의 「方言分布上の斷層」(『ドルメン』, 1935년 1월)과 「'在'の方言分布」(『靑丘學叢』 제19호, 1935년 2월)를 참고할 수 있다.

다. 또한 하나의 공통 조어가 분열하여 두 언어로 발전했을 때 그 공통 조어에 있던 잠재적인 요인 때문에 두 언어에서 각각 독립적으로 평행한 현상이 발달하는 경우가 있음이 지적되고 있지만, 잠정적으로 일본어와 한국어가 공통의 기반에서 나왔다고 하더라도 경어법의 발생은 앞에서도 서술한 것처럼 그다지 예전 시대로 소급할 수는 없다.

그리고 일본의 宣命에서 종종 경어법 조동사 'タマフ'에 한자 '賜'를 할당하고 있는데, 이 한자는 한국의 기록에서도 동일하게 경어법 조동사 '-시-' 또는 그 부사형 '샤'를 표시하는 데 쓰였다. 한국의 경우 '賜'는 그 한자음에 의해 '시' 또는 '샤'를 나타낸다고 볼 수 있다. 물론 이 '賜'의 사용으로부터 일본어 조동사 'タマフ'가 발생했다고까지 말하려는 것은 아니지만, 이 글자의 조동사적 사용은 역시 어느 정도의 인과 관계를 생각하게끔 한다.

이러한 억측이 잠시 올바르다고 한다면, 고대의 한어(韓語)는 일본어에 상당히 강한 영향을 미친 셈이 된다. 그러나 이 문제를 제대로 해결하려면 상대(上代) 일본어에 나타난 한어적(韓語的) 요소를 지금보다 더 철저히, 그리고 종합적으로 검토하지 않으면 안 된다.

15장

한국 한자음과
일본의 오음(吳音)

— 한국 한자음과 일본의 오음(吳音)

【해설】 이 논문은 원 제목이 '朝鮮漢字音と日本吳音'이며 1978년 3월에 간행된 『末松保和博士古稀記念論集－古代亞細亞史論集－』(上)에 수록되었다. 저자가 한국 한자음에 대해 공식적으로 발표한 가장 후대의 논문이라고 할 수 있다. 한국 한자음과 일본 吳音의 공통점과 차이점을 성류와 운류로 나누어 총 13항목에 걸쳐 다루었다. 그리고 나서 한국 한자음은 기본적으로 신라음이고 일본 吳音은 백제음을 전승한 것이라는 가정 아래에서, 한국 한자음과 吳音의 상이점은 신라음과 백제음의 차이로써 설명하고 둘 사이의 공통점은 신라음이 백제음으로부터 영향을 받은 사실로써 설명한다. 그러나 저자 스스로도 인정하듯이 백제계 한자음에 대한 직접적인 서술이나 증거가 없어서 불완전한 논의에 그치고 말았다.

1. 서론

일본과 마찬가지로 소위 '한자 문화권'에 속하던 한국에서도 한자를 이용하며, 한자어가 대량으로 차용되었고 또한 차용되고 있다. 그리고 그 한자는 한국의 독특한 한자음으로 읽힌다. 한국 한자음이 어떤 시대의 중국음을 모태로 하여 전승되었는지에 대해서는 다소간 논의한 것이 있다.[1] 한자가 최초로 도래한 것은 중국 문화가 한국으로 이입된 것과 시기를 같이 한다고 생각되지만 처음부터 그 시대의 한자음이 고스란히 전해져 온 것은 아니다. 그 후에도 여러 차례에 걸쳐서 중국과의 접촉 정도에 따라 한자음의 수입이 이루어졌으며, 그러한 신구(新舊) 한자음이 시간과 더불어 도태하고 게다가 한국어의 음운 구조에 적응하면서 또한 한국어 음운 변화의 영향을 입으면서 점차 변해 온 것이 현재의 한국 한자음이다.

동일한 과정이 일본에서도 있어 왔다. 다만 일본의 경우는 여러 차례 도입된 중국음이 따로따로 전승되어 전해지고 있다는 점이 특징이다. 吳音이라든지 漢音, 그리고 唐音이라 불리는 것이 그것이다. 그런데 吳音이나 漢音이라고 불러도, 엄밀히 말하자면 두 개의 확연히 구별되는 한자음 체계가 평행적으로 전승되고 있는 것은 아닌 듯하다. 특히 吳音으로 불리는 것은 漢音 이전에 전해진 여러 가지 기원의 한자음을 포함하고 있어서 오히려 화음(和音)이라고 해야 한다고 일컬어진다. 그러나 일본 한자음에 대해서는 현존하는 문헌의 정밀한 조사가 일단 완료되고 난 후가 아니면 정확한 것은 그 무엇도 말할 수 없는 상황이므로 본고에서도 부족한 지식에 의존하여 잠정적인 것 이외에는 서술하지 않는다. 다만 吳音과 漢音을 체계로서 파악하는 것이 아니라 吳音적 특징과 漢音적 특징으로서 파악하는 것은 가능하다고 생각한다. 이 경우 오음적 특징은 오음의 성격상 복층적(複層的)이다.

이제 일본의 吳音을 漢音 이전에 일본으로 도입된 것 정도로 다소 막연하게 한정을 해 둘 경우 漢音은 대략 당대(唐代)의 장안음(長安

---

1. 『朝鮮漢字音の研究』(1968년 9월) 참조.

音)에 기반하고 있다고 생각할 수 있기에, 吳音이 漢音보다 이전의 것이 된다면 거기서 한국 한자음과의 관계가 문제가 된다. 왜냐하면 吳音적 특징이라고 하는 것이 육조(六朝) 시대의 남방음(南方音)을 직접 전한 것인지 아니면 한국을 매개로 하여 전승된 것인지가 문제시되기 때문이다. 대륙의 문명이 일본으로 넘어오던 최초의 시기에는 한국을 경유했음이 분명하다. 그러므로 한자음의 경우도 일단 한국에 이식된 것이 일본으로 계승되었을 가능성은 충분히 고려할 수 있다. 그러나 실제로 한국 한자음과 일본 吳音을 비교했을 때 과연 그러한 흔적이 보이는지 구체적으로 검토할 필요가 있다.

이 문제와 관련하여 과거에 주목해야 할 논문이 있다. 그것은 故 滿田新造 박사가 쓴 「朝鮮字音と日本吳音との類似點に就いて—朝鮮に於ける字音傳來の經路」이다.[2] 이 대선배의 연구를 안 것은 졸저인 『朝鮮漢字音の研究』를 발표한 후의 일이다. 저자의 한국 한자음 연구에서 당연히 참고했어야만 하는 것이라서 빠뜨린 데 대해 부끄러워할 수밖에 없다. 이 논문의 도입부에서 박사는 그 서론으로 다음과 같이 서술하고 있다.

"후대의 한국 한자음이 일본의 漢音과 보조를 함께 하고 둘 사이에 맥락이 관통하는 것은 일반적으로 인정하는 바라고 생각한다. 그러나 이는 대강에 대한 것이고, 여기에 간과하면 안 되는 것은 한국 한자음과 일본 吳音 사이에 유사점이 있다는 사실이다. 이렇게 되면 후대 한국 한자음은 당나라 초기의 북방 중국음(支那音)을 전승했다고 말하는 것만으로는 충분치 않게 된다. 그래서 이

---

2. 1926년 6월 『東洋學報』 15권 3호에 발표되었다. 그 후 『中國音韻史論考』(滿田新造博士遺著刊行會 편, 1964년 9월 9일)에 수록되었다.

논문에서는 한국 한자음에 남방(南方) 오(吳) 계통의 음이 혼입
되는 데 이른 사정을 명확히 하고, 그 서론으로서 상고(上古)에서
부터의 한국 한자음 전래 경로에 대해 서술하고자 한다. 요컨대 한
반도에서의 한자음 전래는 시대를 달리 하여 여러 차례 이루어졌
으며, 그 중 어떤 시대에 전래된 것은 한반도에서 사라지고 그 일
부가 일본에 넘어와 보존되어 있으며(上古音), 다른 시대의 것은
대체로 일본에 전래되어 吳音으로 보존되고 한반도에서는 일부분
만 유지될 뿐이다. 또한 그 후에는 일본의 漢音과 같은 시대의 한
자음이 전래되어 그것이 일반적으로 사용되기에 이른 것이다."[3]

참으로 예리한 통찰이며 저자가 겨우 도달한 결론을 한 마디로
요약한 사고가 들어 있어서 그저 탄복해 마지 않을 뿐이다. 다만
한 부분, 즉 "다른 시대의 것은 대체로 일본에 전래되어 吳音으로
보존되고 한반도에서는 일부분만 유지될 뿐"이라고 말한 데는 다
소 문제가 있는 듯 생각된다. 왜냐하면 앞에서도 서술했듯이 吳音
이라고 부르는 것이 과연 한국을 경유한 것인지 아닌지를, 吳音과
한국 한자음 양쪽의 구체적인 특징 비교를 통해 검증하지 않으면
안 되기 때문이다. 물론 박사도 그러한 비교를 시도하고 있다. 이를
테면 제1장 '한국 한자음과 일본 吳音의 유사점'에서 둘 사이의 유
사점에 대해서 여섯 가지 항목을 들고 있다. 그 각각에 대해서는
여기서도 받아들인다. 그러나 한국 한자음과 일본 吳音이 일치하
지 않는 점도 당연히 고려해야만 하며 그리하여 둘 사이의 관계는
박사가 말한 것처럼 간단하게 단언할 수 없게 되는 것이다. 또한 박

---

3. 위의 책(『中國音韻史論考』) 606쪽 참조.

사의 논문에는 다음의 장들이 있으며 각각 경청할 만한 가치가 있는 학설을 서술하고 있다.

제2장. 한국에 있어서 한자 수입의 시초
제3장. 고구려 한자음은 북방 계통
제4장. 백제 한자음은 남방 계통
제5장. 신라 이전의 한자음 수입 경로
제6장. 현행 한국 한자음의 기원
덧붙임. 일본 고문헌에 보이는 상고음

이 덧붙임(附說)은 故 大矢透 박사의 『假名源流考』 및 『周代古音考』와 함께 일본 상대(上代)에 전해진 옛 한자음의 연구에서 반드시 필요한 내용이다.

2. 한국 한자음과 일본 吳音의 공통점과 차이점

앞서 서술했듯이 일본의 吳音에 대해서는 자료 조사가 충분치 않아서 본격적인 논의는 시기상조이지만, 필자가 어떤 자료에 대해 약간의 고찰을 시도한 바에서 보면[4] 吳音적 특징이라고 생각되는 것 역시 몇 개의 층으로 나누어 검토해야만 하는 듯하다. 그 자료는 心空이라는 사람의 『法華經音訓』(1386년)이다. 이 책은 『法華經』에 나오는 각 글자들에 대해 음훈(音訓)을 풀어 놓은 것으로

---

4. 「日本吳音に就いて」(『言語學論叢』 최종권, 東京教育大學 言語學研究會 편, 1976년 3월) 참조.

그 한자음은 전체적으로 뭊音적이다. 이 자료는 글자 수가 그다지 많은 것이 아니라서(1,600자) 한자음 체계 전체를 망라하지 못하는 점이 유감이다. 그래도 상당한 부분을 알 수 있어 흥미롭다. 그래서 여기서는 이 자료를 주요 재료로 하여 한국 한자음과의 관련성을 고찰해 보고자 한다.

한국 한자음에 대해서는 졸저인 『朝鮮漢字音の研究』에서 일단 그 정리를 시도했다. 물론 이것은 출발점이고 많은 문제가 남아 있다. 이 책에서 저자는 한국 한자음의 복층성을 받아들여서 잠정적인 층위 구별을 시도했다. 그리고 그 중 가장 현저한 층(b-층)이 慧琳의 『一切經音義』에 기록되어 있는 소위 진음(秦音) 계열 운서의 반절이 나타내는 음운 체계와 부합한다는 점을 서술했다. 그러한 b-층 이전의 층, 곧 a-층으로 총괄했던 것이 여기서 문제된다고 생각하거니와, 이미 졸저에서도 지적한 바와 같이 a-층 또한 단일한 체계를 이루는 것은 아니고 여러 가지를 포함하고 있는 듯하다. 본고에서는 주로 이 층(a-층)에 들어 있는 옛 한자음과 전술한 자료에 의한 뭊音적 특징이 지닌 공통점 및 차이점에 대해 고찰하려고 한다.

2.1. 성류(聲類)의 공통점과 차이점

① 우선 성류(聲類)의 공통점과 차이점으로부터 서술하면, 한국 한자음과 일본 뭊音 사이에 특징적으로 유사한 점은 의외로 적다. 가장 먼저 눈에 띄는 것은 明母(AC.[5] m-), 泥母(AC. n-), 娘母(AC.

---

5. 이하에서 중고음(『切韻』의 음)을 'AC.'로 표시한다.

ñ)의 비음이다. 吳音과 한국 한자음 모두 明母는 'm-', 泥母와 娘母는 'n-'으로 나타난다. 이에 반해 일본 漢音에서는 원칙적으로 明母는 'b-', 泥母와 娘母는 'd-'로 되어 있다. 이러한 非-비음화적인 반영이 당대(唐代) 장안음(長安音) 'mb-, nd-, ñd-'라는 변이음(allophone)을 받아들인 결과라는 것은 주지하는 바이다. 졸저[6]에서는 漢音과 마찬가지로 당대(唐代) 장안음에 의거했다고 생각되는 한국 한자음의 주요층에서 漢音처럼 非-비음적으로 다루지 않고 吳音과 동일하게 비음적인 반영을 드러내는 것은, 당대(唐代) 장안음에서도 비음적인 변이음이 있었던 듯하며 또한 한국어 자체에 'mb-, nd-'와 같은 변이음이 있었기 때문에 장안음의 非-비음적 변이음을 무시할 수 있었던 듯하다고 생각했다.[7]

이러한 사고에는 지금도 변함이 없다. 다만 日母(AC. ñ-)는 吳音에서는 'n-'이지만 후대의 한국 한자음에서는 일반적으로 탈락해 버린다.[8] 그러나『孝經諺解』나『訓蒙字會』와 같은 예전 자료에서는 'Δ(z)'으로 표시되어 있는데도 불구하고, 日母는 예전에 'z'였던 것이 한국어 'z'의 소멸과 함께 탈락해 버렸다고 간단히 단언할 수 없는 대목이 있다.[9] 그런데 그것보다도 약간의 日母字에서 'ㅅ'으로 된 것이 있다는 점이 주목된다.[10] 이러한 'ㅅ'은 'Δ'이 한국어의 두음 법칙에 의해 무성음으로 바뀐 듯하다. 'Ø'(탈락)이든 'Δ'이든 또는 'ㅅ'

---

6. 이하에서 저자가 지은『朝鮮漢字音の硏究』를 줄여서 졸저라고 부르기로 한다.
7. 졸저 203쪽 참조.
8. '日'이 '일'인 것이 그 예이다.
9. 박병채 씨가 지은『고대국어의 연구-음운편-』(고려대학교출판부, 1971년 12월)의 86~87쪽 참조. [역자주]『고대국어의 연구-음운편-』에서는 'Δ'에 대해 중국 성운학의 체계에 맞춰 만든 것으로 실재하는 음운이었다는 근거는 희박하다고 했다.
10. 예를 들면 '爇'이『訓蒙字會』에서 '셜'로 나온다. 졸저의 79쪽 참조.

이든 이들의 기원이 된 중국음에서의 日母는 이미 당대(唐代)의 음에서 'ńʑ'라는 변이음이 우세해졌으며, 더 나아가 비음적 요소를 상실함으로써 'ʑ'(또는 'ʐ')가 된 것은 아닐까 하고 추측된다. 여기서 흥미로운 점은, 전술했다시피 중국어 鼻頭音[11]의 경우 당대(唐代) 장안음에서는 'mb-, nd-'와 같은 변이음이 유력했지만 당(唐)에서 송(宋)으로 바뀌어 한자음 전통의 중심이 陝西에서 河南으로 옮겨 가면서 그러한 변이음은 사라지고 원래의 비음 'm-, n-' 등으로 되돌아갔음에 비해 日母와 微母(mv-)는 역으로 비음적 요소를 잃어버려 'ʑ'(또는 'ʐ')와 'v-'로 변했다는 사실이다. 日母와 微母에 공통되는 조건은 'ʑ'나 'v' 모두 마찰음이라는 점이다. 어떻든지 간에 한국 한자음에서 日母를 다루는 방식은 당대음(唐代音)적인 성질을 지니며 吳音에서 예전의 비음을 유지하고 있는 것과는 차이가 난다. 그러므로 鼻頭音의 반영은 얼핏 보아 한국 한자음과 吳音이 매우 유사하지만, 그 유사점을 가지고서 둘의 인과 관계를 말할 수는 없게 된다.

② 그것보다도 성류(聲類)에 관해서는 한국 한자음과 吳音 사이에 두드러진 차이점이 존재한다. 그것은 소위 탁뉴(濁紐)의 취급 방식이다. 吳音의 특징 중 하나는 탁뉴(濁紐)를 濁音(유성음)으로 반영한다는 점이다. 예를 들면 '道'(定母)는 'ダウ', '號'(匣母)는 'ガ

11. [역자주] 비음이 두음(頭音)에 오는 경우를 가리키는데 이 때의 두음(頭音) 개념에 약간의 혼란이 있는 듯하다. 어두의 자음을 가리키는 경우와 음절의 초성을 가리키는 경우가 모두 두음(頭音)으로 표현되고 있다. 여기서는 한자음의 문제를 다루므로 대부분의 경우에는 두음(頭音)이 초성에 대응하지만 경우에 따라서는 어두에 대응하는 경우도 있다. 번역자가 자의적으로 고칠 문제가 아니라고 판단되어 원문의 표현을 그대로 두었다.

ウ', '群'(群母)은 'グン', '成'(禪母)은 'ジャウ', '平'(並母)은 'ビャウ'이다. 물론 예외도 적지 않다. 일본어에서 濁頭音[12]이 원래부터 있었는지 논의가 있는 듯하지만, 적어도 吳音의 도입이 濁頭音의 확립에 기여했다는 점은 분명한 것 같다. 그것은 ラ-행 頭音이 확립되는 경우와 동일해서 ラ-행의 경우 來母(l) 한자음의 도입 결과라는 사실은 거의 확실하다.

이에 반해 한국 한자음에 있어서는 그러한 측면이 전혀 없다. 한국어에서는 무릇 濁頭音이 존재하지 않는다. 그러므로 중국음의 탁뉴(濁紐)도 전부 무성음으로 반영한다. 가령 '道'(도[to]), '號'(호[ho]), '群'(군[kun]), '成'(셩[syəng]) 등과 같다. 頭音 'r'도 한국의 고유어에는 결여되어 있어서, 중국음 來母(l)를 'ㄹ'로 받아들여 어중에서는 한자음도 'ㄹ'로 되어 있지만 어두에서는 'ㄹ'로 표기하고도 실제로는 'ㄴ' 또는 'ㅇ'으로 발음한다. 예를 들어 '羅'(AC. lâ¹)라는 글자는 '加羅'와 같은 경우에는 '가라'가 되지만 '羅州'에서는 '나주'가 되며, '李'는 '이'가 된다. 요컨대 한국어에서는 한자음의 도입에도 불구하고 원래의 두음 법칙을 지켜 오고 있는 것이다.

다만 중국음의 탁뉴(濁紐)가 유성음이었다고 하는 학설은 Karlgren 씨 이후 거의 정설로 되어 있으나 거기에도 의문이 없지는 않다. 현대 중국의 여러 방언 중 탁뉴(濁紐) 글자를 유성음적인 것으로 다루는 방언은 소위 吳方言으로만 거의 한정되어 있고, 그 외에는 湘方言에 속하는 双峰에서 발견된다.[13] 양(梁)의 顧野王이 편찬한 『玉篇』의 반절에서는 탁뉴(濁紐)인 船母(正齒音 牀母 三

---

12. [역자주] '濁頭音'은 유성음이 두음(頭音)에 오는 경우로 앞의 '鼻頭音'과 비슷한 용법이다.

13. 北京大學 中國語言文學系 言語學硏究室에서 편찬한 『漢語方音字滙』 참조.

等)와 禪母의 혼동, 마찬가지로 탁뉴(濁紐)인 從母(齒頭音 四等)와 邪母(齒頭音 四等)의 혼동이 눈에 띈다.[14] 전자의 혼동은 여러 가지 문제가 있지만 후자의 혼동은 분명히 중뉴(重紐)가 유성음이었음을 가리킨다. 그 이유는 유성음이라면 從母는 'dz-'이고 邪母는 'z-'라서 청각적으로 둘이 혼동되는 것을 생각할 수 있기 때문이다. 요컨대 『玉篇』이 의거한 강동음(江東音)에서는 탁뉴(濁紐)가 유성음이었음이 드러난다.

그러나 강동음은 비유컨대 『切韻』이 토대를 둔 중원음(中原音)의 분점(分店)이지만 중원음과 달리 기층(基層)인 '吳語'의 특징을 받아들였다고 생각할 수 있으므로, 중원음에서도 중뉴(重紐)가 반드시 유성음이었다고 하는 것은 아니다. 탁뉴(濁紐)의 성격에 대해서는 관련 있는 다양한 재료를 통해, 게다가 정밀하게 연구하지 않으면 안 되기에 지금은 확언을 삼가고자 한다. 다만 일본 吳音의 탁뉴(濁紐) 처리 방식에 있어 그 주층(主層)의 모태가 강동음인지 또한 그 기층인 吳語와 어떤 관련이 있는지에 관해서 고려해야 한다는 점은 분명하다.

③ 일본 吳音의 이러한 특징과 관련된 것으로 外轉 合口의 一等韻과 二等韻 匣母字가 종종 그 초성을 잃어버리는 예가 있다. 가령 '和'(AC. ɣuâ¹)는 'ワ', '會'(AC. ɣuâi¹)는 'ヱ'로 초성을 탈락시키고 있다. 이는 이 글자들의 吳音 원형이 *ɦuâ와 *ɦuâi였기 때문이라고 생각된다. 이것과 동일한 현상이 한국 한자음에서도 근소하게나마 발견된다. 즉 '完'(AC. ɣuân¹), '緩'(AC. ɣuân²)이 '완'으로 되어 있는

---

14. 周祖謨 씨의 「萬象名義中之原本玉篇音系」(『問學集』(上), 130쪽과 그 외) 참조

것이다. 일본 한자음에서는 이 두 글자 모두 'クヮン'으로 읽히며 漢
音의 형태를 전하고 있다. '完'의 경우 북경음에서도 'uan²'이지만 이
것은 남경음을 통한 吳方言의 영향인 듯하다. 이 글자의 한국 한자
음 '완'은 어쩌면 고대로부터 전승되어 온 것은 아니고 후대 중국음
의 형태를 받아들인 것일지도 모른다. 그러나 '緩'의 경우는 그러한
흔적이 없다. 이러한 '완'은 吳音의 특징과 일치한다.

2.2. 운류(韻類)의 공통점과 차이점

운류(韻類)는 성류(聲類)와 달리 몇 가지 측면에서 문제 삼아야
만 하는 것들이 있다.

④ 吳音과 한국 한자음에 공통적이라고 생각되는 두드러진 한 가
지 점은 중국 원음의 '-ai'라든지 '-au'와 같은 이중모음을 단모음화
시켰다는 사실이다. 『法華經音訓』에 따르면 '礙'(AC. ngâi³)는 'ケ'로
되어 있으며 '暴'(AC. bâu³)는 'ボ'로 되어 있다. 더욱이 '計'(AC. kei³)
는 'ケ', '後'(AC. ɣəu²)는 'ゴ'로 되어 있으며 '後'의 음(ゴ)은 현재까지
굳건하게 전해지고 있다. 이 한자들의 음은 상당히 예전 것으로서,
원래 이중모음을 꺼리는 일본어가 중국음의 이중모음을 처음 도입
했을 때 이것을 단모음화하여 받아들인 것이라고 생각된다.

다만 일본어에 이중모음이 없었다고 하는 점을 증명하기란 곤란
한 듯하다. 그러나 앞에 제시한 것과 같은 단모음화된 한자음의 존
재로부터 역으로 생각할 수 있을지도 모른다. 아마도 한자음을 도
입했던 당초에는 이러한 단모음화된 형태로 수용했었는데, 그 후
한자음의 대규모 차용으로 중국음의 '-ai, -au'와 같은 이중모음

을 '−a∥i, −a∥u'와 같은 2음절로 받아들이는 경향이 생겨나서 이후에는 이제 단모음화의 필요성이 없게 되었다. 이처럼 2음절 형식으로 한자음을 수용하는 것은 특별히 이중모음에 국한되지는 않는다. 입성의 '−k, −t, −p'도 '−a∥ku, −a∥tu, −a∥fu'처럼 2음절로 분리하고 있으며 '−n, −m'의 경우는 '−a∥N'('N'은 'ン')으로, '−ng'는 '−a∥ū, −e∥ū'와 같이 처리하고 있다. 이러한 패턴의 등장에 따라 한자음의 수용은 상당히 자유로워졌지만, 그 이전에 단모음화하여 받아들였던 한자음 중 일부는 그 형태 그대로 후대까지 전승되었던 것이다.

한국에서는 사정이 약간 다르다. 效攝의 운들, 즉 '−âu, −au, −äu, −eu'과 같이 'u'로 끝나는 운들은 예전부터 '−ㅗ' 또는 '−ㅛ'로 단모음화하여 수용되었으며[15] 그것이 현재까지 이르고 있다. 가령 '道'(AC. dâu²)는 '도', '島'(AC. teu²)는 '됴'(현재는 '조')로 된 것이 그 예이다. 동일하게 'u'로 끝나는 流攝(−əu, −əu 등)에서도 단모음화하여 '−ㅜ' 또는 '−ㅠ'로 된다. 예를 들어 '侯'(AC. ɤəu¹)는 '후', '流'(AC. ləu¹)는 '류'이다. 다만 '扣, 叩'(AC. kʰəu²)는 속음이 '고'이고 '兜'(AC. təu¹)도 속음이 '도'이며 게다가 '母, 牡, 某'(AC. məu²)는 '모'로 되어 있다. 流攝 一等이 '−ㅗ'인 것은 한국 한자음으로서는 고층(a−층)에 속하며 吳音에도 앞서 제시한 '後' 이외에 '母(モ)'와 '漏(ロ)' 등이 있다.

중국음에서 '−u'로 끝나는 한자음에 비해 '−i'로 끝나는 한자음은 한국 한자음에서 많은 경우 역시 '−ㅐ, −·ㅣ, −ㅔ, −ㅖ'와 같이

---

15. [역자주] 'ㅛ'는 이중모음이지만 단모음화한 형태라고 한 것은, 운복과 운미를 기준으로 하여 '모음+u'로 된 중국어의 이중모음이 한국 한자음에서 'ㅗ'라는 단모음으로 남아 있기 때문이다.

'ㅣ'로 끝나는 형태로 표기된다. 현재는 표기처럼 이중모음으로 발음하지는 않으며 'ㅐ'[16]는 '[ɛ]', 'ㅔ'는 '[e]', 'ㅖ'는 '[ye]'로 단모음화하고 있다. 그러나 訓民正音의 제정 당시에는 과연 현재와 같이 단모음화한 것이었는지 여부를 알 수 없다. 왜냐하면 만약 단모음화한 것이라면 'ㅐ'라든가 'ㅔ'와 같은 문자 결합을 하지 않았으리라 예상되기 때문이다.

그런데 'i'로 끝나는 蟹攝의 운 중에는 예전부터 단모음화한 것들이 약간 전해지고 있다. 蟹攝의 四等韻은 보통 'ㅖ'로 나타난다. 가령 '帝'(AC. tei³)는 '뎨'(현재는 '제')로 되어 있다. 그러나 '氐, 底'(AC. tei²)는 '뎌', '妻'(AC. tsʰei³)는 '쳐', '西'(AC. sei¹)는 '셔'이다. 이들은 중국 원음인 'ei'(그 후 '-äi')를 반영한 것이지만 이것을 'ㅕ'로 한 것은 아마도 '-ei'를 '*-ye'로 받아들인 결과라고 생각된다. 그렇다면 한국에서도 일본과 마찬가지로 'i' 또는 'u'로 끝나는 운(韻)의 한자음을 'e' 또는 'o'로 단모음화하여 도입했다고 생각할 수 있다. 단 일본과 다른 점은, 效攝이나 流攝의 한자음은 처음부터 현재까지 'ㅗ' 또는 'ㅜ'라는 단모음으로 일관되게 밀고 나가며 蟹攝의 경우 한때는 'ㅣ'로 끝나는 이중모음의 형태로 나타났으나 이것 역시 현재로 이르면서 단모음화해 버렸다는 사실이다. 결국 일본과 같이 2음절의 패턴을 만들지 않고 오로지 단모음화의 방향으로 나아간 것이다.

그런데 故 滿田新造 박사는 앞의 논문 제1장에서 이 문제를 다루고 있다. 吳音과 한국 한자음의 유사점 중 하나로 제1항에서 流攝을, 그리고 제6항에서 效攝을 논의하고 있지만, 蟹攝에 대해서

---

16. '-ㅢ'도 지금은 '-ㅐ'이다.

는 언급하지 않았다. 제1항에서는 漢音의 경우 流攝의 一等 侯韻 (オウ)과 三等 尤韻(イウ)에서 그 말음이 다르지만, 한국 한자음과 吳音에서는 모두 '-u'이라서 결국 동일한 운이며 "두 운의 구별은 단지 직음(直音)인지 요음(拗音)인지의 차이에 불과하다."라고 말하고 있다.[17] 예컨대 侯韻의 '歐'는 한국 한자음이 '우', 吳音이 'ウ', 漢音이 'オウ'이지만 尤韻의 '優'는 한국 한자음이 '우', 吳音이 'ウ', 漢音이 'イウ'이다. 또한 侯韻의 '口'가 한국 한자음은 '구', 吳音은 'ク', 漢音은 'コウ'인데 반해 尤韻의 '久'는 한국 한자음이 '구', 吳音이 'ク', 漢音이 'キウ'이다. 더욱이 侯韻의 '樓'는 한국 한자음이 '루', 吳音이 'ル', 漢音이 'ロウ'인 데 대해 尤韻인 '留'는 한국 한자음이 '류', 吳音이 'ル', 漢音이 'リウ'이다. 또한 '樓'의 경우 『法華經音訓』에서는 漢音 'ロウ' 이외에 'ル'와 'ロ'의 두 가지를 적고 있다. 'ロ'라는 음은 앞의 '後, 母' 등과 동일한 계통이다.

滿田新造 선생은 제6항에서 效攝의 운에 대해 서술하면서 이 운들의 "일본 古吳音이 한국 한자음과 일치한다는 점"을 논의하고 있다.[18] 선생에 따르면 "古吳音이라는 것은 『古事記』와 『日本書紀』, 『萬葉集』 등에 나오는 假字의 음으로서 후대 불경의 吳音과는 차이나는 것"이다. 즉 선생도 吳音 중에 신구(新舊)의 구별이 있음을 인정하고 있음을 알 수 있다. 그리고 나서 『古事記』, 『日本書紀』, 『萬葉集』의 가나(假名) 예를 제시하면서 한국 한자음과의 일치점을 서술하고 있다. 예를 들어 豪韻은 한국 한자음에서는 '-ㅗ'가 되며 따라서 '高'는 '고'인데 「神代記」[19]에는 '高志國越國' 등이

---

17. 滿田新造의 『中國音韻史論考』 607쪽 참조.
18. 滿田新造의 『中國音韻史論考』 610쪽 참조.
19. [역자주] 『日本書紀』의 앞부분에 나온다.

있어서 古吳音에서도 'ㄱ'로 발음했다고 한다. 그 밖에 '刀'(한국음 '도')를 'ㅏ', '寶'(한국음 '보'), '抱'(한국음 '포'), '保'(한국음 '보'), '褒' (한국음 '포')를 'ホ', '毛'(한국음 '모')를 'モ', '遙'(한국음 '요')를 'ヨ' 로 할당한 실례를 들면서 한국음과 吳音의 일치를 주장하고 있다. 덧붙여 말하자면 이 중 '保(ホ)'는 오늘날까지 줄곧 쓰이고 있다.

滿田新造 선생은 이러한 현상을 단모음화로 보지는 않았는데, 아마도 이러한 일치는 백제음(百濟音)의 이식이라고 생각하고 있는 듯하다. 어쩌면 그럴지도 모른다. 그렇다고 한다면 중국 원음의 이중모음이 단모음화하는 현상은 백제에서 생겨났고 그것이 일본에 전래되었다고 말하는 셈이 될 것이다.

⑤ 다음으로 外轉에 속하는 二等韻의 처리가 문제된다. 滿田新造 선생은 이것을 논의하지 않았지만 吳音과 한국 한자음의 관계를 고찰하는 데에는 중요하다. 吳音에서는 二等韻의 모음이 'a'가 아니라 三等韻, 四等韻과 동일하게 'e'로 나타나는 점이 특징이다. 예를 들면, '家'(AC. ka¹)는 'ケ', '間'(AC. kăn¹)은 'ケン', '馬'(AC. ma²)는 'メ', '山'(AC. ṣăn¹)은 'セン'이다. 이에 반해 한국 한자음에서는 이러한 특색이 표면적으로 보이지 않지만 자세히 보면 검토할 가치가 있는 것이 없지는 않다. 문제가 되는 것은 咸攝, 蟹攝, 效攝 및 梗攝으로, 졸저(『朝鮮漢字音の硏究』)에서는 대부분 예외로 다루었다.

우선 咸攝부터 보면, 咸攝의 二等韻에서는 일반적으로 '-ㅏㅁ ~-ㅏㅂ'으로 되어 있다. 그런데 '夾, 袷'(AC. kăp)은 '겹' 또는 '협', '狹, 峽'(AC. ɣăp)은 '협'으로 되어 있다. 졸저에서는 유추에 의한 이례(異例)로 보았는데,[20] 그것은 동일한 夾聲字[21] '頰, 鋏, 筴, …'(AC. kep) 등이 역시 '협'이기 때문이었다. 그러나 이것은 오히려 반대로,

夾聲字들이 '협'으로 된 데는 박병채 교수가 말한 것처럼 '狹'이 그
시초가 되지 않을까 한다.[22] 초성 'ㅎ'이 그것을 지시하고 있다. 그
렇다고 한다면 咸攝 二等에서 모음이 'ㅕ'로 되어 있는 경우가 있다
는 것을 생각할 수 있다.

蟹攝 皆韻의 '階'(AC. kăi¹)는 '계', '界, 戒, 誡, 屆'(AC. kăi³)도 '계',
'械'(AC. ɤăi³)는 '히' 또는 '계'이다. 졸저에서는, 중국에서 아후음(牙
喉音) 二等의 모음 'a'가 후대에 'ia'로 되어 요음(拗音) 요소가 분리
되며 이것이 아후음의 초성을 구개음화하는데[23] 蟹攝의 'ㅖ'도 그
러한 구개음화한 형태라고 보았다.[24] 그러나 이것 역시 二等韻의 모
음이 예전에 'ㅕ'로 반영되었다고 하는 편이 나을 듯하다. 왜냐하면
'階, 界, 戒' 등은 매우 기초적인 글자라서 구개음화가 일어난 새로
운 형태라고 보기에는 주저되는 바가 있기 때문이다.

效攝의 경우 졸저에서는 二等韻이 '-ㅛ'로 되어 있는 것에 대해,
아후음 글자의 경우는 중국 원음의 아후음 구개음화로 설명하면
서도 그 밖의 경우, 즉 '鐃'(AC. nau¹), '鬧'(AC. nau³)는 '뇨', '豹'(AC.
pau¹)는 '표', '卯'(AC. mau²)는 '묘'로 되어 있는 것 등은 설명이 궁해
서 "원음인 '-au'가 합쳐져서 '-ㅛ'로 바뀌는 경우가 있었던 것은
아닐까"라고 매우 애매하게 회피하고 있다.[25] 이제 와서 생각해 보
면 마치 三等韻의 'iău', 四等韻의 'eu'를 한국 한자음 '-ㅛ'로 하고
있는 것처럼, 앞서 제시한 二等韻의 예도 다른 섭(攝)의 二等에서

---

20. 졸저 147쪽의 (b).
21. [역자주] '夾'을 성부(聲符)로 지닌 일련의 글자들을 번역본에서는 夾聲字로
    표현한다. 'X聲字'는 모두 'X'라는 한자를 성부로 지닌 한자를 가리킨다.
22. 박병채 씨의 『고대국어의 연구-음운편-』 32쪽 참조.
23. 예를 들어 '家'는 'ka¹>kia¹>tśia¹'의 단계를 밟았다.
24. 졸저 152쪽 참조.
25. 졸저의 153쪽 (d).

'ㅕ'로 되어 있는 경우와 평행하게 생각할 수 있는 것은 아닐까 한
다. 그러나 이 경우 문제가 되는 것은, 한국 한자음에서는 效攝의
모음 'a' 또는 'ä, e'와 운미 'u'가 합쳐져서 전술했듯이 'ㅗ' 또는 'ㅛ'
로 단모음화한다는 점이다. 이렇게 단모음화한 한자음 중 二等韻의
예는 吳音에서는 발견되지 않는다. 그러므로 일본 吳音 '-eu'와 한
국 한자음 '-ㅛ'의 기원은 어쩌면 동일한 선대형(-*æu?)으로 소급
할지도 모르지만, 전승되던 吳音과 한국 한자음의 형태 사이에 직
접적인 인과 관계는 생각할 수 없다.

　梗攝 二等이 吳音에서 三等, 四等과 동일하게 '-yau~-yaku'로
되어 있는 것은 현저한 사실이다. 한국 한자음에서는 二等이 통상
적으로 '-ㅐㅇ~-ㅐㄱ'이지만[26] 吳音과 평행하게 三等, 四等과 동일한
'-ㅕㅇ~-ㅕㄱ'으로 되어 있는 것도 상당하다. '庚, 粳, 梗, 耕'(경), '格, 隔'
(격), '亨, 衡'(형), '赫, 革'(혁) 등이 있다. 졸저에서는 이러한 형태들
이 중국음에서 아후음 글자가 구개음화한 형태를 전한 것이라고
했는데,[27] 그럴 가능성은 있다고 하더라도 반드시 아후음 글자에만
국한되지는 않기 때문에[28] 이것 역시 二等韻의 모음을 'ㅕ'로 받아
들인 예전 한자음이라고 생각된다.

　대체로 한국어 'ㅕ'는 한자음에 관한 한 중국음 'iä'와 일본음 'e'에
대응한다. 그러므로 二等韻의 모음에 'ㅕ'가 나타난다는 것은 吳音
에서 'e'로 된 것과 공통적인 현상이다. 그렇다고 한다면 이러한 특
징도 吳音과 한국 한자음의 관계를 고찰함에 있어 고려해야만 한
다. 다만 吳音의 梗攝 二等韻은, 다른 섭(攝)의 二等韻 모음이 'e'임

---

26. '후(힝)'과 '百(빅)' 등.
27. 졸저의 146쪽 (a) 참조.
28. '甌'이 『訓蒙字會』에서 '명'으로 나온다.

에 비해 'ya'로 되어 있어서 'e'가 아니다. 가령 '行'(AC. ɣang¹)은 'ギャウ', '客'(AC. kʰak)은 'キャク'이다. 이러한 현상은 한국 한자음에서는 전혀 발견되지 않는다.[29)]

⑥ 다음 문제는 咸攝 一等의 중운(重韻)을 다루는 방식이다. 평성을 대표로 하면 覃韻과 談韻의 구별 문제이다. 漢音은 모두 'アン'(입성은 'アフ')으로 되어 있어 구별이 없다. 이것은 중국의 당대음(唐代音)에서 覃韻과 談韻이 모두 합류해 버렸기 때문이다. 그런데 吳音의 경우 談韻은 'アン'(입성은 'アフ')이지만 覃韻은 'アン'(입성은 'アフ')과 'オン'(입성은 'オフ')의 두 가지가 나타난다. 후자의 예를 몇 개 들어보면 '含(ゴン), 貪(トン), 曇(ドン), 紺(コン), 納(ノフ)' 등이 있다. 이 중 '含'은 '阿含'(アゴン)의 경우에 쓰이고 '曇'은 오늘날에도 '曇天'(ドンテン)이라고 말하며, '紺' 등은 거의 일본의 고유어로 바뀌어 있다. 이러한 'オン(オフ)'은 필시 상고음적인 원음 '–əm(~əp)'을 전승하고 있는 것이다.

한국 한자음에서는 覃韻과 談韻이 모두 거의 구별되지 않고 '–ᅡᆷ(–ᅡᆸ)'으로 되어 있지만 '蚕'은 『訓蒙字會』에서 'ᄌᆞᆷ'으로 되어 있다. 한국 한자음에서는 보통 중국음 'ə'에는 'ㅡ'를 대응시키지만[30)] 예전에는 'ㆍ'로 대응시켰던 듯하다. '墾, 懇'(AC. kʰən²)은 'ᄀᆞᆫ', '很'(AC. ɣən²)과 '恨'(AC. ɣən³)은 'ᄒᆞᆫ'이고 또한 '恒'(AC. ɣəng²)은 'ᄒᆞᆼ', '刻'(AC. kʰək)은 'ᄀᆞᆨ'이다. 이들은 한국 한자음의 고층(a–층)에 속한다고 생각된다. 그러므로 '蚕(ᄌᆞᆷ)'도 원음 'dzəm¹'에 대응한다. 『訓蒙字會』에서는 '蚕' 이외에 '糝'(AC. səm²)이 'ᄉᆞᆷ'으로 되어 있다. 예는

---

29. 졸고 「日本吳音に就いて」(『言語學論叢』 최종호, 1976년 3월) 참조.
30. 예를 들어 '根'(AC. kən¹)은 '근'이다.

적지만 吳音의 'オン(オフ)'와 관련시킨다면 흥미로운 사실이다.

또한 覃韻과 談韻의 구별은 중국의 현대 북방음에서는 보이지 않지만, 吳方音을 중심으로 하여 一等과 二等의 차이처럼 다루어지면서 그 구별이 유지되고 있다. 이러한 점은 『洪武正韻』에서도 발견되고 있어서, 이 운서가 명나라 초기의 吳方音에 의거했다고 생각할 수 있는 근거 중 하나로 제시가 가능할 듯하다. 다만 이 문제는 아직 상세한 조사가 필요하다.

[7] 다음 문제는 山攝 元韻 및 그것의 상성, 거성, 입성에 상당하는 운(韻)에 대한 것이다. 이 운(韻)은 漢音에서 開口가 'エン'(입성은 'エツ'), 合口가 'ヲン'(입성은 'エツ')이지만 吳音에서는 상당히 복잡하다. 『法華經音訓』으로부터 몇몇 예를 가져와 보기로 한다.

開口	[平, 元]	言(ゴン), 犍(ケン), 軒(カン)
	[去, 願]	建(コン), 獻・健(ゴン)
	[入, 月]	蠍(カツ)
合口	[平, 元]	園・洹(ヲン), 蚖(グヮン), 原(グェン)
	[上, 阮]	遠・綩(ヲン), 宛・蜿(エン)
	[去, 願]	怨(ヲン), 勸(クヮン), 願(グヮン), 券(クェン)
	[入, 月]	越(ヲツ), 曰(ワツ), 月(グヮツ)
屑音	[平, 元]	煩(ボン), 旛(バン)
	[上, 阮]	反(ホム・ヘム), 返(ヘン)
	[去, 願]	販(ホン), 万(マン)
	[入, 月]	髮・發(ホツ), 罰・颰(バツ)

모음은 'o, a, e'의 세 가지가 나타난다. 이것은 동일한 음을 세 방향으로 전사했기보다도 역시 모태층의 차이에 의한 것이라고 생각된다. 그러한 층위 구별은 쉬운 일이 아니지만 그 운(韻)의 중심 모

음이 중국에서 육조(六朝)로부터 당(唐) 사이에 상당한 변화를 일
으켰다고 생각되는 바가 있으므로 그것이 吳音 안에 반영되어 있
지는 않을까 추측된다.[31]

한국 한자음의 경우는 吳音만큼은 아니라고 해도 여기서도 'ㅓ'와
'ㅏ'의 두 모음이 나타난다. 주요층(b-층)에서는 開口가 'ㅡ건', 合口
가 'ㅡ권', 순음이 'ㅡ건'으로 되어 있는데 이것은 당대(唐代)의 'ㅡïän,
ㅡïʷän'을 반영한다. 한국어의 'ㅓ'는 오늘날 중앙어에서는 '[ɔ]'에 근
접하게 발음되며 이러한 현대어의 형태에서는 'ㅡ건'이 吳音의 'オン'
에 가까운 듯 생각할 수 있다. 그러나 실제로는 吳音 'オン'과 결부
되지 않는다. 왜냐하면 한국어의 'ㅓ'는 중국음 'ä'에 대응하는 것이
상례(常例)이기 때문이다.

그런데 한국 한자음에서 'ㅏ'로 되는 것으로 다음과 같은 예들이
있다.

開口	[入, 月]	羯・碣・竭(갈), 訐・謁(알)
合口	[上, 阮]	踠・畹(완)
	[入, 月]	曰(왈)
脣音	[上, 阮]	反・返(반), 阪・坂(판), 晚(만)
	[去, 願]	飯(반), 販(판), 万・蔓・曼(만)
	[入, 月]	髮・發(발), 韈(말)

이렇게 'ㅏ'로 나타나는 한자음은 아마도 吳音의 'ㅏ'로 나타나는

---

31. 『切韻』의 운(韻) 배열 순서에서 元韻이 魂韻과 痕韻 앞에 놓여 있다는 것은
주지의 사실이다. 이 순서와 吳音에서 'ホン'으로 나온다는 점을 함께 고려하
면 元韻은 원래 內轉이었던 것으로 보인다. 그러나 『韻鏡』에서는 外轉 二一・
二二轉의 三等에 배치되어 있어서 분명히 外轉으로 바뀌어 있다. 이것은 당대
(唐代)에 元韻이 仙韻 乙類와 합류한 결과인데, 육조(六朝) 시대에는 아마도
內轉적인 중심 모음(ʌ?)이었던 것이 점차 'a' 쪽으로 옮겨간 것이 아닐까 한다.

한자와 관계가 있는 듯하다. 또한 吳音의 'オン'과 관련하여 생각할
수 있는 것은 한국 한자음에는 없다. 이 문제에 대해서 滿田新造
박사는 언급하지 않았다.

⑧ 다음으로 고찰할 것은 通攝 三等韻에 대해서인데 이것도
滿田新造 박사는 다루지 않았다. 평성을 대표로 하면 東韻 三等
과 鍾韻에 해당한다. 漢音의 경우 東韻 三等은 주로 '-iu'(입성은
'-iku'), 鍾韻은 '-you'(입성은 '-yoku')로 되는데 이것은 慧琳의
『一切經音義』에 인용된 진음(秦音) 계열 운서의 반절 부분과도 일
치해서 당대음(唐代音)의 특징을 보이고 있다. 이에 반해 『法華經
音訓』에서는 '鍾韻이 ① -yu(甲類):-u(乙類), ② -yuu(甲類), ③
-iu(甲類), ④ -you(甲類):-ou(乙類)'로서 네 가지 방식이 나타난
다. 이 중 ①, ②, ③은 東韻 三等과 동일하다. 즉 吳音 안에는 東韻
三等과 鍾韻이 합류되어 있는 층 및 漢音과 마찬가지로 이 둘을 구
별하는 층이 있는 것이다. 전자는 위진(魏晉) 시대의 吳語에 기초
한 시의 압운 사례에서 볼 수 있다.[32] 후자는 『玉篇』의 반절에서
東韻 三等과 鍾韻을 구별하고 있어서 강동음(江東音)의 반영이라
고 생각된다.[33]

　그런데 한국 한자음에서는 대체로 東韻 三等이 '-ㅠᇰ'(甲類)과
'-ㅟ ᇰ'(乙類), 鍾韻은 '-ㅛᇰ'(甲類)과 '-ㅗᇰ'(乙類)이며 漢音과 동일하게
두 운을 구별하고 있다. 이는 漢音과 함께 당대음(唐代音)의 특색
을 나타내는 것이다. 그러나 東韻 三等의 '終'은 '죵', '馺, 菘'은 '숑'으

---

32. 丁邦新 씨의 『Chinese Phonology of the Wei-Chin Period』(中央硏究院歷史
語言硏究所專刊六五, 台北, 1975년)의 264쪽과 그 외의 부분 참조.
33. 졸고인 「日本吳音に就いて」의 15쪽 참조.

로서 鍾韻과 같은 형태를 지니고 있다. 한편 鍾韻의 '凶, 胸'이 '흉', '衝'이 '츙', 상성인 腫韻의 '重'이 '듕', 입성인 燭韻의 '局, 跼'이 '국' 등으로 되어 있는 것은 앞의 경우와는 반대로 東韻 三等과 동일한 형태이다. 이들은 모두 東韻 三等과 鍾韻의 합류를 보여 주고 있다.

東韻 三等과 鍾韻은 당(唐) 이후 적어도 송대(宋代)에는 합류했던 듯하기 때문에 한국 한자음의 이러한 특이 사례가 당(唐) 이후의 한자음을 전한 것인지,[34] 아니면 육조(六朝) 시대의 吳語를 반영한 것인지 갑작스레 결정할 수는 없다. 어쩌면 '終(죵)'의 경우가 예전 吳語의 반영이고 鍾韻이 '-ㅛ(-욕)'으로 되어 있는 쪽이 당(唐) 이후의 음이라고 생각할 수도 있을 듯하다. 또한 明母를 제외한 순음자는 東韻 三等이 '풍'과 '봉', 鍾韻이 '봉'으로 되어 있어서 두 운(韻)이 구별되지 않는다. 이것은 '풍'이든 '봉'이든 순경음화의 결과로 개모(介母) 'ǐ'를 잃어버리고 직음화(直音化)한[35] '*fung'의 단계를 나타낸다고 생각된다. 원래 한국어에는 'f'라는 음이 없기 때문에 'f'를 'ㅂ'으로 표시하는 수밖에 없었다. '풍'이라고 하여 유기음 'ㅍ'으로 'f'를 나타내는 것은 새로운 형태인 것 같다. 덧붙이자면 東韻 一等과 冬韻은 당대음(唐代音)에서 이미 구별되지 않으며 한국 한자음에서도 모두 '-ㅜㅇ'으로 되어 있다.

⑨ 滿田新造 선생이 유사점으로 제시한 (2), (3), (4)는 공통적인 특징을 지니고 있어서 일괄하여 서술한다.[36] (2)는 臻攝의 欣韻, (3)은 동일한 臻攝의 眞韻, (4)는 深攝의 侵韻으로서 모두 그 모음

---

34. 周祖謨 씨가 쓴 「宋代汴洛語音考」(『漢語音韻論文集』)의 215~216쪽 참조.

35. 즉 一等韻으로 변화한 것을 가리킨다.

36. 滿田新造 박사의 『中國音韻史論考』 606~609쪽 참조.

이 漢音에서는 'i'로 되어 있음에 반해 吳音에서는 'o', 한국 한자음에서는 '一'로 표시하는 것이 있다. 예를 들어 (2)의 欣韻은 '斤'이 漢音에서 'キン'인 데 대해 吳音은 'コン', 한국음은 '근'이며 '隱'은 漢音이 'イン'인 데 대해 吳音은 'オン', 한국음은 '은'이다. 이들은 모두 아후음자(牙喉音字)이다. (3)의 眞韻에서는 漢音이 모두 'イン'으로 되어 있는 데 반해 吳音에서는 'イン'으로 되어 있는 것과 'オン'으로 되어 있는 것이 있어서 통일되지 않았다. 가령 '賓'은 'ヒン', '珍'은 'チン', '眞'은 'シン'이지만 '僅, 銀'은 'ゴン', '乙'은 'オツ'이다. 후자, 즉 'オン'으로 되어 있는 글자들은 ア-행과 カ-행의 음, 바꿔 말하면 아후음자이므로 아후음자가 'オン'이 되는 것은 欣韻의 경우와 동일하다. (4)의 侵韻 역시 마찬가지로 여기서는 아후음과 순음에서 'オ'가 나타나며 그 이외에는 'イ'로 되어 있다. 예를 들어 '音, 飮'은 'オム', '金, 今'은 'コム', '品'은 'ホム' 등으로 되어 있지만 '心'은 'シム', '任'은 'ニム', '林'은 'リム'로 되어 있다.

滿田新造 선생은 吳音이 통일되지 못한 측면이 한국 한자음에도 존재하며 吳音의 'o'에 대응하여 '一'가 나타난다는 점을 강조하고 있다. 즉 (3)의 '賓(빈), 珍(진), 眞(진)'과 (4)의 '心(심), 任(임), 林(림)' 등에 대한 (3)의 '僅(근), 銀(은), 乙(을)'과 (4)의 '音·飮(음), 金·今(금), 品(품)' 등에서 확실히 臻攝과 深攝 三等의 아후음자는 吳音 'o'와 한국음 '一'의 대응이 완벽한 것이다. 그런데 이는 曾攝에 대해서도 말할 수 있는 바이므로,[37] 전체적으로 보자면 사실 뒤에서 다룰 三等韻 乙類의 문제인 것이다. 그리고 한국 한자음의 '一'는 그 주층(b-층)에 나타나기 때문에, 특별히 吳音과의 관련성

---

37. '稱(칭)'에 대해 '矜(긍)'이 있다.

측면에서 문제 삼아야 할 특징은 아니다.

⑩ 滿田新造 선생이 언급한 유사점 (5)는 "職韻 글자 중 파격의 음이 존재하며 그 존재 상태가 일본 吳音과 한국 한자음이 대략 동일하다는 점"이다.[38] 환언하면 曾攝 입성에서 一等의 德韻은 漢音에서 'オク', 三等의 職韻은 'ョク'라서 같은 운의 직음(直音)과 요음(拗音)의 관계가 되어 있는 반면, 吳音에서는 職韻에 파격인 'イキ'가 나타나고 한국음도 이에 상당하는 'ㅡㅣ'이 나오고 있다. 예를 들여 漢音에서는 '職'이 'ショク', '食'이 'ショク', '敕'이 'チョク', '直'이 'チョク' 등으로 되어 있지만 吳音과 한국음에서는 '職'이 'シキ'와 '직', '食'이 'ジキ'와 '식', '敕'이 'チキ'와 '칙', '直'이 'ヂキ'와 '직'으로 되어 있다.[39] 이러한 특징은 확실히 주목해야 하는 것이다. 왜냐하면 吳音의 경우 曾攝 三等 평성, 상성, 거성의 운[40]에서는 'ョウ'로 되어 있어서 입성의 'イキ'와는 출현 방식이 완전히 다르기 때문이다. 논리적으로 말한다면 입성 'イキ'에 대응하는 형태는 '＊イイ' 또는 '＊イウ'가 되는 듯하지만 이러한 음은 전혀 없다. 『法華經音訓』의 예를 몇 개 가져오면 다음과 같다.

[平, 蒸]	稱(ショウ), 乘・承(ジョウ), 陵(リョウ)
[去, 証]	勝・証(ショウ)
[入, 職]	識・式(シキ), 食(ジキ), 直(ヂキ), 力(リキ)[41]

---

38. 滿田新造 박사의 『中國音韻史論考』 609~610쪽 참조.
39. 예는 滿田新造 박사가 제기한 것에 따른다. 『中國音韻史論考』 610쪽 참조.
40. 평성의 운으로 대표하면 蒸韻이 된다.
41. 다만 '息, 卽'은 'ソク'이다. '敕'이 'チョク'로 되어 있는 것은 漢音의 혼입이다.

한국 한자음에서는 蒸韻이 '一ᅳᆼ' 또는 '一ᆼ'이다. '蒸(증), 乘·承·勝(승)'에 대해 '稱(칭), 氷(빙)' 등이 있다. '一ᆼ'이 입성 '一ᆨ'에 대응하고 있으므로 여기서는 吳音과 같은 평성/상성/거성과 입성의 불일치가 생기지 않는다. 이러한 '一ᆼ~一ᆨ'은 사실은 ⑨에서도 다루었듯이 臻攝과 深攝 三等과 공통적인 현상으로서 원칙상 아후음자의 경우는 그 중심 모음이 'ㅡ', 그 밖의 경우에는 'ㅣ'로 나타난다. 그러나 좀 더 엄밀하게 말하면 후술할 ⑫의 三等韻 甲類와 乙類의 구별과 관련되어 있으며 三等韻 乙類의 운(韻)이 'ㅡ', 三等韻 甲類의 운(韻)이 'ㅣ'로 되어 있는 것이다. 다만 蒸韻의 경우 한국음에서는 三等韻 甲類에서도 '一ᆼ' 이외에 앞서 본 것처럼 '一ᅳᆼ'으로 되어 있는 것이 있다. 그러나 이것은 당면 문제와는 관계가 없다.[42] 또한 일본 吳音에서 어떤 이유로 이 경우에만 평성/상성/거성과 입성 사이에 불일치가 생겨난 것인지 불분명하다.

⑪ 吳音과 한국 한자음의 유사점 중 하나로 중국 원음의 합구 요소가 탈락하는 것을 들 수 있다. 한국 한자음과 일본 한자음은 아후음자에서는 합구 요소가 유지되어 있지만 다른 음에서는 원칙상 합구 요소가 소실된다. 가령 '端'(AC. tuân¹)은 한국음이 '단', 일본음은 'タン'이고, '裸'(AC. luâ²)는 한국음이 '라', 일본음이 'ラ'이다. 그러나 이 원칙은 外轉의 운들에 대해서 말할 수 있는 것으로, 內轉의 운에서는 합구 요소가 중심 모음과 합쳐져서 'o, u, yu' 등의 모음이 된다. 예를 들어 '敦'(AC. tuən¹)은 한국음이 '돈', 일본음이 'トン'이며, '出'(AC. tśʰwĕt)은 한국음이 '츌', 일본음이 'シュツ'이다. 外

---

42. 졸저 175쪽 참조.

轉의 운들에서 아후음자 이외의 글자가 合口 요소를 탈락시키는 이러한 현상에서 주목해야 할 것은 마찬가지 현상이 현대의 吳方音에서도 발견된다는 점이다. 예를 들어 蘇州에서는 '官'(AC. kuân¹)이 'kuö'이지만 '端'은 'tö', '算'(AC. suân³)은 'sö', '亂'(AC. luân³)은 'lö'이다. 이러한 현상이 예전부터 계승된 吳語의 특징이라고 한다면, 일본과 한국의 한자음이 저마다의 언어 특징에 따라 合口 요소를 잃어버린 것이 아니라 두 나라 한자음의 모태인 吳語의 특징을 그대로 옮겨온 것일지도 모른다. 다만 강동음(江東音)을 대표하는 『玉篇』의 반절에서는 이러한 특징이 발견되지 않는다.

⑫ 일본 吳音과 한국 한자음에 공통되는 가장 두드러진 특징은 三等韻 乙類의 취급 방식이다. 三等韻은 개모(介母)로 요음(拗音)을 지니는 운이다. 이러한 요음은 중고음에서는 'ǐ'와 'ï'의 두 가지가 있었다. 전설적인 'ǐ'를 가진 것을 三等韻 甲類, 중설적인 'ï'를 가진 것을 三等韻 乙類라고 부른다. 그런데 三等韻 甲類는 'ǐ'가 현저한 구개음적 성격 때문에 吳音이든 한국음이든 요음([y])을 유지하고 있지만 三等韻 乙類는 'ï'가 중설적이기 때문에 요음을 잃어버리고 직음(直音)으로 바뀌는 경향이 있다. 이에 반해 漢音에서는 三等韻 乙類에서 三等韻 甲類와 마찬가지로 요음이 나타난다. 가령 '強'(AC. gǐâng¹)은 漢音에서 'キャウ'이지만 吳音에서는 'ガウ', 한국음에서는 '강'이다. 또한 '宮'(AC. kǐung¹)은 漢音이 'キウ'인데도 吳音은 'クウ' 또는 'ク'이고 한국음은 '궁'이다.

한편 止攝 三等韻 乙類 開口의 아후음자가 한국음에서는 'ㅢ'로 되어 있어 앞의 내용과는 반대로 'ï'가 남아 있다는 것은 잘 알려진 바이다.[43] 일본 한자음은 이 점에서 吳音(주층)이든 漢音이든 모두 '-i'로 되어서 三等韻 甲類와 乙類의 구별이 확실치 않다. 그러나 『萬葉集』의 가나(假名)에서 소위 'イ'의 甲類에는 三等韻 甲類의 글자를 쓰고, 소위 'イ'의 乙類에는 三等韻 乙類의 글자를 쓰고 있는 것은 주목해야 할 사실이다. 또한 앞서 8에서 논의했던 臻攝과 深攝 글자 중 吳音이 'o', 한국음이 'ㅡ'로 되어 있는 것은 실제로는 三等韻 乙類에 속하는 글자이고, 이와 대조적으로 'i'가 나타나는 것은 원칙상 三等韻 甲類의 글자이다. 가령 '今'(AC. kïəm¹)이 그 예이다.

중국의 경우 이러한 三等韻 甲類와 乙類의 구별이 『切韻』의 음은 물론이고 당대(唐代)에도 (漢音은 확실하지 않지만) 꽤 후대까지 남아 있었던 듯하다. 慧琳의 『一切經音義』 반절에서도 그러하며 특히 『韻鏡』에서는 아후음에서 三等韻 甲類를 四等에, 三等韻 乙類를 三等에 배열하고 있어 그 구별이 분명하다. 그 후 이 구별이 붕괴되어 'i'로 통일된 뒤에도 그 흔적은 현대음에까지 미치고 있다. 예를 들어 '窮'(AC. gïung¹)은 북경음에서 'tśʰiung²'이라고 발음하여 요음 'i'를 남기고 있으나 동일한 운의 '宮'(AC. kïung¹)은 'kung¹'으로 되어 있어서 요음을 잃어버렸다.

13 마지막으로 소위 설내 입성의 운미 't'에 대해서 말하고자 한다. 한국음에서는 양성운(陽聲韻)의 운미 '-m, -n, -ng'이든 입성 운미 '-p, -t, -k'이든 예전 중국음의 운미를 충실히 전하고 있으나 '-t'만큼은 'ㄹ[l]'로 되어 있다.[44] 여기에는 전혀 예외가 없다. 다

---

43. 有坂秀世 박사의 『國語音韻史の研究』(증보신판)에 실린 「カールグレン氏の拗音説を評す」 중 특히 339~340쪽 참조.

44. 가령 '日'은 '일'이다.

만 한자음이 들어오기 이전에 차용된 중국어에서는 'ㄷ'으로 끝났다는 흔적이 있다. 그 중 하나가 '붇'(筆)이다. '筆'(AC. piĕt)의 한국 한자음은 '필'이기 때문에 '붇'은 사물과 함께 들어온 차용어의 형태이다. 이것은 분명히 운미 't'를 나타내고 있다.[45] 또 하나의 예는 '부텨'(부처)이다. 이 단어는 '붇'만큼 확실하지는 않지만 어쩌면 하나의 예로 제시할 수 있을지도 모른다. '부텨'는 신라의 향가에서는 '佛體'로 기록되어 있다. '佛體'로 '佛像'을 의미했다고 생각된다. 한자음이라면 '불톄'로 되어야 하지만 'ㄹ'은 나타나지 않는다. 아마도 *붇텨'가 '부텨'로 바뀐 듯하다. 아무튼 한자음에서 't'가 'r'로 바뀐 것에 대해서 故 有坂秀世 박사는 입성 운미의 소실 과정에서 't'가 'd'를 거쳐 'r'로 바뀐 단계를 보이고자 했다.[46] 그러나 박병채 교수는 여기에 반론을 펴 여러 가지 증거로부터 "설내 입성 −t>−l의 반영은 국어의 음운론적 특질에 기인한 것이라 할 수 있다."라고 말했다.[47] 어찌되었든 설내 입성의 운미를 'r'로 반영하는 것은 吳音이든 漢音이든 일본 한자음에서는 볼 수 없는 특색이다.

3. 결론

이상 일본의 吳音과 한국 한자음의 고층(古層) 사이에 있는 유사점과 차이점에 대해 살펴보았는데 확실히 둘 사이에는 주목해야만 하는 유사점이 있다. 전술한 13개 항목 중 ③~⑫는 유사점이라

---

45. 단 후대에는 '붓'으로 변화했다.
46. 有坂秀世 박사의 『國語音韻史の研究』(증보신판)에 실린 「漢字の朝鮮音について」305~306쪽 참조.
47. 박병채 씨의 『고대국어의 연구−음운편−』 236쪽 참조.

고 간주할 수 있다. ①의 鼻頭音 문제는 외견상 일치함에도 불구하고 특별히 둘 사이의 관계를 입증하는 근거는 되지 않는다. ③~⑫ 중, ⑨와 ⑩은 일단 문제가 되기는 하지만 ⑫의 三等韻 乙類와 관련된다. 또한 ③, ⑥, ⑧은 예전 한자음이 거의 흔적으로 남아 있는 경우로서 그런 대로 귀중하기는 하지만 吳音적인 특징과 비교하여 주목되는 바는 ④, ⑤, ⑦, ⑪과 ⑫이다.

　④의 단모음화는 한국 한자음의 현저한 특색이기 때문에 吳音의 단모음화는 그 영향이라고 볼 수가 있다. ⑤의 外轉 二等韻에서 한국음 'ㅕ'와 吳音 'e'가 보이는 것은 확실히 두드러지는 유사점이다. 그러나 이미 서술했듯이 效攝의 한국 한자음 '-ㅛ'와 吳音 'eu'는 직접 연결되지는 않으며, 梗攝에서 吳音이 '-yau~yaku'로서 모음 'a'를 보이는 것은 한국 한자음에서는 발견할 수 없는 차이점이다. ⑦의 元韻에서 吳音과 한국음 모두 'a'로 되어 있는 것은 아마도 둘 사이의 관계를 암시한다고 생각되지만, 吳音에서는 또한 'o'라는 모음을 지니는 것이 있어서 吳音의 복층성(複層性)을 뒷받침하고 있다. 한국 한자음에는 대응하는 것이 없다. ⑪에서 아후음 이외의 경우에 合口 요소를 탈락시키는 점은 吳音과 한국음에 공통적이며 아무래도 모태가 된 중국음(吳語)의 특색에 기반한 것인 듯하다. 그것이 먼저 한국 한자음에 전해지고 이후에 吳音으로 계승되었다고 생각하는 것도 가능하다. 그러나 일본의 漢音에서도 동일한 현상이 보이기 때문에 일본어의 성격에 기인한 것일지도 모른다.

　현재 전승되고 있는 한국 한자음과 일본 吳音에 공통되는 것으로 가장 주목해야 할 특징은, ⑫에 나오는 아후음 三等 乙類에서 요음(拗音) 요소인 'i'가 탈락하는 현상이다. 이러한 현상은 일본 漢音에서는 보이지 않는다. 그리고 三等韻 甲類와 乙類의 대립은 중

국어 자체에서 당(唐) 이후에도 당분간 지속되었던 듯한데 그럼에
도 불구하고 漢音에서 보이지 않는 것은 요음(拗音) 요소 'ǐ'가 점
차 전설로 전진한 상태였기 때문이 아닐까 한다. 예전으로 거슬러
올라갈수록 이러한 요음(拗音) 요소의 중설성은 선명했던 것이 아
닐까 생각된다.

그러나 여기서 문제가 되는 것은, 동일한 당대음(唐代音)을 반영
하면서도 漢音에서는 三等韻 乙類의 경우에도 요음(拗音)을 보이
고 있는 데 반해 한국음에서는 같은 환경에서 요음(拗音) 요소를
상실하고 있다는 점이다.[48] 이와 관련하여 吳音이 명료하게 동일
한 특징을 드러내는 것은 앞에서 서술한 바와 같은데, 이것을 어떻
게 해석해야 좋을지가 문제로 남는다. 생각건대 일본에서 음절 구
조가 다른 중국어를 수용할 때 1음절인 중국음을 2음절 패턴으로
받아들여서 일본어에 적응시켰던 것과 마찬가지로, 한국 한자음의
독특한 패턴을 만든 것은 아닐까 한다. 그것이 아마도 당대음(唐代
音)을 들여오기 훨씬 전에 완성되었다고 생각한다. 그럴 경우, 의거
하고 있던 모태에서 三等韻 甲類와 乙類의 구별이 선명했었기 때
문에 三等韻 甲類는 요음(拗音) 'ǐ'를 남기고 三等韻 乙類는 요음 'ǐ'
를 버리는 방식이 확립되어 있지 않았을까 한다. 그리고 이러한 방
식은 당대음(唐代音)의 강렬한 영향을 받던 신라음에도 계승되어
三等韻 甲類와 乙類의 구별을 그대로 유지했던 것이 아닐까 한다.
당대음(唐代音) 자체에 아직 그러한 구별이 유지되고 있었던 이상,
그 구별의 보존은 한결 용이했을 터이다.

이처럼 吳音과 한국 한자음의 고층(古層) 사이에는 몇몇 점에서

---

48. 止攝은 제외한다.

매우 유사한 점이 발견되지만 고층(古層)의 한국음이 모두 그대로 吳音의 특징이 되는 것은 아니다. ⑬에서 한국음 설내 입성의 특수한 출현(-ㄹ)은 吳音에서는 전혀 찾아볼 수 없다. 그 중에서도 吳音과 한국음을 결부시키는 데 가장 큰 난점은 ②의 탁뉴(濁紐) 처리 방식이다. 탁뉴(濁紐)를 유성음으로 반영하는 것은 중국의 강동음(江東音) 내지 吳語의 특징을 전승한 것이지만 한국 한자음에서는 그 흔적이 전혀 존재하지 않는다. 만약 일본의 吳音이 한국의 어느 시기 한자음을 매개로 하여 중국의 吳語를 계승했다고 한다면 유성의 두음(頭音)이 없는 한국어나 또는 그것에 기반한 한국 한자음을 거치면서 어떻게 일본에 전해졌던 것일까? 게다가 일본어 자체에 유성의 두음(頭音)이 있었는지 여부가 의문인 이상, 한층 더 이해하기 어렵다.

일본의 吳音이 한국을 경유하여 일본에 도래된 것이라는 가설을 철저하게 고집한다면 사고 방식은 하나밖에 없다. 그것은, 滿田新造 선생이 말한 것처럼 현재 전해지고 있는 한국 한자음이 신라음의 연장이며 일본 吳音이 백제에 근거한 것이라고 하면, 이 백제음에 탁뉴(濁紐)를 유성음적인 것으로 발음하는 특징과 앞서 살핀 둘 사이에 공통되는 몇 가지 특징이 존재했고 그것이 일본에 전해졌다고 보는 사고이다. 그리고 신라음은 예전 시기에는 당연히 백제음의 영향을 받았던 듯하므로 앞에서 보았던 여러 유사점은 백제음 영향의 흔적을 전승한 것 같다. 다만 신라음은 탁뉴(濁紐)를 유성음적으로 발음하는 특징은 이어받지 않았으며 설내 입성은 'r'로 받아들였다고 생각하는 바이다. 그러나 유감스럽게도 백제음의 실체는 오늘날 우리에게는 전혀 알려지지 않았으며 또한 그 백제음을 유지하는 백제어에 대해서 음운론적으로는 아무것도 밝혀지지 않았다. 그러므로 이 논법은 'argumentum ex silentio'(침묵으로 부터의 증거)라고 부르지 않을 수 없다.[49]

다만, 만약 상고(上古) 시기에 일본과 중국 강동(江東) 지방의 직접적인 교섭, 그것도 한자음의 수입을 가능하게 할 만큼의 문화적 교섭이 역사적으로 실증되지 않는다면 다음과 같은 일은 어쩌면 존재할 수 있지 않을까 추측된다. 대륙의 문화를 일본에 수입하는 데 힘을 지녔던 백제의 문인은 중국으로부터의 귀화인을 포함하며 당시 직접 교섭을 하던 남조(南朝)의 한자음[50]에 정통하여 그 특징을 충분히 체득하고 있었기 때문에, 일본에 이동하고 나서도 비교적 충실하게 중국음의 특징을 옮길 수가 있었다. 원래 한자음의 지식이라는 것은 예전 시대에는 현재처럼 모든 사람들에게 미치는 것이 아니고 일부 지식인들 사이에서만 전해지던 것이었기 때문에, 민중의 언어와는 동떨어진 상태에 있었음에 틀림없다. 이렇게 생각하면 탁뉴(濁紐)의 유성음적인 반영 역시 백제를 거쳐 일본에 전해졌을 가능성을 반드시 부정해 버릴 수는 없다. 그렇지만 이것 역시 어디까지나 억측의 범위를 벗어나지 못한다.

---

49. [역자주] 흔히 '반증 불가의 오류'라고 불리는 경우에 해당한다. 백제음은 전혀 알려지지 않았기 때문에 그에 대해 반증할 수 있는 가능성이 원천적으로 차단되어 있다.

50. 강동음(江東音) 내지는 吳語이다.

:: **찾아보기** ::

○

■ 저자 약력

고노 로쿠로(河野六郎)
東京帝國大學 언어학과를 졸업한 후 경성제국대학 조수와 조교수를 역임했으며 일본에서는 東京教育大學(현 筑波大學), 天理大學, 大東文化大學에서 교수로 근무했다. 일본 학사원 회원, 東洋文庫 이사 등으로도 활동했다. 한국어와 중국어에 대해 연구했는데 특히 한국어 음운사 방면에서 중요 업적을 많이 냈다. 『朝鮮方言學試攷-'鋏'語考-』, 『朝鮮漢字音の研究』를 비롯한 다수의 논저가 있다.

■ 역자 약력

이진호(李珍昊)
서울대학교 국어국문학과에서 문학사, 문학석사, 문학박사 학위를 받았다. 국어 음운론을 전공하며 전남대학교 국어국문학과 교수로 근무하고 있다. 저서로 『국어 음운론 강의』, 『통시적 음운 변화의 공시적 기술』, 『국어 음운 교육 변천사』, 『한국어의 표준 발음과 현실 발음』, 『한국어 방언 연구』(역), 『한국 한자음의 연구』(역), 『한국 한자음 연구-본문편-』(역), 『小倉進平과 국어 음운론』(공역), 『「언어」의 구축-小倉進平과 식민지 조선-』(공역) 등이 있다.

河野六郎과 國語 音韻論

초판 인쇄/ 2012년 2월 2일
초판 발행/ 2012년 2월 10일

저 자	河野六郎	
편 역	李珍昊	
책임편집	김민경	

발 행 처　도서출판 지식과 교양
등 록　제2010-19호
주 소　서울시 도봉구 창5동 262-3번지
전 화　02-900-4520 / 02-900-4521
팩 스　02-900-1541
전자우편　kncbook@hanmail.net

ISBN 978-89-94955-58-2 93710　　　　　　　　**정가** 29,000원

이 도서의 국립중앙도서관 출판도서목록(CIP)은 e-CIP홈페이지(http://www.nl.go.kr/ecip)에서
이용하실 수 있습니다. (CIP제어번호: CIP2012000405)